Hanns-Stephan Haas
Udo Krolzik (Hrsg.)

Diakonie unternehmen

Alfred Jäger zum 65. Geburtstag

Verlag W. Kohlhammer

ISBN 978-3-17-019974-3

Inhaltsverzeichnis

Vorwort

Eine Emeritierung ist ein Einschnitt, zumindest in der persönlichen Berufs-biografie eines Wissenschaftlers. Im Falle von Alfred Jäger geht dieser Ein-schnitt wesentlich tiefer. Mit seiner Emeritierung verlässt, mindestens in vor-derster Linie, ein akademischer Theologe die Szene, der wie kein zweiter die zentrale Gestalt der Diakonie in Deutschland seit über 20 Jahren mit geprägt hat: das „Christliche Unternehmen". Seit dem Erscheinungstermin seiner gleichnamigen Grundlagenschrift war Alfred Jäger aus der diakonischen Unternehmenslandschaft nicht mehr wegzudenken. Oft als Vordenker, der wesentliche Themen lange vor ihrer Zeit aufspürte, oft als Mahner, der im Vordenken auf provozierende Weise das Recht der Tradition zum Vorschein brachte, immer im besten Sinne als „Querdenker", dem die Theologie zu wichtig war, um sie unterhalb einer fachkundigen Interdisziplinarität wir-kungslos werden zu lassen. Alfred Jäger war und ist streitbar, er hat diesen Streit auch seinen Freunden nicht erspart.

Die unternehmerische Gestalt der Diakonie ist nicht nur die innere Mitte des Schaffens von Prof. Alfred Jäger, sondern sie ist auch die zentrale Herausfor-derung für die Diakonie in Deutschland bis in die Gegenwart geblieben. Fra-gen von Ökonomie und Managementlehre, von Unternehmensleitung und theologischer Profilentwicklung spielen dabei eine zentrale Rolle. Eine Reihe von Gesprächspartnern, Wegbegleitern und Freunden von Alfred Jäger haben ihre Beiträge zu den unternehmerischen Gestaltungsaufgaben der Diakonie eingebracht. Das Spektrum reicht von historisch orientierten Beiträgen bis zu Herausforderungen diakonischer Dienstleister in Europa. Ethische Fragen (Pränataldiagnostik) stehen neben Managementthemen (Führung). Eine Fest-schrift für Alfred Jäger ist nur im Konzert unterschiedlicher Fachrichtungen vorstellbar. So haben an dieser Publikation Juristen, Ökonomen und Theolog-Innen mitgewirkt. Sie stehen in ihrer Mischung für den Resonanzraum von Wissenschaft und Praxis und überbrücken zugleich auch Funktionsebenen. Von der gerade eingeführten Pfarrerin bis zum Unternehmenschef haben es sich viele nicht nehmen lassen, Alfred Jäger für seine Anregungen zu danken, indem sie diese kritisch aufnehmen und weiterführen. Entstanden ist dabei ein Sammelband, der nicht nur die Komplexität gegenwärtiger Gestaltungs-aufgaben in der Diakonie spiegelt, sondern auch Perspektiven für die Zukunft erkennen lässt.

Voraussichtlich wird der Jubilar seine Festschrift erstmals in St. Gallen in die Hände nehmen. Er ist nun dort mit seiner Frau wieder biografisch angekom-men, wo er viele seiner Anregungen aufgenommen hat. St. Gallen war und ist für ihn in einem vielfachen Sinne eine Heimat, die er anderen zu deren geis-tigen Heimat hat werden lassen. Seine Freunde und Weggefährten hoffen darauf, dass dieser Ort jenseits der alltäglichen Auseinandersetzung für ihn zur Basis einer neuen Schaffensperiode werden möge. Dem künftigen Verfasser einer Lebenstheologie kann man wohl nichts anderes wünschen als ein gutes Leben in einem neuen Abschnitt und im Wissen um den, der sich nicht nur als „diakonos" bezeichnet hat, sondern als das Leben selbst.

Bedanken wollen wir uns bei Pfarrerin Sabine Schwenk-Vilov, die das gesamte Buchprojekt von der Autorenwerbung bis zur Lektorierung mit viel Einsatz betreut hat.

Unser herzlichster Dank gilt der Ecclesia Versicherungsdienst GmbH, ohne deren finanzielle Unterstützung diese Festschrift nicht möglich gewesen wäre.

Bielefeld und Berlin

Udo Krolzik   *Hanns-Stephan Haas*

Matthias Benad

Zum Wandel der religiösen Alltagskultur in diakonischen Einrichtungen nach 1945[1]

Frau R.s Rückschau nach 25 Jahren Bethel – Religiöse Genossenschaften als prägende Kraft der Diakonie (bis ca. 1965) – Arbeitsschritte

1. Der Patriarchalismus der Gründergeneration und ihrer Erben

Familienprinzip, Mutterhaus, Anstaltshaus – Das Pflegehaus Hebron als Beispiel – Religiöse Vormundschaft

2. Das Ende der religiösen Bevormundung (um 1970)

Die Nachwuchskrise der Mutterhäuser – Veränderte Lebensentwürfe junger, christlicher Frauen in der Nachkriegszeit – Reaktionen Sareptas und Nazareths auf ihren Bedeutungsverlust im Betheler Anstaltsgefüge nach 1968 – Gastarbeiterinnen für die Hauswirtschaft (1960) – „Zivile Kräfte" im Pflegebereich (um 1965) – Mangel an Fachlichkeit, Kooperationsbereitschaft und Kritikvermögen: Ein Votum für die Abschaffung der Hausväter in der Jugendhilfe (1970) – Neue Konzepte im Konflikt mit tradierter Religiosität

3. Religiöse Selbstverantwortung und diakonische Unternehmensidentität

Entwicklungen in den v. Bodelschwinghschen Anstalten Bethel seit 1983 – Thesen zur gegenwärtigen Situation

Frau R.s Rückschau nach 25 Jahren Bethel

Frau R. kam 1968 nach Bethel. 1993 äußerte sie sich gegenüber einer Seelsorgerin über Veränderungen, die sie in 25 Jahren Anstaltszugehörigkeit erlebt hatte.[2] Dabei ging sie auch auf die veränderte Rolle der Religion im Alltagsleben ein:

> „Mit dreiundzwanzig Jahren brachten mich meine Eltern nach Bethel, zunächst nur nach Mara [Spezialklinik für Anfallserkrankungen, d. Vf.], um meine Epilepsie einzustellen. Als ich in Bethel einige Diakonissen hintereinander sah, kam mir das sehr merkwürdig vor. Ich wusste gar nicht, was das für Leute waren.
> Nach anderthalb Jahren Klinik-Aufenthalt war klar, dass ich in B. weiter bleiben würde. Nun musste ich mich an den Lebensstil da gewöhnen. Mir waren die Hausandachten morgens und abends zu viel, aber wir mussten hin, natürlich auch jeden Sonntag zum Gottesdienst.

---

[1] Beitrag für die Tagung „Zur Rolle der Diakonie im Sozialstaat. Historische Perspektiven der frühen Bundesrepublik und aktuelle Herausforderungen" in der Evangelischen Akademie Loccum, 4.–6. Oktober 2006.
[2] Vgl. Ursula Hardmeier (1994), S. 93.

Ein bisschen lockerer wurde der Alltag, wenn jüngere Mitarbeiterinnen Dienst hatten. Dann durften wir sogar im Fernsehen Operetten sehen.
1979 zogen wird ins Haus T., wo wir als erste Frauen aufgenommen wurden. Seitdem gestaltete sich unser Leben hier immer freier, auch was Freundschaften und Beziehungen mit Männern angeht.
Heute fühle ich mich in meinem Glauben manchmal ein bisschen allein gelassen. Ich würde gern am Sonntag mal den Gottesdienst besuchen, aber nicht so gern allein hingehen. Aber die MitarbeiterInnen meinen, wer allein ins Kaufhaus Ophir gehen kann, kann auch allein in die Zionskirche gehen."

Sechs Punkte fallen in der Äußerung von Frau R. auf: (1) Vor Einsetzen des Wandels in der religiösen Alltagskultur bestand die Pflicht zur Teilnahme an geistlichen Veranstaltungen, nämlich an den täglichen Hausandachten und an den sonntäglichen Gottesdiensten. (2) Die zentrale Rolle bei der Gestaltung der Alltagskultur – gerade auch in religiöser Hinsicht – spielten die Diakonissen aus Sarepta. Analoges gilt für die Betheler Männerhäuser, die von Diakonen geleitet wurden. Folglich kann allgemeiner formuliert werden: Es waren die Angehörigen der geistlichen Genossenschaften,[3] die die religiöse Alltagskultur verbindlich gestalteten. (3) Aber schon unter dem Regiment der Diakonissen gab es sogenanntes „freies", d.h. nicht an ein Mutterhaus gebundenes Personal, nämlich „jüngere Mitarbeiterinnen", die den Alltag „ein bisschen lockerer" gestalteten.

Diese ersten drei Punkte bezog Frau R. auf die Zeit vor dem tiefgreifenden Wandel im Anstaltsleben, die drei folgenden auf die Zeit danach. Die Veränderungen in Bethel begannen im Herbst 1968 und fielen zusammen mit zwei wichtigen internen Ereignissen: Zum einen musste damals die Diakonissenanstalt Sarepta infolge Nachwuchsmangels ihren seit über 90 Jahren bestehenden Stiftungsauftrag, für das gesamte weibliche Pflegepersonal der Anstalten zu sorgen, zurückgeben; zum anderen trat Anstaltsleiter Friedrich (III) v. Bodelschwingh in den Ruhestand, – der Enkel des legendären, 1910 verstorbenen Anstaltsvaters gleichen Namens und Neffe von dessen kaum weniger bekanntem Sohn, dem 1946 verstorbenen Pastor Fritz v. Bodelschwingh (Friedrich II in der Anstaltszählung). Wie in vielen anderen Bereichen der Diakonie ging damit auch in Bethel die Zeit zuende, in der es genügt hatte, das Erbe der Gründungsväter des 19. Jahrhunderts ohne konzeptionelle Neuerungen zu verwalten. Auf Friedrich III v. Bodelschwingh folgte Alex Funke, der sich aus vielerlei Gründen veranlasst sah, einschneidende Neuerungen im Betheler Anstaltsgefüge in Gang zu setzten.[4]

Die von Funke eingeleiteten Veränderungen erreichten die einzelnen Anstaltseinrichtungen oft erst Jahre später: (4) Für Frau R. wurde der Wandel spürbar, als sie 1979 nach Haus T. umzog, das von freien „MitarbeiterInnen"

---

[3] Mit Mutterhaus werden hier nicht nur die Diakonissenanstalt Sarepta und vergleichbare Frauengenossenschaften bezeichnet, sondern auch die Westfälische Diakonenanstalt Nazareth, was deren jahrzehntelang gültigen Selbstverständnis entspricht. Als Synonyme für Mutterhaus dienen die Begriffe religiöse (Personal-) Genossenschaft oder geistliche Genossenschaft.
[4] Vgl. Alex Funke (1997), S. 258–273.

geleitet wurde. Dort wurde die seit dem 19. Jahrhundert im Anstaltswesen geltende Geschlechtertrennung aufgehoben.

> „Seitdem gestaltete sich unser Leben hier immer freier, auch was Freundschaften und Beziehungen mit Männern angeht."

(5) Zum Wandel der Alltagskultur gehörte auch, dass Frau R. von den Betreuerinnen im Anstaltshaus auf ihre Eigeninitiative verwiesen wurde, sobald sie den Wunsch äußerte, gemeinsam mit anderen Bewohner(inne)n oder Betreuer(inne)n den Sonntagsgottesdienst zu besuchen. Von ihr wurde religiöse Selbständigkeit erwartet. (6) Frau R. fand, dass sich die Mitarbeiter(innen) gegenüber ihren religiösen Bedürfnissen gleichgültig verhielten:

> „Heute fühle ich mich in meinem Glauben manchmal ein bisschen allein gelassen." „... die MitarbeiterInnen meinen, wer allein ins Kaufhaus Ophir gehen kann, kann auch allein in die Zionskirche gehen."

Aufgrund der Äußerungen von Frau R. kann festgehalten werden, dass zwischen 1968 und 1993 ein Wandel von einer streng reglementierten, mit religiösen Vorschriften angereicherten Alltagskultur zu einem freieren Lebensstil stattgefunden hatte, die gegenüber den Bewohner(inne)n verbunden wird mit der Forderung nach religiöser Selbstverantwortung, aber – jedenfalls für Frau R. – mit unbefriedigender Betreuung und religiöser Gleichgültigkeit der Mitarbeiter(innen) einher ging.

Religiöse Genossenschaften als prägende Kraft der Diakonie (bis ca. 1965)

Was hier für Bethel festgestellt wird, dürfte auf die gesamte bundesdeutsche Diakonie in den beiden Jahrzehnten nach dem Zweiten Weltkrieg zutreffen, – auch wenn es den Angehörigen der Mutterhäuser nicht überall möglich war, religiöse Bräuche und Pflichten ähnlich rigoros durchzusetzen wie in geschlossenen Anstaltsmilieus.[5] Bis Mitte der 1960er Jahre bestimmten die Angehörigen der religiösen Genossenschaften der Zahl, und damit wohl auch dem Frömmigkeitsstil nach das Bild evangelischer Wohlfahrtstätigkeit! 1950 gab es in der bundesdeutschen Diakonie – Evangelisches Hilfswerk und Innere Mission waren noch getrennt – insgesamt ca. 62.500 Mitarbeiterinnen und Mitarbeiter; bis 1970 verdoppelte sich ihre Gesamtzahl auf 125.000. 1990 arbeiteten auf dem Gebiet der alten BRD ca. 262.000 Menschen für die Diakonie, im Jahr 2000 waren es im geeinten Deutschland rund 400.000.[6]

---

[5] Dass die Teilnahme an religiösen Veranstaltungen oft rigide durchgesetzt wurde, geht aus der Aussage einer ehemaligen Sarepta-Diakonisse hervor, die nach Übernahme einer Station von einer Bewohnerin zu hören bekam, wenn sie, wie unter der Vorgängerin, noch einmal zur Teilnahme am Abendmahl gezwungen werde, wolle sie Brot und Wein ausspucken. Sie habe der Bewohnerin versichert, dass kein Zwang ausgeübt werde, was aber durchaus üblich gewesen sei. Mündliche Auskunft am Rande der Ringvorlesung d. Vf. am 13. Dezember 2006 in der Kirchlichen Hochschule Bethel.
[6] Sämtliche Zahlen nach den Angaben von Michael Häusler auf der Loccumer Akademie-Tagung „Zur Rolle der Diakonie im Sozialstaat. Historische Perspektiven der

Mitte der 1950er Jahre hatte es in Deutschland noch rund 35.000 Diakonissen und 4.000 Diakone gegeben. Erst im Laufe der 1960er Jahren überstieg das „freie" oder, wie es auch hieß, „zivile" Personal in der Diakonie die mutterhausgebundenen Kräfte. Infolge des Nachwuchsmangels bei Diakonissen und Diakonen und der rasch wachsenden Zahl der Beschäftigten in der Diakonie wurden ab Mitte der 60er Jahre die Angehörigen der religiösen Genossenschaften, die rund vier Generationen lang die äußere und innere religiöse Gestalt evangelischer Wohlfahrttätigkeit bestimmt hatten, binnen weniger Jahre zu einer Randerscheinung. Damit änderte sich zwangsläufig auch die religiöse Kultur in den diakonischen Einrichtungen. Dass parallel dazu die Diskussion um die geistliche Identität und das religiöse Profil evangelischer Diakonie einen enormen Aufschwung nehmen musste, liegt auf der Hand. Anlass zur Verwunderung bestünde, wenn dem nicht so wäre.

Arbeitsschritte

Ausgehend von den Beobachtungen von Frau R. soll im Folgenden der Wandel religiöser Alltagskultur in bundesdeutschen diakonischen Einrichtungen nach 1945 beobachtet werden. Das wird an Beispielen aus den v. Bodelschwinghschen Anstalten Bethel geschehen, weil für zahlreiche Handlungsfelder dieser größten diakonischen Unternehmung in Deutschland auf Einzelstudien zurückgegriffen werden kann, aus denen allgemeine und anstaltsspezifische Tendenzen der Wohlfahrtsentwicklung erkennbar sind. Hinzu kommt, dass Bethel als Sitz der lange Zeit größten religiösen Personalgenossenschaften des neueren Protestantismus (der Westfälischen Diakonissenanstalt Sarepta und der Westfälischen Diakonenenanstalt Nazareth) sowie zahlreicher Ausbildungsstätten Gelegenheit bietet, auch die Rolle der diakonischen Mitarbeiter beim Wandel der religiösen Alltagskultur angemessen zu berücksichtigen, zumal auch hierzu einschlägige Vorarbeiten verfügbar sind. Das Material wird in drei Schritten ausgewertet: Zunächst wird (I) der religiös-autoritäre Patriarchalismus der charismatischen Gründergeneration des 19. Jahrhunderts bis hin zu den Verwalter(inne)n ihres Erbes in der Nachkriegszeit betrachtet. Sodann (II) wird die Aufmerksamkeit auf das Ende der religiösen Bevormundung um 1968 gerichtet, – als Personalmangel, neue Fachlichkeit und die Trennung von Wohnen und Arbeiten in vielen Heimen zur Auflösung des fürsorglich-autoritären Familienprinzips führten, – was nicht nur für das Leben in den Anstaltshäusern, sondern auch für die Ordnungen der religiösen Personalgenossenschaften erheblich Konsequenzen hatte. Die Erosion des Familienmodells wird in unterschiedlichen Kontexten und auf verschiedenen Ebenen beobachtet: Im Hauswirtschaftsbereich, in der Betreuung und Pflege psychisch kranker und behinderter Menschen und im Zusammenhang der Kritik an Hausvätern in der Jugendhilfe. Am Schluss (III) folgen Beobachtungen und Überlegungen zu religiöser

---

frühen Bundesrepublik und aktuelle Herausforderungen" in der Evangelischen Akademie Loccum, 4.–6. Oktober 2006.

Selbstverantwortung und zur diakonischen Identität in Einrichtungen und Unternehmungen der Diakonie heute.

1. Der Patriarchalismus der Gründergeneration und ihrer Erben

1.1. Familienprinzip, Mutterhaus, Anstaltshaus

Die Betheler Anstalten orientierten sich – wie die meisten einschlägigen Einrichtungen der Inneren Mission – am Vorbild der christliche Familie des Vormärz. Ihre Kerneinheiten waren „ganze Häuser", in denen gemeinsam gewohnt, gearbeitet und die Religion praktiziert wurde. Das galt zum einen für die Mutterhäuser, aus denen die Diakonissen und Diakone kamen, die in Bethel bis 1968 das gesamte Pflegepersonal stellten bzw. stellen sollten. Es galt andererseits auch für die Anstaltshäuser, in denen die Klienten (Patienten, Pfleglinge, Pflegebefohlenen, Zöglinge, „unsere lieben Blöden") untergebracht waren.

Die Mutterhäuser waren Lebens-, Glaubens- und Dienstgemeinschaften mit religiös begründeten Lebensregeln und fest verankerten frommen Bräuchen. Die Diakonissen und Diakone übertrugen die Lebensregeln und Bräuche ihrer Mutterhäuser mehr oder weniger konsequent auf die Anstaltshäuser und Einrichtungen, in denen sie nicht nur hilfsbedürftige Menschen betreuten, sondern auch junge Brüder und Schwestern in dieser Tätigkeit unterwiesen und ins geistliche Leben des Mutterhauses praktisch einführten. Beide Arten des ganzen Hauses – Mutterhäuser wie Anstaltshäuser – wurden nach den gleichen patriarchalischen Regeln als virtuelle christliche Großfamilien aufgefasst:

- An der Spitze standen, unter der Leitung des Vaters,[7] die Eltern: Vorsteher und Vorsteherin im Mutterhaus, Hausvater und/oder Hausmutter im Anstaltshaus;
- Den Eltern oblag die Fürsorge für ihre Kinder: In den Mutterhäusern hatten Diakonissen und Diakone die Stellung von Töchtern und Söhnen inne; in den Anstaltshäusern nahmen nachgeordnete Diakonissen und Diakone, junge Schwestern und Brüder in Ausbildung, aber auch weitere Mitarbeiter, Küchenhilfen und selbstverständlich alle Arten von Klienten gegenüber den Hauseltern/Hausmüttern den Platz von Töchtern und Söhnen ein. Die Pflegebefohlenen galten in dieser Familienhierarchie gemeinhin als unmündige Kinder, die besonderer Zuwendung bedurften.
- Von den Kindern, egal ob herangewachsen und fast mündig oder unmündig und besonders zuwendungsbedürftig, wurde nach dem Vierten Gebot be-

---

[7] Das galt, sofern der Platz besetzt war: Pflegehäuser und Krankenstationen für Frauen und Kinder wurden von Diakonissen in der Rolle von Hausmüttern geleitet.

reitwilliger Gehorsam eingefordert – hinsichtlich der Lebensordnung, der religiösen Bräuche, der Anweisungen zum Dienst oder zur Mitarbeit in Haus und Garten. Zwischen Mutterhaus und Anstaltshaus bestand kein prinzipieller Unterschied.

- Für die Bewohner der Anstaltshäuser waren Wohnen und Arbeiten nicht getrennt. Die Entwicklung von selbständigen Werkstätten für Behinderte/für behinderte Menschen setzte erst in den 1970er Jahren ein.
- Die Hauseltern achteten selbstverständlich auch auf die strenge Trennung der Geschlechter. Das schloss die Aufsicht über die sexuelle Enthaltsamkeit der unverheirateten Schwestern, Küchenhilfen und (Jung-) Brüder ebenso ein wie die entsprechende Beaufsichtigung der Patientinnen und Patienten.
- Die Hauseltern achteten auch auf Einhaltung der überlieferten Geschlechterrollen, die aus der Bibel begründet wurden. Danach hatte die Frau sich dem Mann unterzuordnen, Beruf und Familie galten für sie als unvereinbar. Sofern sie ledig war, durfte die Frau einen Beruf ausüben, der im Falle einer Heirat aufzugeben war. Gleichwohl spielte die kostenlose Mitarbeit von Diakonenfrauen im Berufsfeld ihres Mannes eine wichtige Rolle. Mancher Diakon wurde als Hausvater eingesetzt, weil die Direktion Nazareths die Befähigung seiner Frau zur Hausmutter hoch einschätzte.

1.2. Das Pflegehaus Hebron als Beispiel[8]

Haus Hebron, Postkarte um 1980

Die Grund- und Aufrissskizzen des 1928 in isolierter Lage am Rande der Betheler Zweiganstalt Eckardtsheim in der Senne errichteten Hauses Hebron sind geeignet, die religiös bestimmte Lebensordnung in einem Betheler Pflegehaus von der baulichen Gliederung her zu beleuchten. Hebron diente jahrzehntelang der geschlossenen Unterbringung unruhiger Epilepsiepatienten, die oft auch psychisch krank waren und wegen fortwährender Auffälligkeit gern aus der stadtnahen Ortschaft Bethel in die abgelegene Senne gebracht wurden. In die Planung des Hauses flossen Erfahrungen aus mehr als sechs Jahrzehnten Betheler Anstaltstätigkeit ein. 1954/55 wurde Hebron um eine

---

[8] Vgl. Helmut Rosemann (2003), S. 258.282. Die Skizzen, a.a.O. S. 324 f., hat Rainer Nußbicker nach Rissen der Bauabteilung und aus eigener Kenntnis der Verhältnisse angefertigt.

Isolierstation („Wachabteilung" A, in der Skizze links) erweitert. Die Einrichtung wurde 1996 aufgelöst und geschlossen, der Hauptbau inzwischen abgerissen.

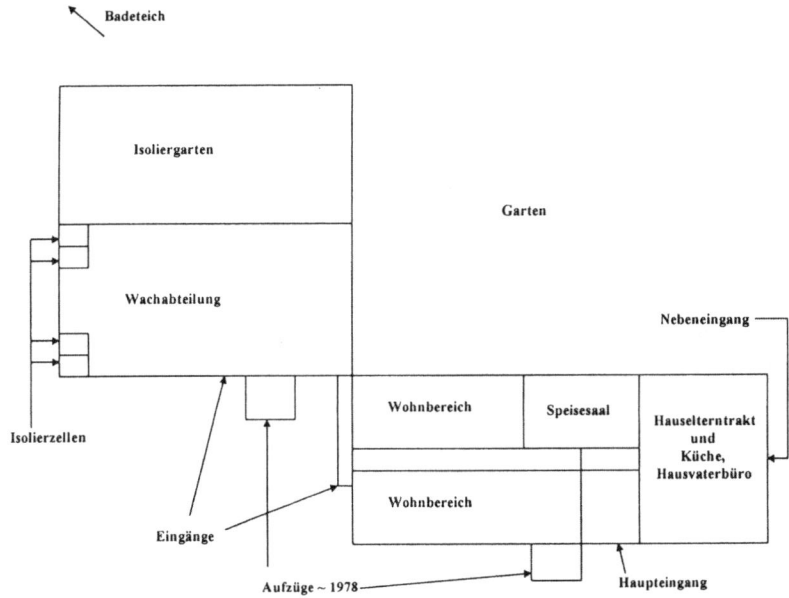

Haus Hebron: Grundriss-Schema

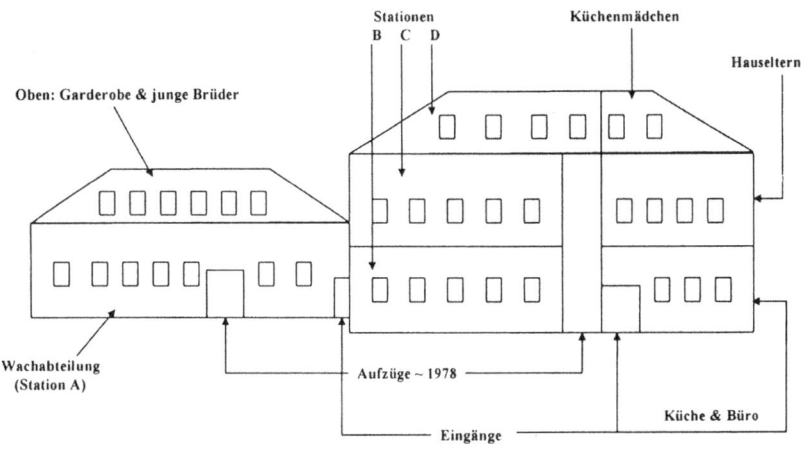

Haus Hebron: Aufriss-Schema

Betreuerische Gesichtspunkte, Familienprinzip und Geschlechtertrennung bestimmten Grundriss und Raumaufteilung. 70, nach Eröffnung der Wachstation ca. 100 männliche Pfleglinge wurden zunächst in drei, später vier Statio-

nen als hilfs- und zuwendungsbedürftige „Kinder" unter der Leitung der
Hauseltern von ca. 18 Brüdern umschichtig betreut. Die Brüder standen den
Patienten wie ältere Geschwister zur Seite. Ihre Wochenarbeitszeit lag bei ca.
70 Stunden, ein Sonntag im Monat war ganz frei, ein weiterer nach Rückkehr
vom Kirchgang. Zur Betreuung der Patienten gehörte u.a. die Anleitung zur
Reinigung des Hauses, zu Hilfsdiensten in der Küche und zur Gartenarbeit.
Die dichte Belegung mit wenig Rückzugsmöglichkeiten für den Einzelnen
bei verhältnismäßig geringer Zahl der Betreuer und beschränkten Möglichkeiten zu medikamentöser Einflussnahme führten zu erheblicher Unruhe, der
mit Isolierung von Patienten begegnet wurde.

Solange ausreichender Nachwuchs in Nazareth es zuließ, handelte es sich
bei den Betreuern um angehende Diakone, die in der Atmosphäre des Pfle-
gehauses unter Anleitung des Hausvaters nicht nur die Pflege der Kranken,
sondern auch das geistliche Leben nach den Ordnungen Nazareths kennen
lernen sollten. Erwartet wurde von ihnen bei hoher Arbeitsdisziplin das
Einfügen in die Pflegehausfamilie durch willigen Gehorsam und „Treue im
Kleinen". Regelmäßige Teilnahme an den Sonntagsgottesdiensten in der
Anstaltskirche und an den täglichen Andachten des Hausvaters – früh mor-
gens im Brüderkreis, danach auch noch mit den Bewohnern im Speisesaal –
verstanden sich von selbst. Gleiches galt für den geistlichen Wochenschluss
Samstag nachmittags im Wohnbereich der Hauseltern, an dem auch die
Hausmutter und die Küchenhilfen teilnahmen. Unbegründetes Fernbleiben
wäre als Distanzierung von der Haus- und Lebensordnung gewertet worden
und hätte den baldigen Ausschluss aus der Pflegehausfamilie und aus Nazareth nach sich gezogen.

Die Ehefrau des Hausvaters arbeitete kostenlos mit. Ihr oblag die Leitung der
Hauswirtschaft, vor allem der Küche. Sie wurde von mehreren Küchenhilfen
unterstützt, bei denen es sich gewöhnlich um ledige junge Frauen handelte,
die gegen ein geringes Taschengeld einige Zeit mitarbeiteten.

Um geeignete Hausmütter für diakonische Einrichtungen zur Verfügung zu
haben, behielt sich die Nazarethdirektion bis 1969 ein Mitspracherecht bei
der Auswahl der zukünftigen Diakonenfrauen vor. Des weiteren unten mehr.

Grund- und Aufriss von Haus Hebron lassen erkennen, wie eingeschränkt die
Privatsphäre für Hauseltern, (Jung-) Brüder und Küchenhilfen, vor allem aber
für die Bewohner war.

- Die Bewohner hatten in den Schlafsälen keine eigenen Schränke zur Verfügung. Sie wurden einmal wöchentlich aus der unter dem Dach des Anbaus gelegenen Zentralgarderobe mit Wäsche und Kleidung versorgt. Für
  Körperpflegemittel gab es im Keller eine Ausgabestelle.
- Deutlich sind in der Wachstation links die Isolierzellen ausgewiesen, die im
  Anstaltssprachgebrauch beschönigend als „Stübchen" bezeichnet wurden.
  Entsprechende Räume gab es – wie in allen Anstaltshäusern Bethels – auch
  auf den übrigen Stationen von Hebron. Aufzeichnungen aus dem Isolier-
  buch lassen erkennen, dass viele Einschlüsse disziplinarischen Charakter

hatten. Bisweilen war eine (provozierte?) Isolierung die einzige Möglichkeit für einen Bewohner, einige Zeit allein zu sein.

▪ Die Zuweisung zu den Stationen erfolgte nach Betreuungs- und Disziplinierungsbedarf. Wer neu aufgenommen wurde, bekam zunächst auf Wachstation A einige Tage Bettruhe verordnet und konnte bei guter Führung bis nach Station D aufsteigen, wo sich der Hausvater gelegentlich zum Kartenspiel einfand. Verstöße gegen die Hausordnung zogen Rückverlegungen nach sich.[9]

▪ Der Bereich der Hauseltern im rechten Flügel des Altbaus (Parterre und erster Stock), zu dem es (rechts von der Seite) einen eigenen Zugang gab, war nicht strikt abgesondert vom Wohnbereich der Patienten, auch wenn die Räume der Hauseltern für die Pfleglinge i.d.R. nicht zugänglich waren.

▪ Das Büro des Hausvaters befand sich nahe dem Haupteingang (Altbau Mittelltrakt) am Übergang vom Hauselternbereich zum Patientenbereich.

▪ In ähnlicher Weise bildeten Küche und Speisesaal eine Brücke vom Hauseltern- zum Patientenbereich; eine eigene Küche war für die Hauselternfamilie nicht vorgesehen.

▪ Der Speisesaal diente allen, die nicht mit der Essenszubereitung und -ausgabe befasst waren. Er war auch der Ort der täglichen Andachten des Hausvaters. Erst in den 1970er Jahren wurde in Bethel mit der inneren Aufteilung der Pflegehäuser in Gruppen begonnen, die je eigene Küchen und Essplätze erhielten. Weil Essen „auf der Gruppe" das Ende der herkömmlichen Andachtspraxis der Hausväter bedeutete, gingen der Neuerung z.T. langwierige Diskussionen voraus.

▪ Das Schlafzimmer der Hauseltern lag so, dass der Hausvater auch nachts leicht auf alle Stationen des Altbaus gelangen konnte. Vom davor liegenden Flur führten direkte Zugänge zu den Stationen B bis D, z.T. über eigene Treppen. Auf Station A hatte eine Nachtwache Dienst.

▪ Die Küchenmädchen hatten ihr Unterkunft unter dem Dach im rechten Flügel des Haupthauses über dem Schlafzimmer der Hauseltern, an dem der Zugang vorbei führte.

▪ In denkbar größtem Abstand dazu lagen die Schlafräume der ledigen jungen Brüder („Brüderhimmel") im Dachgeschoss des Anbaus über der Wachabteilung A.

1.3. Religiöse Vormundschaft

In Hebron waren bis in die 1960er Jahre – wie in allen Betheler Pflegehäusern und in vielen vergleichbaren Einrichtungen der Diakonie in Deutschland

---

[9] Über dem Zugang vom Altbau (Stationen B bis C) zur Wachstation A, den Patienten bei Neuaufnahme oder Rückverlegung durchschreiten mussten, hing in den 1980er Jahren eine große geschnitzte Holztafel mit der Aufschrift „Nur wer für das Geringe dankt, empfängt auch das Große. Dietrich Bonhoeffer". Die Spruchtafel befindet sich heute im Treppenhaus der Eckardtskirche. Ich danke Rainer Nußbicker, der das Schild abhängte, für diesen Hinweis.

– die Arbeit mit behinderten und hilfebedürftigen Menschen und die fromme Lebensgestaltung ihrer Betreuer aufs engste miteinander verknüpft. Die Ordnungen der religiösen Genossenschaften wurden nach dem Familienmodell im Sinne einer fürsorglichen Bevormundung auf weitere Mitarbeiter(innen) und Klient(inn)en übertragen. Die religiöse Unterweisung aller zum Haus gehörenden Personen war selbstverständliche Pflicht des Hausvaters. Auch wenn im Einzelfall Andachten auf andere Mitarbeiter delegiert wurden, lag die Zuständigkeit doch beim Hausvater.

Sonntags war es Pflicht, den Gottesdienst zu besuchen. Das belegt z.B. eine Anweisung der Betheler Zionsgemeinde vom März 1959. In Folge zahlreicher Neubauten nahmen damals im Bereich Eckardtsheim Umfang und Ausdifferenzierung der Anstaltsarbeit außerordentlich rasch zu. Deshalb ließ die Zionsgemeinde den Leitungen der Anstaltshäuser in der Senne Zitate aus Martin Gerhards und Alfred Adams Biographie über Friedrich v. Bodelschwingh d. Ä. verteilen. Darin hieß es:

> „Beschluß der Hauseltern-Konferenz vom November 1900 über die Frage: ‚Soll es in das Belieben der kranken und gesunden Anstaltsbefohlenen und Arbeiter gestellt sein, ob sie die Gottesdienste besuchen wollen?‘ Die Wochengottesdienste wurden der Entscheidung des einzelnen überlassen, über die Sonntagsgottesdienste aber wurde beschlossen: ‚Wer vom Arzt oder Hausvater nicht entbunden wird, muss zur Kirche gehen.‘ Solchermassen gefestigte Sitte hat auf Jahrzehnte das Gesicht Bethels geprägt.“[10]

Dass der Beschluss der Hausväter aus dem Jahr 1900 ganz der Haltung Friedrich v. Bodelschwinghs d.Ä. entsprach und mit dem Familienprinzip engstens verknüpft war, lässt sich eindrücklich einem Schreiben des Anstaltsvaters nach Deutsch-Ost-Afrika vom Oktober 1894 entnehmen. Damals hatten die Betheler Missionare in den Usambara-Bergen erwogen, Afrikanern, zu denen sie enge Verbindungen hergestellt hatten, den Gottesdienstbesuch frei zu stellen. Bodelschwingh gab zwar zu, „daß gezwungener Kirchenbesuch äußerst verbitternd wirken“ könne, fand aber doch, die Missionare stellten „zu hohe Forderungen an die armen Heiden“, wenn sie ihnen die Entscheidung selbst überließen, denn „Heiden sind Kinder“ - also im Grunde nicht reif zu eigener Entscheidung. Deshalb riet er den Brüdern in der Mission, die Autorität der Häuptlinge zu nutzen, die doch „noch ein schönes patriarchalisches Verhältnis zu sämtlichen Dorfgenossen“ hätten. In diesem Zusammenhang kam er auf eigene Kindheitserfahrungen zu sprechen:

> „Unser seliger Vater hat uns, seinen fünf Söhnen, auch niemals den Kirchenbesuch befohlen. Aber es hätte sich doch keiner von uns, auch als wir erwachsen waren, etwa beikommen lassen zu sagen: Vater, ich habe heute keine Lust. Er ging voran, und es verstand sich ganz von selbst, dass wir alle mitgingen.“

Das Vorbild des Vaters, so fuhr er fort, präge nun sein Verhalten gegenüber den Betheler Anstaltsbewohnern:

---

[10] HAB, 2.17, Eckardtsheim, Kirchengemeinde, Rundschreiben vom 9.3.1959.

> „Was sollte hier aus unserer Gemeinde werden, wenn wir es unsern Epilepti-
> schen, großen und kleinen, pur in die Wahl stellten, ob sie in die Kirche
> kommen wollten oder nicht! Da wird ja immer Rücksicht genommen auf ein-
> zelne schwache Gemüter. Aber unsere sämtlichen Hausväter sind sich einig
> darin, daß dann sofort einige Schlingel den Ton angeben: ,Wir wollten zu
> Hause liegen bleiben', und würden dann auch viele Gute verführen.“[11]

Von den jetzt 1400 Epileptischen kämen noch nicht einmal zwei Prozent
darum nach Bethel, weil sie aus der Kirche gestoßen worden seien, alle hätten hingegen ihre Arbeit verloren,

> „und doch halten wir sie alle zur Kirche und Gottes Wort mit fester Hand an,
> und sie danken uns dafür.“[12]

Auch andere Klientengruppen betrachtete Bodelschwingh als unmündige
Kinder, für die Vormundschaft übernommen werden müsse, so etwa die ar-
beitslosen Wanderer:

> „Dasselbe ist zum Beispiel in [der Arbeiterkolonie, M.B.] Wilhelmsdorf der
> Fall, wo wir unseren manchmal zwei- bis dreihundert Wilhelmsdorfern auch
> kein freies Belieben erlauben können, damit man sich dann während der Zeit
> in den Kneipen herumtreibt und sich besäuft. Es sind unsere Hausgenossen
> und unsere Kinder, und wir haben die Pflicht zur Zucht.“[13]

Bodelschwingh griff also auf seine Erfahrungen mit dem eigenen Vater zurück, nahm sich dessen fürsorglich-bevormundendes Verhalten in religiösen
Dingen zum Vorbild für seinen Umgang mit den Hilfebedürftigen in den
Betheler Anstaltskolonien und empfahl den Missionaren in den Usambara-
Bergen ein entsprechendes Verhalten. Es sollte, in den Betheler Anstalten
wie im ostafrikanischen Missionsgebiet, ein „schönes patriarchalisches Verhältnis zu sämtlichen Dorfgenossen“ hergestellt werden, das religiöse Vormundschaft einschloss.

2. Das Ende der religiösen Bevormundung (um 1970)

2.1. Die Nachwuchskrise der Mutterhäuser

Im Herbst 1968 sah sich Sarepta zur Rückgabe des Stiftungsauftrages gezwungen, aus seinen Reihen für das gesamte weibliche Pflegepersonal der
Anstalt Bethel zu sorgen. Nazareth, das von einem geringeren Rückgang
betroffen war, musste diesen Schritt etwas später nachvollziehen.[14]

Bereits 1963 hatte Pastor Willi Schildmann, der Leiter der Betheler Teilanstalt Eckardtsheim, festgestellt, dass der auf Vater Bodelschwingh zurückge-

---

[11] Friedrich v. Bodelschwingh d. Ä. in: Alfred Adam (1975), Brief Nr. 176, S. 455.
[12] A.a.O. S. 456.
[13] A.a.O. S. 455.
[14] Vgl. Hans Herrlich (1977), S. 6.

hende Grundsatz, alle Pflegekräfte aus den beiden religiösen Genossenschaften zu rekrutieren, nur mehr auf dem Papier stand:

> „Da [...] unser Mutterhaus ebenso wie das Brüderhaus nicht in der Lage ist, diakonische Kräfte in halbwegs ausreichender Zahl zu stellen, so haben wir auch in Eckardtsheim zunehmend zum System der Aushilfen greifen müssen. *Diakonische Mitarbeiter* mußten durch *zivile Kräfte* [...] ausgelöst werden."[15]

Sareptavorsteher Wilhelm Brandt hatte schon Ende der fünfziger Jahre darauf hingewiesen, welch dramatische Entwicklung sich anbahnte: 1958 waren nur 15 Diakonissenschülerinnen eingetreten, der niedrigste Wert seit 1873! Im gleichen Jahr hatten 20 Schwestern das Mutterhaus verlassen. Weil außerdem zahlreiche Diakonissen ihren Feierabend angetreten hatten, war die Zahl der aktiven Schwestern binnen Jahresfrist um 54 gesunken. Um den Umfang seiner Arbeit mittelfristig aufrecht erhalten zu können, hätte das Mutterhaus nach Brandts Berechnungen 1958 110 bis 120 Neueintritte verbuchen müssen![16]

Während der 50er und 60er Jahren lassen sich bei den Neueintritten der beiden religiösen Personalgenossenschaften in Bethel unterschiedliche, in der Grundtendenz aber doch übereinstimmende Entwicklungen erkennen. Das zeigt die nachstehende Tabelle, auch wenn die Zeitschritte der Datenerhebung nicht ganz synchron laufen, weil sie verschiedenen Auflistungen entnommen sind:[17]

Sarepta				*Nazareth*			
Jahrfünft	Eintritte	Austritte	Saldo	Jahrfünft	Eintritte	Austritte	Saldo
1954–58	111	59	+72	1955–59	151	42	+109
1959–63	61	52	+9	1960–64	98	48	+50
1964–68	27	42	−15	1965–69	59[18]	36	+23
1969–73	8	61	−52				
1974–78	7	13	−5				
1979–83	0	5	−5				

Ein- und Austritte in den religiösen Genossenschaften Bethels

Fünfjahresschritte, Ruhestandsversetzungen bleiben unberücksichtigt!

---

[15] Arbeitsbericht der v. Bodelschwinghschen Anstalten Bethel (AB) 1962, 28. Man beachte die von mir im Zitat hervorgehobene Unterscheidung, die erst im Jahresbericht 1970 aufgegeben wurde.

[16] Nach Beate Böhm (2006), S. 405, Anm. 72.

[17] Nach Helmut Rosemann (1997), S. 202, Anm. 9 und 10.

[18] 1973 wurden in Nazareth neue Mitgliedschaftsregelungen getroffen, so dass ein Vergleich mit Sarepta von da an nicht mehr möglich ist. Aussagekräftig sind aber die Aufnahmezahlen der Diakonenschule – vgl. Helmut Rosemann (2002), S. 171. 185. 204 f. Aufnahmen in die Diakonenschule, Unterrichtsjahr und Anzahl: 1972/73: 28, 1973/74: 36; 1974/75: 28; 1975/76: 32; 1976/77: 26 (wegen des starken Andranges in diesem Jahr aus 100 Bewerber[inne]n ausgewählt).

2.2. Veränderte Lebensentwürfe junger, christlicher Frauen in der Nachkriegszeit

Beim rapiden Rückgang der Neuzugänge spielten veränderte Norm- und Wertvorstellungen jener jungen Frauen und Männer eine Rolle, die in den 50er und 60er Jahren zur Berufsausbildung anstanden. Sie hatten andere individuelle Lebensentwürfe entwickelt als ihre Mütter und Väter.[19] Besonders einschneidende Veränderungen lassen sich im Hinblick auf Bildungs- und Berufschancen junger Frauen beobachten.

Manches davon hatte sich schon seit Jahrzehnten abgezeichnet, war aber durch äußere Umstände lange verzögert worden. Schon vor dem Ersten Weltkrieg hatten sich im Bereich der Krankenpflege neben weiblichen Krankenpflegeorden und Diakonissenmutterhäusern konfessionelle und freie Schwesternschaften sowie weibliche Berufsverbände etabliert, die evangelischen Frauen eine berufliche Perspektive in der Diakonie *ohne* Mutterhausbindung und Zölibat eröffneten. Erfolglos hatten die Kaiserswerther Diakonissenhäuser seinerzeit versucht, die weibliche Diakonie exklusiv für sich zu reklamieren.[20] Die Folgen der Veränderung waren aber in den Kriegs- und Krisenzeiten bis Ende der 40er Jahre noch nicht in vollem Umfang spürbar geworden. Seit der ersten Hälfte der 50er Jahre ging aber, begünstigt durch die vom Koreakrieg ausgelöste Konjunktur, erstmals in der deutschen Geschichte ein stabil bleibender Anteil von rund 50% der Frauen im arbeitsfähigen Alter einer regelmäßigen beruflichen Tätigkeit nach.[21] Gleichzeitig nahmen die Ausbildungsmöglichkeiten zu – trotz einer Frauen- und Familienpolitik in der Ära Adenauer, die die Hausfrauen- und Mutterrolle zu zementieren versuchte. Junge evangelische Frauen aus einfachen Verhältnissen,[22] denen noch in den 20er Jahren durch den Eintritt in ein Mutterhaus die seltene Chance einer qualifizierten Ausbildung mit anschließender verantwortungsvoller Berufstätigkeit geboten worden war, sahen sich nun zahlreichen anderen beruflichen Möglichkeiten gegenüber, auch im Bereich der Diakonie. Die Bereitschaft, sich der straffen Ordnung einer zölibatären Lebens-, Glaubens- und Dienstgemeinschaft im Diakonissenhaus zu unterwerfen, wo nur Taschengeld statt Gehalt gezahlt wurde, ging erheblich zurück.

Der Einbruch beim Nachwuchs war so radikal, dass Bethel nach der Rückgabe des Stiftungsauftrages durch Sarepta 1968 umgehend eine eigene Personalverwaltung aufbaute, um eigenständig freies, d.h. nicht an ein Mutterhaus gebundenes Pflegepersonal anzustellen; parallel dazu wurden zahlreiche auf Bethel zugeschnittene, neue Ausbildungsgänge für Pflege- und Betreuungskräfte gegründet, um den nötigen Nachwuchs heranzubilden.[23] Allein zwi-

---

[19] Vgl. Matthias Benad (2006b) S. 536 f.
[20] Vgl. Kerstin Winkler (2003), S. 211–218.
[21] Vgl. Kerstin Winkler (2005), S. 147–150.
[22] Gebildete Bürgertöchter zu gewinnen, war den Diakonissenhäusern nicht erst in der Zwischenkriegszeit schwer gefallen, vgl. Kerstin Winkler (2003), S. 218.
[23] Vgl. Matthias Benad (2006b) S. 544 f.

schen 1969 und 1974 stieg die Zahl der in Bethel tätigen freien diakonischen Pflegekräfte um das Vierfache, von 211 auf 850.[24] In den Anstaltshäusern für Frauen, die von Diakonissen versorgt wurden, waren die Veränderungen bald zu spüren.

2.3. Reaktionen Sareptas und Nazareths auf ihren Bedeutungsverlust im Betheler Anstaltsgefüge nach 1968[25]

Angesichts des Nachwuchsrückganges und des Bedeutungsverlustes im Gesamtgefüge der Anstalten beschritten die religiösen Personalgenossenschaften Bethels seit Ende der 1960er Jahre unterschiedliche Wege der Anpassung, erreichten aber nach reichlich drei Jahrzehnten, zu Beginn des 21. Jahrhunderts, weitgehende Konvergenz.

In Sarepta vollzog sich der Veränderungsprozess im spannungsvollen *Nebeneinander zweier eigenständiger Frauengenossenschaften*. Die Diakonissenschaft behielt nach einer kurzen Phase kontroverser Diskussion und dem Austritt einiger reformorientierter Schwestern Anfang der 70er Jahre die überlieferten Ordnungen unverändert bei und vermied bis Ende der 80er Jahre tiefergehende Umstrukturierungen, ohne dass der Nachwuchsmangel behoben werden konnte. Parallel dazu sorgte die Mutterhausdirektion dafür, dass sich die 1953 gegründete *Ravensberger Schwesternschaft*, zunächst unter der Leitung von Diakonissen, zur zweiten religiösen Frauengenossenschaft unter dem Dach Sareptas entwickelte. Die Ravensberger Schwestern, denen seit 1976 auch verheiratete Frauen angehören durften,[26] erreichten zwar nie die zahlenmäßige Stärke der Diakonissenschaft. Sie bekamen aber doch wichtige Arbeitsstationen und verantwortliche Positionen selbständig übertragen, als die Kräfte der Diakonissen für den Dienst immer mehr abnahmen. Gleichzeitig drängte die Mutterhausdirektion auf Verselbständigung. Nachdem die Ravensberger Schwesternschaft viele Jahre vor allem als Nachwuchsreservoir der Diakonissenschaft von nachrangiger geistlich-diakonischer Qualität angesehen worden war, etablierte sie sich in den 90er Jahren unter der Leitung eigener, Ravensberger Schwestern als zweite *gleichrangige* Frauengenossenschaft im Diakonissenhaus Sarepta *neben* den Diakonissen. Die Diakonissenschaft rückte ihrerseits vom patriarchalischen Familienprinzip ab und formte sich zur selbstbestimmten religiösen Frauengenossenschaft um;[27] 1994/95 wurde die Trach-

---

[24] Laut Statistik der Personalabteilung I, vorgelegt in der Brüderratssitzung von Nazareth im April 1975 von Diakon Damm, vgl. Helmut Rosemann (1997), S. 205, Anm. 21. Zur Steigerung der Mitarbeiterzahlen in den v. Bodelschwinghschen Anstalten Bethel, Bereich Krankenhäuser und Heime, während der Jahre 1974–1980 vgl. Matthias Benad (2006b), S. 550–553.

[25] Vgl. Matthias Benad (2006a), S. 61–63.

[26] Vgl. Kerstin Winkler (2005), S. 182–186.

[27] Bis dahin galt nicht die Schwesterngenossenschaft, sondern der Vorstand bzw. die Direktion als Subjekt des Mutterhauses, vgl. Matthias Benad (2003), S. 126–132, S. 141 f.

tenordnung revidiert und die Haubenpflicht aufgehoben, 1998 erstmals eine verheiratete Frau in die Diakonissenschaft aufgenommen. Zu Jahresbeginn 2004 wurden die beiden Schwesternschaften vereinigt.

In Nazareth hingegen beschritt man nach einem Generationenwechsel in der Leitung[28] ab 1969 den Weg der *Reform innerhalb der Genossenschaft*. In den Jahren zuvor waren die Ordnungen Nazareths in die Diskussion geraten. Vor allem hatten die Brüder als „mündige Christen" mehr demokratische Mitwirkungsmöglichkeiten verlangt. Die Diskussionen Ende der 60er Jahre drehten sich u.a. um die Verlobungsordnung, in deren Zusammenhang sich die Veränderung des gesellschaftlichen Umfeldes besonders gut erkennen lässt.

Seit den Anfängen Nazareths waren den jungen Brüdern alle Liebesbeziehungen zu Frauen streng untersagt. Eingesegnete Diakone, die nach einigen Dienstjahren Bewährung in eine Stelle mit ausreichendem Einkommen entsandt wurden, um eine Familie ernähren zu können, durften bei der Direktion die Erlaubnis erbitten, sich nach einer Frau umsehen zu dürfen. Vorsteher Paul Tegtmeyer (im Amt 1923–1954) war der Auffassung gewesen, dass die Auswahl der Ehefrau für einen Diakon Bekenntnischarakter habe. Er hatte 1923 eine systematische Eignungsprüfung für die von den Brüdern benannten Brautkandidatinnen eingeführt. Im Falle des Einverständnisses der Direktion durfte Verlobung gehalten werden, danach war die junge Frau verpflichtet, vor der Eheschließung an einem Brautkurs in Bethel teilzunehmen.

- Seit Anfang der 60er Jahre hatte die Direktion mehrfach ohne dauerhaften Erfolg versucht, jungen Brüdern den Sinn der seit Jahrzehnten nur unwesentlich modifizierten Verlobungsordnung nahe zu bringen.
- Anders als in früheren Jahrzehnten hatten inzwischen die meisten zukünftigen Brüderfrauen einen eigenen Beruf. Sie fanden sich nur ungern zu den Bräutekursen bereit, die mit monatelangen Praktika in Bethelhäusern verbunden waren.
- Viele der jungen Frauen hielten wenig von der Aussicht lebenslanger unentgeltlicher Mitarbeit im Berufsfeld ihres zukünftigen Mannes.
- Als 1969 die Teilnahme an den Bräutekursen freigestellt wurde, kamen sie nicht mehr zu Stande.[29]

Brüderfrauen, die mit ihren Männern in der Leitung eines Bethelhauses tätig waren, erhielten seit 1966 von Nazareth einen relativ niedrigen monatlichen Pauschalbetrag; ab 1972 wurde ihnen eine reguläre Hausmuttervergütung auf

---

[28] 1967 war Paul Tegtmeyer, der Vorsteher der Jahre 1923 bis 1954, verstorben. Er hatte als „Person gewordene Brüderordnung" die z.T. schriftlich nicht weiter fixierten Ordnungen Nazareths in einer Weise verkörpert (vgl. Helmut Rosemann (2002), S 168), wie es keiner seiner beiden Nachfolger Hermann Wilm und Kurt Wolf mehr vermochte. Im selben Jahr schied nach zwanzig Dienstjahren Diakon Friedrich Wachtmann als Verwaltungsleiter aus, der Ausbildungsleiter und der Brüderälteste wechselten im Jahr darauf, 1969 trat nach einer Phase krankheitsbedingter Vakanz Johannes Busch das Amt des Vorstehers an (ebd., 167, vgl. Helmut Rosemann (1997), S. 203 Anm. 11).
[29] Vgl. Petra Brinkmeier (1997), S. 239–257.

Basis des Bundesangestelltentarifes (BAT) gezahlt,[30] – nachdem zuvor schon der BAT mit seinen Qualifikations- und Dienstalterstufen die überkommene Gleichordnung der Brüdergehälter aufgehoben hatte.

1972 wurde in Nazareth – sehr zum Unmut Sareptas – mit der Ausbildung von Diakoninnen begonnen.

So wie der Verlobungsordnung erging es allen überlieferten Regeln in Nazareth: Es wurde gefragt, „welche Ordnungen um des Dienstes willen aufgebbar sind oder neu hinzukommen müssen". Die Folge war ein mehr als zwei Jahrzehnte währender Umgestaltungsprozess,[31] der mit manchen schweren inneren Zerreißproben[32] einherging, die Unterscheidung von Diakonenanstalt und Brüderschaft mit sich brachte und 1993 schließlich die Umbenennung der Brüdergenossenschaft in *Diakonische Gemeinschaft Nazareth* zur Folge hatte, nachdem schon seit Jahren zahlreiche Ehefrauen und Diakoninnen als stimmberechtigte Vollmitglieder aufgenommen worden waren.[33]

Die skizzierten Entwicklungslinien bis Anfang des 21. Jahrhunderts zeigen, dass die Veränderungen in der Alltagskultur, die so viele religiöse Implikationen in sich trug, einerseits zwar gegen erhebliche beharrende Kräfte in den Mutterhäusern, andererseits aber doch auch auf starkes Betreiben reformorientierter Gruppierungen in denselben religiösen Genossenschaften zu Stande kamen. Die Auflösung des Familienprinzips und der Wandel der damit verbunden religiösen Alltagskultur kam nicht nur von außen, sie wurde auch aus den religiösen Genossenschaften heraus voran getrieben!

Wenden wir uns nach dieser bis an die Gegenwart heranreichenden Skizze zur Entwicklung der geistlichen Genossenschaften den Veränderungen in den Pflegehäusern zu.

2.4.   Gastarbeiterinnen für die Hauswirtschaft (1960)

Die Erosion der traditionellen Pflegehausstrukturen zeigte sich um 1960 zuerst im Hauswirtschaftsbereich. 1962 stellte Willi Schildmann, Leiter der Teilanstalt Eckardtsheim fest:

> „Gegenwärtig zersetzt m. E. der Mangel an Küchenhilfen unser überkommenes Familiensystem in den Heimen stärker als das Fehlen diakonischer Mitarbeiter auf den Stationen."[34]

---

[30] Vgl. Karin Fuchs (1996), S. 12.

[31] Das traditionelle Einsegnungsgelübde verlangte von den Diakonen die Absage an den Eigenwillen und das Versprechen pünktlichen, willigen Gehorsams gegenüber dem Brüderhausvorstand. Jetzt wurden mündiges Christsein, Demokratisierung der Leitungsstrukturen und eigenverantwortliche Mitwirkung zu Leitvorstellungen.

[32] Vgl. Heinrich Jürgenbehring (2002), S. 211 f. u.ö., sowie Matthias Benad (2006b).

[33] Vgl. Helmut Rosemann (2002), S. 175; Reinhard Neumann (2002), S. 256.

[34] Arbeitsbericht der v. Bodelschwinghschen Anstalten Bethel (AB) 1962, 28.

Weil der Mangel an Mitarbeiterinnen im Hauswirtschaftsbereich ein so drän-
gendes Problem war, bewarb sich die Anstaltsleitung von Eckardtsheim im
Frühjahr 1960 um die Zuweisung von 21 Gastarbeiterinnen. Sie reagierte
damit auf ein Angebot, das die Geschäftsstelle des Landesverbandes der Inneren Mission und des Evangelischen Hilfswerks Westfalen in Münster den
Anstalten in der Region unterbreitet hatte.[35] Zunächst wurde die Vermittlung
junger „Mädchen aus den nordischen Ländern" über kirchliche Dienststellen
versucht. Da sich die Kontaktaufnahme zu lange hinzog, wurde das Landes-
arbeitsamt in Münster eingeschaltet, das zunächst eine Gruppenanwerbung in
Spanien erwog, dann jedoch in Abstimmung mit der Inneren Missi-
on/Hilfswerk vorschlug, die Anwerbestelle der Bundesanstalt für Arbeit in
Athen einzuschalten: Eine Vermittlung in evangelische Heime habe im or-
thodoxen Griechenland mehr Chancen als im katholischen Spanien.

Innere Mission und Hilfswerk gehörten zu jenen gesellschaftlichen Kräften,
die sich besonders früh um Arbeitskräfte aus den genannten Ländern bemühten. Nachdem 1955 von der Bundesanstalt für Arbeit ein erstes Anwerbeab-
kommen mit Italien geschlossen worden war, folgten als nächste Länder im
Jahr 1960 Spanien und Griechenland.[36]

Nach Ausweis der Unterlagen begannen im Sommer 1960 tatsächlich acht
junge Griechinnen in Eckardtsheimer Häusern mit ihrer Arbeit. Nicht lange
nach Dienstantritt wurden „Urteile" über sieben von ihnen notiert.[37] Zwei
galten als ungeeignet, die eine, weil sie nicht pünktlich zur Arbeit erschien,
jeden Abend wegging und sich „bockig" verhielt, die andere, weil sie dau-
ernd weinte und womöglich depressiv, vielleicht sogar selbstmordgefährdet
war; außerdem wollte sie lieber in der Industrie arbeiten. Bei dreien hieß es,
sie machten einen guten Eindruck, aber zwei von ihnen wollten auch in die
Industrie gehen, und der dritten scheint ihre Arbeit nicht gefallen zu haben.[38]
Über die beiden übrigen jungen Frauen hieß es zunächst lapidar „nicht
schlecht". Eine Telefonnotiz hielt jedoch wenig später eine Mitteilung aus
dem Schillingshof fest, die Griechin dort sei nicht mehr tragbar. Nachdem sie
sich mit einem Landsmann in der Nachbarschaft verlobt habe, feiere sie seit
Tagen und käme erst um halb drei Uhr nachts heim. Außerdem habe sie ihrer
Landsmännin vom Sigmarshof und der ganzen dortigen Küchenbesatzung
mit einem Messer in der Hand gedroht, den Hals abzuschneiden; sie sei „auf-
sässig, hysterisch, boshaft".

So blieb von den acht jungen Frauen kaum eine übrig, die dauerhaft für eine
Mitarbeit in Frage kam. Rundschreiben der Geschäftsstellen von Innerer

---

[35] Vgl. HAB 3.113, Schreiben der Geschäftsstelle Münster an Anstaltsleitung
Eckardtsheim, 11.5.1960.
[36] Vgl. Hans-Walter Schmuhl (2003), S. 436.439.
[37] Aus den Häusern Ararat, Gute Hoffnung, Kana, Krith, Sonneck, Thekoa, Schillingshof, Sigmarshof. Die Beurteilung über die junge Frau aus Krith liegt nicht mehr
vor.
[38] Die Notiz lautet „1 gut // 2 schlecht" und ist schwer zu deuten.

Mission und Hilfswerk in Münster und Stuttgart lassen erkennen, warum die Griechinnen so schwer in die Pflegehäuser zu integrieren waren: Die Zentrale in Stuttgart mahnte die diakonischen Arbeitgeber, Mädchen und jungen Frauen, die zur Arbeit nach Deutschland gekommen seien, bedürften persönlicherer und differenzierterer Betreuung als Männer in der gleichen Situation. „Das Heimweh und die Entbehrung des Zuhause und des Rückhaltes an der Familie" brächten für die Griechinnen „gewisse Gefährdungsmomente" mit sich.[39] Um das Verständnis der Arbeitgeber für die jungen Frauen warb die Geschäftsstelle in Münster, in dem sie auf Hintergründe hinwies:

> „Wir dürfen [...] nicht erwarten, daß die Griechinnen um des diakonischen Dienstes willen in unseren Heimen Arbeit annehmen. Sie kommen nur, um ihren darbenden Familien [...] eine finanzielle Hilfe zu geben. Für ihre Arbeitsleistung erwarteten sie einen Lohn, der höher liegt als der, der in Griechenland für die gleiche Arbeit gezahlt wird, und außerdem eine geregelte Arbeitszeit. Es liegt ihnen in der Regel weniger an der persönlichen Betreuung in einem kirchlichen Heim als an dem Einhalten ihrer vertraglichen Rechte und der Möglichkeit, ihren Angehörigen Geld schicken zu können."[40]

Die Verhältnisse in der westfälische Diakonie haben diesen Vorstellungen offenbar kaum entsprochen. Im selben Rundschreiben aus Münster heißt es, dass eine griechische Hausgehilfin in Athen etwa DM 100,- netto in der Woche verdiene, in den Universitätskliniken Münster hingegen bei einer wöchentlichen Arbeitszeit von 45 Stunden DM 180,- erhalte. An solchen Vergleichspunkten würden die Arbeitverhältnisse in der Diakonie gemessen.

> „Die Griechinnen halten untereinander Verbindung und *unsere* [in der westfälischen Diakonie angestellten griechischen Hilfskräfte; d. Verf.] haben bereits festgestellt, dass sie weniger verdienen, aber länger arbeiten müssen als ihre Kolleginnen. Es ist deshalb zu befürchten, daß sie sich nach kurzer Zeit um andere Stellen bemühen werden. *Wir sind vor die grundsätzliche Frage gestellt, ob wir die Löhne für Hausgehilfinnen nicht anheben müssen. Eine Beschäftigung über 48 Stunden wöchentlich hinaus ist dabei nicht anzuraten.*"[41]

Die Überlieferung lässt nicht erkennen, wie hoch im Sommer 1960 in Eckardtsheim der Lohn für eine Haushaltshilfe aus Griechenland und welche Wochenarbeitszeit zu leisten war. Sicher ist aber, dass dort noch kurz zuvor, im Frühjahr 1960, als man sich um die Zuweisung von Ausländerinnen bewarb, Arbeitszeit- und Lohnvorstellungen herrschten, die erheblich von dem abwichen, was auf dem Arbeitsmarkt als attraktiv gelten konnte. In Haus Eckehardt wollte man – mutmaßlich bei freier Kost und Unterkunft – einer

---

[39] Vgl. HAB 3.113 Fremdarbeiterinnen (sic!), Rundschreiben Nr. der Hauptgeschäftsstelle der Inneren Mission und des Evangelischen Hilfswerks in Stuttgart vom 31.8.1960, Betr. Ausländische Arbeitskräfte in Deutschland.
[40] HAB 3.113, Rundschreiben der Geschäftsstelle der Inneren Mission und des Evangelischen Hilfswerks Westfalen in Münster, 1.8.1960.
[41] Ebd., Unterstreichung im Original. Im Rundschreiben vom 22.4.1960 war mitgeteilt worden, nach den Angaben der westfälischen Heimleitungen „beträgt die Durchschnittsarbeitszeit 8 Stunden täglich = grundsätzlich 48 Stunden wöchentlich." Es galt also die 6-Tage-Woche.

Hausgehilfin „80,- bis 120,- DM monatlich" (!) bezahlen, die Wochenarbeitszeit sollte 60 bis 70 Stunden betragen.[42]

Allem Anschein nach nötigte der gescheiterte Versuch, Gastarbeiterinnen in Eckardtsheim zu beschäftigen, dortige Leitungen erstmals zu einer direkten Auseinandersetzung mit dem bundesdeutschen Arbeitsmarkt und den dort üblichen Tarifen. Der Hinweis der Diakonie-Geschäftsstelle in Münster, dass die Griechinnen nicht „um des diakonischen Dienstes willen in unseren Heimen Arbeit annehmen", signalisierte, wie sehr sich die Rahmenbedingungen der Anstaltsarbeit seit den frühen 50er Jahren geändert hatten. Nun musste im frommen Anstaltsmilieu zur Kenntnis genommen werden, dass es nicht länger möglich war, erwecklich geprägte junge Frauen zu gewinnen, deren Motivation zu aufopferungsvoller Mitarbeit gegen ein Taschengeld durch regelmäßige Andachten und die Einbindung in die familiäre Atmosphäre eines Anstaltshauses aufrechterhalten werden konnte.

2.5. „Zivile Kräfte" im Pflegebereich (um 1965)

Die Erosion des Familiensystems trat im Laufe der 60er Jahre auch im Betreuungs- und Pflegebereich immer deutlicher hervor. Der Rückgang des Nachwuchses in Nazareth[43] in den 50er und 60er Jahren verlief zwar weniger dramatisch als in Sarepta, hatte aber langfristig ähnlich weitreichende Folgen. Wie Helmut Rosemann in seiner Studie über Haus Hebron in Eckardtsheim gezeigt hat,[44] ging die Zahl der Neuzugänge zwischen 1955 und 1969 so stark zurück,[45] dass sich die Dienstgemeinschaften der Pflegehäuser auch auf der Ebene der Betreuer und Pflegekräfte von innen her aufzulösen begannen. Bis in die zweite Hälfte der 1950er Jahre war es üblich, dass neben dem Hausvater und einem verheirateten Vorstehenden Bruder die pflegerischen Arbeiten von Diakonenschülern geleistet wurden, ergänzt von einigen freien Helfern. Damit die jungen Brüder zwischen ihren theoretischen Ausbildungskursen mehrere Pflegehäuser kennen lernten, wurden sie im Halbjahresturnus versetzt. Sie erhielten so Gelegenheit, sich unter verschiedenen Hausvätern in den Dienst, die Frömmigkeitspraxis und die Ordnungen Nazareths einzuüben.

Als die Zahl der Jungbrüder sank und eingesegnete Diakone wegen steigender beruflicher Anforderungen immer öfter zu Fortbildungskursen einberufen wurden, entstanden erste Personallücken. Sie konnten zunächst noch mit

---

[42] Vgl. HAB 3.113. das Formblatt Arbeitsnachweis des Landesverbandes der Inneren Mission und des Evangelischen Hilfswerks Münster, undatiert. Es handelt sich wohl um die Zweitschrift des eingereichten Blattes. Die Vermittlungsaufträge sollten laut Rundschreiben vom 22.4.1960 bis zum 28.4. eingereicht werden. Zur Arbeitszeit heißt es: „6.30–19.30 Uhr mit 2 Freistunden von 13–15.00 Uhr; ein freier Nachmittag in der Woche; jeder 2. Sonntag ist ganz frei!"
[43] Vgl. Helmut Rosemann (1997), S. 200–206 und ders. (2002), S. 160–209.
[44] Vgl. ders. (2003), S. 281–295.
[45] Vgl. die Zahlen von Helmut Rosemann (1997), zusammengetragen in der Tabelle bei Anm. 16, rechte Spalte.

fertig ausgebildeten, verheirateten Brüdern geschlossen werden, was die familiale Ordnung der Häuser zwar beeinträchtigte, weil nun neben dem Hausvater mehrere verheiratete Diakone arbeiteten, aber der Nazarethbindung insgesamt keinen Abbruch tat.[46] Folgenreicher war, dass die Personalleitung Nazareths sich zunehmend gezwungen sah, auch Zivildienstleistende und freie Helfer in die Häuser zu entsenden. Im April 1968 machten die freien Kräfte in den Eckardtsheimer Häusern ca. 50 % aller Mitarbeiter aus, wobei noch 35 Stellen unbesetzt waren. Im Jahr darauf rang sich der Personalleiter Nazareths zu der Erkenntnis durch, dass man „mit Nachdruck auf die Einstellung von freien Mitarbeitern zugehen" müsse.[47] So gerieten die Diakone in den Anstaltshäusern vollends in die Minderheit. Wie der Hausvater von Hebron im August 1968 feststellte, hatte das zur Folge, dass in den Häusern „eine andere Atmosphäre" einzog.[48] Das äußerte sich z.B. darin, dass

- Zivildienstleistende begannen, den Hausvater an die vom Bundesamt für den Zivildienst erlassenen Dienstvorschriften zu erinnern: Für Mehrarbeit sollte Freizeitausgleich gewährt werden;
- freie Helfer ihre Überstunden vorrechneten und angemessene Bezahlung verlangten;
- die in Nazareth seit Jahrzehnten geübte Frömmigkeitspraxis gegenüber den mitarbeitenden Nicht-Nazarenern begründet werden musste;
- Betreuungsmaßnahmen problematisiert und kritisiert wurden, nicht zuletzt auch von jüngeren Diakonen, die, im Unterschied zum Hausvater, über eine Fachausbildung verfügten.

Das „Selbstverständnis der bis dahin geübten Haus-Diakonie [...], das Prinzip von Gebet und Arbeit, ora et labora" unter der Leitung des Hausvaters wurde fundamental in Frage gestellt.[49]

2.6.   Mangel an Fachlichkeit, Kooperationsbereitschaft und Kritikvermögen: Ein Votum für die Abschaffung der Hausväter in der Jugendhilfe (1970)

Helmut Rosemanns Beobachtungen aus Haus Hebron lassen bereits erkennen: Nachdem die Erosion des Familiensystems die Hauswirtschaft und den Betreuungs- und Pflegebereich ergriffen hatte, konnte die übergeordnete Leitungebene der Hauseltern nicht länger unangetastet bleiben. Besonders deutlich zeigte sich das im Bereich der Jugendhilfe, die 1968/69 u.a. im Zuge der politischen Studentenbewegung bundesweit in eine Krise geriet, die der Diskussion um die pädagogische Qualität der Arbeit erheblichen Auftrieb gab. In dieser Situation erregte im Februar 1970 eine kritische Eingabe von sechs Diakonen erhebliches Aufsehen in Eckardtsheim und Nazareth.

---

[46] Vgl. Helmut Rosemann (2003), S. 286 f.
[47] Zitiert a.a.O. S. 289.
[48] A.a.O. S. 288.
[49] Vgl. ebd., 292.

Die sechs eingesegneten Brüder,[50] die in Eckardtsheim als Fürsorgeerzieher
tätig waren, legten der Teilanstaltsleitung „Kritische Anmerkungen zur pädagogischen Situation Eckardtsheims sowie Vorschläge zur Änderung" vor.
Zwischen 1962 und 1966 eingesegnet, verfügten alle sechs Nazarethbrüder
über einige Jahre Berufserfahrung, vier von ihnen hatten außerdem eine spezielle Heimerzieherausbildung absolviert.[51] In ihrer Eingabe, die sich rasch
herumsprach und auch nach Nazareth weitergereicht wurde, enthielten sie
sich provokativer und ideologischer Töne, die vielen Verlautbarungen jener
Jahre eigen sind. Das dürfte die Wirkung ihrer Kritik noch verstärkt haben.
Die Reaktionen waren so heftig, dass es beinahe zum Ausschluss der Kritiker
aus der Diakonenschaft gekommen wäre.[52] In der Rückschau zeigt sich aber,
dass die Unterzeichner „durch ihre Kritik – unwissentlich und positiv gewendet – das Programm für die Entwicklung [...] des Hauses Eckehardt" formuliert hatten, das in den folgenden Jahren die zentrale Einrichtung der reformierten Jugendhilfe in Eckardtsheim wurde.[53]

Die Autoren der Eingabe kritisierten die Eckardtsheimer Erziehungsarbeit
vom Standpunkt der Fachlichkeit aus. In der Heimerziehung, so konstatierten
sie, vollziehe sich ein notwendiger Wandel, der vor allem auf Impulse verschiedener Fachwissenschaften zurückgehe:

- Die bedeutendsten Anstöße kämen von *Soziologie*, *Psychologie*, *Rechtswissenschaft* und theoretischer *Pädagogik*;[54]
- zugleich erfordere die Zusammensetzung der Jugendlichen in den Heimen
  eine stärkere Berücksichtigung *heilpädagogischer* und *psychiatrischer* Erkenntnisse.[55]

Neben den wissenschaftlichen Impulsen nannten sie gesellschaftliche und
politische Faktoren:

- Die Jugend habe sich das Schlagwort; „‚Kampf dem Autoritären' (nicht
  den Autoritäten)" zu eigen gemacht und handle entsprechend.[56]
- Das im Grundgesetz verankerte Recht auf „Freiheit der Persönlichkeit"
  finde zunehmende Beachtung und habe „Auswirkungen auf das Heimle-
  ben".[57]
- Da die Erziehungsheime ins Visier „antiautoritärer Gruppen" geraten seien
  und sich konzeptionelle Unsicherheit breit gemacht habe, sei es an der Zeit,

---

[50] HAB 2/13–150, Ernst-August Eichhoff, Heinz Hoffmann, Hartmut Schlichthaber,
Fritz Reich, Erich Lehmann, Helmut Deller, „Kritische Anmerkungen ...".
[51] Sie gehörten den Jahrgängen 1934, 1937, 1938 (zwei), 1939, 1941 an und waren
zwischen 1956 und 1959 in Nazareth eingetreten, also allesamt erst lange nach dem
Krieg ausgebildet. Vgl. Gottwald Brandt e.a. (2000).
[52] Auskunft von Fritz Reich im Dezember 2003.
[53] Vgl. Erhard Wehn (2006), S. 287 f.
[54] HAB 2/13–150, „Kritische Anmerkungen ..." (wie Anm. 50), S. 2.
[55] A.a.O. S. 3.
[56] Die Autoren des Papiers signalisieren Verständnis für die Parole, indem sie sich
nicht rundweg von ihr distanzieren, sondern einer häufig anzutreffenden Fehlinter-
pretation widersprechen. Ebd. S. 2.
[57] A.a.O. S. 3.

das Gespräch mit den Verantwortlichen einzuleiten, „um mit ihnen zu einer neuen pädagogischen Konzeption zu finden".[58]

Angesichts der politischen und gesellschaftlichen Herausforderungen und gemessen an „den theoretischen Erfordernissen", so stellten die sechs Diakone fest, hinke die pädagogische Arbeit in Eckardtsheim „in nicht mehr zu verantwortender Weise" hinterher. Gute Ansätze würden im Keim erstickt,[59] weil die Direktion von Nazareth und die Teilanstaltsleitung „den Willen zur Änderung" und „die Bereitschaft zum pädagogischen Wagnis" vermissen ließen.[60] Bei der Einstellung freier Mitarbeiter[61] werde zwar deren körperliche Tauglichkeit, nicht jedoch die charakterlich-geistige Eignung überprüft.[62] Der Anstalt fehle eine pädagogische Leitung und von psychologischer Seite kämen „die Impulse nicht energisch genug".[63]

Einer fachlich angemessenen Entwicklung der Arbeit standen nach Beobachtung der sechs Kritiker die „traditionell gewachsenen Ordnungen unserer Anstalt" entgegen, „die sich immer mehr zu Missbildungen entwickelt" hätten.[64] Zu den missgebildeten Ordnungen rechneten die Autoren auch den erzwungen Kirchengang, der eine „echte Verkündigung" in Frage stelle.[65]

Besonders schwerwiegende Probleme orteten die sechs Diakone bei den Hausleitungen. Ihre Kritik galt vor allem dem Führungsstil der Hausväter. Wie Mitte der 50er Jahre, als den Hausleitungen mit Ausnahme eines einzigen eingesegneten Diakons in der Funktion des „vorstehenden Bruders" nur Diakonenschüler als Mitarbeiter zu Verfügung gestanden hätten, bemühten sich die Hausväter auch gegenwärtig (1970) noch, die gesamte Arbeit „anzuleiten", „zu befehlen", „zu kontrollieren" und bei Abweichungen „notfalls auch zu strafen". Das sei nicht angemessen, da doch die Jungbrüder längst durch erwachsene freie Kräfte und durch eingesegnete Diakone ersetzt seien, „z.T. sogar mit sozialpädagogischer Ausbildung".[66]

> „Nachdem dieser Stil in den letzten Jahren erheblich angegriffen wurde, retteten sich die Hausleiter in eine schizophren anmutende Haltung. Auf der einen Seite sprachen sie von ‚Partnerschaft'[,] wenn es darum ging[,] Verantwortung abzuschieben [...], anderseits behielten sie sich aber den absoluten Machtanspruch vor. [...] Das wird in der Praxis so kaschiert, daß man großartige Mitarbeiterbesprechungen abhält, wo über Nebensächliches diskutiert wird (möglichst aber auch darin keine Entscheidung getroffen wird) und[67] im Übrigen alle wichtigen Entscheidungen unter Ausschluß der Öffentlichkeit getroffen werden."

---

[58] A.a.O. S. 1.
[59] A.a.O. S. 3 f.
[60] A.a.O. S. 1.
[61] Die Anstellung freier Mitarbeiter lag in dieser Zeit noch bei Nazareth.
[62] HAB 2/13–150, „Kritische Anmerkungen ..." (wie Anm. 50), S. 4 f.
[63] A.a.O. S. 6 unter 6.
[64] A.a.O. S. 4 unter 1.
[65] A.a.O. unter Punkt 3.
[66] A.a.O. S. 4, dort auch das folgende Zitat.
[67] Sic! – statt und lies während; M.B.

Bei der Vergabe von Gruppenleitungen zögen die Hausleiter Brüder, die, wie sie selbst, nur die – pädagogisch unzulängliche – Diakonenausbildung absolviert hätten, qualifizierten Sozialpädagogen und Sozialarbeitern vor.[68] Mitarbeiterschulung am Arbeitsplatz finde nicht statt, Hilfestellung von Seiten anderer Fachwissenschaften wie Psychologie und Psychiatrie, „etwa in Form von ‚Fall'-Besprechungen" werde nicht organisiert, Erkenntnisse der theoretischen Pädagogik von den Hausleitern weder wahr- noch ernstgenommen.[69]

> „[...] sachlich fachliche Diskussion [ist] kaum zu betreiben [, ...] weil die fachlichen Voraussetzungen (Ausbildung) sowohl bei den Hausleitungen, als auch bei den Mitarbeitern nur selten erfüllt sind, jeder aber meint, er sei auf Grund seiner Berufserfahrung allein schon fachlich genügend qualifiziert."[70]

Der Mangel an fachlicher Kompetenz habe zur Folge, dass von den Hausvätern „jede Kritik [...] durch eine seltsame Verflechtung von Person und Sache als Angriff auf die Person aufgefasst" werde. Deshalb würden Fehler nicht besprochen und beseitigt, sondern in vermeintlich christlichem Geist zugedeckt.[71] Die fachliche Qualifikation „der am Erziehungsvorgang beteiligten Personen" liege so sehr „im Argen, daß Diskussionen um Neuerungen schon im Grundsatz in Frage gestellt sind".[72]

Zur Verbesserung der pädagogischen Arbeit in Eckardtsheim schlugen die sechs Diakone deshalb die Bildung eines pädagogischen Teams als „Erziehungsleitung" für die gesamte [Teil-] Anstalt vor. Neben einem *Sozialpädagogen*, der als Erziehungsleiter letzte Verantwortung zu tragen habe, sollten ein *Psychologe*, *Psychiater*, *Verwaltungsleiter* und – in seelsorgerlicher Sonderrolle – *Theologe* zum Team gehören; *Gruppenerzieher* bzw. *Erzieher* seien nach Bedarf zu den Teamsitzungen zu laden.

Der Vorschlag beinhaltete Regelungen, die im Horizont der tradierten Ordnungen Nazareths als Umsturzversuch erscheinen mussten: Die Hausväter der Erziehungshäuser sollten zu Verwaltungsleitern degradiert und in pädagogischen Fragen ebenso den Weisungen der Erziehungsleitung unterstellt werden wie die Gruppenleiter. In puncto Personalführung sollten sie außerdem „[e]ine bessere Vorbereitung [...] auf ihr Amt" erhalten, was eine Kritik an der aktuellen Leitung implizierte: Die zukünftigen Verwaltungsleiter sollten zu besseren Vorgesetzten gemacht werden als die gegenwärtigen Hausväter es waren!

Der weitere Verlauf des Konflikts und die konkreten Folgen der Kritik für die Erziehungsarbeit in Eckardtsheim sind hier nicht weiter von Interesse; sie sind an anderer Stelle dargestellt worden.[73] Entscheidend für die uns interessierende Fragestellung ist die Tatsache, dass mit der Eingabe der sechs Dia-

---

[68] A.a.O. S. 6 unter Punkt 8.
[69] Ebd. S. 6. Punkte 5. bis 7.
[70] A.a.O. S. 5, unter Punkt 6.
[71] Ebd.
[72] Ebd. unter Punkt 2.
[73] Vgl. Erhard Wehn (2006).

kone (wenn ich recht sehe) erstmals in einem Arbeitsfeld Bethels durch fachlich begründete Kritik aus Kreisen einer geistlichen Genossenschaft das von
Bodelschwingh eingeführte Hauseltern- und Familienmodell abgelehnt wurde, weil es mit den Zielen der Arbeit und mit der Verantwortung für die
Klienten nicht mehr zu vereinbaren war![74] Damit wurde zugleich die mit
theologischen Argumenten begründete und in eine spezifische religiöse Kultur eingebettete Lebensordnung der Diakonenanstalt grundlegend in Frage
gestellt. Die Ordnungen Nazareths hatten sich durch mehrere Generationen
hindurch in Aufbau- und Krisenzeiten der Betheler Anstalten bewährt. Nun
aber stießen sie angesichts veränderter gesellschaftlicher Rahmenbedingungen im expandierenden bundesdeutschen Sozialstaat an ihre historischen
Grenzen. Das Familiensystem alten Typs mit Hausvätern an der Spitze, die
keine spezielle Fachausbildung absolviert hatten, schien angesichts neuer,
fachwissenschaftlich-interdisziplinär begründeter Betreuungs- und Erzie-
hungskonzepte nicht länger vertretbar.

2.7.   Neue Konzepte im Konflikt mit tradierter Religiosität

Wie in der Jugendhilfe entstanden auch in anderen Arbeitsfeldern während
der 1970er Jahre, je nach Bedarfslage der Klienten, materiellen bzw. personellen Möglichkeiten und fachwissenschaftlichen Impulsen neue Arbeitskon-
zepte und Organisationsformen, die mit dem traditionellen, auf der Pflegehausfamilie aufbauenden Betreuungskonzept gleichfalls nicht mehr zu
vereinbaren waren.[75] Das sei an zwei Beispielen verdeutlicht:

Seit Anfang der 1970er Jahre wurde auch in Bethel grundsätzlich darüber
diskutiert, ob die seit dem 19. Jahrhundert bei Patient(inn)en selbstverständlich durchgeführte *Geschlechtertrennung* und die damit verbundene Forderung nach sexueller Enthaltsamkeit aufrechterhalten werden solle. Auch die –
wohl nicht zuletzt aufgrund des Mangels anderer Möglichkeiten – nicht ganz
seltenen homosexuellen Beziehungen unter Bewohner(inne)n wurden nun in
Bethel zur Kenntnis genommen.[76] Nach eingehender Diskussion ging man
dazu über, Pflegehäuser mit Frauen und Männern gemischt zu belegen und
geschlechtliche Beziehungen zuzulassen. Den Anfang machte Haus Pniel in
Bethel 1973.

Auch die *sozialpsychiatrischen Konzepte*,[77] die in den 70er Jahren in einschlägigen Fachkreisen diskutierten wurden und sich in den folgenden Jahrzehnten praktisch auswirkten, waren mit den herkömmlichen Grundprinzi-

---

[74] Der Schritt der sechs Diakone kam nicht aus heiterem Himmel. Helmut Rosemann
hatte fünf Jahre zuvor mit seinem Vortrag „Vom neuen Geist in alten Häusern", als
Manuskript gedruckt Bethel 1965, das Feld bereitet.
[75] Vgl. Matthias Benad (2006), S. 543–548.
[76] Mündliche Überlieferung.
[77] Vgl. Asmus Finzen e.a. (Hgg.) (1995). Darin insbesondere den Beitrag von Klaus
Dörner (1995); vgl. auch den Beitrag von Barbara Randzio in diesem Band.

pien Betheler Anstaltsbetreuung nicht in Deckung zu bringen. Dass Patienten als anspruchsberechtigte Bürger angesehen wurden, die, ausgehend vom Gedanken der Chancengleichheit, durch angemessene Betreuung in die Lage versetzt werden sollten, ein selbstbestimmtes Leben zu führen, passte nicht zur traditionellen Rolle der Bethel-Patienten als betreuungsbedürftige Kinder, die den religiösen Vorgaben ihrer Hauseltern gehorsam Folge zu leisten hatten.

Im Zuge der Errichtung einer *psychiatrischen Regionalversorgung* kam es zum Aufbau therapeutischer Ketten mit Vollzeitkliniken für möglichst kurze Aufenthalte, mit Tages- und Nachtkliniken, Patientenclubs, Beratungszentren, Ambulanzen, beschützenden Werkstätten, Übergangsheimen und Wohnheimen. Dadurch wurde den Anstalten der Nachschub jener Patienten entzogen, die früher für lange Zeit als Kinder in den Pflegehäusern aufgenommen worden waren. Dass die neuen Formen der Betreuung von therapeutischen Teams verschiedener Professionen übernommen wurden, war ein Grund mehr für den Abschied vom familial organisierten Pflegehaus, in dem lange Zeit alle Mitarbeiter unter der Leitung von Hauseltern mit derselben diakonisch-pflegerischen Qualifikation ausgekommen waren, die ihnen im Mutterhaus vermittelt worden war.

Weitere Beispiele für konzeptionelle Neuerungen ließen sich anfügen. Gemeinsam war den beschriebenen Entwicklungen,

- dass die innere Organisation der Anstaltshäuser als virtuelle christliche Großfamilien mit ihrer spezifischen religiösen Kultur nach und nach aufgegeben und das Hauselternprinzip abgeschafft wurde,
- dass die Bewohner(innen) aus der Rolle betreuter, zu Gehorsam verpflichteter Kinder entlassen wurden mit dem Ziel, durch neue Wege der Betreuung und Förderung „die Eigenverantwortung und das Selbstvertrauen des einzelnen" zu stärken;[78]
- dass an die Stelle des *ganzen Hauses* die Trennung von Wohnen und Arbeiten trat, weil nun vom Pflegehaus unabhängige Werkstätten für Behinderte gegründet wurden;
- dass in diesen Zusammenhängen auch die Teilnahme an Hausandachten und sonntäglichen Gottesdiensten freigestellt und die Pflicht durch Einladung ersetzt wurde.

Die Ablösung der alten Hausstrukturen zog sich bis in die 1990er Jahre hin.

---

[78] Grundsätze für das Leben und Arbeiten in den v. Bodelschwinghschen Anstalten Bethel, Bielefeld-Bethel 1983, hier zitiert nach dem AB 1985, 5–8, hier S. 7.

3. Religiöse Selbstverantwortung und diakonische Unternehmensidentität

3.1. Entwicklungen in den v. Bodelschwinghschen Anstalten Bethel seit 1983

Bethel begann, sich als diakonisches Unternehmen zu verstehen und entwickelte eine Unternehmensverfassung.[79] Die 1983 in Kraft gesetzten „*Grundsätze für das Leben und Arbeiten in den v. Bodelschwinghschen Anstalten Bethel*" sind Ausdruck dieser Entwicklung. Sie zogen die Konsequenzen aus den seit rund fünfzehn Jahren eingetretenen Veränderungen und gingen nicht mehr von der religiösen Einheitlichkeit aus, die unter dem Einfluss eines leitenden Patriarchen und der Mutterhäuser im alten Bethel und seinen Tochterkolonien gegolten hatte, sondern stellten in Rechnung, dass unter Mitarbeiter(inne)n und Klient(inn)en „unterschiedliche religiöse, weltanschauliche Bindungen" und unterschiedliche, prägende Lebensereignisse Geltung haben, die durch den christlichen Auftrag der Anstalten untereinander verbunden sein sollen.[80] Die von allen Bewohnern als Bestandteil des Heimvertrages zu unterzeichnende „*Rahmenheimordnung der v. Bodelschwinghschen Anstalten*" von 1982[81] bekräftigt seither den evangelischen Charakter der Einrichtungen – und geht gleichzeitig von der religiösen Eigenverantwortung der Bewohner aus. Die Teilnahme an Gottesdiensten und Andachten ist freistellt:

> „Die ‚Heime für Behinderte' [...] sind Heime, in denen das Evangelium von Jesus Christus in Seelsorge und Wortverkündigung den Bewohnern angeboten wird. Sie stehen Heimbewohnern ohne Rücksicht auf deren Konfessionszugehörigkeit offen. Von den Bewohnern wird erwartet, daß die evangelische Grundrichtung der Heime anerkannt wird. *Zu den in den Heimen stattfindenden Andachten und zu den Gottesdiensten der Zionsgemeinde in Bethel und Eckardtsheim sind alle Heimbewohner eingeladen.*"

Gegen den Geist der *Grundsätze* und der *Rahmenheimordnung* wurde aber in manchen Anstaltshäusern noch geraume Zeit die Pflicht zur Teilnahme an Andachten beibehalten. Im Entwurf für die neue Hausordnung eines großen Anstaltshauses in Eckardtsheim, der um 1987 von Mitarbeitern formuliert wurde,[82] hieß es z.B.:

> „Das Haus [...] möchte sich ganz bewußt als ein Wohnheim anbieten, wo das Evangelium von Jesus Christus in Form von täglichen Andachten nach dem

---

[79] Vgl. Alfred Jäger (1992), S. 172–179. Dort unter Abschnitt III 2. „Fallbeispiele diakonischer Unternehmensverfassungen" Bethel als „Fallbeispiel: Diakonischer Konzern".

[80] Ebd.

[81] Heimordnung, gültig in Eckardtsheim laut Teilanstaltsbeschluss § 175/1982 vom 27.10.1982, HAB, Sammlung Eckardtsheim 3.26, Strukturgruppe. Hervorhebungen im folgenden Zitat von mir, M.B.

[82] Undatierter Entwurf einer neuen Heimordnung nach der Rahmenordnung der v. Bodelschwinghschen Anstalten, in HAB, Sammlung Eckardtheim 3.26 Strukturgruppe 1986–1989. Hervorhebungen im folgenden Zitat von mir, M.B.

Frühstück im Speisesaal verkündigt wird. *Wir erwarten von jedem Bewohner dieses Hauses, daß er* diesen Rahmen respektiert und *an den Andachten teilnimmt*, sofern nicht etwas anderes mit der Stations- oder Hausleitung vereinbart wird."

In den Zielvorgaben für den pastoralen Dienst in Eckardtsheim von 1989/90 wurde dagegen ausdrücklich bekräftigt:[83]

> „Für die gemeindliche Praxis gilt das Prinzip der Freiwilligkeit, am Gemeindeleben teilnehmen zu wollen."

Gottesdienste, Gemeindearbeit und Seelsorge werden in den v. Bodelschwinghschen Anstalten Bethel von einem breit gefächerten pastoralen Dienst angeboten. Gleichwohl wird man aber nicht davon ausgehen können, das damit eine qualifizierte religiöse Betreuung wie von selbst sicher gestellt ist.

3.2. Thesen zur gegenwärtigen Situation

Einige vorläufige Überlegungen zur religiösen Identität diakonischer Unternehmungen seien an den Schluss gestellt:

1. Es geht nicht zuerst um Schärfung des diakonischen Profils, also der Außenansicht diakonischer Unternehmungen, sondern vielmehr um ihre christliche Identität, also um ihre innere theologische Achse (Alfred Jäger), die auch Außenwirkung entfaltet.
2. Diese ist nicht mehr herstellbar über Bevormundung oder einen patriarchalischen Verkündigungshabitus – egal, ob er Frauen oder Männern eigen ist – mit dem Ziel einer relativ einheitlichen Religiosität, die, möglichst von allen Mitarbeitern individuell angeeignet und dann an die Klienten respektive Kunden weitergegeben wird.
3. Die Entwicklung religiöser Identität ist vielmehr eine Kernaufgabe des normativen Managements, wahrzunehmen von den Führungskräften in der Leitung einer Einrichtung oder Unternehmung.
4. Dabei ist die religiöse Selbstverantwortung der Mitarbeiter und Klienten zu achten, Bevormundung scheidet aus. Gleichwohl hat die Leitung die Aufgabe, normative Prozesse in Gang zu setzen und die religiöse Unternehmenskultur gezielt zu entwickeln und zu gestalten.
5. Um das leisten zu können, ist unter den leitenden Mitarbeiter(inne)n eine Verständigung über gemeinsame theologisch-diakonische Grundpositionen, über eine diakonische Management-Theologie (Alfred Jäger) erforderlich. Sollte ein gewisser Konsens in Kernpunkten nicht möglich sein, wird keine geistliche Identität in der Einrichtung respektive im Unternehmen entwickelt werden können. In diesem Fall wären Konsequenzen für die Zusammensetzung der Leitung zu ziehen.
6. Auf der beschriebenen Grundlage ist in einem Leitbildprozess zusammen mit den Mitarbeiter(inne)n die Entwicklung und Umsetzung einer diakoni-

---

[83] Zitiert nach Ulrich Hentschel (2006), S. 90.

schen Einrichtungs- resp. Unternehmens-Theologie zu leisten bis hin zu planungs- und praxisrelevanten Konzepten für alle strategischen und operativen Bereiche, einschließlich Zielformulierungen und Verfahren zur Überprüfung des Vorgehens, um Erfolge und Misserfolge erkennen und Kurskorrekturen durchführen zu können, auch im religiösen Bereich.

7. Von den Mitarbeiter(inne)n darf Offenheit für die religiöse Dimension menschlicher Existenz in unterschiedlichen Traditionen und Kulturmustern ebenso erwartet werden wie grundsätzliche Übereinstimmung mit den Basiszielen des Unternehmens.

8. In diesem Zusammenhang ergibt sich ein neue Bestimmung der Aufgaben von Theolog(inn)en und Seelsorger(inne)n: Sie werden zu Beauftragten für Unternehmenskultur und sind in besonderer Weise zuständig für die Seele des Unternehmens (Alfred Jäger).

Ein Leitbildprozess wurde in den v. Bodelschwinghschen Anstalten Bethel 1983 erstmals in Gang gesetzt, später auf verschiedene Ebenen und Bereiche transponiert, vertieft, auch überarbeitet. Erstes Ergebnis waren die erwähnten Grundsätze für das Leben und Arbeiten in den v. Bodelschwinghschen Anstalten Bethel, es folgten, darauf fußend, Führungs- und Personalkonzepte.

Die Schlussbemerkung der eingangs zitierten Rückschau von Frau R. auf 25 Jahre Anstaltsleben, der zu Folge die religiöse Betreuung in der von ihr 1993 bewohnten Einrichtung Bethels eher nachlässig ausgeübt wurde, deutet darauf hin, dass auch zehn Jahre der Entwicklung und Umsetzung des Leitbildes nicht durchweg zu zufriedenstellender Praxis in der religiösen Betreuung geführt hat. Die Arbeit am und mit dem Leitbild bleibt eine fortwährende Aufgabe, die auf allen Ebenen, insbesondere aber von den Leitungen im Blick behalten werden muss.

Literaturverzeichnis:

ADAM, ALFRED (HG.) (1975): Friedrich v. Bodelschwingh d.Ä., Briefwechsel Bd. II 1893–1910, Brief Nr. 176, An die Usambara-Brüder, 20. Oktober 1894, S. 453–461, Bielefeld.

BENAD, MATTHIAS (2006a): Religiöse Grundlagen, in: DERS./SCHMUHL, HANS-WALTER (HGG.): Bethel-Eckardtsheim: Von der Gründung der ersten deutschen Arbeiterkolonie bis zur Auflösung als Teilanstalt (1882–2001), Stuttgart, S. 36–70.

DERS. (2006b): Von der Nachkriegsnot zum entfalteten Sozialstaat (1948–1986); in: DERS./SCHMUHL, HANS-WALTER (HGG.): Bethel-Eckardtsheim: Von der Gründung der ersten deutschen Arbeiterkolonie bis zur Auflösung als Teilanstalt (1882–2001), Stuttgart, S. 509–567.

DERS. (2003): Der Leitungskonflikt im Betheler Mutterhaus Sarepta 1910–1912: Probleme einer (zu) groß gewordenen Diakonissenanstalt; in: DERS./BÜLOW, VICCO VON (HGG.), Bethels Mission. (3) Mutterhaus, Mission und Pflege, Bielefeld, S. 89–146.

BÖHM, BEATE (2006): ‚weit genug ab, um eine gewisses Eigenleben zu ermöglichen' – Die Provinz der Frauen in der Männeranstalt; in: BENAD, MATTHIAS/SCHMUHL, HANS-WALTER (HGG.), Bethel-Eckardtsheim: Von der Gründung der ersten deutschen Arbeiterkolonie bis zur Auflösung als Teilanstalt (1882–2001), Stuttgart, S. 388–406.

BRANDT, GOTTWALD/TÜRPITZ, HELMUT/WEDUWEN, EBERHARD (HGG.) (2000): Suchen und Finden. Verzeichnis der Brüderschaft Zoar/Nazareth 1877–2000 (vervielfältigtes Typoskript), Bielefeld-Bethel.

BRINKMEIER, PETRA (1997): Wie aus Diakonenbräuten Hausmütter wurden. Zur Funktion der Brautkurse in der Diakonenschaft Nazareth 1894–1968; in: BENAD, MATTHIAS (HG.): Friedrich v. Bodelschwingh d.J. und die Betheler Anstalten. Frömmigkeit und Weltgestaltung, Stuttgart, S. 239–257.

DÖRNER, KLAUS (1995): Was ist Sozialpsychiatrie?; in: FINZEN, ASMUS/HOFFMANN-RICHTER, ULRIKE (HGG.): Was ist Sozialpsychiatrie. Eine Chronik mit Texten von Hans Dieter Brenner, Bonn, S. 83–90.

FINZEN, ASMUS/HOFFMANN-RICHTER, ULRIKE (HGG.) (1995): Was ist Sozialpsychiatrie. Eine Chronik mit Texten von Hans Dieter Brenner, Bonn.

FUCHS, KARIN (1996): ... aber es war gut! Narrative Interviews mit ehemaligen Hausmüttern in einer diakonischen Einrichtung [Diakonenfrauen aus Nazareth], (Erziehungswissenschaftliche Diplomarbeit Universität Bielefeld, Februar 1996, 12, vorhanden im IDSG), Bielefeld.

FUNKE, ALEX (1997): Die v. Bodelschwinghschen Anstalten in einer Zeit des Umbruchs (1968–1979); in: BENAD, MATTHIAS (HG.): Friedrich v. Bodelschwingh d.J. und die Betheler Anstalten. Frömmigkeit und Weltgestaltung, Stuttgart, S. 258–273.

HARDMEIER, URSULA (1994): Glaube und Religion in der Erfahrung von Menschen in Bethel; in: DIES./HENTIG, GUDRUN (HGG.): Erlebter Alltag in Bethel. Lebensgeschichte, Glaube und Religion, als Typoskript gedruckt von der Teilanstalt Bethel, Bielefeld, S. 84–117.

HENTSCHEL, ULRICH (2006): Leitungsstrukturen und Mitarbeiterschaft; in BENAD, MATTHIAS/SCHMUHL, HANS-WALTER (HG.), Bethel-Eckardtsheim: Von der Gründung der ersten deutschen Arbeiterkolonie bis zur Auflösung als Teilanstalt (1882–2001), Stuttgart, S. 90ff.

HERRLICH, HANS (1977): Bruderschaft Nazareth – gemeinsam entsandt; in: Mitteilungen aus der Diakonenschaft Nazareth/Bethel (Brüderbrief), Oktober 1977, S. 4–6.

JÄGER, ALFRED (1992): Diakonische Unternehmenspolitik. Analysen und Konzepte kirchlicher Wirtschaftethik, Gütersloh.

JÜRGENBEHRING, HEINRICH (2002): Nur wer sich ändert, bleibt sich treu; in: STEINBRÜCK, JÜRGEN (HG.): Was kann aus Nazareth Gutes kommen? Aus der 125jährigen Geschichte der Diakonischen Gemeinschaft und Westfälischen Diakonenanstalt Nazareth/Bethel, Bielefeld, S. 211f.

NEUMANN, REINHARD (2002): Neue Herausforderungen und Profilierungen. Nazareth in den Jahren 1992–2001; in: STEINBRÜCK, JÜRGEN (HG.), Was kann aus Nazareth Gutes kommen? Aus der 125jährigen Geschichte der Diakonischen Gemeinschaft und Westfälischen Diakonenanstalt Nazareth/Bethel, Bielefeld, S. 250–270.

ROSEMANN, HELMUT (1997): Vom Mutterhaus Nazareth zur Diakonischen Gemeinschaft Nazareth. Die Diakonenschaft im Umbruch der sechziger und siebziger Jahre; in: BENAD, MATTHIAS (HG.): Friedrich v. Bodelschwingh d.J.; Frömmigkeit und Weltgestaltung, Bielefeld, S. 200–206.

DERS. (2002): Traditionsabbrüche und Neugestaltungen. Nazareth ab Mitte der 60er- bis zum Ende der 70er-Jahre des 20. Jahrhunderts; in: STEINBRÜCK, JÜRGEN (HG.), Was kann aus Nazareth Gutes kommen? Aus der 125jährigen Geschichte der Diakonischen Gemeinschaft und Westfälischen Diakonenanstalt Nazareth/Bethel, Bielefeld, S. 160–209.

DERS. (2003): Zum Beispiel Hebron. 70 Jahre Psychiatriegeschichte in Bethel am Beispiel des Isolierhauses in Eckardtsheim; in: BENAD, MATTHIAS/BÜLOW, VICCO VON (HGG.), Bethels Mission (3). Mutterhaus, Mission und Pflege, Bielefeld, S. 253–327.

SCHMUHL, HANS-WALTER (2003): Arbeitsmarktpolitik und Arbeitsverwaltung in Deutschland 1871–2002, Nürnberg.

WEHN, ERHARD (2006): Auf dem Weg zu einer anderen Pädagogik; in: BENAD, MATTHIAS/SCHMUHL, HANS-WALTER (HG.), Bethel-Eckardtsheim: Von der Gründung der ersten deutschen Arbeiterkolonie bis zur Auflösung als Teilanstalt (1882–2001), Stuttgart, S. 287f.

WINKLER, KERSTIN (2003): Konkurrenz oder Hilfe; in: KUHLEMANN, FRANK-MICHAEL/SCHMUHL, HANS-WALTER (HGG.): Beruf und Religion im 19. und 20. Jahrhundert, Stuttgart, S. 210–226.

DIES. (2003): Konkurrenz oder Hilfe? Zur Rolle der Freien Hilfsschwesternschaften in der Mutterhausdiakonie; in: KUHLEMANN, FRANK-MICHAEL/SCHMUHL, HANS-WALTER (HGG.): Beruf und Religion im 19. und 20. Jahrhundert, Stuttgart, S. 210–226.

DIES. (2005): Mutterhausdiakonie und Freie Hilfsschwestern. Eine historisch-theologische Quellenstudie zur Westfälischen Diakonissenanstalt Sarepta im 20. Jahrhundert (Diss. theol. Kirchliche Hochschule Bethel 2003), Typoskript, Bielefeld.

Johannes Degen

Mehr als Anstaltsauflösung. Vorläufiges Protokoll der Konversion einer Anstalt

Es ist in mehrfacher Hinsicht heikel, Veränderungsprozesse zu beschreiben, allemal solche, die noch nicht abgeschlossen sind und an denen man als Protokollant selber beteiligt ist.[1] Der Rückblick hat immer auch einen rekonstruierenden Charakter und das verführt dazu, in einen Prozess, der trotz aller Planungen und Entscheidungen von vielen mehr oder weniger glücklichen Zufällen bestimmt war, eine Systematik hineinzulesen, die den Akteuren im laufenden Geschehen gar nicht deutlich vor Augen war. Und dann auch die Frage: Wann fing der Prozess an, über den hier zu berichten ist, wo endete die Vorgeschichte, was war zu einem beschreibbaren Zeitpunkt das Neue? Die Gefahr ist groß, das Früher und Vorher als gleichsam unerlöste Vorzeit zu einer dunklen Folie für das strahlend Neue abzuwerten. Und sofern Veränderungsprozesse nicht abgeschlossen sind, steht der abschließende Härtetest in der Realität noch aus, die kritische Überprüfung, ob das Ziel, wenn es nicht im Prozess schon längst hinfällig geworden, erreicht worden ist. Dies sei vorausgeschickt und mit der Empfehlung verbunden, den folgenden Bericht mit einer angemessenen Portion von Wachsamkeit zu lesen.

1.   Die Menschen

Die Parole der Evangelischen Stiftung Hephata „Die Zeit der Anstalt ist vorbei", die in den letzten Jahren handlungsleitend wurde, hat eine lange, bedeutsame Vorgeschichte, bevor sie 1997 in die Öffentlichkeit getragen wurde.[2] Es geht dabei um eine strategische Umsteuerung, um die Konversion einer traditionsreichen diakonischen Organisation, die in den zurückliegenden zwei Jahrzehnten in der einen oder anderen Weise vorgedacht und dann auch schrittweise vorbereitet und ermöglicht wurde.[3]

---

[1] Mit Blick von außen, vgl. Martina Meister (2001), S. 43–49.
[2] Die Evangelische Stiftung Hephata (so genannt seit 1996) wurde 1859 als ‚Evangelische Heil- und Pflegeanstalt für blödsinnige Kinder Rheinlands und Westphalens bei Mönchen-Gladbach' gegründet und bald schon für Menschen, d.h.: bis in die 70er Jahre des vergangenen Jahrhunderts ausschließlich für Männer mit Behinderung aller Altersstufen geöffnet.
[3] Als eine erste Skizze zum Konzept Anstalt vgl. Johannes Degen (2004), S. 199–207.

Rückblickend ist zunächst einmal der Frage nachzugehen, welche Menschen mit welchen Erfahrungen sich 1995/96 zunächst ohne Plan und dann sehr bald mit eindeutigen Absichten auf einen Weg machten, der von heute aus gesehen nichts weniger als die Auflösung von Anstaltsstrukturen und de facto die Neugründung eines diakonischen Dienstleistungsunternehmens für Menschen mit Behinderung zum Inhalt und zum Ziel hat.

Ganz wichtig waren jene Fachkräfte in der Stiftung, die bereits Mitte der 70er Jahre und dann ganz besonders in den 80er Jahren des vergangenen Jahrhunderts damit begonnen hatten, in Mönchengladbach von der zentralen Anstalt aus einen Wohnheimverbund in der Stadt aufzubauen.[4] 1995 wohnten immerhin schon 117 Menschen in Außenwohngruppen[5] in verschiedenen Stadtvierteln von Mönchengladbach, 419 Menschen lebten zu diesem Zeitpunkt auf dem Anstaltsgelände. Noch war es üblich, nur die so genannten „Fitten" ausziehen zu lassen, sehr betreuungsbedürftige Menschen hielt man in der Anstalt. Allerdings gab es damals bereits eine Anzahl von Mitarbeitenden in der Stiftung, die deutlich erkannten, was das Anstaltssystem an Hospitalisierung und Bevormundung für die Menschen[6] bedeutet und dass hier ein Ausbruch aus dem System, ein Bruch mit der Vergangenheit nötig sein würde. Mehrheitsfähig war diese Ansicht damals noch nicht.

Das Beharrungsvermögen der Anstaltsphilosophie ist ein Phänomen, das weiterer Klärung bedarf, besonders im Hinblick auf die Situation in Deutschland mit seiner ausgeprägten und in dieser Weise singulären Anstaltstradition. Die Geschichte der Stiftung seit 1945 im Besonderen ist wissenschaftlich noch nicht aufgearbeitet worden. Sehr spät und gegen vielfältige Widerstände wurde die Politik der Anstalt in der Zeit des Nationalsozialismus und die Haltung zu den Euthanasiemorden zur Kenntnis genommen.[7] Nach dem Krieg stand der Wiederaufbau der zerstörten Häuser im Vordergrund, neue Häuser kamen hinzu. Nach der Kontinuität des Betreuungsstils und der Sicht auf die Menschen über den Zeitenbruch von 1945 hinweg wurde zunächst wohl nicht gefragt. Hier blieb ein wichtiges Thema im Dunkel. Es gibt aber vielfältige Hinweise dafür, dass es nicht zu einer wirklich grundsätzlichen Umkehr in der Behandlung und Betrachtung von Menschen mit Behinderung nach 1945 kam.[8] In der Zeit von 1968 bis 1983 gab es unter Direktor Klaus

---

[4] In Mönchengladbach-Rheydt wurde 1976 ein Wohnhaus erworben, in das eine erste Gruppe von Männern aus der Anstalt einzog. Die Häuser des Mönchengladbacher Wohnheimverbundes waren damals noch so etwas wie ein Abbild des Heimmodells, das auf dem Anstaltsareal beherrschend war.

[5] Es handelte sich dabei um ein die Menschen sortierendes Innen-Außen-Schema, das das bis dahin und in vielen Einrichtungen bis heute vorherrschende Schema einer reinen anstaltlichen Sonderwelt ablöste und insofern als wichtige Vorstufe zu einer konsequenten Anstaltsauflösung verstanden werden kann.

[6] Ich verzichte im Folgenden auf die Etikettierung ‚mit Behinderung', sofern es nicht unbedingt notwendig ist.

[7] Vgl. Uwe Kaminsky (1995).

[8] Noch in den Bewohnerakten der 50/60iger Jahre des vergangenen Jahrhunderts finden sich Bezeichnungen für die Menschen, die in der Anstalt leben, die Ausdruck einer Abwertung sind. Da ist die Rede von ‚Jungen'. (auch für Menschen, die eindeu-

Kaempf (Pfarrer und Pädagoge) einerseits Pläne für einen umfänglichen Ausbau der Zentralanstalt, andererseits war dies aber auch eine erste Aus- und Aufbruchphase. In den sich anschließenden Jahren bis 1995 wurden unter Direktor Horst Leweling Initiativen für eine weitere Öffnung der Anstalt oft genug durch den übergroßen Einfluss eines konservativen Stadtbürgertums, das den Erhalt der Anstalt vor Augen hatte, blockiert. Durchgreifende Reformansätze waren zu dieser Zeit noch nicht mehrheitsfähig.

Große Bedeutung für die Stiftung hatte es, dass nach einer schweren Führungskrise innerhalb der Stiftung in den Jahren 1994/95 eine kommissarische Zweierführung dafür sorgte, dass eine neue Satzung vorbereitet und Anfang 1996 in Kraft gesetzt wurde, die eine drastische Reduktion der aufsichtsführenden Ebene[9] und eine strikte Trennung derselben von geschäftsführenden Aufgaben vorsah. Damit waren die Weichen für eine unternehmerische Entwicklung[10] der Stiftung gestellt. Die Mehrheit des Kuratoriums erkannte die Notwendigkeit, zur Sicherung der Stiftung so etwas wie einen Masterplan zu erarbeiten.

Eine zunächst vielleicht unscheinbare Bestimmung in der neuen Satzung kann in ihren praktischen Auswirkungen nicht hoch genug eingeschätzt werden. In § 2 Absatz 3 heißt es: „Alle Dienste haben sich am Wohl und an den Interessen der Behinderten zu orientieren, die, soweit möglich, ihr Leben selbst gestalten".[11] Diese Bestimmung sollte nicht das normale Schicksal solcher Zwecksetzung haben und zum Versatzstück für Festreden verkommen. Sie ist vielmehr bis heute wirklich maßgebende Meßlatte und verbindlicher Ausgangspunkt für alle Prozesse der Stiftungsveränderung, insbesondere für die nachhaltige Dezentralisierung der Wohnangebote der Stiftung.

Auf der Vorstandsebene und in enger Verbindung derselben mit einigen leitenden Mitarbeitern gingen 1996/97 Menschen an die Arbeit, die beruflich schon mehrjährige Anstaltserfahrungen gemacht hatten und die mehr und anderes als die Sanierung von hospitalisierenden Wohn- und Arbeitsstrukturen für angezeigt hielten. Einige hatten aber auch schon gute Erfahrungen mit gemeindeorientierten Dienstleistungen außerhalb von isolierenden anstaltlichen Sonderwelten machen können. Insgesamt war die personelle Konstellation auf der obersten Führungsebene der Stiftung nahezu von Anfang an nicht durch Profilierungs- und Konkurrenzkämpfe belastet, vielmehr wurde ge-

---

tig als Erwachsene anzusehen sind), ‚Pfleglingen', ‚Schwachen', ‚Kranken', den ‚Schwächsten', ‚Schwachsinnigen', ‚Pflegebedürftigen', ‚Epileptikern', ‚Idioten' u.ä.

[9] Aus einem mehr als 40köpfigen Verwaltungsrat, in den ein aus Haupt- und Ehrenamtlichen bestehender Vorstand integriert war, wurde ein zwölfköpfiges Kuratorium. Die geschäftsführende Verantwortung wurde auf einen zweiköpfigen Vorstand mit Option für ein drittes Vorstandsmitglied, die zur Zeit aber nicht ausgeübt wird, übertragen.

[10] Vertreter der sogenannten verfassten Kirche und der Verbandsdiakonie im Kuratorium haben sich im Lauf der Jahre immer wieder schwer damit getan, diesen unternehmerischen Charakter des Diakonieunternehmens anzuerkennen.

[11] Es ist mehr als ein Schönheitsfehler, dass man damals noch umstandslos von ‚Behinderten' sprach, als wären die Menschen, um die es hier geht, nichts als behindert.

meinsam eine eindeutige Prozesspolitik verfolgt und dadurch konnte dann auch das Kuratorium für einen Abschied von ‚der Anstalt' gewonnen werden.

Parallel zum Aufbruch in Mönchengladbach in den Jahren ab 1995/96 verlief die Entwicklung auf dem Benninghof, einer Zweiganstalt der Stiftung bei Mettmann/Düsseldorf, 50km entfernt von Mönchengladbach, zunächst bis 1998 vollkommen anders. Die Teilanstaltsleitung hatte seit 30 Jahren konsequent das anstaltliche Schutzraumkonzept favorisiert, sodass es nicht verwundert, wenn noch im Jahre 1999 357 Menschen in der Anstalt Benninghof lebten, dagegen lediglich 28 Menschen in zwei kleinen, mehr oder weniger zufällig entstandenen Außenwohngruppen in der Stadt Mettmann. Die Dezentralisierung der Wohnangebote unter einer neuen Leitung konnte erst ab 1999 vorbereitet werden. Die entscheidende Hürde bestand und besteht zum Teil noch heute darin, dass die Personalauswahl und Personalentwicklung über Jahrzehnte hinweg am Erhalt des Anstaltsmodells orientiert war. Die Bürgergesellschaft in der Stadt Mettmann und den umliegenden Ortschaften liebte ‚ihren Benninghof' und dachte keineswegs an Anstaltsöffnung und Integration.

Eine ganz wesentliche Einsicht aus dem Nebeneinander der zeitlich versetzten Aufbruchprozesse in Mönchengladbach und auf dem Benninghof ist die Folgende: Natürlich sind isolierte, häufig draußen vor den Toren von Städten und ‚normalem Alltag' angesiedelte Immobilien ein wichtiges Kennzeichen von Anstalt. Mindestens ebenso nachhaltig aber machen Menschen als Fachkräfte das Beziehungssystem Anstalt nach Erving Goffman[12] zu einem System im Sinne von ‚Ich weiß, was gut für dich ist". Haltungen und Stile des Personals sind ebenso prägend für den Organisationstyp Anstalt wie deren räumliche Außenlage, wie deren Separation vom Alltag der Mehrheitsgesellschaft.

Die Menschen, die 1995/96 ganz überwiegend unter Anstaltsbedingungen in Mönchengladbach auf dem heute so bezeichneten Stiftungskerngelände und auf dem Benninghof bei Mettmann lebten, waren, wenn sie nicht zu den sogenannten „Fitten" zählten, ohne Alternative für ihren Lebensort in der Anstalt. Wo für Menschen mit geistiger Behinderung keine Möglichkeit besteht, zwischen verschiedenen Orten zum Wohnen und Leben zu wählen, da erlischt die Fähigkeit zum Wählen, und mag sie noch so gering entwickelt sein, langsam völlig und das Wünschen und Vorstellen kommt an ein Ende.

Als 1995 mitten im Stadtgebiet von Essen 12 jüngere Menschen in zwei Etagen eines Mehrfamilienhauses einzogen, die vorher in ihren Familien gelebt

---

[12] Vgl. Erving Goffman (1981), S. 13–123. Vgl. auch den ‚Klassiker' zur Enthospitalisierung und Gemeindeintegration: Franco Basaglia (Hg.) (1981). Weiterhin die Diskussion in Deutschland bestimmend: Klaus Dörner (Hg.) (1998). Diese wenigen Hinweise auf anstaltskritische Literatur sollen nicht den Eindruck erwecken, als sei der Prozess der Anstaltsauflösung in der Evangelischen Stiftung Hephata gleichsam ideologisch angestoßen worden. Vielmehr wird erst im Nachhinein deutlich, dass Hephata-Erfahrungen zu literarisch-wissenschaftlich aufgearbeiteten Erfahrungen im Bereich psychiatrischer Betreuungsstrukturen und -traditionen passen.

hatten und nun von Hephata Assistenz erhielten, da war diese neue Entwicklung für die nahezu 800 anstaltlich-zentral lebenden Menschen noch fremd, unvorstellbar und unerreichbar. Dies aber änderte sich in den Folgejahren gründlich.

2. Erste Schritte

Die Ausgangssituation 1996/97 lässt sich mit knappen Strichen beschreiben. Bis zu diesem Zeitpunkt hatte die Organisation eine für die sogenannte Behindertenhilfe[13] klassische Doppelstrategie nach dem Muster ‚Anstalt plus Außenwohngruppen' verfolgt. Es war absehbar, dass mit dem fortlaufenden Auszug von mobilen, für integrationsfähig gehaltenen Menschen die besonders verrückten, pflegebedürftigen Menschen zurückbleiben würden, so dass die Anstalt den Charakter eines ‚Siechenhauses' bekommt. Diese mögliche Entwicklung galt es schnörkellos auszusprechen und ebenso konsequent zu fragen: Ist dies gewollt? Was muss getan werden, um eine solche Entwicklung zu verhindern? Ist die Aufrechterhaltung von ‚innen' und ‚außen', diese Gleichzeitigkeit von Integration und Separation wünschbar, ist sie organisatorisch, wirtschaftlich durchzuhalten?

Der Gesamtbestand der Immobilien der Stiftung ließ darüber hinaus einen erheblichen Sanierungsbedarf erkennen, der auch als Ausdruck eines seit mehr als einem Jahrzehnt bestehenden Reformstaus auf strategischer Ebene verstanden werden konnte.[14] Ist es vertretbar, in die Sanierung ‚der Anstalt' im großen Stil zu investieren, um am Ende modernisierte große Heime in räumlicher Konzentration anbieten zu können, von deren Qualität und Profil man nicht mehr überzeugt sein kann, ganz zu schweigen von der abnehmenden Attraktivität solcher Angebote für Eltern, Angehörige, Betroffene, Nutzer, mit der man in der kommenden Zeit würde rechnen müssen. Die Angst des Stiftungsvorstands vor möglichen Leerständen war begründet. Deshalb lautete die schlichte Frage damals: ‚sanieren oder durchstarten?' Das Alte noch einmal modernisieren oder einen neuen Kurs einschlagen. Aber auf welches Neue hin sollte durchgestartet werden? Bereits Ende 1996 begann man, an einen grundlegenden Kurswechsel zu denken.

Veränderungen sind nur möglich, wenn diejenigen, die für die Finanzierung der Dienstleistungen zuständig sind, diese nach Art und Umfang auch als notwendig anerkennen. Der Landschaftsverband Rheinland als zuständiger

---

[13] Diese Bezeichnung eines Bereichs sozialer Dienstleistungen verbindet sich immer noch mit einem allzu traditionell-fürsorglichen Konzept von Betreuung, in der eine Beziehung von oben nach unten anklingt. Der Ansatz der Assistenz ist hier noch gar nicht zu hören.
[14] Die 80er und frühen 90er Jahre des vergangenen Jahrhunderts waren auch deshalb von stillstandsähnlichen Zuständen gekennzeichnet, weil weder Mittel zur durchgreifenden Sanierung der Altstrukturen erwirtschaftet wurden noch der Druck zur Behauptung im Wettbewerb zu spüren war.

überörtlicher Kostenträger, genauer: die zuständigen Fachabteilungen und hier vor allem die entscheidenden Referenten haben schon damals (1996) eine grundsätzliche Umsteuerung befürwortet und bestanden daher von Anfang an darauf, dass die Stiftung keine neuen Plätze[15] in ihren Anstalten errichtet.[16] Die Strategie der Dezentralisierung, die sich bereits Ende 1996 aus der Sicht der Stiftung als unbedingt notwendige Vorgehensweise in Umrissen abzeichnete und in der Folgezeit präzisiert wurde, ist vom Kostenträger ausdrücklich gewünscht und begrüßt worden. Die Stiftung hatte damit einen ganz wichtigen Partner an ihrer Seite und das ist im Wesentlichen bis heute der Fall.

Die klassische Doppelstrategie, der hohe Sanierungsbedarf und die auf Dezentralisierung gerichtete Politik des überörtlichen Kostenträgers – zu diesen Ausgangsbedingungen gehörte 1996 schließlich auch die schon erwähnte Bestimmung der neuen Satzung, dass die Menschen „soweit möglich, ihr Leben selbst gestalten". Die ersten Maßnahmen und Planungen in den Jahren 1996 und 1997 sind als Konsequenzen der Verarbeitung dieser Ausgangsbedingungen zu verstehen. In diesem Zeitraum geschahen wesentliche Klärungsprozesse, es wurde die Strategie der Dezentralisierung in einem komplexen Arbeits- und Kommunikationsprozess erarbeitet, erste Maßnahmen wurden vorbereitet. Die rund 12 Monate von November 1996 bis November 1997 waren so etwas wie der Kairos, der günstige Augenblick im antiken Sinne[17], um den Kurs der Stiftung neu zu bestimmen und eine grundlegende Konversion des ganzen Unternehmens zu denken und einzuleiten.

Im Herbst 1996 begann es zunächst damit, dass die Stabstelle ‚Zukunft Hephata' beim Vorstand eingerichtet wurde. Aus dem bis dahin sehr einflussreichen Psychologischen Dienst der Stiftung wechselte ein Psychologe mit Kompetenz auf dem Gebiet der Organisationsentwicklung in diese neue Position und brachte damit zugleich langjährige Erfahrungen in der Beratung von Menschen mit Behinderung ein. Als erste Initiative wurde die Bewohner-AG ‚Selbstbestimmt leben' mit der notwendigen Assistenz ins Leben gerufen. Bemerkenswert: das große Interesse bei den Bewohnern der Mönchengladba-

---

[15] Das Denken in Plätzen ist typisches Kennzeichen für ein Anstalts- bzw. Heimmanagement. Die Kundenorientierung ist dagegen – unbeschadet der Diskussion, ob man hier im Vollsinn von Kunden sprechen kann – ein die Anstalt in Frage stellender Ansatz. Die Kundenorientierung macht den Blick frei für die primäre Zweckbindung eines sozialen Dienstleistungsunternehmens; die Mitarbeiterorientierung tritt dagegen in die zweite Linie, ebenso wie die Sicherung des organisatorischen Bestandes eines überkommenen sozialen Dienstes.
[16] In den Jahren 1996/97 war der Landschaftsverband Rheinland bundesweit nahezu der einzige überörtliche Kostenträger, der die Politik der Dezentralisierung und damit auch die Auflösung von anstaltsmäßigen ‚Versorgungsstrukturen' (eine schlimme technokratische Sprache!) verfolgte.
[17] Kairos meint hier nicht den Anbruch der Heilszeit im christlichen Sinne, sondern in der Tat das Zusammentreffen von günstigen Umständen, die man als glückliche Zufälle bezeichnen kann. In vielen Managementkonzepten wird der Kairos in dem hier gemeinten Sinn zu einem todsicher funktionierenden Erfolgssystem umgedichtet.

cher Anstalt: 30 bis 40, in der Spitze bis zu 70 Menschen kamen zu den Sitzungen; eine unterstützte Kommunikation ermöglichte es auch denen, die sich schwer verständlich machen können, teilzunehmen.[18]

Von der Stabstelle Zukunft wurden Anfang 1997 16 eintägige Workshops durchgeführt, in denen die Mitarbeitenden der Wohnabteilungen Mönchengladbach jeweils für sich eine Bestandsaufnahme machten und Perspektivaussagen für die weitere Entwicklung erarbeiteten. In verschiedenen Mitarbeiterversammlungen wurde über den weiteren Weg der Stiftung diskutiert. Der Vorstand brachte erste Ideen für einen Umgestaltungsprozess ein. In zahlreichen Heimbeiratssitzungen und Angehörigenversammlungen, Gesprächszirkeln des Vorstands mit hierarchieübergreifend und freiwillig zusammen gekommenen Mitarbeitergruppen wurde über die Möglichkeit diskutiert und informiert, die Anstalt nicht mehr fortzuführen.

Nach einem schnell wieder eingestellten Versuch, einen Leitbildprozess in Gang zu bringen, stand fest, dass die künftige Stiftungsentwicklung von den drei Zielwerten Selbstbestimmung, Integration und Assistenz bestimmt sein sollte.

> *ASSISTENZ* für Menschen mit Behinderung
> auf ihrem *WEG* zur *SELBSTBESTIMMUNG*
> und *INTEGRATION*

Zielwerte der Stiftung

In elf Sitzungen entwickelte ein Planungsbeirat ,Projekt S' (= Stadtteilentwicklung auf dem Stiftungskerngelände in Mönchengladbach) unter Beteiligung von rund 20 Stiftungsmitarbeitern und einem externen Architekten/Stadtplaner eine Machbarkeitsstudie für das Gladbacher Anstaltsgelände. Was soll auf den 17 ha Anstaltsgelände in Zukunft geschehen, wenn der größte Teil der dort wohnenden Menschen in die Stadt, in das Umland ausgezogen sein würde?

Die Klärungsphase endete am 18. November 1997 mit einem sorgfältig vorbereiteten „Tag der Zukunft". Rund 300 Menschen nahmen teil, darunter allein 115 Menschen mit Behinderung. Angehörige und Betreuer, Mitarbeitende und Gäste als Fachleute von außerhalb diskutierten die Zielwerte. Die Machbarkeitsstudie, die für das Anstaltsgelände in Mönchengladbach eine Stadtteilentwicklung vorschlug, wurde eingehend vorgestellt. Es stand nun fest, dass allen Menschen ein Angebot gemacht werden sollte, das Anstaltsgelände zu verlassen und in ein Wohnhaus außerhalb einzuziehen. Auch den Mitarbeitenden wurde klar, dass sich ihre Arbeitssituation gründlich verän-

---

[18] Bis Anfang 1998 fanden 14 Sitzungen statt. Die Initiative, die sehr bald schon von einigen sehr aktiven Bewohnern mit Assistenz seitens der Stabstelle Zukunft geplant und durchgeführt wurde, wählte sich als Motto und als Gruppennamen ,Ich weiß doch selbst, was ich will'. Die Aktiven haben dankenswerterweise viel Unterstützung und motivierende Schubkraft von der Aktion People first erhalten, einer Selbsthilfeorganisation von Menschen mit geistiger Behinderung.

dern würde. Insgesamt: eine spürbare Aufbruchstimmung, gemischt mit Ängsten und Vorbehalten, aber auch vielen Wünschen, Forderungen und Ideen, die in der Folgezeit in praktische Veränderungsmaßnahmen mündeten.

Im März 1998 gab das Kuratorium der Stiftung dann nach einer eingehenden Beratung im Rahmen einer Klausursitzung seine Zustimmung zum „Projekt S". Der Vorstand wurde beauftragt, die Dezentralisierung der überwiegend noch zentral vorhandenen Wohnangebote und damit die Auflösung von Anstaltsstrukturen konsequent voranzutreiben, die planungsrechtlichen Voraussetzungen dafür zu schaffen, dass auf dem Anstaltsgelände in Mönchengladbach, nun als Stiftungskerngelände bezeichnet, allgemeines Wohnen möglich wird und das Angebot der Stiftung hin zu einem Netzwerk von vielgestaltigen Wohnmöglichkeiten in der größeren rheinischen Region zu entwickeln. Damit war eine entscheidende Weichenstellung in der Geschichte der Anstalt vollzogen worden.

3.   Aktivitäten im Übergang

Die Jahre 1998/99 haben die Konsequenzen und die Verbindlichkeit dieser Weichenstellung erkennen lassen. Ohne Berücksichtigung der zeitlichen Abfolge sollen im Folgenden die wichtigsten Vorgänge in diesem Zeitraum dargestellt werden.

Die Mitarbeitenden in den Heimen, Wohnhäusern und Diensten der Stiftung in der Region Mönchengladbach und Essen haben sich ein Rahmenkonzept erarbeitet, das dem Satzungsauftrag sowie den Zielwerten der Stiftung entspricht.[19] Damit war eine wichtige fachliche Grundlage geschaffen, um den Menschen, die aus der Anstalt ausziehen werden, sowohl in der Vorbereitungs- und Übergangsphase als auch am neuen Ort ‚außerhalb' gerecht werden zu können. Im übrigen wurde auf der Basis einer Herkunftsanalyse[20] der auf dem Stiftungskerngelände wohnenden Menschen und der Abklärung von Auszugswünschen damit begonnen, die Menschen mit den Alternativen zum Heim- und Anstaltsleben vertraut zu machen und sie zu unterstützen, ihre Wahlfähigkeit zu entwickeln.

Verschiedene Eingriffe in die Organisation hatten das Ziel, den praktischen Vorgang der Dezentralisierung nicht erst mit dem Wegzug vom Stiftungskerngelände erlebbar werden zu lassen. So wurde der Medizinische Dienst im wesentlichen beendet; die notwendige psychiatrisch-neurologische Behandlung wurde in Kooperation mit niedergelassenen Ärzten organisiert.[21] Die

---

[19] Rahmenkonzept des Fachbereiches Wohnen der Evangelischen Stiftung Hephata in den Regionen Mönchengladbach und Essen, Mönchengladbach März 1998.
[20] Die Herkunftsanalyse diente als Basis für die Entscheidung, an welchem Ort in sinnvoller Weise neue dezentrale Wohnhäuser entstehen sollten.
[21] Zunächst noch bis 2004 wurde für den Bereich der ehemaligen Anstalt in Mönchengladbach eine eingeschränkte allgemeinmedizinische Versorgung durch eine

zentrale Essensvorsorgung auf dem Stiftungskerngelände in Mönchengladbach wurde eingestellt.[22] Einkauf und Essenszubereitung wurden den einzelnen Wohngruppen zur Aufgabe gemacht; zusammen mit den Menschen er-
warb man sich mehr Alltagskompetenz. Auch die zentrale Wäscherei wurde
geschlossen; die Aufgaben wurden in Eigenarbeit übernommen oder man
vergab die Arbeit nach außen. Ebenso fand der Psychologische Dienst ein
Ende. Die früher als eigene, sehr einflussreiche selbständige und der Anstaltsleitung unmittelbar zugeordnete Gruppe von vier Psychologen wurde
aufgelöst, die Beteiligten wurden den einzelnen Abteilungen der Stiftung
unmittelbar und persönlich zu- und untergeordnet. Dieser Vorgang hat zu
einem Abbau von zentral steuernder und übermäßiger Spezialisierung im
Umgang mit den Menschen geführt[23] und die Kompetenz der Fachkräfte vor
Ort, in den Wohnhäusern und -gruppen gestärkt. Andere zentral versorgende
Dienste (z.B. eine Kleiderkammer) wurden ebenfalls beendet mit der Wirkung, dass mehr Individualität im Lebensstil, in der Lebensgestaltung und
-planung möglich wurde. Schließlich wurde schon in den Jahren 1998/99 und
dann noch mehr in den folgenden Jahren klar, dass die eigene Anstaltskir-
chengemeinde zunächst für den Bereich Mönchengladbach, später dann auch
für den Benninghof keine Zukunft haben würde.[24]

1999 feierte die Stiftung ihre Gründung vor 140 Jahren mit einem großen
Fest der Integration in der Stadthalle Rheydt.[25] In einem zweitägigen Sympo-
sium unter dem Titel ‚Das Risiko der Freiheit wagen' kamen im November
desselben Jahres über 200 Bewohner, Gäste und Mitarbeitende zusammen
und diskutierten die praktischen und ethischen Konsequenzen des Aufbruchs
aus der Anstaltstradition heraus.[26] Ein starkes Freiheitspathos bestimmte die-

---

eigene Ärztin sichergestellt. Dies wurde nun auch beendet. Eine entsprechende Entwicklung wird der Medizinische Dienst auf dem Benninghof erfahren. – Die Einfäde-
lung der Kooperation mit den niedergelassenen Ärzten war, was die Bereitschaft der
Ärzte sowie ihrer Standesorganisation betrifft, nicht ganz einfach. Davon abgesehen
aber ist dieser Systemwechsel nicht zu einem Nachteil für die betroffenen Menschen
geworden.
[22] Das hauswirtschaftliche Personal wechselte zum großen Teil in die neuen Wohnhäuser.
[23] Der Psychologische Dienst war bis 1996 zuständig für ‚Aufnahmen, Entlassungen,
Verlegung'. Beratung und Begutachtung von Bewohnern sowie die Supervision von
einzelnen Mitarbeitenden und Teams gehörten ebenfalls zu den Aufgaben.
[24] Immerhin konnte bisher schon eine Pfarrstelle, die bislang ausschließlich der Seelsorge und dem gottesdienstlichen Leben der Menschen auf dem Stiftungskerngelände
in Mönchengladbach diente, in eine Pfarrstelle des Kirchenkreises Gladbach-Neuss
umgewandelt werden, um die gemeindliche Integration von Menschen mit und ohne
Behinderung vor Ort zu fördern.
[25] Zur Vorbereitung auf das Jubiläum veröffentlichte die Stiftung im Januar 1999
eine Schrift mit dem Titel ‚Wir sind da! 140 Jahre Evangelische Stiftung Hephata'.
[26] Prof. Dr. Martin Th. Hahn kommentierte den Konversionsprozess der Stiftung aus
der Sicht seiner vielfältigen wissenschaftlichen Forschungen. Prof. Dr. Wilhelm
Schmid (1998) assistierte mit Ermutigung zur Freiheit. Vgl. die Januar 2000 veröffentlichte Schrift „Baustellen. Zielwerte der Evangelischen Stiftung Hephata auf dem
Weg von einer ‚klassischen Großeinrichtung' hin zu einem modernen Dienstleistungsunternehmen für Menschen mit Behinderung".

se zwei Tage. Bereits im Juni 1999 war eine Botschaft wurde aus Anlass des Jubiläums veröffentlicht worden, die seither zu einer Art Leitlinie für die Arbeit der Stiftung geworden ist.[27]

Selbstbestimmung, Assistenz und Integration

Die Botschaft der Evangelischen Stiftung Hephata im 140. Jahr ihres Bestehens auf dem Weg in die Zukunft

1. „Öffne dich" – das heißt auf Aramäisch: Hephata – so hat Jesus, der Mensch Gottes, damals irgendwo am See Genezareth einen Menschen angesprochen, der taub und stumm war. Und es wird erzählt (Markus 7,31-38), dass dessen Ohren sich öffneten und seine Zunge sich löste. Dieser Bewegung zu entsprechen – *öffnen und sich lösen* – ist Auftrag und Ziel der Tätigkeit aller Mitarbeiterinnen und Mitarbeiter in der Evangelischen Stiftung Hephata. Wir teilen in Dankbarkeit das Leben, das Gott einem jeden Menschen zu freier und verantwortlicher Gestaltung geschenkt hat, unbesehen mit allen Menschen, ob sie behindert sind oder sich als unbehindert ansehen.

2. Wir sehen es als unsere erste Aufgabe an, die *uneingeschränkte Menschenwürde* aller zu achten und dort, wo sie gefährdet ist, für deren ungeschmälerte Wahrung einzutreten. Wir erkennen in jedem Menschen – unbeschadet seiner Behinderung oder sonstigen Eigenart – ein einmaliges Geschöpf Gottes. Als dieses hat jeder Mensch vom ersten Anfang des Lebens bis zu seinem Ende das Recht, am Zusammenleben in der Gesellschaft teilzuhaben und dazu, wenn nötig, die erforderliche Begleithilfe (Assistenz) der Gemeinschaft zu erhalten.

3. Wir sind verpflichtet, auf Menschen mit Behinderung zu hören und sie in ihrem Streben und ihrem Wunsch nach einem *selbstbestimmten Leben* zu begleiten, zu unterstützen und entsprechend ihrem Wollen zu fördern. Von dieser Verpflichtung sehen wir uns unter gar keinen Umständen entbunden, auch dann nicht, wenn ein Mensch auf eine sehr umfassende Weise auf Begleitung und Stützung angewiesen ist, sich nicht unmittelbar sprechend äußern kann und für unsere Ansprache unerreichbar zu sein scheint. Zu dieser Haltung sehen wir uns auch durch die Satzung unserer Stiftung verpflichtet, die zum Ausdruck bringt, „dass alle Dienste (der Stiftung) sich am Wohl und an den Interessen der Behinderten zu orientieren haben, die, soweit möglich, ihr Leben selbst gestalten" (§ 2 Absatz 3 der Satzung der Evangelischen Stiftung Hephata in der Fassung vom 1.4.1998).

4. Es ist unsere Überzeugung und Erfahrung, dass Anstalten und große Heime eine Sonderwelt am Rande und außerhalb unseres durchschnittlichen Alltags darstellen, die den Menschen mit Behinderung wesentliche Möglichkeiten eines selbstbestimmten Lebens vorenthalten. Außerdem können wir uns am Ende dieses Jahrhunderts der Einsicht nicht verschließen, dass die Konzentration von Menschen mit Behinderung in Anstalten eine wichtige Voraussetzung für die massenhafte Ermordung dieser Menschen war, die man als „lebensunwert" ansah. Wir haben mit einer *Auflösung unserer Anstaltsstrukturen* am Stammsitz der Stiftung in Mönchengladbach sowie auf dem Benninghof bei Mettmann begonnen und in diesem

---

[27] Eine ausführlichere Auslegung der in dieser Botschaft proklamierten drei Zielwerte wurde unter Beteiligung einer Denkgruppe von Mitarbeitenden der Stiftung erarbeitet und dient seither als Orientierung. Vgl. Johannes Degen (2002), S. 331–337.

Zusammenhang den Prozess einer sorgfältigen Berücksichtigung der Bewohnerwünsche für ihr künftiges Wohnen und Leben eingeleitet.

5. In allen äußeren Veränderungen der Stiftungsarbeit geht es uns um einen *tiefgreifenden Haltungswechsel* in unserem Verhältnis zu Menschen mit Behinderung, um eine neue Machtverteilung. Indem die Lebenswünsche und Möglichkeiten der Menschen mit Behinderung ernsthaft im Mittelpunkt stehen, erleben Mitarbeitende als professionelle Helfer einen Machtverlust. Es ist unser Ziel, Hilfe als eine Assistenz zu verstehen, die sich löst von dem Muster der Bevormundung und Bemächtigung („Ich weiß doch, was gut für Dich ist.") und Menschen mehr Selbstbestimmung zutraut und ermöglicht.

6. Dort, wo Menschen mit Behinderung ihre familiären, nachbarschaftlichen und gemeindlichen Wurzeln haben, wollen wir als Stiftung unmittelbar anwesend sein – mit Assistenzangeboten zum Wohnen und Arbeiten, mit Bildungs- und Beratungsangeboten. Damit leisten wir einen Beitrag zur *selbstverständlichen Integration* von Menschen mit Behinderung. Wir verstehen unsere Dienstleistungen als Angebote, über deren Sinn und Nutzung die Menschen mit Behinderung in wachsendem Maße und mit den ihnen eigenen Fähigkeiten und Kräften selber entscheiden sollen. Deshalb regionalisieren wir unsere Stiftungstätigkeit in der rheinisch-bergischen Region und verstehen uns als ein Dienstleistungsunternehmen, das den Bedürfnissen und Möglichkeiten der Menschen mit Behinderung unmittelbar dient (Kundenorientierung).

„Öffnen und sich lösen" – wir sind mit der zukunftsbezogenen Weiterentwicklung unserer Stiftungsarbeit bemüht, dem Geist zu entsprechen, der sich in der biblischen Hephata-Geschichte als wirksam erweist, und wollen uns von diesem Geist inspirieren lassen.

In den Jahren 1998/99 hat man die Suche nach und die Planung von neuen Standorten für Wohnhäuser im Rheinland intensiv vorangetrieben. Damit konnten die Voraussetzungen dafür geschaffen werden, dass dann ab 2000 eine kontinuierliche Auszugsbewegung weg vom Stiftungskerngelände in Mönchengladbach beginnen konnte. Es verdient besondere Erwähnung, dass der kaufmännische Vorstand der Stiftung nicht nur in dieser Phase sondern von allem Anfang an den Prozess der Konversion der Stiftung nicht als ‚ausführender Zahlenknecht', sondern als fachlich-ethisch motivierte Führungsperson betriebswirtschaftlich mitgestaltet und unternehmerisch verantwortet.

Die Jahre 1998/98 müssen als Übergangsphase angesehen werden. Noch fehlte es an wirklich einschneidenden, spürbaren Veränderungen, noch war das hohe verbale Anspruchsniveau vorherrschend. Den Menschen, die die Dienste der Stiftung nutzen, die gewonnen werden mussten und vorbereitet wurden für einen Auszug aus ‚der Anstalt', fehlte es noch an der Sichtbarkeit der alternativen Lebensmöglichkeiten ‚außerhalb'. Hier und da war auch Angst mit im Spiel, die sich allerdings bald verflüchtigte, nicht zuletzt auch Dank der vielfältigen Aktivitäten des Zentrums Selbstbestimmt leben, von dem aus die Forderungen nach einem eigenständigeren, freiheitlicheren Leben mit Elan erhoben wurden.

Mit den Angehörigen und Betreuungspersonen musste in dieser Zeit intensiv darüber gesprochen werden, ob es tatsächlich ein sicheres Leben für Menschen mit Behinderung außerhalb des anstaltlichen Schutzraumes geben könne. Manche gaben sich erst überzeugt, nachdem ihr Sohn, ihre Tochter oder ihr Bruder aus der Anstalt in ein neues Wohnhaus umgezogen war und dies zu keinen wirklichen Katastrophen oder schwerwiegenden Beeinträchtigungen, sondern im Gegenteil zu einem Gewinn an Lebensqualität auch für diejenigen Menschen geführt hatte, die ganz besonders viel Assistenz für ihr tägliches Leben benötigen.[28] Aber noch konnten diese Erfahrungen in den Jahren 1998 und 1999 nicht gemacht werden, sodass bei der Aussicht, dass das solange schon ‚in der Anstalt' lebende Familienmitglied über kurz oder lang ‚außerhalb' schutzloser Wände, wie man befürchtete, sollte zurecht kommen können, in manchen Fällen die Erinnerung an längst vergangene Zeiten wach werden ließ. Damals hatte man den Sohn, die Tochter in die ‚Obhut' der Anstalt gegeben, sich schmerzhaft und mit einem Schuldgefühl getrennt und dieses Schuldgefühl über die Jahre hin damit besänftigt, dass die Anstalt der ein für allemal sicherste und beste Ort sei.[29] Was würde aus den eigenen Gefühlen der Fürsorglichkeit werden, die zu leisten man über Jahre hin an die Anstalt delegiert hatte? Die Gespräche, Diskussionen und Streitereien hatten in dieser Zeit bisweilen auch fast einen seelsorgerlichen Charakter.

In dieser Übergangsphase waren natürlich auch Veränderungen bei der großen Zahl der Stiftungsmitarbeiter festzustellen, die unmittelbar von den Maßnahmen der Anstaltsauflösung betroffen sein würden. Viele hatten sich zum Teil über Jahre hin daran gewöhnt, in großen Teams zu arbeiten, in denen das Prinzip der Verantwortungsdelegation ‚nach oben' perfekt eingespielt war. Fachliche Beratung und Entlastung war in der Anstalt von Haus zu Haus auf dem schnellen, direkten Weg möglich. Aber auch dies war im Einzelfall möglich: Fehl- und Missbrauchsverhalten insbesondere gegenüber den abhängigen Menschen konnte auf der ‚kollegialen Ebene' entweder vertuscht oder intern geregelt werden.[30] Für eine gar nicht so geringe Zahl von Mitarbeitenden war es möglich, sich arbeitsalltäglich in eine Nische zurückzuziehen, in der kaum Veränderungsbereitschaft bestand. Eine solche Nischenexistenz wurde nun mit dem seit 1996/97 eingeleiteten Veränderungsprozess zumindest erst einmal schwieriger.

---

[28] 2004 entstand im Rahmen der Talentschmiede 4 (dazu siehe unten S. 55) von vier Mitarbeitenden der Stiftung eine erste Studie, die unter anderem auch erste Auskünfte über diesen Gewinn an Lebensqualität gibt: „Vorher – nachher". Evaluierende Befragung von Menschen mit Behinderung und Mitarbeitenden, die ursprünglich im Kerngelände Mönchengladbach oder auf dem Benninghof Mettmann lebten und arbeiteten. Erhebung der wichtigsten Vor- und Nachteile des dezentralen Lebens, Wohnens und Arbeitens.
[29] Ich nenne dies die Reaktivierung der ‚Ablösungswunden', das Wiederaufbrechen des Schmerzes von damals, als man keine andere Möglichkeit mehr sah, als einen geliebten, schwierigen, schwer pflegebedürftigen Menschen herzugeben, loszulassen.
[30] ‚Dem Schweigen ein Ende' – so lautete eine stiftungsinterne Forumsveranstaltung, die im September 1998 stattfand und an der über 120 Mitarbeitende teilnahmen. Sexueller Missbrauch und in diesem Zusammenhang übergriffiges Verhalten sollte nicht länger geduldet, sondern arbeits- und strafrechtlich verfolgt werden. Die so genannten internen Lösungen sollte es nicht mehr geben.

Der Druck für die Mitarbeitenden, sich persönlich zu dem neuen Kurs der Stiftung positionieren zu müssen, wuchs. Das heimliche, dann aber immer offener diskutierte Thema war nun nicht mehr nur die räumliche Dezentralisierung, der Abschied von dem ‚Betreuungsmodell Anstalt‘, sondern die Herausforderung, das Verhältnis zu den Menschen, die man als behindert bezeichnet, von Grund auf zu verändern, zu erkennen, was diese Menschen durch Bevormundung und professionelle Routinen behindert, die eigene Machtausübung wahrzunehmen und konkret zu vermindern, kurzum: eine neue Haltung jenseits der Anstaltstradition einzuüben, die mit dem Zielwert Assistenz zunächst nur einen anderen Namen als die vertraute ‚Hilfe‘ erhält.[31] Dass diese Herausforderung von den einen mit Freude und Erleichterung über das Ende einer überholten Hilfepraxis angenommen wurde, während andere sich aufs Abwarten verlegten, ob ‚die da oben‘ mit ihren großen Worten wirklich etwas verändern, ob sie wirklich ‚zu Potte kommen‘ würden, das ist nur allzu verständlich angesichts einer ebenso anspruchsvollen wie chancenreichen Konversionsstrategie.

4.   Überblick über den aktuellen Stand der Stiftungskonversion

‚Die Zeit der Anstalt ist vorbei‘ - diese das Unternehmen Hephata gründlich verändernde Aussage, die Programm und Zielangabe zugleich ist, hat nicht allein die organisatorische Konversion einer traditionsreichen Anstalt zum Inhalt, einschließlich der Einübung einer neuen Haltung. Zugleich zielt diese Parole auch darauf ab, den Menschen mit Behinderung, die nach einer Möglichkeit suchen, außerhalb ihrer Familie zu leben, anders als bisher zu entsprechen. Wenn man sich im Rahmen der Dezentralisierung und Auflösung von anstaltlichen Lebensorten darum bemüht, Menschen nach mehr oder weniger langer, hospitalisierender Lebenszeit in der Anstalt eine Möglichkeit anzubieten, wieder an ihrem Herkunftsort zu leben[32], dann heißt dies andererseits aber auch, dass Menschen, die aus ihren Familien herausstreben, gar nicht erst in eine Anstalt einziehen. Hephata hat sich deshalb konsequenterweise dafür entschieden, wohnort- und familiennahe Lebensmöglichkeiten zu organisieren. Seit mehr als fünf Jahren hat sich eine intensive Zusammenarbeit mit Elterninitiativen, Schulen und Werkstätten entwickelt, sodass frühzeitig sichtbar wird, an welchem Ort im Gebiet des Landschaftsverbandes Rheinland sich der Bedarf für ein solches wohnort- und familiennahes Wohnen und Leben in Eigenständigkeit ergibt. Zusätzlich zu den neuen Wohn-

---

[31] Es bleibt eine Daueraufgabe, diese Haltung zu reflektieren und einzuüben. Bisher wurden dazu verschiedene Workshops, Großveranstaltungen und Projekte durchgeführt.
[32] Das ist nicht immer möglich und auch nicht in jedem Fall gewünscht. Die Herkunftsanalyse in diesem Sinne ist aber ein Bezugsrahmen, in dem Hephata nach Standorten für neue, gemeindeintegrierte Wohnhäuser sucht.

häusern im Zuge der Dezentralisierung sind auf diese Weise zahlreiche neue Häuser der Stiftung im Rheinland entstanden bzw. im Stadium der Erstellung. Die folgende Abbildung zeigt die Auszugsbewegung vom Stiftungskerngelände in Mönchengladbach, wobei in diesen Zahlen zugleich auch die Zuwächse durch solche neuen Wohnangebote enthalten sind.

	1976	*1986*	*1996*	*2000*	*2001*	*2002*	*2003*	*2004*	*2005*
Betreutes Wohnen	0	0	16	24	31	40	50	60	
Region Niederrhein	0	0	19	84	113	136	161	181	193
Stiftungskerngelände	446	415	322	275	260	222	195	189	172
Stadtgebiet Mönchengladbach	64	101	214	263	291	329	350	353	370

Entwicklung vom Stiftungskerngelände in Mönchengladbach aus

Die Gesamtentwicklung zeigt, dass 1996 rund 950 Menschen unter etwa 25 Wohnadressen (einschließlich der großen Heime auf dem Stiftungskerngelände und auf dem Benninghof) zu finden waren. Im Jahr 2005 leben 1200 Menschen in rund 100 Häusern im Rheinland, von Essen bis in den Raum Köln, von der niederländischen Grenze bis ins Wuppertal. Der Auszugsprozess aus dem Benninghof hat unterdessen ebenfalls begonnen. Durch Dezentralisierung haben mehr als 80 Menschen den Benninghof bereits verlassen. In den kommenden Jahren werden es voraussichtlich 30 bis 40 Menschen pro Jahr sein.

Die neuen Wohnhäuser, in die die Menschen aus den Anstalten bisher ausgezogen sind, entstanden an zahlreichen Orten im Rheinland.[33] Sie sollen nachbarschaftliches Wohnen und Leben ermöglichen.[34] Deshalb ist es wichtig, dass sie dort angesiedelt sind, wo man schnell, das heißt: fußläufig eine Bus- oder Bahnhaltestelle und einige Geschäfte für den täglichen Bedarf erreichen kann.[35] Wichtig ist auch die Erfahrung, dass nicht jeder Mensch an jedem Ort, in jeder Nachbarschaft wohnen kann. Menschen mit ungewöhnlichen Lebens- und Verhaltensäußerungen brauchen ein Umfeld, das ihnen einen kleinen Abstand zu direkten Nachbarn ermöglicht. Es ist also genau hinzusehen, was der einzelne Mensch kann oder nicht kann, was er braucht und wie er am besten mit sich und in seinem Umfeld zu leben vermag.

---

[33] So in Essen (insgesamt in sechs unterschiedlichen Stadtteilen), im Stadtgebiet von Mönchengladbach, in Wegberg, Hilden, Düsseldorf, Viersen, Stadt Mettmann, St. Augustin, Meckenheim, Meerbusch, Euskirchen, Hückelhoven und Jüchen. In Realisierung bzw. Vorbereitung befinden sich Häuser in Wülfrath, Wuppertal, Leichlingen, Bonn sowie weitere Vorhaben in der Stadt Mettmann und in Euskirchen.
[34] In einer stiftungs-internen Open-Space-Konferenz (etwa 130 Teilnehmer) im Jahre 2001 wurden die bis dahin gesammelten Erfahrungen mit den neuen Wohnprojekten ausgewertet.
[35] Die Ideologie, dass Menschen generell am Rande oder außerhalb von Städten und Dörfern ‚im Grünen' besser aufgehoben seien, hat einen eindeutig separierenden, distanzierenden Charakter. ‚Natur' heilt nicht eo ipso, sieht man davon ab, das es für einzelne Menschen gut sein kann, naturbezogen z.B. in der Landwirtschaft oder im Garten- und Landschaftsbau tätig zu sein.

Lediglich ein Teil der neuen Wohnhäuser wird von der Stiftung selber gebaut. Es hat sich als vorteilhaft für die Beweglichkeit des Angebots erwiesen, verstärkt auf die Anmietung von Häusern und die Zusammenarbeit mit Investoren im Rahmen langfristiger Mietverträge zuzugehen. Es ist günstiger, ein Haus für einen Zeitraum von 20 bis 30 Jahren zu mieten als ein selbst errichtetes Haus wegen der vorgeschriebenen Zweckbindung der öffentlichen Mittel für 50 Jahre als Wohnheim betreiben zu müssen. Wer kann garantieren, dass sich Bedarfe und Bedürfnisse in einem solchen langen Zeitraum nicht ändern? Bereits in den vergangenen fünf Jahren hat die Stiftung aus sich heraus eine Entwicklung durchgemacht: wurden am Anfang des Prozesses noch Häuser für 24 Menschen, die einen deutlichen Charakter als Wohnheim hatten, geplant und realisiert, so liegt das durchschnittliche Maß heute bei 12 bis 14 Menschen in einem Haus.[36]

Grundsätzlich ist kein Mensch von dem Angebot der Stiftung ausgeschlossen, aus den Anstalten auszuziehen. Immer wieder wird hierzu die Meinung vertreten, dass Menschen mit hohem Betreuungs- und Pflegebedarf für ein solches Angebot nicht in Frage kämen. Die Erfahrungen, die Hephata in dieser Hinsicht bisher gemacht hat, sprechen eindeutig gegen diese Auffassung. Die gemischten Wohngemeinschaften in den neuen Häusern ermöglichen grundsätzlich das Zusammenleben von ‚beweglichen‘ Menschen und Rollstuhlfahrern, von sehr pflegebedürftigen Menschen und ‚normal‘ orientierten Menschen, sofern die baulichen Voraussetzungen (z.B. Aufzug und Pflegebad) gegeben sind. Allerdings soll hier nicht verschwiegen werden, dass es im Einzelfall immer wieder schwierig und nur mit großem Einsatz möglich ist, Menschen mit einem sehr hohen Betreuungsaufwand in dieser Weise zu integrieren. Die Akzeptanz neuer Wohnhäuser in der Nachbarschaft hängt wesentlich davon ab, dass die künftige Hausleitung frühzeitig auf Nachbarn, kommunale Repräsentanten Kirchengemeinden, Vereine und Einflusspersonen zugeht, um über das Vorhaben zu informieren. Insbesondere bei Nachbarschaftstreffen hat es sich als öffnend und Verständnis weckend erwiesen, dass sich die künftigen Hausbewohner bereits vorab persönlich vorstellen konnten.

Insgesamt gestaltet sich der Prozess der Konversion der gesamten Stiftung hinsichtlich ihrer Dienstleistungen im Sektor ‚Wohnen und Leben‘ als die Summe von dezentralisierenden, die anstaltlichen Großstandorte in Mönchengladbach und auf dem Benninghof bei Mettmann langfristig auflösenden Maßnahmen in Verbindung mit Angeboten für Menschen, die ortsbezogen eine durch Assistenz begleitete Wohnmöglichkeit in einer kleinen Hausgemeinschaft suchen. Dazu kommt der verstärkte Aufbau ambulanter Dienste. Schließlich beteiligt sich die Stiftung auch daran, bisher stationär organisierte Hilfeangebote der Stiftung in begleitete ambulante Formen der Assistenz umzuwandeln. Wer selbständiger und mit einem geringeren Umfang an

---

[36] Glücklicherweise sind diese Wohnheime nur zweimal gebaut worden. Heute reicht das Spektrum ganz weit ‚nach unten‘: Häuser mit sechs bis acht Menschen oder noch weniger sind nicht mehr die Ausnahme.

Betreuung leben kann, sollte nicht in Wohn- und Lebensformen festgehalten werden, die ihm Individualität und Freiheit vorenthalten.

An den anstaltlichen Zentralorten verändert sich das äußere Erscheinungsbild bereits deutlich. Auf dem Stiftungskerngelände in Mönchengladbach wurde 2002 der Bauernhof abgerissen. Anfang 2003 wurde ein großes Gebäude mit 100-jähriger Anstaltsgeschichte, das Bodelschwingh-Haus, das zuletzt von 60 Menschen bewohnt war, nach einem gemeinsamen Fest mit der AKTION MENSCH, bei dem die Geschichte des Hauses noch einmal dokumentiert worden ist, ebenfalls abgerissen. Die Hausbewohner waren zuvor in kleine, zum Teil neu gebaute, zum Teil angemietete Häuser in Mönchengladbach und die nähere niederrheinische Umgebung umgezogen. Ein anderes großes Anstaltsgebäude, aus dem bis Ende 2004 ebenfalls 60 Menschen ausgezogen sind, steht zur Zeit leer und wird aller Voraussicht nach abgerissen werden. Ein drittes Anstaltsgebäude wird in Verbindung mit Neubau- und Mietprojekten außerhalb des Stiftungskerngeländes bis 2006 leer gezogen sein.

Im Benninghof steht die Schließung eines Teils des zentralen monumentalen Hauptgebäudes für Ende 2005/Anfang 2006 bevor. Der Abriss kleinerer Gebäude ist für die nächste Zeit vorgesehen. Wo für das Stiftungskerngelände in Mönchengladbach wegen der günstigen Innenstadtlage in Folge der Dezentralisierung eine Stadtteilentwicklung vorgesehen ist[37], wurde entsprechend für den Benninghof die sogenannte Nulloption als Ziel ausgegeben: wegen der eindeutigen Außenlage des Anstaltskomplexes Benninghof, weit vor den Toren der Stadt Mettmann, mitten in den Wiesen und Äckern der vorbergischen Hügel fehlt jede Art von normaler Nachbarschaft, die Exklusion ist hier exemplarisch zu studieren. Obendrein plant die Stadt Mettmann, um den Benninghof herum ein großes Gewerbegebiet entstehen zu lassen. Es entspricht daher der Philosophie und Strategie der Stiftung, die auf Integration und Teilhabe der Menschen im Alltag der Gesellschaft abzielt, dieses Anstaltsareal als Wohn- und Lebensort für Menschen mit Behinderung langfristig aufzugeben.

Die Konversion der Stiftung von einer Anstalt hin zu einem Netzwerk von kleinteiligen, nachbarschaftlich integrierten Wohnhäusern stellt andere, neue Anforderungen an das Leitungspersonal. Die Modelle ‚Hausvater‘ und ‚Heimleiter‘ haben ausgedient. Die Kooperations- und Kommunikationsanforderungen an diejenigen, die zum Beispiel ein Haus in Euskirchen, 50km entfernt von der ‚Zentrale‘ in Mönchengladbach leiten, sind nicht mehr zu vergleichen mit Hausleitern, die auf einem Anstaltsgelände in ein Geflecht von schnell organisierbaren Entlastungen, kurzen Wegen des Austausches und des persönlichen Fachgesprächs eingebunden sind. Ohne ständige direkte

---

[37] Das oben auf S. 45 erwähnte „Projekt S“ hatte dazu geführt, dass auf den 17 a Anstaltsgelände in Mönchengladbach das Planungsrecht dahingehend verändert wurde, dass Teile der ehemaligen Gemeinbedarfsfläche in Flächen für allgemeines Wohnen umgewandelt wurden. Damit ist die Voraussetzung geschaffen worden, dass einzelne Flächen veräußert und privat bebaut werden können (Planung: bis zu 800/900 Menschen in Reiheneigentumshäusern/Doppelhäusern).

Rückbindung muss an den dezentralen Wohnorten entschieden und gehandelt werden; das Geschehen im Haus muss sich öffnen und offen bleiben für die lokale Öffentlichkeit; die Stiftung als Ganze muss vor Ort repräsentiert werden; vor allem muss das, was den Namen und die Politik der Evangelischen Stiftung Hephata ausmacht, an jedem Ort erkennbar sein (‚Wo Hephata draufsteht, muss auch Hephata drin sein‘, fordert der kaufmännische Vorstand).

Um diesen Anforderungen gerecht zu werden, hat die Stiftung im Jahre 2000 mit einer sogenannten *Talentschmiede* damit begonnen, jeweils in einem einjährigen berufsbegleitenden Kurs 12 bis 14 Mitarbeitende als Teamleiter resp. Teamleiterin zu qualifizieren. Die Vermittlung des Führungshandwerks und die Aneignung der Stiftungsphilosophie stehen im Mittelpunkt dieses Trainings, zu dem vier kompakte Kurswochen, Coaching durch leitende Mitarbeitende der mittleren Ebene, Supervision durch externe Fachleute, eine schriftliche Gruppenarbeit zu einem Führungsthema sowie ein Abschlusskolloquium gehören. Bis jetzt sind in fünf Kursen knapp 60 Mitarbeitende qualifiziert worden.

5.   Vorläufige Einsichten

Am Schluss und im Rückblick die wesentlichen Einsichten bündelnd lässt sich zu der Frage, warum für die Evangelische Stiftung Hephata die hier vorläufig beschriebene Konversion notwendig und zukunftsweisend war und ist, Folgendes sagen:

1. Die Konversion ist notwendig, weil die Zeit der Anstalten und großen Heime vorbei ist und Menschen nicht länger in desintegrierenden Sonderwelten leben wollen.
2. Die Konversion ist notwendig, weil es die Aufgabe der Stiftung ist, Teilhabe am Leben in der Gesellschaft im Sinne von SGB IX zu ermöglichen und dazu beizutragen, dass die Eingliederungshilfe nicht länger überwiegend Ausgliederungshilfe bleibt.[38]
3. Die Konversion ist notwendig, weil es dem christlichen Auftrag der Stiftung entspricht, dass Freiheit und Selbstentfaltung der Menschen nachbarschaftlich und nicht ‚außerhalb‘ des Alltags der Mehrheitsgesellschaft gelebt werden können.
4. Die Konversion ist notwendig, weil die Nachfrage nach ‚Plätzen‘ in großen Einrichtungen und Heimen verständlicherweise zurückgehen wird.
5. Die Konversion ist am Schluss und damit von allem Anfang an deshalb notwendig, weil Organisationen wie die Stiftung in der Kundenorientierung ihren primären Auftrag sehen müssen und erst dann die Mitarbeiter-

---

[38] Der weit überwiegende Teil der Mittel, die als Eingliederungshilfe gezahlt werden, dienen dem Erhalt der stationären Dienste, den Heimen und großen Anstalten.

orientierung und die Bewahrung des institutionellen Bestandes zum Thema haben dürfen.

Darüber hinaus sind in unvollständiger Weise einige Erfahrungen mitzuteilen. Aber Vorsicht: Jede anstaltsmäßig organisierte Unternehmung wird ihre eigenen Erfahrungen zu machen haben. Kopierbare Rezepte gibt es nicht. ,Every company has to tell its own story.'

- Man braucht eine Vision, um sich auf den Weg der Konversion zu machen. Eine bloß organisationsbezogene Optimierungsstrategie trägt nicht lange. Begeisterung ist eine wichtige Schubkraft.
- Man muss sich entscheiden, ob man ein echtes change management will, das darin besteht, die Investitionsschwerpunkte in der kaufmännischen Steuerung klar auf Zukunft (= Konversion) und nicht auf Vergangenheit (= Sanierung) zu legen.
- Ist die Konversion wirklich gewollt? Es gibt nicht ,ein bisschen' Konversion, ,ein bisschen' Dezentralisierung, sodass daneben das Anstaltssystem in verminderter Weise weiterlaufen kann. Abgesehen davon, dass eine solche Doppelstrategie wirtschaftlich kaum durchzuhalten ist, hat man es dabei mit einem ethisch und gesellschaftlich nicht akzeptablen Problem zu tun: ein ,Rest' von ,schwierigen' Menschen wird in einer separaten Einrichtung konzentriert und isoliert.[39]
- Prozesse der Konversion brauchen Moderation und Beratung von außen. Übliche Berater helfen hier allerdings kaum weiter. Auch Berater, die im Wesentlichen auf Einrichtungen und Dienste der Wohlfahrtspflege eingestellt sind, kommen hier nicht unbedingt in Frage. Der Blick von außen, zum Beispiel aus dem Bereich der Hotellerie kann nützlich sein.
- Ein grundsätzliches, zu elementarer Nachdenklichkeit anregendes Thema im gesamten Veränderungsprozess der Evangelischen Stiftung Hephata wartet noch auf Bearbeitung: Haben wir bei allem Aufbruch, bei Trennung von Vergangenem, Überholtem eine zu optimistische Sicht auf die Menschen? Was ist mit denen, die als die Erfolglosen bezeichnet werden können, weil sie ihre Chance zur Selbstbestimmung kaum nutzen können, weil sie nur in der Begrenzung, in der sehr weitgehenden Fremdbestimmung durch die, die eigentlich lieber ihre Assistenten sein wollen, am Leben teilhaben können? Im Alltag der Begleit- und Beziehungsarbeit mit den Menschen in der Stiftung können diese Fragen nicht übergangen, sondern müssen immer wieder gestellt werden, und es müssen Antworten gefunden werden, die die Zielwerte der Stiftung nicht außer Kraft setzen.
- Am Ende läuft es dann aber doch stets wieder auf die Frage hinaus, was die Nutzer, die Kunden ,wirklich, wirklich' wollen, was ihrer Selbstbestimmung, ihrer Integration, ihrer Teilhabe am Leben in der Gesellschaft unter den aktuellen Gegebenheiten am besten entspricht. Wenn es hier einen Maßstab für den Erfolg eines Konversionsprozesses gibt, dann ist es die nachweisbare Verbesserung der Lebenssituation jener Menschen, die sich

---

[39] Vgl. Wolfgang Wittland/Tom Vitzen (2003), S. 34f.

in einer Anstalt, sei sie durch Mauern und Heimstrukturen oder durch Beziehungsmuster realisiert, wie ausgeschlossen vorkommen.

Literaturverzeichnis:

BASAGLIA, FRANCO (HG.) (1981): Die negierte Institution oder Die Gemeinschaft der Ausgeschlossenen. Ein Experiment der psychiatrischen Klinik in Görz, (3.Auflage), Frankfurt/Main.

DEGEN, JOHANNES (2002): Selbstbestimmung, Assistenz, Integration. Die Evangelische Stiftung Hephata; in: PITHAN, ANNEBELLE/ADAM, GOTTFRIED/KOLLMANN, ROLAND (HGG.): Handbuch Integrative Religionspädagogik, Gütersloh, S. 331–337.

DERS. (2004): Diakonie im Kontext von Exklusion – Bedeutung und Wandel des Anstaltsparadigmas; in: SCHIBILSKY, MICHAEL/ZITT, RENATE (HGG.): Theologie und Diakonie, Gütersloh, S. 199–207.

DÖRNER, KLAUS (Hg.) (1998): Ende der Veranstaltung. Gütersloh.

GOFFMAN, ERVING (1981): Über die Merkmale totaler Institutionen; in: DERS., Über die soziale Situation psychiatrischer Patienten und anderer Insassen, (4. Auflage), Frankfurt/Main, S. 13–123.

KAMINSKY, UWE (1995): Zwangssterilisation und ‚Euthanasie‘ im Rheinland. Evangelische Erziehungsanstalten sowie Heil- und Pflegeanstalten 1933 bis 1945, Köln.

MEISTER, MARTINA (2001): Hephata – eine Fallstudie; in: Der imperfekte Mensch. Vom Recht auf Unvollkommenheit. Begleitbuch zur gleichnamigen Ausstellung im Deutschen Hygiene-Museum Dresden. Ostfildern-Ruit, S. 43–49.

SCHMID, WILHELM (1998): Philosophie der Lebenskunst, Frankfurt am Main.

WITTLAND, WOLFGANG/VITZEN, TOM (2003): Von der Überflüssigkeit der ‚Rest‘-Einrichtung; in: Orientierung 3/2003, S. 34f.

Alexander Dietz

Wissenschaftler als Manager?

1. Managementtraining für Nachwuchswissenschaftler – Ein Erfahrungsbericht

„Exzellente Wissenschaft braucht exzellentes Management." Unter diesem Motto fand im Jahr 2006 eine Fortbildungsveranstaltungsreihe für Nachwuchswissenschaftler in Baden-Württemberg statt. Gesponsert von einem DAX-Unternehmen kamen ein Dutzend „Postdocs" aus verschiedenen Forschungseinrichtungen und Fachbereichen – überwiegend Naturwissenschaftler – fünfmal für jeweils mehrere Tage zusammen, um Management-Kompetenzen zu erwerben. Die Veranstaltungen fanden im luxuriösen Bildungszentrum eines weiteren unterstützenden DAX-Unternehmens statt, und auch an den – teilweise sehr prominenten – Referenten und Trainern war nicht gespart worden.

Erklärte Ziele bestanden darin, Vorbehalte unter Wissenschaftlern gegenüber betriebswirtschaftlichem Denken abzubauen und einen Beitrag zur Bewusstseinsbildung im Blick auf die Notwendigkeit eines besseren Managements im Wissenschaftsbereich zu leisten. Als Geisteswissenschaftler war ich zunächst skeptisch. Bestätigte dieses Projekt nicht schon beinahe in gewisser Weise solche „Verschwörungstheorien", nach denen bestimmte Interessengruppen dabei sind, unsere gesamte Gesellschaft auf Kosten unserer Lebensqualität systematisch nach ökonomistischen Kriterien umzugestalten?[1]

Leider war der Veranstaltung keine grundlegende systematische Auseinandersetzung zum Verhältnis von Wissenschaft und Wirtschaft bzw. Management vorausgegangen, und es gab auch während der Veranstaltung keinen Ort für eine solche Verhältnisbestimmung. Man konnte mitunter fast den Eindruck gewinnen, dass das Engagement der Initiatoren und Sponsoren eher auf unspezifischen, gleichwohl enthusiastischen Gefühlen gründete, die man mit Schlagworten umschreiben könnte, wie: es muss endlich etwas getan werden im Bereich Wissenschaftsmanagement, die Wissenschaft muss endlich ihre Management-Aversionen überwinden, die Wissenschaft muss endlich wieder wettbewerbsfähig werden, und das kann sie natürlich in erster Linie nur durch besseres Management u.ä.

In den Trainingseinheiten ging es um Themen wie beispielsweise Mitarbeiterführung oder das Verfassen einer Pressemitteilung. Es liegt auf der Hand,

---

[1] Vgl. Dirk Kurbjuweit (2003) und vgl. Albrecht Müller (2004).

dass Wissenschaftler neben Forschung und Lehre auch solche Aufgaben zu erledigen haben, und dass es besser ist, wenn sie diese gut statt schlecht erledigen. Es ist also unmittelbar plausibel, dass es sinnvoll ist, dass Wissenschaftler lernen sollten, wie sie diese Aufgaben gut erledigen. Und heißt das nicht mit anderen Worten, dass Wissenschaftler zu Managern werden sollten? Genau an dieser Stelle besteht allerdings ein Bedarf an differenzierender Reflexion, der zwar nur von wenigen Teilnehmern des Programms bewusst erkannt wurde, jedoch unter der Oberfläche schwelte und hin und wieder hervorbrach.

Die jungen Naturwissenschaftler nahmen aufgrund ihres Arbeitsalltags viele Inhalte noch selbstverständlicher auf als die Geisteswissenschaftler. So war es beispielsweise für eine Biologin ganz natürlich, dass sie mindestens die Hälfte ihrer Arbeitszeit mit dem Schreiben von Drittmittelanträgen verbringt. Damit Drittmittel genehmigt werden, muss sie weitere Zeit für Selbstmarketing, Qualitätsmanagement usw. aufwenden. Angesichts solcher Situationen könnte sich einem Beobachter die Frage aufdrängen, ob sich die Wettbewerbsfähigkeit der wissenschaftlichen Forschung und Lehre in Deutschland nicht sachgemäßer dadurch erhöhen ließe, dass man die Wissenschaftler von Managementaufgaben so weit wie möglich entlastet (wie in den USA üblich) oder – noch besser – dass man ihnen die für ihre Aufgabe benötigten Mittel zur Verfügung stellt (wie in Deutschland früher üblich).

Im Rahmen der intensiven Trainingseinheiten täglich von 9.00 bis 22.00 Uhr erhielten wir einige sehr sinnvolle Anregungen, von denen ich manche anschließend in meiner universitären Arbeit umsetzen konnte. Beispielsweise erstellte ich einen hilfreichen, übersichtlichen Strukturplan für ein komplexes interdisziplinäres Projekt, an dem ich mitarbeite. Oder ich begann, über meine Arbeitszeiten Buch zu führen, was dazu führte, dass bestimmte Aufgaben am Lehrstuhl sinnvoller als früher zwischen den Mitarbeitern aufgeteilt werden konnten. Auch andere Lektionen, wie das Üben von Interviews vor der Kamera, werden mir in entsprechenden zukünftigen Situationen voraussichtlich nützlich sein. Andere Inhalte waren demgegenüber eher banal und warfen die Frage auf, ob es dafür überhaupt englischer betriebswirtschaftlicher Fachbegriffe und Power-Point-Grafiken bedarf, z.B. dass es nicht sinnvoll sei, seine Mitarbeiter zu demotivieren, dass es ratsam sei, Missverständnisse in der Kommunikation zu vermeiden oder dass man bei der Ausführung eines Projekts nachdenken sollte, bevor man handele.

Mitunter wurde deutlich, dass Management-Denken und Management-Techniken ethisch und anthropologisch nicht so neutral sind, wie sie gerne erscheinen.[2] Der gute Manager versucht mit allen Mitteln, die formal vorgegebenen Ziele zu erreichen und nimmt dabei tendenziell nur insofern auf andere Rücksicht, als es seiner Zielerreichung dient. Zur Erreichung seiner Ziele wendet er bestimmte Techniken an. So beschäftigten wir uns beispielsweise auch damit, wie man durch arbeitsvertragsrechtliche Hintertürchen

---

[2] Vgl. Alexander Dietz (2005).

unbefristete Arbeitsverhältnisse vermeiden kann, wie man mit Mitarbeitern ein möglichst niedriges Gehalt aushandelt, was man bei einem Drittmittelantrag am besten verschleiert, wie man so wenig Informationen wie möglich nach außen gibt, ohne dass es jemand bemerkt, und wie man so kommuniziert, dass Einwände gar nicht erst aufkommen bzw. niedergeschlagen werden können. Die universitäre Konsens-Kultur wurde kritisiert, da sie Reformen verhindere (die demnach scheinbar einen Selbstzweck darstellen). Ein guter Manager brauche den Mut zu schnellen Entscheidungen, auch wenn er noch keinen Durchblick bezüglich der entsprechenden Situation habe. Wenn das zutrifft, dann kann man nur hoffen, dass niemals ein Genforscher ein guter Manager sein möchte. Entsprechende Anfragen meinerseits an die Referenten in der Kaffeepause trafen in der Regel auf Unverständnis oder wurden als Scherze aufgefasst.

Dennoch: Das Programm war insgesamt durchaus anspruchsvoll und anregend. Es ist sinnvoll, dass Wissenschaftler bestimmte Management-Kompetenzen erwerben. Aber es besteht in diesem Zusammenhang ein erheblicher Differenzierungs- und Reflexionsbedarf. Es stellen sich ethische, anthropologische und politische Fragen. Und nicht zuletzt muss bestimmten einseitigen Ideologien klar widersprochen werden – insbesondere von theologischer Seite.

2.   Die Ideologie des Ökonomismus und die Ideologie der Ökonomiefeindlichkeit

In seiner Weihnachtsansprache im Jahr 2003 sagte der damalige Bundespräsident Johannes Rau: „Wir müssen aber aufpassen, dass nicht unser gesamtes gesellschaftliches Leben in allen Bereichen immer mehr nach den Mustern von Wirtschaftlichkeit und Effizienz geprägt wird. ‚Bilanz', ‚Kapital', ‚Ressource': Das sind Begriffe, die in der Wirtschaft unverzichtbar sind. Aber sie gehören nicht in jeden anderen Lebensbereich. Sonst wird selbst in Familien, in Partnerschaften und bei Kindern gerechnet: Was kostet mich das, was bringt mir das? Ich glaube: Wenn wir alle Lebensbereiche nur noch nach wirtschaftlichen Gesetzen formen, geraten wir in eine Sackgasse. Dadurch verfehlen und verpassen wir wesentliche Dinge im Leben."[3]

Rau wendet sich hier gegen eine Ideologie des Ökonomismus, wie sie in unserer Gesellschaft in den letzten Jahren und Jahrzehnten zunehmend an Einfluss gewinnt. Diese Ideologie findet ihren Ausdruck in einem sogenannten ökonomischen Imperialismus der Wirtschaftswissenschaften, in einer zunehmenden Durchdringung sehr vieler Lebensbereiche und Institutionen mit

---

[3] Johannes Rau, Weihnachtsansprache, 2003. Unter: http://www.bundespraesident.de /Die-deutschen-Bundespraesident/Johannes-Rau/Reden-,11070.93869/Weihnachts-ansprache-2003-von-B.htm?global.printview=2 (am 26.01.2006).

einseitig ökonomischem Denken sowie im politischen Absolutheitsanspruch einer Bewertung des populistisch-neoliberal gedachten Funktionierens der Wirtschaft als höchstem Gut.

Der Begriff „ökonomischer Imperialismus" bezieht sich auf den Wechsel, den die Wirtschaftswissenschaften in ihrem Selbstverständnis vollzogen haben, infolge dessen sie sich nicht mehr über ihren Gegenstandsbereich (Wirtschaft), sondern über ihre Methode (Kosten-Nutzen-Analyse) definieren und daher nun alle Lebensbereiche zum Gegenstand ihrer Bearbeitung machen (so entstand zum Beispiel eine „ökonomische Theorie der Familie"). Häufig ist dies mit dem impliziten Anspruch von Ökonomen verbunden, mit ihrer Methodik die Fragen aller Bereiche auch am angemessensten wahrnehmen und beantworten zu können. Methodische Voraussetzungen des ökonomischen Imperialismus waren die Modifikation des ökonomischen Verhaltensmodells des homo oeconomicus (Ausweitung der ökonomischen Nutzenfunktion auf alle Güter) sowie die Tendenz zu bis zur Unbrauchbarkeit vereinfachenden, aber dadurch leicht verständlichen und überzeugenden Theorien in den Wirtschaftswissenschaften.[4] Die Folge des ökonomischen Imperialismus ist der Pseudo-Universalismus einer Ökonomik, die blind für ihre Grenzen[5] und Abhängigkeiten[6] ist, einen quasi-religiösen Heilsanspruch entfaltet und Fragestellungen und Antworten für Lebensbereiche entwickelt, die jenen nicht angemessen sind, weil die Voraussetzungen und Abstraktionen der ökonomischen Methoden auf den Wirtschaftsbereich zugeschnitten sind.[7]

Die zunehmende Durchdringung aller Lebensbereiche und Institutionen mit einseitig ökonomischem Denken führt dazu, dass das Gewinnmaximierungs-Ziel letztlich alle Entscheidungen bestimmt und dass die ganze Gesellschaft nach dem Vorbild eines Unternehmens neu gestaltet wird. Der Wirtschaftsethiker Peter Ulrich spricht von einer „Kolonialisierung der Lebenswelt" (Familie, Kindergarten, Schule, Gesundheitswesen, Freizeit, Kultur usw.) durch eine defizitäre und lebensfeindliche ökonomische Vernunft.[8] Das Denken in Zahlen, das Denken eines Managers (der in den letzten zwanzig Jahren vom Feindbild zum Rollenmodell avancierte) hat in unserer Gesellschaft einen dominierenden Einfluss gewonnen. Die Ökonomisierung aller Lebensbereiche zeitigt problematische Folgen. Indem sich beispielsweise die Form politischer Wahlkampf-Kampagnen der Form von Werbekampagnen für beliebige Konsumprodukte angeglichen hat, haben sich auch die Inhalte der Aussagen von Politikern verändert, die nunmehr dem entsprechen, was nach Meinung der Werbeexperten die Quoten verbessert. Der Journalist Dirk Kurbjuweit fragt zu Recht: „Muss ein Krankenhaus geführt werden wie eine Stahlschmiede? Soll ein Theater die gleiche Struktur haben wie ein Kauf-

---

[4] Vgl. Reinhard Tietz (1994), S. 237–261.
[5] Vgl. Alexander Rüstow (2001), S. 138.
[6] Vgl. Eilert Herms (2001), hier S. 113, S. 131.
[7] Vgl. Alexander Dietz (2005), S. 189.
[8] Vgl. Peter Ulrich (1993), S. 153.

haus? [...] Ich glaube, dass eine Welt, die unter der großen, alles beherr-
schenden Überschrift Effizienz steht, keine besonders gute, besonders le-
benswerte Welt ist."[9]

Hinter der politisch äußerst einflussreichen Bewertung des Funktionierens
der Wirtschaft als höchstem Gut steht in der Regel ein vom berühmten Ökonomen Alexander Rüstow so genannten „Evangelium des Vulgärliberalis-
mus": „Trachtet am ersten nach dem Reiche der freien Wirtschaft und nach
ihrer Marktgerechtigkeit, so wird euch alles andere zufallen."[10] Rüstow hält
die Überbewertung der Wirtschaft, die immer nur ein Mittel zum Zweck der
Befriedigung menschlicher Bedürfnisse sein könne, für ein gesellschaftliches
Krankheitssymptom und weist auf den ideologisch-pseudoreligiösen Charakter eines dogmatischen Neoliberalismus hin.[11] Folge dieses ökonomischen
Denkansatzes ist eine Verdrängung der grundlegenden Einsicht, dass die
Wirtschaft für den Menschen da ist und sich seinen Präferenzen zu unterwerfen hat und nicht umgekehrt. Manche Kritiker vermuten hinter der Forcierung
neoliberaler Denkweisen sogar systematisch betriebene Manipulation der
Bevölkerung. Die sozialen Sicherungssysteme und der Wirtschaftsstandort
werden danach schlechtgeredet, um Reformbedarf zu suggerieren. Die Reformen befriedigen dann die ökonomischen Interessen der Versicherungen
(Privatisierung der sozialen Sicherungssysteme) und Unternehmen (Aushöh-
lung des Kündigungsschutzes, Niedriglöhne, geringe Sozialleistungen usw.)
auf Kosten der Menschen. Eine sachliche Diskussion über wirtschaftspolitische Alternativen ist selten möglich.[12]

Neben der beschriebenen Ideologie des Ökonomismus auf der einen Seite
gibt es auch eine Ideologie der Ökonomiefeindlichkeit auf der anderen Seite.
Diese Ideologie der Ökonomiefeindlichkeit findet ihren Ausdruck in einer
radikal-einseitigen Kritik an der Marktwirtschaft, in einer Abwertung wirtschaftlicher Tätigkeit überhaupt und in der Forderung, ökonomische Aspekte
aus allen Zusammenhängen, die nicht direkt im Wirtschaftsbereich verortet
sind, vollkommen auszuklammern.

Die radikal-einseitige Kritik an der Marktwirtschaft hat eine alte Tradition.
Karl Marx beschrieb die Marktwirtschaft als System, in dem die Kapitalisten
als Besitzer der Produktionsmittel die Lohnarbeiter ausbeuten, indem sie
ihnen einen Lohn zahlen, der unterhalb der Wertschöpfung durch ihre Arbeit
liegt. Dadurch wächst das Kapital durch die Arbeit anderer ständig weiter, die
Einkommensverteilung wird immer ungleicher und damit wächst auch die
Macht der Kapitalistenklasse über die Arbeiterklasse.[13] Aus dieser Sicht ist
das System also von seinem Wesen her ungerecht, d.h. auch eine abgemilder-
te Form, wie die Soziale Marktwirtschaft, ist prinzipiell nicht wünschenswert.
Marx benutzte bei seiner Polemik teilweise auch religiöse Metaphern, an die

---

[9] Dirk Kurbjuweit (2003), S. 14f.
[10] Alexander Rüstow (2001), S. 90.
[11] Vgl. a. a. O. S. 138.143.
[12] Vgl. Albrecht Müller (2004).
[13] Vgl. Karl Marx (1969), S. 482.

einzelne Theologen bis heute anknüpfen, wie es Joachim Fetzer kritisch beschreibt.[14] Die Argumente des gesellschaftlichen Nutzens einer höheren Produktivität in der Marktwirtschaft, einer gewissen Berechtigung unternehmerischen Gewinns und noch totalitärerer Tendenzen alternativer Wirtschaftssysteme werden von vielen radikalen Kritikern der Marktwirtschaft nicht ernst genug genommen.

Eine Abwertung wirtschaftlicher Tätigkeit überhaupt findet man beispielsweise bei weltabgewandten religiösen Menschen, die von ökonomischer Tätigkeit eine Ablenkung von wichtigeren Dingen im Leben befürchten, bei Moralisten, die bei jeglicher ökonomischer Tätigkeit niedere Motive, wie Habsucht, unterstellen, oder bei Vertretern pauschaler Entfremdungstheorien. Dabei wird die Tatsache, dass wirtschaftliche Tätigkeit zur Bereitstellung der Mittel zum Leben notwendig zur menschlichen Existenz gehört, vergessen.

Die Forderung, ökonomische Aspekte aus allen Zusammenhängen, die nicht direkt im Wirtschaftsbereich verortet sind, vollkommen auszuklammern, entsteht häufig aus dem berechtigten Anliegen, einer Ökonomisierung aller Lebensbereiche zu widerstehen, schießt aber über das Ziel hinaus. Richtig ist, dass ökonomische Kategorien außerhalb des Wirtschaftsbereichs (z.B. in Familie, Kirche oder Wissenschaft) nicht zu Leitkategorien werden sollten. Aber gleichzeitig kann auf der anderen Seite nicht ohne negative Folgen die Tatsache ignoriert werden, dass auch in Bereichen außerhalb der Wirtschaft ökonomische Entscheidungen zu treffen sind (z.B. im Blick auf Haushaltskasse, Kirchen- oder Universitätsverwaltung). Die ökonomischen Akte in diesen Bereichen haben den nicht-ökonomischen Zielen des jeweiligen Bereichs zu dienen und einzelne Management-Methoden müssen auf ihre Kompatibilität mit den Grund-Werten des jeweiligen Bereichs überprüft werden, aber gleichwohl ist bei ökonomischen Akten ökonomischer Sachverstand prinzipiell wünschenswert und sollte nicht aus ideologischen Gründen verpönt sein.[15]

Sowohl die Ideologie des Ökonomismus als auch die Ideologie der Ökonomiefeindlichkeit spielen in der Diskussion um die Verhältnisbestimmung von Wissenschaft und Ökonomie bzw. Management eine wichtige Rolle. Wenn man Ideologien als fixierte Weltbilder versteht, die Heilsversprechen beinhalten und entgegenstehende Argumente und Erfahrungen ausblenden, dann kann eine dem christlichen Wirklichkeitsverständnis verpflichtete Theologie allen Ideologien nur immer wieder widersprechen, nicht nur aus Liebe zur Wahrheit und im Wissen um die Grenzen des Menschen, sondern vor allem im Blick darauf, dass Ideologien dazu beitragen, dass Menschen ihre Bestimmung verfehlen.

---

[14] Vgl. Joachim Fetzer (2004), S. 296ff.
[15] Vgl. Alfred Jäger (1993), S. 16ff., S. 25f., S. 458.

3. Bildung, Wissenschaft, Wirtschaft und Management

Spätestens seit der PISA-Studie und den öffentlichkeitswirksamen Forderungen von Politikern, durch verstärkte Bildungsbemühungen der Massenarbeitslosigkeit zu begegnen, ist Bildung in den letzten Jahren in Deutschland zum Modethema geworden. Bei den Diskussionen um Reformen im Bildungswesen fordern die einen eine stärkere Orientierung an Kategorien des ökonomischen Nutzens, während die anderen eine stärkere Orientierung am „klassischen" Bildungsideal verlangen, womit meist das neuhumanistische Bildungsverständnis Wilhelm von Humboldts gemeint sein dürfte, von dem jedoch in der Regel nur eine verschwommene Vorstellung vorhanden ist.

Humboldts Ideal war eine Gesellschaft, in der alle Menschen ein menschenwürdiges, selbstbestimmtes Leben im Sinne fortschreitender individueller Selbstverwirklichung zum Wohle des Ganzen führen können. Der Mensch soll sich nach Humboldt nicht an die Welt entäußern, sein Leben nicht von gesellschaftlichen Zwängen bestimmen lassen, nicht nur für Arbeit und Beruf leben als ein Rädchen im seelenlosen Getriebe der Wirtschaft. Sondern er soll wahrer Mensch werden, sich in dem erfassen, was er als Mensch ist, sich in seiner Menschheit darstellen. Das bedeutet, dass er sich selbst „bildet", indem er die einzigartigen Möglichkeiten, die in ihm als Individuum angelegt sind, ausprägt und als Idee zur Entfaltung kommen lässt. Bildung bzw. Selbstbildung in diesem Sinn ist für Humboldt der höchste Zweck des menschlichen Lebens.[16] Das Ideal der Menschheit ist die Gesamtheit aller individuellen entfalteten Ideen. Jede Idee ist einzigartig und unersetzbar. Jeder Mensch muss die Möglichkeit erhalten, sich selbst zu seiner Idee emporzusteigen, sich selbst zu einem konstitutiven Grundzug des Ideals der Menschheit zu machen. Verhinderung von Bildung ist nicht nur ein unmenschliches Verbrechen am Individuum, sondern ein nicht wieder gutzumachendes Vergehen gegen die Menschheit selbst.[17] Als besonders hilfreich für den Bildungsprozess erachtete Humboldt die Beschäftigung mit der Antike, mit der Kunst und mit der Sprache.

Humboldts Bildungsverständnis wurde – insbesondere in der zweiten Hälfte des zwanzigsten Jahrhunderts – von soziologischer, erziehungswissenschaftlicher und theologischer Seite vielfach kritisiert. Von soziologischer Seite wurde darauf hingewiesen, dass das Bildungskonzept mit seinen egalitären Implikationen institutionell nie erfolgreich umgesetzt werden konnte, sondern vielmehr als bürgerlich-elitäres Bildungsideal die „Klassenunterschiede" verstärkte. Außerdem unterstellte man dem Ansatz – ebenfalls im Gegensatz zur erklärten Intention Humboldts – eine Tendenz zum Rückzug in egoistische Innerlichkeit fern jeglicher Wahrnehmung der gesellschaftlichen Realität.[18] Von erziehungswissenschaftlicher Seite wurde gegen das (missverstan-

---

[16] Vgl. Clemens Menze (1980a), S. 3ff.
[17] Vgl. a.a.O. S. 6.
[18] Vgl. Clemens Menze (1980b), S. 106.

dene) humboldtsche Bildungskonzept eingewandt, es beabsichtige eine traditionalistische Erziehung zur Anpassung an gesellschaftliche Gegebenheiten. Infolgedessen wurde der Bildungsbegriff für einige Jahrzehnte (bis zu seiner Renaissance) aus der Erziehungswissenschaft verabschiedet. Von theologischer Seite (insbesondere von der Dialektischen Theologie) wurde problematisiert, dass Humboldts Bildungsmodell auf Selbstverwirklichung und Selbstvollendung des Individuums aus eigenen Kräften ziele und insofern die Sünde nicht ernst genug nehme.

Der Theologe Friedrich Schleiermacher entwickelte etwa zeitgleich zu Humboldt eine verwandte Bildungstheorie. Auch er ging davon aus, dass sich im Bildungsvorgang ein im Menschen angelegtes Humanum allmählich empor bildet und ausprägt und dass die in jedes Individuum hineingelegten Möglichkeiten durch Selbstbildung zur Entfaltung kommen können. Aber in seinem Ansatz spielt das Gottesverhältnis eine zentrale Rolle.[19] Zur Selbstbildung bedarf es der Selbstbesinnung, in der sich der Mensch nach Schleiermacher als schlechthin abhängig, als bezogen auf Gott erkennt. Dieses unmittelbare Existentialverhältnis ist der Ursprungsort der Bildung als eines Prozesses der Individualitätsentfaltung in liebevoller Zuwendung zur Welt.[20] Bildung darf nicht in zweckorientierter Berufsausbildung aufgehen, sondern bezieht sich auf den ganzen Menschen, und damit besonders auch auf seinen Gottesbezug, der den Menschen als Menschen ausmacht.[21] Außerdem trat Schleiermacher für eine strukturelle Begrenzung der staatlichen Zuständigkeit und stattdessen für eine Beteiligung vieler Institutionen im Bildungsbereich ein.

Theologisch kritisiert wird an Schleiermachers Ansatz mitunter, dass er – ähnlich wie Humboldt – ein zu optimistisches Menschenbild zugrunde legt. Widerstände, die der Mensch im Bildungsprozess niederringen muss, haben den Charakter einer Entwicklungshemmung, nicht den eines echten Gegensatzes. Der für christliche Menschenbilder konstitutive Aspekt der Korruption des Menschen wird nicht konsequent genug beschrieben. Ein Optimismus, wie ihn Schleiermacher vertrat, dürfte den meisten heutigen Theologen insbesondere aufgrund der geschichtlichen Erfahrungen des zwanzigsten Jahrhundert verwehrt sein. Auch die für Schleiermacher selbstverständliche Annahme, dass der Mensch mit einer religiösen Anlage geboren wird, auf die hin er ansprechbar ist, nimmt die Sünde möglicherweise nicht ernst genug und ist zudem im gesellschaftlichen Bildungsdiskurs angesichts des Traditionsabbruchs nicht (mehr) konsensfähig.

Etwas, das wir von Schleiermachers fundamentalanthropologischer Bildungstheorie jedoch unbestritten lernen können und das für die heutige Bildungsdiskussion äußerst relevant ist, ist die Einsicht, dass man nur dann sinnvoll über Ziele von Bildung nachdenken kann, wenn man zuvor über das Wesen

---

[19] Vgl. Votum des theologischen Ausschusses, in: Joachim Ochel (2001), S. 15.
[20] Vgl. a.a.O. S. 25ff.
[21] Vgl. a.a.O. S. 38.42.

und die Bestimmung des Menschen nachgedacht hat. Insofern kann es ebenso wenig einen religiös bzw. weltanschaulich neutralen Bildungsbegriff geben wie eine religiös bzw. weltanschaulich neutrale Bildungspraxis. Es stellt sich also lediglich die Frage, welche religiösen bzw. weltanschaulichen Vorstellungen zugrunde gelegt werden. Vertreter von Kirche und Theologie werden sich diesbezüglich im gesellschaftlichen Bildungsdiskurs wohl schwerlich für andere Sichtweisen einsetzen als diejenigen, die sich ihnen als wahr erschlossen haben. Christliche Menschenbilder betonen in der Regel die Bestimmung des Menschen zur Gottebenbildlichkeit, d.h. zu einem Leben in Gemeinschaft und Beziehung zu Gott und seinen Mitmenschen. Bildungsprozesse müssten dann als Prozesse der Realisierung dieser Bestimmung beschrieben werden, wie es Wolfhart Pannenberg tut, indem er Bildung als „Werden der Gottebenbildlichkeit im Menschen" definiert.[22] In diesem Zusammenhang kann an den faktischen theologischen Ursprung des deutschen Begriffs „Bildung" erinnert werden, der in biblischen Aussagen über die Gottebenbildlichkeit des Menschen (Genesis 1,26ff.) und ihre Erneuerung in Christus (Kolosser 1,15ff.) wurzelt.

Bildung kann vor diesem Hintergrund ebenso wenig auf den Erwerb von Wissen wie auf ihre Schlüsselfunktion für Beschäftigung reduziert werden. Bildung hat aus christlicher Sicht etwas zu tun mit der Entwicklung der ganzen Person, mit religiöser, ethischer und sozialer Orientierung bzw. Mündigkeit und letztlich mit dem Glauben als daseinsbestimmendem Vertrauen, der als höchstes Bildungsgut geistgewirkt und unverfügbar ist.[23] In ihrer Denkschrift zum Thema Bildung mit dem Titel „Maße des Menschlichen" von 2003 definiert die Evangelische Kirche in Deutschland Bildung entsprechend mehrdimensional als „Zusammenhang von Lernen, Wissen, Können, Wertbewusstsein, Haltungen (Einstellungen) und Handlungsfähigkeit im Horizont sinnstiftender Deutungen des Lebens."[24] Reiner Preul versteht Bildung noch substanzieller als „gesteigerte und über sich selbst aufgeklärte Handlungsfähigkeit", die „nicht ohne Gewissheit über Grund, Verfassung und Bestimmung des menschlichen Lebens" möglich ist. „Somit ist jeder Bildungsprozess [...] im Kern ein religiöser Lernprozess"[25] und der Bildungsauftrag ist für das Christentum wesentlich.[26]

Wie kann man vor dem Hintergrund eines solchen anspruchsvollen Bildungsbegriffs die Fragen nach dem Sinn und nach einer angemessenen Gestaltung von Universitäten beantworten? Das Ziel der Universitäten besteht darin, durch die Verbindung von Wissenschaft und Bildung einen Beitrag dazu zu leisten, dass Menschen ihre Bestimmung erreichen. Der Wissen-

---

[22] Vgl. Wolfhart Pannenberg (1980), S. 222.
[23] So betonte beispielsweise Martin Luther zu Recht, dass Erziehung keinen Glauben erzeugen kann, aber dennoch notwendig ist, damit das Evangelium verstanden werden kann. Vgl. Peter Müller (2004), S. 41.
[24] Kirchenamt der EKD (2003), S. 66.
[25] Reiner Preul (1998), Sp. 1583.
[26] Vgl. Reiner Preul (2004), S. 192ff.

schaftsbegriff bezeichnet nach klassischen Definitionen (wie denen von Immanuel Kant oder Friedrich Wilhelm Schelling) Tätigkeiten, die der Wissensprüfung und -erweiterung dienen. Die Verbindung von Wissenschaft und Bildung wird (heute muss man wohl besser sagen: würde) u. a. dadurch ermöglicht, dass dem einzelnen der Freiraum gewährt wird, sich seinen individuellen Anlagen entsprechend mit den vielfältigen Gegenständen der Wissenschaft zu beschäftigen, dass Lehre sich nicht in der Vermittlung von Wissensbeständen erschöpft, sondern gemeinsames Forschen einschließt und dass sich die Wissenschaftler trotz ihrer Spezialisierung einen Sinn für das Ganze bewahren.

Die gegenwärtige Krise der Universitäten in Deutschland hat ihre Wurzeln hauptsächlich erstens im Bruch mit diesem traditionellen Ideal der Verbindung von Wissenschaft und Bildung, der in den sechziger Jahren erfolgte (zusammen mit weiteren bildungspolitischen Fehlentscheidungen, wie der Errichtung der Massenuniversität ohne entsprechende Mittelanpassung und der Nivellierung der Zulassungsbedingungen), und zweitens in (durch wirtschafts- und steuerpolitische Entscheidungen bedingten) leeren öffentlichen Kassen, verbunden mit Verwirrungen im Blick auf die Verhältnisbestimmung von Wissenschaft und Bildung auf der einen Seite und Wirtschaft auf der anderen Seite.

Diese Verwirrungen werden oftmals pejorativ als Ökonomisierung des Bildungssystems beschrieben und sie betreffen die Fragen danach, inwieweit sich Wissenschaft und Bildung volkswirtschaftlichen Nutzenerwägungen anzupassen haben, inwieweit die staatliche Finanzierung von Wissenschaft und Bildung von ökonomischen Kosten-Nutzen-Rechnungen abhängen soll, inwieweit die Anwendung betriebswirtschaftlicher Methoden und Denkweisen für eine Universitätsverwaltung angemessen ist und inwieweit sich der Charakter wissenschaftlicher Tätigkeit durch zunehmende Management-Aufgaben verändert.

Die Fragestellung, inwieweit sich Wissenschaft und Bildung volkswirtschaftlichen Nutzenerwägungen anzupassen haben, beinhaltet zum einen die Frage danach, ob das Erreichen der individuellen Bestimmung oder eine gut funktionierende Wirtschaft das übergeordnete Ziel wissenschaftlicher Tätigkeit und menschlicher Bildung darstellen soll, und zum anderen die Frage danach, welche Rolle eine gut funktionierende Wirtschaft für das Erreichen der individuellen Bestimmung spielt und umgekehrt. Die erste Frage ist aus theologischer Perspektive (aber auch aus jeder anderen, die Wirtschaft nicht als Selbstzweck begreift) eindeutig zu beantworten. Das übergeordnete Ziel von Wissenschaft und Bildung ist es, einen Beitrag dazu zu leisten, dass Menschen ihre Bestimmung erreichen. Ebenso ist es das übergeordnete Ziel der Wirtschaft, einen Beitrag dazu zu leisten, dass Menschen ihre Bestimmung erreichen.[27] Es handelt sich also um zwei gesellschaftliche Bereiche, die dem gleichen Ziel dienen, allerdings durch die Erfüllung unterschiedlicher Funk-

---

[27] Vgl. Alexander Dietz (2005), S. 174.

tionen. Wissenschaft und Bildung leisten durch die Entfaltung menschlicher Potentiale und Entwicklungsprozesse im Kontext von Tätigkeiten, die der Wissensprüfung und -erweiterung dienen, einen Beitrag zu diesem Ziel. Die Wirtschaft leistet dadurch einen Beitrag zu diesem Ziel, dass sie den materiellen Lebensunterhalt der Menschen sichert.

Eine Wissenschaft, welche die Wirtschaft in der Erfüllung ihrer Funktion behindert, gerät angesichts des gemeinsamen Ziels ebenso in einen Selbstwiderspruch wie eine Wirtschaft, welche die Wissenschaft in der Erfüllung ihrer Funktion behindert. Die beiden Bereiche ergänzen sich vielmehr (und in Anlehnung an die Gesellschaftstheorie von Eilert Herms könnte man hier auch noch die Bereiche Politik und Religion nennen[28]) und sie sind aufeinander angewiesen, da die Wirtschaft ohne Wissen und ohne gebildete Menschen ebenso wenig funktionieren kann wie die Wissenschaft ohne die Zuweisung von und den Umgang mit materiellen Ressourcen. Insofern befördern sie sich (bei auch nur minimal vernünftigen Rahmenbedingungen) indirekt gegenseitig, indem sie einfach ihre jeweiligen Aufgaben erfüllen. Am besten erfüllen sie ihre Aufgaben, wenn sie ihren Tätigkeiten die für den jeweiligen Bereich bewährten bzw. angemessenen Leitkategorien zugrundelegen. Die Leitkategorien für die Tätigkeit „Wissenschaft Betreiben" sind andere als diejenigen für die Tätigkeit „Wirtschaften". Die Tatsache, dass man jede menschliche Tätigkeit in ökonomischen Kategorien beschreiben kann, ist kein Beleg dafür, dass die Beschreibung in ökonomischen Kategorien tatsächlich die angemessenste Art der Beschreibung jeder menschlichen Tätigkeit ist oder dass jede menschliche Tätigkeit nach ökonomischen Leitkategorien betrieben werden sollte. Eine solche Sicht muss vielmehr mit Herms als „ökonomischer Fehlschluss"[29] bezeichnet werden.

Zwischen den Forderungen, die von einzelnen Vertretern „der Wirtschaft" an die Universitäten im Blick auf die Gestaltung ihrer Tätigkeit gestellt werden und dem, was im Blick auf die Leitkategorien von Wissenschaft und Bildung angemessen erscheint, muss kein Widerspruch bestehen. Aber dort, wo ein unüberwindlicher Widerspruch besteht, müssen – im Blick auf die bestmögliche Erfüllung der spezifischen Aufgabe des Wissenschaftsbereichs – die bereichseigenen Leitkategorien Vorrang haben. Verbreitete Forderungen an die Universität im Blick auf volkswirtschaftliche Nutzenerwägungen sind erstens eine stärkere Orientierung an der praktischen Vorbereitung auf den Beruf (durch Vereinheitlichung der Lehrinhalte, effizientere Vermittlung und stärkeren Praxisbezug), zweitens eine Verbesserung der internationalen Wettbewerbsfähigkeit der Hochschulen (durch Qualitätssicherung und internationale Vereinheitlichung) und drittens eine Ressourcenkonzentration auf Wissenschaftsdisziplinen und Forschungsbereiche, die so zeitnah und direkt wie möglich zur Realisierung ökonomischer Gewinne beitragen.

---

[28] Vgl. Eilert Herms (1995), S. 234ff.
[29] Eilert Herms (1998), S. 276.

Eine Orientierung an der ersten Forderung befördert Verschulungs- und Bürokratisierungstendenzen. Die damit verbundene Einschränkung der wissenschaftlichen Freiheit, Kreativität und Forschungsmöglichkeiten für Dozierende und Studierende steht im Gegensatz zur Aufgabe von Wissenschaft und Bildung und führt konsequenterweise zur Absenkung des Niveaus der Universität auf dasjenige der Fachhochschule und schließlich der Berufsschule. Auf der anderen Seite besteht jedoch in der Anregung zur Auseinandersetzung mit Möglichkeiten besserer didaktischer Vermittlung sowie einer besseren Verzahnung von geringer und stärker praxisbezogenen Inhalten auch eine positive Chance für die Beförderung von Wissenschaft und Bildung. Die zweite Forderung wird derzeit im sogenannten Bologna-Prozess umgesetzt. Während viele Universitäten in vorauseilendem Gehorsam ohne Notwendigkeit ihre Studien- und Prüfungspläne geändert und damit einen unumkehrbaren Prozess eingeleitet haben, ohne sich zuvor in angemessenem Umfang mit den problematischen Aspekten auseinandergesetzt zu haben, sind andere Einrichtungen und Wissenschaftler nicht bereit, Chancen des Prozesses zu sehen und zu nutzen, die in der Verabschiedung überkommener und der Ermöglichung benötigter neuer Formen (ein gutes Beispiel ist der geplante neue PhD-Studiengang „Diakoniewissenschaft" an der Kirchlichen Hochschule Bethel) bestehen.

Die dritte Forderung leitet über zu der Frage, inwieweit die staatliche Finanzierung von Wissenschaft und Bildung von ökonomischen Kosten-Nutzen-Rechnungen abhängen soll. Als die Hamburger Hochschulpolitik im Jahr 2004 auf der Grundlage einer Orientierung am prognostizierten Absolventenbedarf des „Wirtschaftsstandorts Hamburg" eine Halbierung der Stellen in den Geisteswissenschaften beschloss, reagierte der amerikanische Philosoph Richard Rorty mit einer Stellungnahme, die in der Frankfurter Allgemeinen Zeitung veröffentlicht wurde. Der Titel dieser Stellungnahme lautet: „Wissen deutsche Politiker, wozu Universitäten da sind?" Rorty verleiht seinem Unverständnis darüber Ausdruck, wie eine Universität sich einen solchen Eingriff in ihre Selbstbestimmung gefallen lassen könne. Er weist auf die zerstörerischen Folgen solcher Entscheidungen für die deutsche Forschungs- und Bildungslandschaft hin und ist verwundert, dass solche Maßnahmen, die seines Erachtens von keiner amerikanischen Universität auch nur in Erwägung gezogen würden, in einem Land vollzogen werden, das einmal als weltweites Vorbild für die Gestaltung von Universitäten galt.[30]

Die Forderung nach einer Ressourcenkonzentration auf Wissenschaftsdisziplinen und Forschungsbereiche, die so zeitnah und direkt wie möglich zur Realisierung ökonomischer Gewinne beitragen, überträgt ökonomische Leitkategorien – ungeachtet ihres (in diesem Fall) offensichtlichen Widerspruchs zu Leitkategorien von Wissenschaft und Bildung und somit unzulässigerweise – auf die Hochschulpolitik. Das führt zu einer Marginalisierung von Grundlagenforschung und Geisteswissenschaften, die Folgen für Wissen-

---

[30] Vgl. Richard Rorty (2004).

schaft und Bildung sind verheerend. Die Finanzierung so genannter öffentlicher Güter (also nichtmarktfähiger Kollektivgüter) ist eine der Hauptaufgaben des Staates. Zu diesen Gütern gehören weite Teile des Wissenschafts- und Bildungssystems, und zwar genau diejenigen Bereiche, die nicht oder kaum zur Realisierung ökonomischer Gewinne beitragen, wie beispielsweise an der Universität die Grundlagenforschung und die Geisteswissenschaften. Insofern handelt es sich um ein fundamentales Missverständnis, wenn die staatliche Finanzierung solcher Bereiche als Vorfinanzierung betrachtet wird, und man dieser Logik entsprechend nur noch in Bereiche investiert, die das Geld „wieder einspielen". Analog zu weiteren vergleichbaren sozialpolitischen Entwicklungen ist zu fragen, inwieweit man Mittelkürzungen unter dem Deckmantel der Schlagworte „Eigenverantwortung" oder „Autonomie" hinnimmt und inwieweit man (angesichts eines stetig wachsenden Bruttoinlandsprodukts) glaubt, dass es tatsächlich keine (steuer- und finanzpolitischen) Alternativen dazu geben soll, dass aus öffentlichen Geldern zukünftig nur noch eine unzureichende Grundversorgung (auch im Bildungsbereich) finanziert werden kann und damit die gesellschaftliche Spaltung vorangetrieben wird.

Die Fragestellung, inwieweit die Anwendung betriebswirtschaftlicher Methoden und Denkweisen für eine Universitätsverwaltung angemessen ist, ist meines Erachtens die am wenigsten problematische der hier verhandelten. Es wurde bereits festgehalten, dass die Leitkategorien für die Tätigkeit „Wissenschaft Betreiben" andere sind als diejenigen für die Tätigkeit „Wirtschaften". Das schließt nicht aus, dass in einer Institution, deren primäre Aufgabe im Bereich „Wissenschaft betreiben" liegt, auch kleinere Abteilungen vorhanden sein können, deren Aufgabe im Bereich „Wirtschaften" liegt bzw. dass in einer Institution, deren primäre Aufgabe im Bereich „Wirtschaften" liegt, auch kleinere Abteilungen vorhanden sein können, deren Aufgabe im Bereich „Wissenschaft betreiben" liegt. Den Tätigkeiten in diesen Unterabteilungen sind dann die dem jeweiligen Bereich angemessenen Leitkategorien zugrunde zu legen, allerdings modifiziert, sofern das nötig ist, um die Hauptaufgabe der Institution nicht zu beeinträchtigen und die Beförderung dieser Hauptaufgabe als übergeordnetes Ziel der Abteilung stets im Blick zu behalten.

Das heißt konkret, dass die kreative Anwendung betriebswirtschaftlicher Methoden in einer Universitätsverwaltung prinzipiell angemessen und wünschenswert ist. Allerdings besteht die Gefahr, dass die Verwaltungsmitarbeiter, da sie mit den gleichen Methoden arbeiten wie Mitarbeiter eines Wirtschaftsunternehmens, dem Missverständnis erliegen, ihre Tätigkeit würde auch dem gleichen Ziel dienen wie die Tätigkeit von Mitarbeitern eines Wirtschaftsunternehmens, nämlich Gewinn zu erwirtschaften. Ein solches Missverständnis führt zu unangemessenen Situationswahrnehmungen und Verhaltensweisen, z.B. dass Mittelzuweisungen vom Potential der Mittelempfänger abhängig gemacht werden, Drittmittel einzuwerben, oder dass Beaufsichtigungs-, Kontroll- und Sanktionsmechanismen im Blick auf Wissenschaftler eingeführt werden, bei denen betriebswirtschaftliche Rentabilitätskriterien auf Forschungs- und Bildungsprozesse angewendet werden, so als könne man Wissenschaft und Bildung wie Wirtschaftsgüter produzieren. Einem solchen Missverständnis ist daher entgegenzuwirken. Es sollte jedem Verwaltungsmitarbeiter stets bewusst sein, dass alles, was er tut, nur dann einen Sinn hat, wenn es dazu beiträgt, dass die Universität ihr Ziel besser verwirklichen kann, das darin besteht, durch die Verbindung von Wissenschaft und Bildung einen Beitrag dazu zu leisten, dass Menschen ihre Bestimmung erreichen. Insofern sind alle betriebswirtschaftlichen Methoden entweder in diesen Kontext zu stellen oder, sofern einzelne Methoden mit diesem Kontext nicht vereinbar sein sollten, nicht anzuwenden. Denn nicht alles, was sich in der Führung eines Wirtschaftsunternehmens bewährt hat, muss automatisch brauchbar für die Gestaltung einer Universität sein.

Das soeben beschriebene Missverständnis spielt auch eine Rolle bei der Fragestellung, inwieweit sich der Charakter wissenschaftlicher Tätigkeit durch zunehmende Management-Aufgaben verändert. Die Forderung, dass Wissenschaftler verstärkt Management-Kompetenzen erwerben und diese anwenden sollen, wird von manchen damit begründet, dass immer weniger Geld zur Verfügung gestellt werden könne und diese Entwicklung vom Wissenschaftler dadurch ausgeglichen werden müsse, dass er es durch die Anwendung von Management-Techniken schaffe, seine Abläufe so zu optimieren, dass er mit weniger Mitteln ebenso gute oder bessere Ergebnisse erziele. Außerdem müsse er lernen, wie er sich das Geld, das er benötigt, auf andere Weise (Drittmittel, Vermarktung) beschaffe. Andere begründen die Forderung damit, dass bestimmte Management-Aufgaben von jedem Wissenschaftler erledigt werden müssten (Zeitplanung, Mitarbeiterbetreuung usw.) und es dem Ziel der Wissenschaft und der Aufgabe der Universität dienlich sei, wenn der Wissenschaftler diese unvermeidbaren Management-Aufgaben durch die Anwendung von Management-Techniken möglichst effizient erledige, da dann mehr Zeit und Geld für die eigentliche wissenschaftliche Tätigkeit zur Verfügung stünden.

Dem ersten Begründungsmuster sollte man entschieden widersprechen, da es auf Missverständnissen bezüglich der Leitkategorien wissenschaftlicher Tätigkeit, bezüglich des Zieles der Institution Universität sowie bezüglich staatlicher Aufgaben basiert. Dem zweiten Begründungsmuster sollte man demgegenüber meines Erachtens zustimmen. Argumentationen in diesem Zusammenhang sind sorgfältig daraufhin zu befragen, welches Begründungsmuster mit seinen jeweiligen Implikationen zugrunde liegt. Nach dem zweiten Begründungsmuster bleibt der Wissenschaftler ein Wissenschaftler, der gezielt Management-Methoden dort anwendet, wo es sinnvoll ist. Folgt man dem ersten Begründungsmuster, dann wird der Wissenschaftler zum Manager, ökonomische Kategorien werden zu den Leitkategorien seiner gesamten Tätigkeit, deren Charakter sich dadurch grundlegend verändert. Der Manager handelt zielgerichtet auf ein vorher bestimmtes Ergebnis hin und denkt ständig darüber nach, wie sich mit seinen „Produkten" Geld verdienen lässt. Der Wissenschaftler ist gespannt auf das Ergebnis seiner Forschung, und die Qualität eines Forschungsgegenstands hängt für ihn von anderen Kriterien als ökonomischen ab. Ebenso wie die ökonomischen Ziele eines Wirtschaftsunternehmens voraussichtlich darunter leiden werden, wenn andere als ökonomische Leitkategorien zugrunde gelegt werden, werden auch die wissenschaftlichen Ziele eines Forschers voraussichtlich darunter leiden, wenn andere als wissenschaftliche Leitkategorien zugrunde gelegt werden.

Tragisch ist es, wenn Rahmenbedingungen so gestaltet werden, dass dem Wissenschaftler nichts anderes mehr übrig bleibt als zum Manager zu werden, der seine Zeit nur noch mit der Formulierung von Drittmittelanträgen und der Arbeit an Strategien zum Erhalt seines Lehrstuhls verbringt. An der Theologischen Fakultät einer Universität in Baden-Württemberg muss ab sofort jeder Lehrstuhl auf Grund einer „Zielvereinbarung" mit dem Rektorat jährlich 100.000 Euro an Drittmitteln einwerben, sonst fällt jeweils eine Assistentenstelle weg. Selbst wenn man als Wissenschaftler zukünftig nur noch dann zu einem Thema forschen würde, wenn es dazu eine gut dotierte Ausschreibung gibt (was nicht erstrebenswert wäre), ist eine solche Zielvereinbarung für Geisteswissenschaftler kaum erfüllbar. Die EU-Förderung verfolgt das Ziel, die Wettbewerbsfähigkeit Europas zu steigern, die Baden-Württembergische Landesförderung verfolgt das Ziel, Zukunftstechnologien nach vorne zu bringen. Viel Geld für theologische Forschung wird dort kaum abfallen. Auch in den Richtlinien, nach denen die Deutsche Forschungsgemeinschaft Fördermittel zuweist, kommt eine Auseinandersetzung mit dem Wahrheitsanspruch des Christentums als Kern der theologischen Forschung nicht vor. Es ist also recht klar, was das Ergebnis solcher „Zielvereinbarungen" sein wird.

4. Fazit

Im Kontext eines wachsenden Einflusses ökonomischer Denkkategorien auf viele Gesellschaftsbereiche werden zunehmend auch die Forderungen erhoben, dass sich wissenschaftliche Arbeit stärker an ihrem ökonomischen Nutzen messen lassen müsste und dass Wissenschaftler verstärkt Management-Kompetenzen erwerben und anwenden sollten. Diese Forderungen sind nüchtern auf ihre Sachgemäßheit hin zu prüfen – jenseits einer Ideologie des Ökonomismus oder einer Ideologie der Ökonomiefeindlichkeit.

Von Schleiermacher können wir lernen – und daran sollte die Theologie erinnern –, dass der Bildungsbegriff sich nicht von ökonomischem Nützlichkeitsdenken vereinnahmen lassen darf und dass man nicht von Bildung sprechen kann, ohne vom Wesen und von der Bestimmung des Menschen zu sprechen. Das Ziel der Universitäten besteht darin, durch die Verbindung von Wissenschaft und Bildung einen Beitrag dazu zu leisten, dass Menschen ihre Bestimmung erreichen. Da die Wirtschaft das gleiche übergeordnete Ziel wie die Wissenschaft besitzt, ergänzen sich diese im Idealfall, indem sie ihre unterschiedlichen Funktionen erfüllen auf der Grundlage der ihnen jeweils angemessenen Leitkategorien.

Diese Kategorien müssen nicht im Widerspruch zueinander stehen, aber dort, wo sie es tun, müssen die bereichseigenen Kategorien Vorrang haben. Insofern sind bestimmte einseitig ökonomisch begründete Forderungen an die Ausrichtung der Wissenschaft und an die Finanzierungspraxis von Wissenschaft zurückzuweisen (die zu einer Marginalisierung von Grundlagenforschung und Geisteswissenschaften führen), ohne dass man „das Kind mit dem Bade ausschüttet" und Chancen übersieht, die in manchen Anregungen stecken. Dort, wo Managementaufgaben zu erledigen sind, sei es in der Universitätsverwaltung oder am Lehrstuhl, sind Managementkompetenzen wünschenswert. Der Verwaltungsmitarbeiter darf jedoch nicht vergessen, dass das Ziel seines Managements die Beförderung der Wissenschaft und nicht die Erwirtschaftung ökonomischen Gewinns darstellt, und der Wissenschaftler muss in erster Linie Wissenschaftler bleiben (dürfen).

Wenn es nicht gelingt, politischen Entscheidungsträgern und einer breiten Öffentlichkeit verständlich zu machen, was Wissenschaft und Bildung bedeuten[31] und wie ihr Verhältnis zu Ökonomie und Management angemessen bestimmt werden kann, sind nicht nur die Geisteswissenschaften an den Universitäten, sondern möglicherweise langfristig die gesamte Gesellschaft, wie wir sie kennen, in ihrem Bestand gefährdet. Dies wäre aus theologischer Sicht deswegen tragisch, weil es die Rahmenbedingungen dafür verschlechtern würde, dass Menschen ihre Bestimmung erreichen.

Literaturverzeichnis:

DIETZ, ALEXANDER (2005): Der homo oeconomicus. Theologische und wirtschaftsethische Perspektiven auf ein ökonomisches Modell, Gütersloh.

FETZER, JOACHIM (2004): Die Verantwortung der Unternehmung. Eine wirtschaftsethische Rekonstruktion, Gütersloh.

HERMS, EILERT (1995): Kirche in der Zeit; in: DERS. (HG.): Kirche für die Welt. Lage und Aufgabe der evangelischen Kirchen im vereinigten Deutschland, Tübingen, S. 213–317.

DERS. (1998): Religion und Wirtschaft. Eine Verhältnisbestimmung aus der Perspektive reformatorischer Theologie; in: SCHELIHA, ARNULF E.A. (HGG.): Das protestantische Prinzip – Historische und systematische Studien zum Protestantismusbegriff, Stuttgart e.a., S. 269–298.

DERS. (2001): Private Vices – Public Benefits? Eine alte These im Lichte der Neuen Institutionenökonomik, in: SIEBECK, GEORG (HG.): Artibus ingenius. Beiträge zur Theologie, Philosophie, Rechtswissenschaft und Wirtschaftswissenschaft, Tübingen, S. 111–132.

JÄGER, ALFRED (1993): Konzepte der Kirchenleitung für die Zukunft, Gütersloh.

KIRCHENAMT DER EKD (Hg.) (2003): Maße des Menschlichen. Evangelische Perspektiven zur Bildung in der Wissens- und Lerngesellschaft. Eine Denkschrift, Gütersloh.

KURBJUWEIT, DIRK (2003): Unser effizientes Leben. Die Diktatur der Ökonomie und ihre Folgen, Hamburg.

---

[31] Dafür brauchen wir, wie Reiner Preul zu Recht betont, einen formelhaft zugespitzten, verständlichen Bildungsbegriff, den wir – auch mit Hilfe der Medien – in den öffentlichen Diskurs tragen müssen. Vgl. Reiner Preul (2004), S. 187, S. 194.

MARX, KARL (1969): Das Kapital. Kritik der politischen Ökonomie, Frankfurt.

MENZE, CLEMENS (1980a): Grundzüge der Bildungsphilosophie Wilhelm von Humboldts; in: DERS.: Bildung und Bildungswesen. Aufsätze zu ihrer Theorie und ihrer Geschichte, Hildesheim e.a., S. 1–23.

DERS. (1980b): Überlegungen zur Kritik am humanistischen Bildungsverständnis in unserer Zeit, in: DERS.: Bildung und Bildungswesen – Aufsätze zu ihrer Theorie und ihrer Geschichte, Hildesheim e.a. 1980, S. 106–123.

MÜLLER, ALBRECHT (2004): Die Reformlüge, München.

MÜLLER, PETER (2004): Ebenbild und Bildungswesen. Theologische Erwägungen zur Bildungsdiskussion; in: GRÜNWALD, KLAUS E.A. (HGG.): Bildung als religiöse und ethische Orientierung, Hannover, S. 31–55.

OCHEL, JOACHIM (HG.) (2001): Bildung in evangelischer Verantwortung auf dem Hintergrund des Bildungsverständnisses von F. D. E. Schleiermacher. Eine Studie des Theologischen Ausschusses der Evangelischen Kirche der Union, Göttingen, S. 13–56.

PANNENBERG, WOLFHART (1980): Gottebenbildlichkeit und Bildung des Menschen, in: DERS.: Grundfragen systematischer Theologie – Gesammelte Aufsätze, Bd. 2, Göttingen, S. 207–225.

PREUL, REINER (1998): Bildung IV. Religionsphilosophisch, dogmatisch, ethisch; in: RGG Bd. 1, (4. Auflage), Göttingen, Sp. 1582–1584.

DERS. (2004): Bildung als religiöse und ethische Orientierung; in: GRÜNWALD, KLAUS E.A. (HGG.): Bildung als religiöse und ethische Orientierung, Hannover, S. 187–195.

RORTY, RICHARD (2004): Wissen deutsche Politiker, wozu Universitäten da sind?; in: Frankfurter Allgemeine Zeitung vom 31.08.2004.

RÜSTOW, ALEXANDER (2001): Das Versagen des Wirtschaftsliberalismus, Marburg, S. 138.

TIETZ, REINHARD (1994): Vereinfachung und Komplexität. Das Dilemma der Wirtschaftstheorie, in: SCHIEMENZ, BERND (HG.): Interaktion – Modellierung – Kommunikation und Lenkung in komplexen Systemen, Berlin, S. 237–261.

ULRICH, PETER (1993): Transformation der ökonomischen Vernunft. Fortschrittsperspektiven der modernen Industriegesellschaft, Bern.

Jürgen Gohde

Zukunft der Diakoniewissenschaft

Zweimal habe ich überlegt, ob ich diesen Vortrag anlässlich des Forums Diakoniewissenschaft[1] halten sollte. Präsident des Diakonischen Werkes bin ich nicht mehr. Da wäre meine Rolle klar gewesen. Über das Interesse eines großen Nachfragers nach gut qualifizierten Diakoniemanagern hätte ich reden können und den Paradigmenwechsel nachzeichnen, durch den die Diakoniewissenschaft gegangen ist und noch geht und feststellen: bestimmte Hausaufgaben hat sie noch nicht gemacht. Hanns-Stephan Haas hat in seiner Habilitationsschrift[2] bemerkt, dass das Besondere Diakonischer Unternehmen noch nicht hinreichend in den Blick genommen worden sei, oder ich frage: Wo ist der Beitrag zu „sozialer Investition und Innovation" – um es mit dem Titel der Programmschrift des neuen Heidelberger Instituts zu sagen – in einer Zeit sich lockernder Milieubindungen und damit unverbindlicher werdender Legitimation und Akzeptanz der Arbeit. Oder ich denke an den demografischen Umbruch, der personalpolitisch gestaltet werden muss, die Veränderung von Arbeitszeitmodellen, die sich in der Verschiebung von Vollzeitarbeitsverhältnissen als Norm sozialer Sicherung und Lebensarbeitszeit hin zu mehr Teilzeitverhältnissen zeigt, bis hin zu prekären Beschäftigungsformen. Wo bleibt die Beschäftigung mit der Schlüsselfrage der Integration von Migranten für die soziale Kultur bis hin zu natürlichen Gewichtsverschiebungen zwischen den Leistungsanbietern. Professionalität und Konfessionalität sind angesagt. „In Zeiten der Stabilität macht Effizienzsteigerung Sinn, in Zeiten der Instabilität ist Neukonzeption erforderlich" (John Kao). Transparenz und Klarheit im Wettbewerb sind zu erbringen von dem, der sich behaupten will. Die Voraussetzungen dafür sind in einem kontextuellen Klärungsprozess zu schaffen, der Menschen befähigt auf der jeweiligen Führungsebene „out of the box" zu denken und zu planen.

Die theologischen Fakultäten sind hier viel schuldig geblieben, die wirtschaftswissenschaftlichen auch. Der Abbau der sozialpolitischen Lehrstühle in ihnen spricht für sich.

Ich will einen anderen Zugang wählen, der sich aus meiner Erfahrung in der europäischen Diakonie ergibt. Es sind diese Erfahrungen, die mich seit Jahren eine europäische diakonische Bildungsarchitektur fordern lassen.

Offenkundig besteht in Europa nicht nur ein Wettbewerb um die leistungsstärksten und wettbewerbstauglichsten Volkswirtschaften, es hat auch der

---

[1] Der Vortrag wurde anlässlich des Forums Diakoniewissenschaft am 2.11.2006 zum 65. Geburtstag von Alfred Jäger in Bethel gehalten. Die Form wurde beibehalten.
[2] Hanns-Stephan Haas (2006).

Wettbewerb um die dafür anpassungsfähigsten Sozial- und Steuersystem begonnen.

Wenn trotz ungleichzeitig ablaufender Prozesse das Zusammenwachsen Europas vorangekommen ist und der Eintritt Europas in globale Kontexte von der Wirtschaft erstaunlich gut gemeistert scheint, sind die sozialen Folgen, besonders in der von den Menschen „gefühlten Qualität", nicht entsprechend akzeptabel. Selten sind die eigentlich durch die Lissabonagenda (2000) zu überwindenden Phänomene von Arbeitslosigkeit, Exklusion und Unsicherheit deutlicher herausgekommen als gegenwärtig. Sie verdecken die in ihr intendierte Vertiefung des Konzepts eines nachhaltigen, sozialverantwortlichen Wirtschaftens, das sich Gerechtigkeit und Solidarität verpflichtet weiß. Wir hätten viel für die in Deutschland geführte Unterschichtdebatte lernen können von den Strategien der EU zur Vermeidung von Exklusion, die die Frage der Wirksamkeit und der Effizienz finanzieller Transferleistungen für Beschäftigung, Armutsbekämpfung und Teilhabe in den Mittelpunkt stellen und die Kompetenz der Betroffenen einfordern. Dass sich in diesem Prozess Ziele sozialpolitischen Handelns ändern müssen, ist selbstverständlich, so z.B. die Abkehr vom Kausalitätsprinzip in der Sozialhilfe zu einer finalen Betrachtung. Ebenso ist die Einführung sehr flexibler, fördernder und Erwartungen formulierender Strategien in der Arbeitsmarktpolitik (Flexicurity) nötig, die Öffnung von Grenzen auch bei sozialen Dienstleistungen. Es sind Blockaden zu überwinden, die sich aus mangelhaft vollzogenen Systemübertragungen ergeben, es ist die Bereitschaft zu wecken, aus den Erfahrungen anderer zu lernen.

Wir leben in einem Europa mit Stärken und Schwächen. Die Ungleichheiten existieren nicht allein auf politischer Ebene (auf ihre Beseitigung zielt die Offene Methode der Koordinierung), sondern auch in der diakonischen Wirklichkeit. Wir erleben den Unterschied zwischen der institutionellen und der „Graswurzeldiakonie" in den Gemeinden, zwischen der unternehmerischen und der prophetischen, der „großen" deutschen Diakonie und den Diakonien in den Minderheitskirchen, den „reichen" und den „armen" Diakonien, den diakonatsorientierten Diakonien im Porvooraum und den deutschen diakonischen Gemeinschaften.

Anders gesagt: Wir leben Vielfalt, wir verfügen über vielfältige Konsultationserfahrungen, wir müssen keinen Pluralismus künstlich herbei reden. Die verschiedenen wohlfahrtsstaatlichen Arrangements spiegeln sich haargenau in den bekenntnisgleichen und –verschiedenen Diakoniekonzepten.

Einige Beispiele: Wir können diese Vielfalt nur produktiv machen und arbeiten z.B. über das Diakonische Amt in den jeweiligen kirchlichen Kontexten. Das wird nach den Erfahrungen in Deutschland möglicherweise ein Jahrhundertprojekt. Was aber aufregend ist, dass aus dieser Gruppe diakonisch engagierter Menschen heraus die Forderung nach bestmöglicher Qualifikation auf einem kompatiblen Niveau ebenso erhoben wird wie aus der unternehmerischen Diakonie und damit Nachfrage nach standardisierbaren Bachelor- und

Masterabschlüssen entsteht. Allen diesen Impulsen gemeinsam ist, dass neben kirchlicher Anerkennung, anerkannte Leitungskompetenz in allen Feldern der Sozialwirtschaft angestrebt wird.

Oder: Ich denke an die Situation in Litauen; ein Land, das nach der Wende ein Drittel seiner Bevölkerung verloren hat. Sie sind nicht weg, die jungen Menschen, sie sind nur in dem Land mit dem größten Wachstum, in Irland. Eine für Litauen tragische Bilanz, ein „brain-drain", der nicht verkraftet werden kann und schneller als anderswo in Europa, Fragen nach neuen „solidaritätsstiftenden Arrangements" (Franz Xaver Kaufmann) stellt. Zugleich ist Litauen ein Land mit einer herausragenden Korrelation, nämlich der höchsten Selbstmordrate und der geringsten zivilgesellschaftlichen Kraft. Was tun? Die kleine theologische Fakultät in Klaipeda beginnt mit der Unterstützung von Alfred Jäger und anderen einen Studiengang für Diakoniemanagement und fragt nach internationaler Vernetzung und Unterstützung. Vergleichbar ein Ansatz in Tartu/Estland im nichtkirchlichen Kontext, wo die Niederländer mit Hans van Ewijk Ähnliches versuchen (NZI).

Weiter: Ein Besuch finnischer Diakoniepraktikanten in Manchester. Was bedeutet es, wenn sie auf dem Höhepunkt der Wirtschaftskrise ihres Landes 1993 berichten, die finnische Markk habe gerade 12,3 % ihres Wertes verloren, die Gemeinden sähen ihren Wohlstand schmelzen, und die Arbeitslosigkeit habe einen Stand von über 20 % erreicht? Ich will nun nicht den Weg aus der Krise beschreiben, das Nokiawunder, den Technologie- und Bildungsschub, obwohl der auch für Deutsche hoch interessant wäre.

Aufschlussreicher ist der aus dem Systemvergleich aufgenommene Impuls diakonischen Lernens, der in Manchester geerdete diakonische Erfahrungen mit eigenen Empfindungen und Zielen verknüpft.

Die beiden finnischen Praktikantinnen erzählen beeindruckt von Kreditgenossenschaften in England, geben vor allem aber die folgende Erfahrung weiter: „[D]ass christliche Diakonie in ihrer Unterstützung machtloser Menschen den Betroffenen nie ihre eigene Fähigkeit wegnehmen sollte, sich eigenständig von der unterdrückerischen wirtschaftlichen Bürde zu befreien."[3] In der Aufnahme der Erfahrung entstehen neue, sich an der Wahrung der Menschenwürde und Teilhabe orientierende Konzepte auf Gemeindeebene und in der politischen Umsetzung Strategien, die inzwischen in den bevölkerungsschwachen Regionen Brandenburgs hohes Interesse finden.

Ein letztes Beispiel: Was bedeutet es für die Entwicklung eines fortschrittlichen Pflegesystems in Ungarn und Polen, wenn keine soziale, aber auch keine private Pflegeversicherung existiert, sondern der Einzelne bzw. seine Familie im Rahmen subsidiärer Verantwortung herangezogen wird. Wie können Entwicklungsschritte aussehen, die nicht über das Selbstkostendeckungsprinzip verlaufen, sondern die moderne Kriterien, die für soziale Dienstleistungen in der EU gelten, anwenden. Was wäre prioritär: Eine private Pflegeversiche-

---

[3] Robin Gurney (1994), S. 61.

rung verbunden mit der Erschließung von Investoren oder alternativ den Weg in die Nische zu suchen, um als Gemeinde zu überleben?

Resümee: Es gibt eine Vielfalt von sozialen Sicherungsmodellen, aber so groß sind die Unterschiede auch wieder nicht zwischen Bismarck, Beveridge und dem Konzept der Laicité angesichts der demografischen Veränderungen.

Auch die Vielfalt der konfessionellen Modelle ist so groß nicht: sie kann bremsen, aber auch bemerkenswert produktiv sein, wie man an „to be und to do"[4] sieht. Eurodiakonia hat hier wie im „Quasi Projekt"[5] faktisch mit einer Offenen Methode der Koordinierung (OMK) gearbeitet.

Diese bringt es an den Tag: das wirklich Gemeinsame ist der europäische Rahmen der „vier großen Freiheiten". Er bewirkt neben den kulturellen, traditionalen und bekenntnismäßigen „Treibern" den Entwicklungsschub, der sich zunächst in zivilgesellschaftliche Beteiligungsmodellen äußert und dann auf eine qualifizierte Ausbildung auf höchstem Niveau zielt, die aussichtsreich nur gemeinsam mit den Kirchen verwirklicht werden kann. Am besten sichtbar ist diese Tendenz in Mittel-Osteuropa in den Kirchen Ungarns, die sowohl im Schulbereich, aber inzwischen auch im Hochschulbereich bemerkenswerte Projekte z.B. in Debrecen verwirklichen.

Konklusion: Wenn bei aller kirchentümlichen und diakonischen Vielfalt das Gemeinsame sichtbar wird in der Notwendigkeit, einen sozialwirtschaftlichen Rahmen sozialer Sicherung und Kohäsion zu gestalten, erübrigt sich die Frage der 1990er Jahre, ob allein das Deutsche optimal sei und in europäische Länder exportiert werden müsse.

Es geht vielmehr um die Gestaltung einer sozialwirtschaftlich agierenden Diakonie, die stark bleibt gegenüber Exklusionsprozessen und gemeinwohlorientiert ist[6], aber ansonsten mit den Instrumenten des Managements geleitet und gesteuert werden muss.

Dafür braucht es Kompetenznetzwerke der Diakoniewissenschaft. Dabei kann sich die in den vergangenen Jahren erfolgte Profilierung der Diakonie[7] als Glücksfall und exportwürdig erweisen und so erneut einen Beitrag zur sozialen Kultur gestalten, der Wirtschaftlichkeit und Soziales nicht als Gegensätze begreift. Der Wettbewerb der Standorte ist in diesem Fall erwünscht, weil er dazu beiträgt proaktives Verhalten möglich zu machen und zu erproben, wie sich Modelle unter anderen zivilgesellschaftlichen und finanziellen Ressourcen verhalten und verändern.

Das wird viel Geld kosten, aber warum eigentlich sollen europarelevante Subventionen nur in Kuhställen landen und Milchseen schaffen, wo uns qualifizierte Lehrstühle auch schon helfen würden, die von denen mitfinanziert

---

[4] Eurodiaconia, To be and to do, Brüssel.
[5] Eurodiaconia, Quality of social services, Brüssel.
[6] Vgl. Jürgen Gohde (2004a).
[7] Z.B. Leitbild Diakonie, Qualitätssiegel Pflege, Entwicklung der Zuordnungskriterien diakonischer Unternehmen.

werden könnten, die am meisten davon haben, wenn ihre Leitungsebene hervorragend ausgebildet ist?

1. Diakoniewissenschaft am Scheideweg

Die Diakoniewissenschaft befindet sich an einem Scheideweg, entweder das Überleben der Diakonie als kirchliche Lebensform nur zu sichern oder die Instrumente bereitzustellen, um eine Entwicklungsperspektive zu eröffnen, trotz aller Entwicklung in den vergangenen Jahren. Kompetenzzentren haben sich schon gebildet: das DWI in Heidelberg, Bonn und Bethel, Lehrstühle und Lehrangebote in München, Marburg, Halle, Neuendettelsau, Leipzig, Göttingen. Darüber hinaus in Österreich, in der Schweiz, nicht zuletzt in Skandinavien. Eine stolze Bilanz: dennoch ein Scheideweg für die Diakoniewissenschaft.

Konnte Heinz Schmidt noch im Zusammenhang der Übernahme des DWI schreiben: „Die Diakoniewissenschaft ist als eine anwendungsorientierte Verbundwissenschaft zu charakterisieren [...] die ihren Gegenstand nicht selbst erzeugt, sondern schon vorfindet, nämlich die Diakonische Praxis als kulturell und soziale Praxis in der Gesellschaft und dafür professionelle Qualifizierung und Problemlösungen erarbeiten muss [...] Die explikative Aufgabe nötigt zu einer stimmigen Verknüpfung von humanwissenschaftlichen und theologischen Konzepten mit dem Ziel einer produktiven, d.h. handlungsrelevanten Neukonzipierung dieser Praxis"; so formuliert er heute – nur wenige Jahre später – seinen Beitrag für das neugegründete Zentrum für soziale Investitionen und Innovation in Heidelberg in einem anderen, nämlich sozialwirtschaftlichen Kontext.

Für diese Diversifizierung des Verständnisses und den damit verbundenen Paradigmenwechsel steht die Arbeit Alfred Jägers, der in Lehre und Veröffentlichungen seit Jahrzehnten den Akzent auf die Qualifizierung der Führungsebene diakonischer Unternehmen gelegt hat und die Aufgabe der Diakonik als Kybernese beschreibt. „Diakonik ist – Ekklesiologie im weiteren Sinne vergleichbar – die theologisch zentrierte, wissenschaftliche Auseinandersetzung mit der Realität von Diakonie. Darin ist sie einerseits Orientierungswissenschaft, welche gelebter Diakonie in turbulenter Zeit, die innere, zukunftsgerichtete theologische Achse des ganzen von der Metaebene des Denkens her klären hilft. Darin ist sie andererseits Kontextwissenschaft, die aus der Mitte diakonischen Lebens, Arbeitens, Denkens und Glaubens heraus und darauf hin gestaltend mitwirkt am Gelingen der Diakonie."

Für mich – und das ist meine These heute – muss dieses Konzept einer an „sozialer Investition und Innovation", einer an Leadership und Kybernese ausgerichteten Diakoniewissenschaft in einem europäischen Horizont entworfen werden. Dabei wird der europäische Rahmen der vier großen Freiheiten nicht nur bestimmend in der Form, sondern auch in Arbeitssettings werden. Wir stehen in einer europäischen Wettbewerbssituation, die auch die Sozialdienstleistungen prägt: „Aufgrund [...] ihrer spezifischen Ausrichtung weisen die Sozialdienste bei der Erfüllung ihrer Aufgaben von allgemeinem Interesse oft eines oder mehrere der nachstehenden organisatorischen Merkmale auf:

- Ausgestaltung nach dem Solidaritätsprinzip;
- flexible und personenbezogene Arbeitsweise mit Lösungsansätzen für unterschiedliche Bedürfnisse, um Menschenwürde und Grundrechte des Einzelnen zu garantieren und insbesondere die am stärksten gefährdeten Personengruppen zu schützen;
- Fehlen einer Absicht der Gewinnerzielung;
- Element der Ehrenamtlichkeit als Ausdruck aktiven Bürgersinns und Komponente der Zivilgesellschaft."[8]

Auch wenn die Sozialdienstleistungen in den Mitgliedstaaten sehr unterschiedlich organisiert sind, so lassen sich doch bestimmte allgemeine Merkmale ihrer Fortentwicklung und Aspekte dieser Modernisierung feststellen:

- Qualitätskontrolle, Ermittlung von „good practices"; „Benchmarking ";
- Nutzerbeteiligung, Mitwirkung der Betroffenen;
- Dezentralisierung der Organisation der Dienste auf lokaler und regionaler Ebene
- Externalisierung von Aufgaben des öffentlichen Sektors an den privaten Sektor
- Entwicklung öffentlich-privater Partnerschaften (public-private partnerships – PPPs) und verstärkter Rückgriff auf andere Finanzierungsmöglichkeiten neben den öffentlichen Haushalten.

Dieses betont wettbewerbsorientierte Umfeld und die Berücksichtigung der besonderen Bedürfnisse des Einzelnen schaffen das Ambiente für die Herausbildung einer spezifischen *Sozialwirtschaft*, die gekennzeichnet ist durch die starke Stellung von Dienstleistern ohne Erwerbszweck, die aber effizient und transparent arbeiten müssen.[9]

Deshalb ist es erforderlich, dass nicht nur in Zukunft, sondern schon jetzt diakoniewissenschaftliche Theoriebildung strategisch kontextbezogen, klar hinsichtlich der Nachfrage und Legitimationsbasis – die Kirchenbindung ist ein erstklassiger Wettbewerbsvorteil – diskursiv vorgehen muss. Sie braucht dafür die in Netzwerken wirksamen Faktoren von Kommunikation, Austausch von Expertise, Kooperation mit externen Partnern und den Wettbewerb um innovative Modelle sowie die Formulierung von gemeinsamen strategischen Linien.

Noch einmal Bernd Schulte: „Die Entscheidung der Kommission (bezüglich der Dienstleistungsrichtlinie) soll die Mitgliedstaaten dazu veranlassen, explizit zu formulieren, welche Aufgaben sie Sozialdienstleistern übertragen,

---

[8] Bernd Schulte (2006).
[9] Vgl. a.a.O.

und soll zugleich für alle Beteiligten – Dienstleister wie Nutzer – die erforderliche Transparenz sicherstellen. Über die klassischen Kriterien des allgemeinen Interesses – Universalität, Transparenz, Kontinuität, Zugänglichkeit u.a. – hinaus, die den Gemeinwohlaufgaben von Sozialdiensten zugeschrieben werden, beziehen diese Merkmale sich auch auf die einschlägigen organisatorischen Bedingungen. Sie bilden auch die Ausgangsbasis für eine Konsultation, die die Europäische Kommission bei allen Beteiligten – Mitgliedstaaten, Leistungserbringern, Nutzern durchführen wird und bei der es insbesondere um die Ermittlung der Kriterien geht, welche diese besonderen Merkmale sozialer Dienstleistungen ausmachen, sowie Beurteilung ihrer Relevanz für die Feststellung der spezifischen Sozialdienstleistungen von allgemeinem Interesse."[10]

Evident liegen hier zentrale Aufgaben einer künftigen Diakoniewissenschaft: Das Besondere diakonischer Dienstleistungen ist transparent zu beschreiben. Darauf hat Hanns-Stephan Haas hingewiesen[11] und die Konsequenzen für das Feld des Personalmanagements gezogen.

2. Der Wahrheit verpflichtet – Diakonie als Kommunikationsprozess des Evangeliums

Die Prozessqualität der Diakonie ist der Wahrheit des Evangeliums verpflichtet. Die unbedingte Bezogenheit auf die Wahrheit lässt sich nicht ohne Zeitgenossenschaft haben, ohne die Bemühung um eine gemeinsame Basis, ohne den Vorgang, den das Neue Testament die Gegenwart des Geistes Gottes nennt, ich könnte auch sagen, die Präsenz Jesu Christi. Lebensdienliche Diakonie ist als Teil eines solchen Kommunikationsprozesses[12] zu beschreiben, als Teil der barmherzigen Sorge Gottes um den Menschen. Es geht um einen Prozess, in dem Verantwortlichkeit gestaltet wird. Es geht um einen Prozess, in dem es um Befähigung geht. Vermittelt ist diese Befähigung in einem Prozess des Dialogs, also einer spezifischen Praxis der Kommunikation, in dem die Wahrheit und ihr Anspruch den Adressaten in Frage stellt und befähigt, in dem sie die Handelnden selbst auskunftsfähig macht hinsichtlich dieser Wahrheit. Ihr Kennzeichen ist ihre performative Kraft. Nach christlichem Verständnis ist diese Wahrheit nicht unvermittelt, sondern nur personhaft zu haben. Damit ist dieser Prozess angelegt auf die Kommunikation der Praxis Jesu Christi. Was ich eben zu beschreiben versucht habe, ist ein komplexes Beziehungsgeflecht zwischen der Verpflichtung zur Wahrheit, dem zur Welt und der Befähigung zur Orientierung, eines unternehmerischen und politischen Handelns. Mir ist dieses Beziehungsgeflecht diakonischer Praxis wichtig, um deutlich zu machen, wo Netzwerkstrukturen ansetzen müssen. Es geht

---

[10] A.a.O.
[11] Vgl. Hanns-Stephan Haas (2006), S. 530ff.
[12] Vgl. zum Folgenden: Jürgen Gohde (2004b).

um eine vorausgesetzte Netzwerkstruktur, die notwendig ist, um sich als Diakonie in einem Kommunikationsprozess auf zivilgesellschaftlicher Ebene einzubringen und den europäischen Wertediskurs mitzubestimmen. Mit der Geltung der vier großen Freiheiten ist nämlich nicht die Übernahme eines bestimmten Menschenbilds etwa des „homo oeconomicus" verbunden, der wie Alexander Dietz[13] überzeugend nachweist, ein „humunculus" wäre, der seine Versprechen von Freiheit und Gerechtigkeit nicht halten kann, wohl aber der Spielraum aus dem Reichtum des christlichen Gottesgedankens, Distanz und Kraft zur Innovation zu gewinnen. Das wäre eine zentrale Aufgabe der Kirchen im Wissen, dass der erforderliche Diskurs um einen verbindenden Wertekanon nur voraussetzungsvoll geführt werden kann und Vielfalt nur möglich wird aufgrund der Selbstverpflichtung gegenüber der eigenen Wahrheit und Hoffnung. Die Mechanismen der europäischen Meinungsbildung repräsentieren im Verfahren des zivilen Dialogs über Werte und Instrumente der Kohäsion die neue Rolle öffentlicher Institutionen, Rahmenbedingungen für Akteure verantwortlichen Handelns zu schaffen. In ihnen muss Diakonie auch entgegengesetzten Einschätzungen und Wahrheitsansprüchen standhalten und in der Wahrnehmung der Grenzen und Möglichkeiten des Menschen in Achtung und Entwicklung einer lebensdienlichen Ordnung, die Freiheit, Solidarität und Gerechtigkeit ihren Beitrag leisten. Paulus beschreibt dieses Geflecht in 1. Timotheus 2, indem er zwischen sich, Gott und den Gemeinden ein Netz spannt. Die Maschen dieses Netzes sind Bitte, Gebet, Fürbitte und Danksagung (1. Timotheus 2,1f). Der 1. Timotheusbrief lässt ein geistliches Netzwerk erkennen, das insoweit Spannung gewinnt, als sein Zielpunkt darin besteht, einerseits die für politisches Handeln verantwortlichen Menschen wahrzunehmen, andererseits allen Menschen, die Erkenntnis der Wahrheit nicht vorzuenthalten, und drittens zeigt, dass es einen Prozess gibt oder eine Person, die dieses Netz in Spannung hält: ein Gott, ein Mittler zwischen Gott und den Menschen, der Mensch Jesus Christus.

In der Sprache der Netzwerktheorie würde man das als Einheit bezeichnen. Damit ist sowohl die Stärke als auch die Gefährdung des Netzes beschrieben. Denn, rückte die Person Jesu Christi aus ihrer Zentralstellung heraus, entstünde das Problem, dass die Spannung und Kohäsion dieses Netzes, nämlich die Aufgabe diakonische Qualität, Lebensorientierung und Glauben zu beschreiben, aufgehoben wäre.

3.   Anfang europäischer Kooperation: Netzwerke[14]

Am Anfang der ursprünglichen Ausbreitung der neuzeitlichen diakonischen Ideen steht eine Netzwerkstruktur. Theodor Fliedner wie Johann Hinrich

---

[13] Vgl. Alexander Dietz (2005).
[14] vgl. hierzu: Jürgen Gohde (2007).

Wichern denken in einem größeren programmatischen Zusammenhang und lassen sich dabei von internationalen Vorbildern anregen.

Bei Fliedner waren das die Kollektenreisen und die Begegnungen mit der Tradition der niederländischen Gemeinden, der niederländischen Reformierten. Das Kaiserswerther Modell eines Diakonissenhauses war inspiriert durch internationale Eindrücke und hat dann selber sehr bald Vorbildwirkung im europäischen Raum. Es ist ein Netzwerk aufgrund von best practice-Erfahrungen.

Die Initiativen Wicherns zeigen, wie er die englischen Vorbilder etwa der Sunday School aufnimmt und damit sehr niedrigschwellige Formen sozialer und religiöser Arbeit. Umgekehrt war seine eigene Anstaltsgründung, die Rettungsanstalt des Rauhen Hauses nicht von Ideen aus dem Ausland inspiriert, sondern ihrerseits Vorbild für ähnliche Erziehungsheime. Diese Wechselbeziehungen sind typisch für die Mitte des 19. Jahrhunderts und haben die Herausbildung sozialer Dienste in Europa insgesamt vorangebracht. Es wird in Netzwerken gedacht und auch gearbeitet. Es kommt aber nicht zur Gründung eines internationalen Verbandes. Die Ansätze werden nicht strukturbildend, weil es schlicht keine zivilgesellschaftliche Intermediarität gibt. Dies zeigt, dass auch diakonische Netzwerke international nur dann etwas bewirken können, wenn sie selbst netzwerkfähig sind und ihnen netzwerkfähige Strukturen begegnen. Aufschlussreich ist weiter, dass im Prozess der Konsolidierung der Inneren Mission in Deutschland, ihr äußerer Einfluss in dem Moment zurücktritt, als sie sich aus eigener Kraft ausbreiten kann. Mit der verstärkten Nationalisierung tritt aber zugleich eine Abschottung gegenüber fremden Einflüssen auf.

Netzwerke funktionieren aufgrund eines gemeinsamen Verständnisses, einer Theorie und aufgrund von sozialen Beziehungen. So zeigt z.B. Albert-László Barabási, dass Paulus in seinem Verhalten ein kompletter Netzwerktheoretiker gewesen sei mit seiner Fähigkeit, ein theologisches Gesamtverständnis auszubreiten, soziale Netze zu nutzen und im Nutzen großer wie kleiner sozialer Netze die Ausbreitung des Christentums voranzubringen.

Dieser Prozess vollzieht sich nach dem so genannten „Matthäusprinzip": „Wer hat, dem wird gegeben" (Matthäus 13,11). Bei denen, die am Bekanntesten sind und die am Schnellsten wachsen, bei denen exzellente Kompetenz sichtbar wird, siedeln sich auch die meisten Kontakte an. Netzwerke funktionieren mittels sozialer Verknüpfungen – den Knoten – und nach dem Prinzip präferentieller Verknüpfung. Sie steuern sich selbst, was sie verwundbar und stark zugleich macht. Knoten zu erkennen und zu beschreiben, versetzt nicht nur in die Lage, Kooperationen zu beschreiben, sondern ermöglicht gleichzeitig die Entwicklung von Steuerungsaspekten. In der Geschichte der Diakonie ist diese Beobachtung z.B. an der Kaiserswerther Generalkonferenz zu belegen. Wir müssen sie nun nutzen beim Aufbau eines Netzwerks diakoniewissenschaftlicher Kooperation in Europa.

4.   Europäisches Netzwerk der Innovation in der Diakonie

Wir brauchen in einer Phase sozialwirtschaftlicher Gestaltung verschiedener
europäischer Sozialmodelle einen diakoniewissenschaftlichen Diskurs über
soziale Innovation.

John Kao, ein amerikanischer Psychologe, beginnt einen Vortrag mit dem
Titel, „Die Innovation neu erfinden"[15] mit der doppelten Frage: „Wer von
Ihnen ist der Überzeugung, das Innovationen für die Zukunft ihres Unternehmens entscheidend sind? Normal heben 80–99 % die Hand! Und: Wer
von Ihnen glaubt, dass sein Unternehmen ein System für Innovationen hat,
das die Mitarbeitenden kennen, das funktioniert und zu stetiger Wertschöpfung führt?" Kao: „Noch niemals haben bei dieser Frage mehr als 2 % die
Finger gehoben, auch im Silicon Valley nicht. Wir sind auch nicht schlechter
dran. Aber wir haben eine Tradition, die uns gleichsam auf einen innovativen
Weg konzentriert. Um eine Erneuerung der europäischen Sozialmodelle zu
erreichen ist es erforderlich, das Stadium strategischer Innovation zu erreichen und neue Impulse aufzunehmen: konzeptionelle Fragen stellen, Entwür-
fe machen, Modelle vergleichen, Erfahrungen in Beziehung setzen. Vorurtei-
le überwinden, Bremsen lockern in den Köpfen. Was passiert, wenn wirklich
an die Stelle der Objektförderung in allen Bereichen die Subjektförderung
tritt? Wie wirken sich persönliche Budgets aus? Welche Zusammenhänge
bestehen zwischen Würde, Teilhabe und Autonomie? Es geht um das „müh-
same Erschaffen profunder und bleibender Fähigkeiten, die einem Unternehmen Wettbewerbsvorteile bringen" (John Kao), nicht nur Effizienzsteigerun-
gen, die bei begrenzten Budgets und steigenden Gehältern schnell
aufgefressen sind. Es geht um Forschung. um Vorausdenken, um Entwerfen
der Grundlagen eines neuen Sozialmodells, das der demografischen Lage,
den Bedingungen veränderter Lebensoptionen und Arbeitsbedingungen gerecht wird und diakonisch genannt werden kann. Effizienzsteigerung durch
Innovation, neue Modelle von Kooperation und nachhaltigem Wirtschaften,
neue Formen sozialer Verantwortung sozialer Unternehmen, Einbeziehung
von Freiwilligen und Nachbarschaften." Ich breche hier ab. Hier brauchen
wir nicht nur den europäischen Systemvergleich, weil sich die künstliche
Grenze zwischen wohlfahrtlichem und unternehmerischem Handeln als bei-
derseits durchlässig erwiesen hat, sondern auch um Modelle nutzen zu können, die unter unterschiedlichen gesellschaftlichen ökonomischen Bedingungen in einem Europa gemacht worden sind. Wir brauchen so etwas wie eine
OMK auf diakonischer Ebene, um nicht von den Entwicklungen überrollt zu
werden. Forschung und Planen sind erste Prioritäten. Innovation ist eine
Antwort auf ein Bündel von strategischen Fragen, die sich alle im Lobbyge-
schäft nur schwer bearbeiten lassen, die aber eine unabhängigen Diskurs
brauchen, an dem neben den Hochschulen die Unternehmen beteiligt sind.
Ideen, Talent und Kapital gehören in einen Zusammenhang; wir brauchen

---

[15] Vgl. auch John Kao (1996).

eine breite Innovationsoffensive, die Freiräume ermöglicht. Das Bild, das John Kao dafür nutzt, hat mich tief beeindruckt: er hat Charlie Parker vor Augen; den großem Saxophonisten, der zur Konzentration in seinen Holzschuppen geht und schließlich nach längerem Improvisieren mit dem „Bebop" heraus kommt. Nun sind Improvisationen in Organisationen nicht jedermanns Sache, aber sie können die Beweglichkeit – auch ökonomisch – zurückgewinnen helfen, die wir brauchen, denn Innovationen wirken ressourcenbildend.

Deswegen: Lassen sie uns nach vorne denken und ein europäisches Kompetenznetzwerk der Diakoniewissenschaft bilden und dabei viele schon arbeitende Plattformen aufnehmen. Es könnte schon so etwas wie eine diakonische europäische Business School dabei herauskommen.

Literaturverzeichnis:

DIETZ, ALEXANDER (2005): Der homo oeconomicus. Theologische und wirtschaftsethische Perspektiven auf ein ökonomisches Modell (LLG 18), Gütersloh.

GOHDE, JÜRGEN (2004): Das Ende der Gemeinnützigkeit? Die Politiken der EU zur Daseinsvorsorge; in: ADAM, GOTTFRIED (HG.): Diakonie – Nächstenliebe in unserer Zeit (FS Gerhard Gäbler), Würzburg, S. 57–64.

DERS. (2004): Die Aufgaben der Diakonie im zukünftigen Europa; in: NDV, Nachrichtendienst des Deutschen Vereins 2/2004, 84. Jahrgang, S. 52–58.

DERS. (2007): Perspektiven nationaler und internationaler Netzwerkstrukturen diakonischer Arbeit, Heidelberg.

GURNEY, ROBIN (1994):Faces of hope, Genf.

HAAS, HANNS- STEPHAN (2006): Theologie und Ökonomie. Ein Beitrag zu einem diakonierelevanten Diskurs (LLG 19), Gütersloh.

KAO, JOHN (1996): Jamming. the art and business creativity, London.

SCHULTE, BERND (2006): Mitteilungen der Europäischen Kommission zu Dienstleistungen von allgemeinem Interesse (Manuskriptentwurf).

Hanns-Stephan Haas

Bildung unternehmen[1]

1. Wer darf Bildung für sich beanspruchen?

„Wenn ich mein Sprachgefühl ganz gewissenhaft erforsche, so finde ich dieses: gebildet ist, wer nicht mit der Hand arbeitet, sich richtig anzuziehen und zu benehmen weiß und von allen Dingen, von denen in der Gesellschaft die Rede ist, mitreden kann. Ein Zeichen von Bildung ist auch der Gebrauch von Fremdwörtern, das heißt der richtige: wer in der Bedeutung oder Aussprache fehlgreift, der erweckt gegen seine Bildung ein ungünstiges Vorurteil. Dagegen ist die Bildung so gut wie bewiesen, wenn er fremde Sprachen kann [...]. Damit kommen wir dann auf das letzte und entscheidende Merkmal: gebildet ist, wer eine ‚höhere‘ Schule durchgemacht hat [...] natürlich mit Erfolg."[2]

Schade eigentlich, dass die Diakonie sich nicht schon gut 100 Jahre früher zur Gründung einer eigenen Hochschule entschlossen hat, damals als man in einer anerkannten pädagogischen Enzyklopädie noch so klare inhaltliche Beschreibungen von Bildung finden konnte. Anständige Kleidung und Benehmen, Abscheu vor Handarbeit, mitreden können und sicherer Gebrauch von Fremdwörtern als Kennzeichen von Bildung – da hätte man wenigstens noch klar angeben können, wofür man zuständig ist und somit wäre der Lehrplan auch ein leichtes Spiel gewesen.

Der Blick 100 Jahre zurück ist aber nicht gemeint als selbstgefälliger Überlegenheitsnachweis gegenüber vergangenen Zeiten. Die Verfremdung der Zeit kann vielmehr deutlich machen, was noch heute gilt: „Bildung ist die subjektive Seite von Kultur."[3] Das bedeutet zunächst: In dem, was wir Bildung nennen, spiegelt sich immer auch der Geist unserer Zeit. Vor 50 Jahren gab man sich noch als Mitglied einer humanistischen Bildungselite zu erkennen, wenn man seinen Homer im einwandfreien Hexameter auf Griechisch rezitierte. Heute würde man sich auf diese Weise nur noch als Bildungsfossil outen. Es ist dabei nicht nur eine Frage veränderter Modewellen, wenn heute Englisch statt Latein lingua franca geworden und Medienkompetenz keine Frage von Freizeitgestaltung mehr ist. Hinter veränderten Bildungsanforderungen stehen gesellschaftliche und wirtschaftliche Umbrüche. Diese Entwicklungen sind nie neutrale Selbstverständlichkeiten oder Gott gegebene Notwendigkeiten. Man muss sich nicht dem Ideologieinventar der Frankfurter Schule anschließen, um schlicht festzustellen: Hinter Bildungsdebatten

---

[1] Vortrag anlässlich der feierlichen Eröffnung der Fachhochschule der Diakonie (FHdD) in Bielefeld am 20. Oktober 2006. Der Redestil wurde beibehalten.
[2] Friedrich Paulsen (1903), Sp. 658.
[3] Karl Ernst Nipkow (2006), S. 17.

stehen handfeste gesellschaftliche Interessen und diese entlarven den Elfenbeinturm schnell als Kampfsporthalle ideologischer Auseinandersetzungen.

Die eingangs gestellte Frage „Wer darf Bildung für sich beanspruchen?" ist deshalb nicht nur eine Frage an den Bildungsanspruch und das Bildungsverständnis von Einzelnen. Sie richtet sich auch und gerade an Bildungsträger. Auch Hochschulen stehen in gesellschaftlichen und ökonomischen Kontexten. Sie haben offen zulegen, für welches Bildungsverständnis sie (ein)stehen und welchen Interessen ihre Bildungsangebote dienen. Erst recht muss sich eine Fachhochschule der Diakonie diese Fragen gefallen lassen, weil und wenn sie Bildung nicht nur als einen Ausdruck der Kultur sieht, sondern mit Bildung selbst Kultur im Sinne der Diakonie gestalten will. Von außen wird die Frage nach der Legitimität unseres Bildungsanspruches gestellt, weil wir die Fachhochschule der Diakonie in bewusster Nähe zu diakonischen Unternehmen gegründet haben. In der Tat ist auch dies begründungsbedürftig. Grundlegend ist aber zu sagen: Wer Bildung für sich beanspruchen darf, hängt davon ab, was man unter Bildung versteht oder enger gefasst: was man unter Bildung in der Diakonie verstehen kann. Erst wenn dies geklärt ist, kann man danach fragen, in welchen Settings Bildung zu verantworten ist. Wir kommen deshalb zu der zweiten Frage:

2.   Was verstehen wir unter Bildung?

Bildung ist schon vom Begriff her mehrdeutig: Der im Althochdeutschen nachweisbare Begriff „bildunga" heißt „Schöpfung" und meint dabei sowohl den Prozess der Gestaltung als auch dessen Ergebnis.[4] Bildung als schöpferischer Vorgang, in dem Neues entsteht, ist ein reizvolles Bild, das in seiner Vieldeutigkeit seinen Reiz selbst für die moderne Bildungsdiskussion nicht verloren hat. Bildung als Schöpfung verstanden wirft aber schon vom Bild her Fragen auf: Wer ist Subjekt dieser Gestaltung? Wie soll die Gestalt aussehen, auf die hin der Bildungsprozess versucht wird? Noch für das Mittelalter waren diese Fragen klar beantwortet. Meister Eckhart[5] etwa verstand die Bildung Gottes als die Projektion Gottes in die Kreatur und die darauf beruhende Wiederannäherung der Seele an Gott gemäß dem in sie eingeprägten Urbild. Trivial gesagt: Bildung heißt: Wir werden, was wir bei Gott schon sind. In der Bildung kommt Gottes gute und fortgesetzte Schöpfung zur Gestalt. Auch wenn dieses Bildungsverständnis später notwendig durch das Läuterungsfeuer der Aufklärung gehen musste, liegt in diesem Verständnis etwas Unaufgebbares: In der Bildung vollzieht sich die fortgesetzte Schöpfung Gottes. Dies meint nun gerade nicht, dass Menschen an die Stelle des Schöpfers treten. Die Rolle des

---

[4] Zum inhaltlichen Zusammenhang von Bildung und Schöpfung vgl. Georg Zenkert (1998), Sp. 1578. Schöpfung hat dabei die dreifache Bedeutung von Gestalt (forma), Gestaltung „formatio" und „Abbild" (imago).
[5] Vgl. dazu ebd.

Schöpfers ist schon besetzt. Vielmehr gilt deshalb: Jeder menschliche Versuch von Bildung nimmt Maß an dem guten Schöpfungswillen Gottes. Bildung ist ein Privileg des Menschen, genauer *aller* Menschen, denen ja das Recht auf Bildung zukommt. Gegenüber diesem weitem Verständnis greift jedes Bildungsverständnis, das nur auf Anhäufung von Wissen und Funktionsertüchtigung abzielt, zu kurz.

Das emanzipatorische Potenzial dieses Bildungsverständnisses ist dann vor allem durch die Aufklärung zur Wirkung gekommen. Dabei löste sich das Bildungsverständnis von seinen religiösen Wurzeln. An die Stelle des durch Gott initiierten Urbildes trat (schon bei Paracelsus) das organische Entwicklungsprinzip. Vereinfacht gesagt: In der Bildung kommt zur Entfaltung, was im Menschen ist. Die Aufklärung, allen voran Immanuel Kant[6], hielten mit Entschiedenheit fest, dass diese Entwicklung auf die Mündigkeit des Menschen ausgerichtet sei.

Auch wenn mit diesem programmatischen Appell mehr Fragen aufgeworfen als beantwortet waren, wurden mit dem einsetzenden 19. Jahrhundert Weichen gestellt, die uns noch heute prägen. Heinz Schmidt hat dies auf den Punkt gebracht: „Der Bildungsbegriff, der an der Schwelle des 19. Jh. seine Konturen gewann, steht in einem kritischen Verhältnis zu gesellschaftskonformem, funktionalen Lernen."[7] Mündigkeit meint eben auch Mündigkeit gegenüber gesellschaftlichen Zwängen, gegenüber jedem Versuch, den Menschen zu einem funktionierenden Teil eines wie auch immer gearteten Systems zu bilden. Als emanzipatorisches Erbe der Aufklärung bleibt diese Skepsis gegenüber jeder Fremdbestimmung unverlierbar. In diesem Sinne versteht sich auch die Fachhochschule der Diakonie (FHdD) in der Tradition eines durch die Aufklärung geprägten protestantischen Bildungsverständnisses.

Zwischen den Grundfesten eines Bildungsverständnisses, das in der biblischen Tradition wurzelt und am emanzipatorischen Impetus der Aufklärung festhält, bleibt aber nach wie vor der definitorische und inhaltliche Spielraum ausgesprochen groß. Ich skizziere nur grob, welche Elemente aus der Fachdiskussion mir wichtig sind:

1. Der Bildungsbegriff umspannt ein Netzwerk von Prozessen und Kompetenzen, das seine innere Mitte in einer spezifischen Wirklichkeitssicht und einer entsprechenden ethischen Orientierung hat. Oder wie es in der Bildungsdenkschrift der EKD lautet: „Die evangelische Kirche versteht Bildung als Zusammenhang von Lernen, Wissen, Können, Wertbewusstsein, Haltungen (Einstellungen) und Handlungsfähigkeit im Horizont sinnstiftender Deutungen des Lebens."[8] – Um es an einem Beispiel[9] zu sagen:

---

[6] Immanuel Kant verwies dabei in seiner Pädagogik (1975 [1803]), S. 697 auf die eigentümliche Ambivalenz, dass der Mensch zum Erreichen seiner Selbstführung, die das Ziel aller Bildungsprozesse sein müsse, auf Fremdführung angewiesen ist, vgl. Immanuel Kant (1975), S. 697: „Der Mensch ist das einzige Geschöpf, das erzogen werden muss. Unter der Erziehung nämlich verstehen wir die Wartung (Verpflegung, Unterhaltung), Disziplin (Zucht) und Unterweisung nebst der Bildung."
[7] Heinz Schmidt (2005), S. 432.
[8] Kirchenamt der EKD (2003), S. 66.

Wenn am Ende einer Lehreinheit zum Rechtsextremismus ein Wissen steht, das nicht zur klaren Ablehnung führt, sondern zur Faszination gegenüber diesem Phänomen führt, dann hat im hier vertretenen Sinn keine Bildung stattgefunden.[10] – Wir wissen uns mit den Trägern unserer Fachhochschule eins, dass Bildung gemäß des Verständnisses der EKD-Denkschrift gewollt ist. Genau aus diesem Grund ist „wertegebundenes Gestalten" nicht nur der Titel einer unserer Studiengänge, sondern eine grundlegende Dimension aller unserer Studiengänge.

2. Zu den Konsequenzen dieses weiten Bildungsverständnisses gehört:[11] In Bildungsprozessen sind Wissensaneignung und Persönlichkeitsentwicklung nie grundsätzlich geschieden. Wissensaneignung enthält schon im Begriff den Eigenbezug. Es ist immer die Person, die ihr Wissen neu konstruiert und dabei auch Veränderungsprozesse im persönlichen Bereich durchläuft. Entsprechend sind Fachkompetenz, Selbstkompetenz und Sozialkompetenz unter didaktischen Gesichtspunkten zu unterscheiden, um der Sache und um der Menschen willen dürfen sie aber nicht getrennt werden. Man kann sich darüber streiten, wo sich in der Diakonie gerade hinsicht-

---

[9] Bewusst entnehme ich dieses Beispiel einer Wirtschaftsdidaktik, um zu zeigen, dass häufig noch gängige Zuschreibungen, nach denen Wirtschaftsnähe mit ethischer Indifferenz zusammenfallen muss, problematisch sind. Aus theologischer Sicht kann man so nur Dieter Euler/Angela Hahn (2004), S. 79, beipflichten, wenn sie festhalten: „[V]on Bildung soll dann gesprochen werden, wenn die erworbenen oder die zu erwerbenden Handlungskompetenzen eine normativ gewünschte Qualität besitzen."

[10] An der als Gestaltungsaufgabe verstandenen Wertorientierung bildet sich ein breiter Konsens heraus, der weit über die Vertreter der Religionspädagogik hinausgeht. So wurde, wie Karl Ernst Nipkow (2006), S. 18. gezeigt hat, der Bildungsbegriff, nachdem er lange Zeit völlig aus der pädagogischen Fachszene verbannt zu sein schien bzw. durch andere Begriffe ersetzt wurde (z.B. Lernbegriff), „rehabilitiert", weil inzwischen erkannt wurde, dass sich mit Bildung eine „integrierende und normativ gehaltvolle übergreifende Kategorie" verbindet, die nicht verzichtbar ist (Zitate ebd.). Entsprechend hält auch Heinz Schmidt (2005), S. 432 fest: „Bildung wurde [...] zu einer umfassenden lebensgeschichtlichen und lebensbegleitenden Kategorie individueller Sinn- und Wertorientierung in sozial-ökologischen Kontexten [...]." Nach Nipkow ergeben sich dabei für diese Orientierung fünf grundlegende Dimensionen: 1. Bezug auf die Gesamtheit der gesellschaftlichen Lebensverhältnisse, 2. Bezug auf humanere Gesellschaftsverhältnisse, 3. Ausrichtung auf persönliche Mündigkeit und sittliche Selbstverantwortung, 4. Rückbindung an geschichtlich wirksame Überlieferungen und 5. Einbindung des Individuums in die menschliche Verständigungsgemeinschaft. Entsprechend hält Schmidt fest: „Diakonische Bildung besteht demnach in einer sinn- und wertorientierten reflexiven Durchdringung diakonischer Handlungsfelder und Herausforderungen unter Beachtung ihrer Vermittelbarkeit in gesellschaftlichen Diskursen." Nipkow, zit.n. Schmidt, a.a.O. S. 434.

[11] Vgl. zum Folgenden Karl Ernst Nipkow (2006), S. 17: „Bildung ist inhaltlich auf Verknüpfung von Erfahrung und Wissen gerichtet, auf die Verbindung von Beruf und Leben. Im Zeichen von Bildung sollten Fachausbildung und persönliche menschliche Bildung einander durchdringen." Deshalb keine Zweigleisigkeit von Sach- und Methodenkompetenz neben Sozial- und Selbstkompetenz. „Fachliches Handeln gründet nämlich in wertbezogenen Vorentscheidungen (Ethos in Gestalt von Haltungen und Einstellungen) wie in Sinndeutungen der Lebenswirklichkeit im Ganzen (weltanschaulich-religiöse Überzeugungen und übergreifende Orientierungen). Dieser faktische Zusammenhang ist reflexiv bewusst zu machen und in das Handeln hineinzuholen."

lich der Führungsfunktionen die größeren Defizite finden: In der Fachlichkeit des Managements oder in der Persönlichkeitsentwicklung von Managern. Der Streit ist müßig. Diakonie braucht beides gleichermaßen: Fach-
und Sozialkompetenz. Personalentwicklung ist Fachdiskurs und Persönlichkeitsentwicklung.

3. In einem diakonischen Bildungsverständnis ist die religiöse Dimension
   kein Traditionsappendix oder Marketingtrick. Es mag stimmen: In weiten
   Teilen unseres Bildungssystems wird „[d]ie produktive Unruhe durch eine
   Besinnung auf Gott […] abgedrängt.“[12] Für die Diakonie und ihre Bildungsarbeit war und bleibt diese produktive Unruhe eine Triebfeder des
   sozialen Unternehmertums. Wenn der alte von Bodelschwingh seinem Unternehmen ins Stammbuch schrieb: „dass ihr um Gottes willen niemand
   ablehnt um des lieben Geldes willen“, definierte er par excellance die produktive Unruhe des Glaubens als unternehmerische Herausforderung, an
   der wir uns noch heute reiben können.

An welchen Bildern[13] orientiert sich das skizzierte Verständnis von Bildung,
das von klaren Werteorientierungen ausgeht, zu dem Sozial-, Selbst- und
Fachkompetenz gehören und das die Besinnung auf die Wirklichkeit Gottes
als bestimmend ernst nehmen will? – Bildung in dem beschriebenen Sinne ist
nicht Formung von Menschen. Schon die Sprache ist verdächtig, wenn wir
von der „Prägung von Kindern“ sprechen, bei der die „Münzprägung“ grüßen
lässt.[14] Menschen sind kein Material, das geformt werden kann. Martin Buber
hat deshalb schon für Kinder zu Recht festgehalten, dass „Einwirkungen“ auf
die Seele von Kindern sein müssen, aber „Eingriffe“ in ihr Inneres Indoktri-
nation sind. Die Vorstellung, dass Menschen auf ein Ideal hin bildbar sind,
entstammt dem griechischen Denken. Dem biblischen Denken, in dem der
Platz des Schöpfers immer schon besetzt ist, entspricht sie nicht.

Sollen wir uns Bildung dann eher als Entfaltung im Sinne eines wachstüm-
lich organischen Prozesses denken? Die Metaphorik des Naturwüchsigen hat
ebenfalls keine biblischen Wurzeln. Sie entspricht nicht dem realistischen
Menschenbild der Bibel, nach dem der Mensch nur der entsprechenden Rahmenbedingungen bedarf, um sich optimal entfalten zu können.

Schon näher kommen wir dem biblischen Denken in der modernen Vorstellung der Bildung als „Selbstbildung“. Wie wir sehen konnten, hat dieses e-
manzipatorische Denkmodell seinen Durchbruch mit der ökonomischen,
politischen, religiösen und kulturellen Emanzipation des Bürgertums im 18.
Jahrhundert erfahren. Wir denken an Kant mit seinem Leitstern der „Mündigkeit“ oder an Wilhelm Meisters „Lehrjahre der Selbstbildung“. Dieses

---

[12] A.a.O. S. 20.
[13] Vgl. zum Folgenden a.a.O., S. 28–31, wo Nipkow ebenfalls von Bildern spricht,
die unserem Sprechen und Handeln in Bezug auf Bildung zugrunde liegen. Insbesondere in der Wertung des Selbstbildungskonzeptes weiche ich von Nipkows Einschätzung ab, da es mir sehr nahe an dem gelebten Bildungsverständnis Jesu und einem
wesentlichen Impuls der Reformation zu liegen scheint.
[14] Vgl. a.a.O. S. 29.

Modell ist nicht denkbar ohne das emanzipatorische Gut der Reformation. Der Einzelne, der seine Verantwortung vor Gott und anderen nicht delegieren kann, der beschenkt ist mit Gaben und seinen Beruf in der Welt zu führen hat, all dies sind Grundlagen, die nicht nur historisch der Auslöser für ein Selbstbildungsverständnis gewesen sind, sondern dieses Verständnis in seinem tiefen Recht bestätigen. Kritisch ist gegenüber dem Selbstbildungskonzept eingewandt worden, dass es eine starke Fixierung auf das Individuum hat und die geschichtliche Dimension menschlicher Bildungsprozesse nicht hinreichend berücksichtigt.

Was dem modernen Verständnis der Selbstbildung am meisten fehlt ist eine Sicht der Bildung als Veränderung durch Widerfahrnisse (das geschichtsdynamisch-sprachbezogene Modell). Wir wissen, dass Bildung einen wesentlichen Kristallisationspunkt an den Krisen und Brüchen des Lebens hat, sowohl individuell (Erfahrung von Krankheit und Tod) wie gesellschaftlich gesehen. Leibniz Philosophie wäre nicht denkbar ohne das Erdbeben von Lissabon und die Entdeckung der dialogischen Denker ist nicht verständlich ohne das Erleben des Ersten Weltkrieges. Aber selbst wo die Erschütterungen nicht so tief gehen, erfahren wir, nicht zuletzt in der Diakonie, dass „Bildung [...] im Leben immer wieder auch durch Begegnungen provoziert"[15] wird. Es sind andere, die uns bilden, und beileibe: diese anderen sind keineswegs nur oder in erster Linie unsere Lehrer und Professorinnen.

Durch die Kategorie des Anderen, durch die Begegnung enthält die Vorstellung von der Selbstbildung ihre eigentliche Korrektur. Immer wieder haben mir Menschen in der Diakonie erzählt, wie sie ihre entscheidenden Anstöße für ihre persönliche Entwicklung der Begegnung mit anderen, oft gerade benachteiligten Menschen empfangen haben.

Wir stehen damit bei einer Erfahrung, die wir alle kennen und in unserer eigenen Bildungsbiographie gemacht haben: Bildungsprozesse können sich *in* Bildungsinstitutionen ereignen, aber vor allem finden sie auch *außerhalb* ihrer statt. Ein wesentlicher Grund dafür ist, dass Bildung in ihrem Kern nicht die Aneignung und Anhäufung von Wissen ist, sondern eng gebunden ist an die persönliche Erfahrung. Versteht man mit dem französischen Philosophen und Soziologen Michel Foucault eine Erfahrung als „etwas, aus dem man verändert hervorgeht"[16], dann kommen wir an einen Kern von Bildung, der gerade aus diakonischer Sicht besonders akzentuiert werden kann: Es sind immer wieder Erfahrungen, die das höchste Bildungspotenzial haben. Zunächst einmal gleichgültig, ob es etwa die positiv besetzten Erfahrungen von Freundschaft, Erfolg und Liebe oder eher belastende Erfahrungen von Trennung, Krankheit und Tod sind. Erfahrungen verändern uns und setzen in uns neue Möglichkeiten des Verstehens und Handelns frei. Für Theodor W. Adorno war deshalb die Freilegung von „Erfahrungsfähigkeit" das Ziel

---

[15] Karl Ernst Nipkow (2006), S. 31.
[16] Michel Foucault (1992), S. 24.

menschlicher Bildungsprozesse.[17] In diesem Zusammenhang hat auch der Wissenserwerb seine zentrale Bedeutung. Erst die Kenntnis einer Sprache ermöglicht mir den tieferen Einblick in die Kultur eines anderen Landes. Und die tiefere Einsicht in den Funktionszusammenhang einer Organisation führt zum Abschied von vorschnellen Beurteilungen. Das Wissen selbst sichert aber noch nicht, dass eine Erfahrung so gemacht wird, dass man aus ihr verändert hervorgeht.

Was sich relativ theoretisch anhört, möchte ich an einem Beispiel aus meiner eigenen Lernbiografie verdeutlichen: In der Mitte meines Theologiestudiums machte ich mit einem Seminar einen Besuch in einer stationären Einrichtung für Menschen mit schweren geistigen Behinderungen. In die sich anschließende Diskussion über die religiöse Bildungsfähigkeit von Menschen mit Behinderungen brachte ich mich wohl mit einigen besonders tiefsinnigen Fragen ein, so dass irgendwann der Einrichtungsleiter ganz entnervt sagte: „Wenn eins dieser Kinder bei dem Wort „Gott" vor Freude in die Hände klatscht, hat es vermutlich mehr begriffen als Sie nach weiteren 10 Semestern Theologie."

Die tiefe Wahrheit dieser Szene spricht für sich. Es handelte sich um eine foucaultsche Erfahrung, aus der ich mit veränderter Einsicht und Einstellung herausgegangen bin. Wie so häufig war diese Erfahrung in ihrem Kern eine soziale Begegnung. Freilich muss meine theologische Ausbildung dabei nicht nur schlecht gewesen sein. Denn immerhin hatte sie mich erfahrungsfähig gemacht, um diese Begegnung als eine verändernde Erfahrung möglich werden zu lassen. Als eine solche, verändernde Erfahrung war sie die Basis für neue Begegnungen, die ich sonst vermutlich eher gemieden hätte und entsprechend für neue Erfahrungen und Wissenserwerb.

Bildung entsteht aus der Verknüpfung von Erfahrung und Wissen. Diese Verknüpfung ist wechselseitig. Gutes Wissen macht erfahrungsfähig, es gewährleistet, dass wir Neues und Altes neu verstehen können. Aber diese Erfahrung ist ihrerseits auch wieder die Basis für neues Wissen. Die Schönheit einer Fuge erschließt sich nicht nur mit dem Blick auf das Notenblatt, aber umgekehrt kann diese Schönheit dazu führen, dass man die Kunst einer Fuge verstehen lernen will. Die wechselseitige Beziehung von Erfahrung und Wissen ist auch der Grund, warum wir in der FHdD der beruflichen Erfahrung im sozial-diakonischen Bereich einen so hohen Stellenwert zuordnen. In der Begegnung mit dem Anderen liegt ein Bildungspotenzial, das wir künstlich in der Bildungsarbeit nie erzeugen könnten.

Eigentlich haben wir mir diesen Überlegungen schon den Übergang geliefert zu der Frage, die ich kurz als 3. beantworten möchte:

---

[17] Vgl. Theodor W. Adorno (1970), S. 114f.

3.   Wie betreiben wir in der FHdD Bildung?

Wir alle haben in unseren Bildungsbiografien noch die klassische Nürnberger Trichter – Pädagogik kennen gelernt. Sie funktionierte in etwa so: Lernstoff ist grundsätzlich vermittelbar, wenn der Pädagoge es nur versteht, die Schülerinnen und Schüler mit auf den Lernweg zu den Ergebnissen zu bringen, die er bereits vorher weiß. Dieses ‚depositäre' Wissensverständnis, also Wissen verstanden als Paket, das an andere weitergegeben wird, setzte zugleich voraus, dass zu der Überlegenheit des Lehrers auch gehört, dass er (a) weiß, was der Lerner in Zukunft an Wissen braucht, und (b) den Lernprozess des Lerner kennt und steuern kann. Als favorisierter Lernweg wurden dabei Lehrmethoden bevorzugt, die die „sequentielle Verabreichung von Lernhäppchen" versuchten und vom Einfachen zum Komplizierten übergingen.

In den vergangenen Jahrzehnten und insbesondere durch die Hirnforschung hat hier ein Umdenken eingesetzt. Grundlegende Einsichten[18] sind dabei:

- Das menschliche Gehirn ist zu einem sehr großen Teil seiner Aktivität mit sich selbst beschäftigt. D.h. der größte Teil von Neuronen erhält seine Impulse nicht von außen, also durch die Inputs von Lehrenden, sondern von anderen Neuronen im Gehirn. Das Gehirn befindet sich folglich in einem Dauerzustand der Wahrnehmung und Interpretation. Erkennen heißt folglich Wiedererkennen. Wer diese Spielregeln des Hirns nicht beachtet, doziert im wahrsten Sinne über die Köpfe der anderen hinweg.
- Unser Gehirn ist keine Kamera mit einer je nach Bildungsgrad verschiedenen Tiefenschärfe. D.h. wir sehen die Welt nicht so, wie sie ist, sondern wie sie uns unser Gehirn interpretiert. Diese Interpretationen sind dabei nicht unsere intellektuellen Spielwiesen, sondern sie dienen dazu, uns Leben, im Extrem Überleben zu ermöglichen. Selbst ein vorurteilsbeladenes Feindbild ist eine Interpretation, die es einem Menschen möglich machen kann, sich in einer bestimmten Situation zu orientieren. Aus Erfahrung wissen wir, dass man diese Interpretationen nicht einfach durch ‚besseres' Wissen ‚abstellen' kann.
- Wissen als Ergebnis von Lernprozessen im Gehirn ist ein vernetztes, dynamisches System, das sich den Erfordernissen anpassen kann. Dieser Neuroplastizität des Gehirns entspricht, dass das Lernen ein aktiver Prozess der Wissenskonstruktion ist. Der Wissensaufbau entsteht immer nur in Verbin-

---

[18] Das im Folgenden dargestellte konstruktivistische Paradigma hat Dieter Euler/Angela Hahn (2004), S. 383, auf die knappe Formulierung gebracht: „Das Individuum erfasst seine Umwelt nicht als fotografisches Abbild […], sondern es interpretiert seine Wahrnehmung auf der Grundlage seines Vorwissens und integriert das neue Wissen in bestehenden Strukturen. Da sich die Menschen im Hinblick auf ihr Vorwissen unterscheiden, erfolgt die Verarbeitung sehr individuell: Jedes Individuum konstruiert sich seine eigene Vorstellung von ‚Wirklichkeit'." Besonders für die als Sozialkonstruktivismus bezeichnete Richtung geht es dann darum, dass und wie diese Konstruktionen in eine soziale Verständigung eingebracht werden, vgl. a.a.O. S. 444f.

dung mit bereits vorhandenem Wissen. Bestehendes Wissen ist die Basis für den Erwerb neuen Wissens. Der Lernende muss beim Wissensaufbau aktiv sein, ohne diese Aktivität gibt es keine Wissensaneignung.

- Das aufklärerische Bekenntnis zur „Selbstbestimmung des Lernenden", seiner „Mündigkeit" erhält eine neue Wendung: Mündigkeit steht nicht als Bildungsziel am Ende, sondern als Bedingung von Lernen und didaktisches Prinzip am Anfang. Wir alle nämlich haben ein „absolutes Veto"[19] über das, was wir lernen und unseren Lernerfolg. Wer gegenüber dem Konstruktivismus kritisch ist, sei daran erinnert, dass schon Fichte diesen Gedanken festgehalten hat: „Bildung geschieht durch Selbsttätigkeit und zweckt auf Selbsttätigkeit ab."[20]

- Die Rolle des Lehrenden wird damit eine grundsätzlich Andere. Er wird zum „Berater, Anbieter, Coach" zu einer Art „Hebamme"[21]. Der Lehrende ist Forscher, der mit dem Lernenden zusammen den Stoff als dialogisches Gegenüber des Lernens entdeckt. Er geht dabei nicht vom Einfachen zum Komplexen, sondern ermöglicht es, dass Gesamtheiten konstruiert werden, die in der individuellen Aneignung an Schärfe gewinnen.

Noch steckt die Hochschuldidaktik, die vom konstruktivistischen Paradigma ausgeht, in den Anfängen. Es kann für uns auch nicht um dessen unkritische Adaption gehen. Aber wir erkennen doch, dass die Grundentscheidungen des dargelegten Bildungsverständnisses und eine konstruktivistischen Didaktik eine große Nähe haben. In deren Konsequenz verstehen wir Lehrende und Lernende in einem gemeinsamen Prozess der Wissenskonstruktion. Diese Konstruktion baut auf den Erfahrungen der Einzelnen auf und eröffnet Freiräume für das je eigene Lernen. Die Subjektstellung der Lernenden ist so Voraussetzung und Ziel jedes Lernprozesses. Also: nicht wir als Lehrende machen Bildung, sondern wir unternehmen als Lehrende und Lernende miteinander Bildung. Wir setzten dabei auf den Dreiklang von Fachkompetenz, Selbstkompetenz und Sozialkompetenz.

Diese didaktische Herausforderung spitzt sich da noch einmal zu, wo wir das Lernen in virtuellen Räumen ermöglichen wollen. Mit der konsequenten Nutzung des e-learnings liegen wir sicherlich im Trend. Dieter Hildebrandt hat hier treffend den Zeitgeist gekennzeichnet, als er formulierte: „Bildung kommt von Bildschirm, denn wenn es von Buch kommt, würde es ja Buchung heißen."

Die Vorteile eines Internet gestützten Lernen liegen auf der Hand: Durch den Einsatz von Multimedia hat „das selbstgesteuerte Lernen [...] eine neue Qualität gewonnen"[22]. Der Computer kann eine riesige Stofffülle verwalten und eröffnet Selbstbestimmung in Blick auf Zeitraum, Zeitpunkt und Geschwindigkeit des Lernens. Das Lernen in virtuellen Räumen und am eigenen PC ist

---

[19] Sigmar-Olaf Tergan (2006), S. 17.
[20] Johann Gottlieb Fichte; zit. n. G. Fels/R. Weiss (1999), S. 31.
[21] Frank Thissen, (1997). S. 8.
[22] A.a.O. S. 3.

aber von einer deutlichen Ambivalenz gekennzeichnet: Denn e-learning kann zu einer klaren Überforderung durch Datenmassen und -müll führen, zu einer Oberflächlichkeit der Wissensbearbeitung. Kritiker sehen die Gefahr, dass in virtuellen Lernsituationen vor allem so genanntes „träges Wissen" generiert wird, das im Bedarfsfall nicht zur Verfügung steht. Auf den Nenner gebracht: Multimedia ist keine Qualität an sich, sondern einzig Hilfsmittel. Als Hilfsmittel will es didaktisch verantwortet werden. Wir arbeiten zur Zeit im Team der Lehrenden daran, verschiedene Formen des Präsenzlernens, sei es im Internet oder in Studieneinheiten hier vor Ort in Bielefeld, mit Formen des asynchronen Lernens in einen intelligenten Mix zu bringen. Wir machen uns den Ausbau dieser Kompetenz nicht leicht, lassen uns gegenwärtig selbst qualifizieren und arbeiten an unserem eigenen Kompetenzprofil. Unsere Planungen zielen dabei darauf, die Selbststeuerung der Studierenden zu erhöhen, ohne den Erfahrungsbezug aus den Augen zu verlieren. Mehr als Werkstattergebnisse sind bisher nicht zu verzeichnen, aber wir freuen uns, an diesem Punkt zu den Pionieren zu gehören. Bezüglich unseres Bildungsansatzes und -anspruches wollen wir uns auch in diesem Feld beim Wort nehmen lassen.

Damit aber zur letzten Frage, um die sich ja bereits eine breite öffentliche Auseinandersetzung entzündet hat und von der ich hoffe, dass sie sich bald wieder auf den sinnvollen, sachlichen Klärungsbedarf begrenzen werden wird. Die Frage, die wir uns selbst gestellt haben und die uns von außen gestellt wird, lautet abschließend:

4. Warum betreiben wir Bildung in bewusster Nähe zu diakonischen Unternehmen?

Der Verdacht ist ausgesprochen: Wer sich Unternehmen in die Trägerschaft einer Hochschule hineinholt, ja mehr noch, sich von ihnen beauftragen lässt, ist der gängigen wissensökonomistischen Ideologie auf den Leim gegangen und hat die Freiheit der Wissenschaft längst verraten. In einer als Wissensgesellschaft ausgerufenen Volkswirtschaft gerät die Bildungsarbeit immer stärker unter das ökonomische Diktat der Verwertbarkeit, der letztlich jedes umfassendere Bildungsverständnis geopfert wird und ein deutlicher Zwang zur Marktförmigkeit innewohnt.

Gegenüber dieser aufgebauten Logik möchte ich in Aufnahme einer gelungenen Formulierung eines Wirtschaftsethikers[23] einwenden, dass sie nicht abwegig ist, aber unterkomplex. Abwegig ist sie deshalb nicht, weil die Frage, in welche Abhängigkeiten sich eine Bildungsinstitution begibt und wo sie sich durch Scheinplausibilitäten in eine falsche Anpassungsstrategie begibt, durchaus berechtigt ist. Die alte Weisheit: „Wes Brot ich ess, des Lied ich

---

[23] Vgl. Josef Wieland (1991), S. 272, der diese Beschreibung in Blick auf Luthers Position zu ökonomischen Fragestellungen wählte.

sing" hat sich nicht einfach erledigt. Unterkomplex ist diese Sicht aber aus folgenden Gründen:

- Schon im Blick auf Gewinn orientierte Unternehmen verrät die einfache These, dass unternehmerische Interessen die Bildungsarbeit einem strikten Verwertbarkeitsaspekt in Ausnutzung ihrer Mitarbeitenden unterordnen, die Verhaftung in einer ideologischen Mottenkiste. Gute Unternehmen, oder um es provokanter zu sagen, erfolgreiche Unternehmen sind darauf angewiesen, dass ihre Mitarbeitenden große Freiheits- und Verantwortungsbereiche haben und einen hohen Selbststeuerungsanteil in ihrer Arbeit verwirklichen können. Unternehmen brauchen heute Querdenker, denn die meisten profitablen Ideen ergeben sich heute im crossover des Zusammendenkens ganz unterschiedlicher Wirklichkeitsbereiche. Organisationen (und auch Unternehmen sind zunächst einmal nichts anderes als Organisationen) leben davon, dass in ihnen ein breites Wissen generiert und Bildung gepflegt wird. Ohne Frage haben Unternehmen dabei Interessen, Bildung ist nie Selbstzweck. Es wäre jedoch naiv zu meinen, dass dies anders wäre, wenn Hochschulen in staatlicher oder kirchlicher Finanzierung betrieben werden. Die eigentliche Frage muss doch lauten, ob die Interessen der Unternehmen den Selbstbildungsinteressen der Mitarbeitenden zuwiderlaufen. Und hier fallen mir einfache Antworten schon für den Profit-Bereich nicht so leicht.
- Erst recht aber wird die Perspektive komplexer, wenn wir auf diakonische Unternehmen sehen. Diakonische Unternehmen sind gewissermaßen der organisierte Gestaltungsraum, in den Mitarbeitende ihre Fähigkeiten und Kompetenzen zum Besten der Menschen einbringen, für die die Diakonie da ist. Im Rahmen der Diakonie ist das Unternehmensverständnis nicht bezogen auf Gewinnmaximierung, sondern – im Regelfall schon rechtlich gesehen – auf die Gemeinnützigkeit. Nicht immer korrespondiert dieser Gemeinwohlorientierung auch die gefühlte Wirklichkeit in den Unternehmen. Dennoch haben diakonische Unternehmen ein Interesse daran, dass in ihnen Bildung aufgebaut, gepflegt und ausgebaut wird. Die Ambivalenz, als Unternehmen auf dem Markt erfolgreich zu sein und dem eigenen diakonischen Auftrag gerecht zu werden, prägt den Alltag von diakonischen Unternehmen und deshalb auch ihre Erwartung an Bildungsträger. Was daraus folgt, hat Jürgen Gohde gesagt, der in seiner Präsidentenzeit die Gründung dieser Fachhochschule nach Kräften unterstützt hat. Er formulierte: „Bildung darf nicht nur der Nutzenmaximierung von ‚Humankapital' dienen, das Diakonie und Gesellschaft in Deutschland zweifellos benötigen […]. Diakonische Einrichtungen und Institutionen müssen stark sein in der Qualifizierung von Mitarbeitenden und Anvertrauten, dürfen sich aber nicht in die Rolle eines ‚Qualifizierungsstudios' drängen lassen, das Menschen ‚fit' für die nächste Runde anstehender Aufgaben macht und dabei das langfristige Wohl des Einzelnen und der Gemeinschaft aus den Augen verliert."[24] – Die Diakonie ist selbstkritisch gegenüber der Vorstellung einer Nutzenma

---

[24] Jürgen Gohde (2006), S. 41f.

ximierung, gerade auch in ihren eigenen Reihen. Sie leistet sich mit einer Hochschule den notwendigen Luxus eines Partners, der immer wieder auch kritische Fragen an die eigene Praxis stellen wird. Eine unternehmerische Diakonie, die eine Hochschule gründet, setzt auf die Notwendigkeit von Erfahrungen, aus denen auch sie selbst verändert hervorgehen wird.

- Drittens schließlich: Wir leben in einem Land, in dem die Frage, wer die Finanzmittel für Bildungsarbeit aufzubringen hat, neu und kritisch zu stellen und zu beantworten ist. Wir brauchen nur den Vergleich anzustellen: In der BRD fließen 9,8 % der öffentlichen Ausgaben in den Bildungssektor, in den skandinavischen Länder zwischen 13–16 %; in Südkorea sogar 17 %. Unter diesen Rahmenbedingungen nehmen diakonische Unternehmen und das Diakonische Werk der EKD, wenn sie selbst eine Hochschule betreiben, nicht nur ihr institutionelles Eigeninteresse wahr, sondern auch einen gesellschaftspolitischen Auftrag.

Mir scheint, dass an die Stelle unterkomplexer Diffamierungen schnell wieder die Frage nach der besten Praxis in der Bildung treten sollte. Nur die Antworten auf diese Frage nämlich bringen die Diakonie, wie die für sie tätigen Bildungsträger, weiter.

Damit beende ich meinen Versuch der bildungsstrategischen Verortung der neuen Fachhochschule der Diakonie (FHdD).

Sollte ich Sie mit dieser nicht ganz einfachen Materie arg strapaziert haben, trösten Sie sich mit der tiefsinnigen Einsicht: „Bildung ist das, was übrig bleibt, wenn wir alles vergessen haben, was wir gelernt haben.“[25]

Literaturverzeichnis:

ADORNO, THEODOR W. (1970): Erziehung – wozu?; in: DERS.: Erziehung zur Mündigkeit, Frankfurt am Main, S. 105–119.

EULER, DIETER/HAHN, ANGELA (2004): Wirtschaftsdidaktik, Bern e.a.

FELS, G./WEISS, R. (HG.) (1999): Auf den Punkt gebracht: Bildung, Wirtschaft, Gesellschaft im Spiegel des Zitats, Köln.

FOUCAULT, MICHEL (1992): Was ist Kritik?, Berlin.

GOHDE, JÜRGEN (2006): Profile diakonisch-sozialer Bildung; in: ADAM, GOTTFRIED e.a. (HG.): Unterwegs zu einer Kultur des Helfens. Handbuch des diakonisch-sozialen Lernens, Stuttgart, S. 33–42.

KANT, IMMANUEL (1975): Über Pädagogik [1803]; in: DERS.: Werke in 10 Bänden. Bd. 10, (5. Auflage), Darmstadt, S. 695–761.

KIRCHENAMT DER EKD (HG.) (1998): Herz und Mund und Tat und Leben. Grundlagen, Aufgaben und Zukunftsperspektiven der Diakonie. Eine evangelische Denkschrift, Gütersloh.

NIPKOW, KARL ERNST (2006): Diakonische Bildung und biblische Mitte: Zur Tiefengrammatik der Bildungsmetaphorik; in: ADAM, GOTTFRIED e.a. (HG.): Unterwegs zu einer Kultur des Helfens. Handbuch des diakonisch-sozialen Lernens, Stuttgart, S. 15–32.

PAULSEN, FRIEDRICH (1903): Bildung; in: REIN, WILHELM (HG.): Enzyklopädisches Handbuch der Pädagogik, Langensalza, S. 658–670.

---

[25] Dieser Satz wird unterschiedlichen Autoren zugeschrieben, u.a. Albert Einstein.

SCHMIDT, HEINZ (2005): Diakonisches Lernen – diakonische Bildung; in: RUDDAT, GÜNTER/SCHÄFER, GERHARD, K. (Hg.): Diakonisches Kompendium, Göttingen, S. 421–438.

TERGAN, SIGMAR-OLAF (2006): Was macht Lernen erfolgreich? Die Sicht der Wissenschaft; in: DERS./SCHENKEL, PETER (HGG.): Was macht E-Learning erfolgreich. Grundlagen und Instrumente der Qualitätsbeurteilung, Heidelberg, S. 15–28.

THISSEN, FRANK (1997): Das Lernen neu erfinden – konstruktivistische Grundlagen einer Multimedia-Didaktik; in: BECK, UWE/SOMMER, WINFRIED (HGG.): LEARNTEC 97. Europäischer Kongreß für Bildungstechnologie und betriebliche Bildung. Tagungsband, Karlsruhe 1997, S. 69–79. (zit. nach homepage-Fassung: http://elib.uni-stuttgart.de/opus/volltexte/1999/233/pdf/233.pdf).

WIELAND, JOSEF (1991): „Wucher muß sein, aber wehe den Wucherern". Einige Überlegungen zu Martin Luthers Konzeption des Ökonomischen; in: ZEE 35/1991, S. 268–284.

ZENKERT, GEORG (1998a): Bildung. I. Begriffsgeschichte; in: RGG, (4. Auflage), Göttingen, Sp. 1577–1587.

Urs Jäger

Die Wellenreiter

1. Non-Profit-Organisationen (NPO) im Spannungsfeld moderieren

Wenn NPO-Führungskräfte in ihren Organisationen Veränderungen bewirken wollen, sind sie meist mit widersprüchlichen Weltbildern konfrontiert. In vielen Diakonischen Unternehmen steht beispielsweise „Theologie" gegen „Ökonomie". Solche Widersprüche lassen sich nicht auflösen, nicht einmal durch Konflikte, die von vielen aufwendig vermieden werden, und dies mit Grund. Im Unterschied zu vielen Profit-Unternehmen handelt es sich in Non-Profit-Unternehmen nämlich um „Glaubenskonflikte", nicht um sachliche Konflikte. Wer in seinem Glauben infrage gestellt wird, der kämpft intensiver, als wenn er bloß in seiner Meinung um ein sachliches Thema kritisiert wird.

Aus Profit-Unternehmen kommend meinen viele NPO-Neulinge, es könnten klare strategische Ziele gesetzt werden und damit sei das Spannungsfeld aufgelöst. Solche Vermutungen leisten ihren Verkündern einen Bärendienst, denn zweifellos kann sich keine NPO-Führungskraft diesem Spannungsfeld entziehen, mag sie in Strategieprozessen noch so erfahren sein.

In diesem Beitrag wird vorgestellt, was diejenigen NPO-Führungskräfte tun, die in und mit den Spannungsfeldern wirksam Veränderungen treiben können. Das Kernargument ist ein einfaches: In den Spannungsfeldern besetzen wirksame NPO-Führungskräfte die Rolle der „organisationalen Moderatoren"; sie moderieren *„die Energien in ihrer Organisation"*, wie es der Geschäftsführer einer großen NPO formulierte. Damit können sie trotz des Spannungsfeldes wirksam agieren, ohne zu einseitig zu sein und damit wenig hilfreiche Konflikte heraufzubeschwören.

Für erfahrene NPO-Führungskräfte wird dies bestimmt nichts Neues sein. Bestenfalls werden die folgenden Beschreibungen das bezeichnen können, was sie in ihrer Karriere als wirksam erfahren haben. Dies war denn auch die Methode, wodurch folgende Thesen entstanden sind. Es wurde von den wirksamen NPO-Führungskräften gelernt, indem über 80 Interviews, zahlreiche Beobachtungen und Einzelfallstudien durchgeführt wurden.[1] Gesucht wurde die Antwort auf eine einfache Frage, die eine Führungskraft einer anderen stellen könnte: *„Kannst Du mir nicht sagen, was ich tun kann, um meine Ver-*

---

[1] Dieser Artikel basiert auf: Urs Jäger (2007).

änderungsprozesse genauso wirksam zu führen, wie Du es tust?" „Organisationale Moderation" ist für Praktiker also nicht unbedingt ein neues Konzept.[2] Es ist bloß ein Name für etwas, das viele NPO-Führungskräfte bisher für selbstverständlich gehalten haben. Und trotzdem unterscheidet sich „organisationale Moderation" wenigstens in drei Punkten von vielen Managementtheorien:

- Viele – heute vor allem strategische – Managementansätze setzen (in Zukunft zu erreichende) Ziele voraus. „Organisationale Moderation" setzt den Fokus nicht auf Zukunft, sondern auf heutige Potentiale. Dieses Vorgehen, das sich ausschließlich auf die Entwicklung der Dinge stützt, wird im Folgenden „wirksam" genannt. Damit können Perspektiven geboten werden, auch wenn in Zukunft ungewiss scheint, was heute viele beklagen.
- Gerade angesichts dieser Ungewissheit, die viele Managementtheorien als Widersprüche und Spannungsfelder (Paradoxien) bezeichnen, werden Synthesen oder integrierte Positionen und damit einheitliche und klare Ziele gefordert. Je widersprüchlicher das Umfeld, desto klarer sollen nach gängigen Managementtheorien die Ziele sein. Diese Theorien gehen meist davon aus, dass ohne klare Visionen oder Ziele kein Handeln möglich wäre. „Organisationale Moderation" nimmt Widersprüche und Spannungsfelder (Paradoxien) hingegen so wahr, dass sie nicht aufgehoben werden können und sogar mehr der Normalfall sind, als die Ausnahme. Trotzdem wird auf sie eingewirkt und zwar derart, dass sie wirksame Entwicklungen nicht behindern können.
- Schließlich gehen viele Managementtheorien von einer klaren Grenze zwischen dem Unternehmen und dem Umfeld aus. So ist es eine Managementaufgabe, das Unternehmen an das Umfeld anzupassen. Auch die „organisationale Moderation" fokussiert auf potentielle Veränderungen, die zuerst im Umfeld oder, mit anderen Worten, in der Gesellschaft stattfinden. Im Unterschied zu vielen Managementtheorien geht dieses Konzept jedoch davon aus, dass sich jene Umfeldentwicklungen innerhalb der Organisation als Potentiale abbilden. Deshalb sind in Organisationen notwendige Veränderungen potentiell immer schon abgebildet, was „Entwicklungspotentiale" genannt wird, womit nicht das Management diese Veränderungen begründen muss.

Nach diesen Thesen ist Management nichts anderes, als dass die *Wirkung von Entwicklungspotentialen gefördert* wird. Dies mag etwas ungewohnt klingen. Dieses Konzept beschreibt aber Praktiken, die viele NPO-Führungskräfte erfahren können. Wenn sie beschrieben werden, wie anschließend dargestellt, dann können auch andere Führungskräfte von ihnen lernen – und Management ist lernbar.

---

[2] Dieser Beitrag basiert wesentlich auf den Arbeiten von Francoise Jullien. Z.B. F. Jullien (1999).

2.   Entwicklungspotentiale sich entfalten lassen

Führungskräfte, die aus einer der zahlreichen und bekannten Management-Schulungen kommen, begegnen Spannungsfeldern gewöhnlich wie folgt:

- Sie analysieren Umfeldtrends und deren Chancen und Gefahren und das Unternehmen im Hinblick auf die Stärken und Schwächen.
- Sie formulieren Ziele, die es in der Zukunft zu erreichen gilt.
- Sie entwickeln Maßnahmen, die bestimmen, wer heute was tun muss, damit die Ziele erreicht werden können.
- Widerstände werden „gebrochen", indem die betroffenen Menschen vom Neuen überzeugt werden. „Wir brauchen mehr Ökonomie", lautet die Botschaft in vielen NPO.
- Jegliche Auseinandersetzung mit der Herkunft der Organisation wird unterbunden – es geht ja um die Zukunft und um klare Ziele, die das Spannungsfeld überwinden können.

Diese Argumentation lässt ein verbreitetes Muster erkennen: Das Erstrebenswerte liegt nach diesem in der Zukunft, also in den festgelegten Zielen. Die gegenwärtigen Stärken des Unternehmens, die Mitarbeitenden, die Ressourcen, die Kultur etc., sind das Mittel, mit denen die Ziele erreicht werden sollen. Die Aufmerksamkeit liegt damit auf der Zukunft und die Vergangenheit interessiert nur dann, wenn Widerstände erkennbar sind. So erscheint die Vergangenheit als Hindernis und in der Gegenwart wird nur denjenigen Aspekten ein Nutzen zugeschrieben, die für die Erreichung der zukünftigen Ziele eingesetzt werden können. Das Gegenwärtige hat nur im Hinblick auf das Zukünftige einen Wert, wie es in jeder ökonomischen Theorie nachzulesen ist.

Wirksame NPO-Führungskräfte hingegen fragen sich nicht, wie sie in Spannungsfeldern Eindeutigkeit generieren oder wie sie der Ökonomie mehr Geltung verschaffen können. In dieser Eindimensionalität liegt eine Gefahr, weil der klare Blick auf das tatsächliche und komplexe Geschehen verschleiert wird. Wirksame NPO-Führungskräfte erkennen hingegen im realen Geschehen Potentiale der Veränderung, mit anderen Worten Entwicklungspotentiale. Wirksame NPO-Führungskräfte suchen solche Entwicklungspotentiale und schöpfen diese aus. Deshalb beruht wirksames Management von Veränderungen in NPO primär auf einer Ausbeutung dieser Potentiale und nur sekundär auf der Entwicklung von Plänen und deren Umsetzung. So ist es auch zu verstehen, dass viele Führungskräfte in NPO und in Profit-Unternehmen ohne formelle Managementausbildung, in denen Sie das „Ziele-setzen" und „Pläne-schmieden" lernen, erfolgreich sein können. Mit Blick auf die Pläne lässt sich sogar das Folgende sagen: Die Qualität von Plänen und Zielen zeigt sich darin, ob sie Entwicklungspotentiale bezeichnen können oder ob sie sich auf Vorstellungen eines Ideals gründen.

So setzen wirksame NPO-Führungskräfte dort an, wo die Veränderungen potentiell bereits stattgefunden haben. Gemeint sind Lösungen für Probleme, die noch gar nicht bestehen. Es sind allesamt organisationale Phänomene, beispielsweise Stärken der Mitarbeitenden, das Vertrauen der Kunden in eine Marke, eine Vernetzung mit der lokalen Bevölkerung, die Innovationskraft eines Forscherteams und so weiter. *Es sind „Kernkompetenzen", die langsam entstanden sind, und aus denen etwas Neues entstehen kann, wenn die Gelegenheit dazu geboten wird.* Trotzdem sind Entwicklungspotentiale keine Ressourcen, die durch die richtige Allokation wirtschaftlich eingesetzt werden können. Angemessener wäre der Vergleich mit einer Energiequelle, die – wenn sie geöffnet wird – viel Neues bewirken kann.

Etwas genauer unter die Lupe genommen zeichnen sich Entwicklungspotentiale durch vier Charakteristiken aus: 1. In ihnen hat Zukunft bereits stattgefunden; 2. auch Umfeldveränderungen drücken sich in Entwicklungspotentialen des Unternehmens aus; 3. Veränderungen beginnen zunächst unscheinbar und werden immer offensichtlicher; und schließlich   4. wer sich von Entwicklungspotentialen tragen lässt, kann mit wenig Mühe eine große Wirkung erzielen.

- *In Entwicklungspotentialen hat Zukunft bereits stattgefunden*[3]: Wenn NPO-Führungskräfte an den Entwicklungspotentialen ansetzen, dann können sie den Wandel nicht losgelöst von tatsächlichen Entwicklungen erfinden:
  1. Sie sind aufmerksam für das, was im Augenblick geschieht.
  2. Sie suchen nach organisationalen Entwicklungspotentialen, die in der Gegenwart vorliegen.
  3. Sie interessieren sich für die Vergangenheit, um aus dieser die gegenwärtigen Entwicklungspotentiale erkennen zu können.
- Wirksame NPO-Führungskräfte suchen die potentielle Zukunft bereits in der Gegenwart, nicht in Zukunftstrends. Die potentielle Zukunft zeigt sich in „schwachen Signalen" von Entwicklungen, die sich zukünftig entfalten und einen großen Einfluss haben werden. Die Vergangenheit ist für sie soweit von Interesse, als sie aus ihr lesen können, wo sich die Entwicklungspotentiale heute verborgen halten. Die Geschichte erscheint ihnen also nicht als etwas Veränderungsfeindliches. In ihr verbergen sich für sie nicht nur Widerstände, sondern auch Potentiale der Veränderung. Wer die Geschichte eines Unternehmens kennt, ist für die heutigen und verborgenen Entwicklungspotentiale aufmerksam, weil diese selbst weit mit der Geschichte verflochten sind.
- *Umfeldveränderungen drücken sich in Entwicklungspotentialen des Unternehmens aus*: Obwohl wirksame NPO-Führungskräfte auf die Entwicklungspotentiale im Unternehmen acht geben, ignorieren sie das Umfeld nicht. Ganz im Gegenteil legen sie sogar eine große Aufmerksamkeit darauf. In ihren Augen drohen externe Bedingungen durch ihre spezielle und daher unvorhersehbare Determination den vorgesehenen Plan nicht zum Scheitern zu bringen. So nehmen es Führungskräfte wahr, die Trendanaly-

---

[3] Dies ist eine zentrale These, die Peter F. Drucker in seinen Arbeiten als sein Programm verfolgte. Zum Beispiel: Peter Drucker (1993), S. 174ff.

sen machen, Ziele formulieren, Strategien festlegen und Mittel zur Erreichung der Ziele einsetzen. Nach diesem Verständnis können Umfeldveränderungen die Zielerreichung nur stören. Im Sinn wirksamer NPO-
Führungskräfte erscheinen Umfeldveränderungen dem entgegen nicht als
risikoreich. Sie erkennen in ihnen vielmehr eine Logik im Ablauf. Entwicklungspotentiale sind demnach nicht beliebig. Vielmehr kann sich das Unternehmen durch sie an die Umfeldentwicklungen anpassen. Entwicklungspotentiale sind also Möglichkeiten der Anpassung an
Umfeldveränderungen. Insofern geht es um Strategie. Entwicklungspotentiale kommen innerhalb des Unternehmens in verschiedenen Themen zum
Ausdruck und erzeugen eine potentielle Wirksamkeit. Weil sie bereits potentiell wirken, muss diese Wirksamkeit nicht erzeugt, sondern nur zugelassen werden. Entwicklungspotentiale sind also Orte im Unternehmen, wo
etwas entstehen kann, das die Zukunft des Unternehmens sicherstellt.

- *Veränderungen beginnen zunächst unscheinbar und werden immer offen-*
  sichtlicher: Wenn Veränderungen tatsächlich stattfinden, so beginnen sie
  im Unternehmen in der Regel mit kleinen, unscheinbaren Schritten und
  werden immer offensichtlicher. Sie erhalten immer mehr Raum. Auch
  wenn scheinbar größere Umbrüche, wie Statutenveränderungen, stattfinden,
  so sind diese nur eine logische Folge dessen, was längst geschehen ist. Es
  könnte von einer kritischen „Masse der Entwicklungspotentiale" gesprochen werden. Diese führt dazu, dass ein relativ kleines Ereignis das Potential „zum Platzen" bringen kann. Ein solches Ereignis können Personal-
  wechsel im obersten Führungsgremium, Reduktion der Sponsoringgelder
  oder negative Pressemeldungen sein. Die Liste solcher Auslöser könnte beliebig erweitert werden.
- *Wer sich von Entwicklungspotentialen tragen lässt, kann mit wenig Mühe*
  eine große Wirkung erzielen: Das Besondere dieses Vorgehens liegt darin,
  dass wirksame NPO-Führungskräfte auf das der Situation innewohnende
  Entwicklungspotential bauen, um sich von diesem im Verlauf seiner Entwicklung tragen zu lassen. Führungskräfte können also mit wenig Mühe
  eine große Wirkung erzielen. Sie brauchen nicht viel, weil sie klar und
  deutlich diejenige Tendenz ans Licht bringen, die in der Situation schon
  enthalten war. Sie versuchen also nicht, gegen Widerstände anzugehen oder
  Probleme zu fokussieren. Eine solche Problemorientierung würde sämtliche
  Energien benötigen und es bliebe wenig Kraft übrig, damit es gelingt, die
  Entwicklungspotentiale sich entfalten zu lassen. Natürlich benötigt auch
  dieses „lösungsorientierte" Verhalten viel Kraft, weshalb wirksame NPO-
  Führungskräfte ihre Energien auf diese fokussieren. Weil diese Potentiale
  im Unternehmen bereits vorliegen, ist es denkbar, dass Führungskräfte solche Potentiale auch intuitiv zur Entfaltung bringen lassen. Sie brauchen
  kein umfassendes Verständnis solcher Potentiale, weil auch sie mitten in
  und aus ihnen agieren.

3.   Organisationale Moderation

Wirksame NPO-Führungskräfte lassen sich also von Entwicklungspotentialen tragen. Sie versuchen nicht, zwischen Polen zu vermitteln und ein Spannungsfeld aufzulösen, wie es in vielen Managementausbildungen gelernt werden kann. Auch beziehen sie keine einseitige Position für einen der Pole im Spannungsfeld, in Diakonischen Unternehmen beispielsweise bloß für „Theologie" oder bloß für „Ökonomie". Sie suchen Wege, damit sich die Entwicklungspotentiale entfalten können, wobei sie einerseits die Eskalation von Spannungsfeldern zurückdrängen und andererseits die Entfaltung von Entwicklungspotentialen fördern. Daraus ergeben sich zwei Leitfragen:

1. *Wie kann kommuniziert werden, damit Spannungsfelder die Entfaltung von Entwicklungspotentialen nicht behindern?* Spannungsfelder interessieren nur soweit sie die Wirksamkeit der Entwicklungspotentiale behindern können, und dies zu verhindern, ist die erste Aufgabe von NPO-Führungskräften. An sich sind Spannungsfelder wenig wirksam, weil sie häufig in Scheingefechten über verschiedene Weltbilder ausarten. Um was es wirklich geht, gerät aus dem Blick. Beispielsweise kämpfte in einer NPO der Präsident gegen ein Mitglied, das Informationen über die finanzielle Situation des Unternehmens haben wollte. Der Präsident konterte, dass es in NPO nicht in erster Linie um Geld gehen könne. Daraufhin brach ein heftiger Streit in allen Leitungsgremien über das Gewinnstreben von NPO aus. Dies dauerte so lange, bis einer darauf hinwies, dass es nicht um die Frage geht, ob eine NPO wirtschaftlich sein kann oder nicht, sondern um die Frage, ob die Leitung ihre Entscheidungen transparent macht und sich kritisieren lässt.

2. *Wie können Entwicklungspotentiale wirksam gefördert werden?* Es wird sich zeigen, dass es jenseits der Spannungsfelder darum geht, nah am konkreten Phänomen zu praktizieren. Wo Spannungsfelder prägend sind, wo beispielsweise „Theologie" und „Ökonomie" als zwei Welten erscheinen, ist der klare Blick auf das tatsächliche Geschehen umso stärker herausgefordert. Im Vordergrund steht damit die Suche und das Erkennen von Entwicklungspotentialen. Nicht Weltbilder und ihre Soll-Vorstellungen sind entscheidend, sondern das, was ist und schon heute Lösungen von morgen aufweisen kann.

Wirksame NPO-Führungskräfte bewegen sich also zwischen einem Unterdrücken der Spannungsfelder und Stärken der Entwicklungspotentiale, was sich am besten als „Moderation" bezeichnen lässt. Es geht aber nicht allein um die Moderation einer Arbeitsgruppe, sondern einer ganzen Organisation. Auch geht es nicht um ideale Führungskompetenzen oder um eine stabile Lösung, sondern um ein ständiges Hin-und-her, oder eben um ein Ausgleichen zwischen dem Spannungsfeld und den Entwicklungspotentialen.

4. Spannungsfelder unterdrücken

Führungskräfte werden in ihrem Alltag mit verschiedenen Spannungsfeldern konfrontiert. Dies sind verschiedene oder auch widersprüchliche Erklärungszusammenhänge, weshalb sie Ausdruck dessen sind, wie sich Menschen in Organisationen Geschehnisse erklären. Deshalb ist es für Führungskräfte wichtig, dass sie die relevanten Spannungsfelder in ihrer Tiefe verstehen. Somit können sie in und mit ihnen praktizieren, ohne selbst dem einen oder dem anderen Pol zu verfallen.

Es lassen sich fünf Praktiken beschreiben, wie NPO-Führungskräfte vorgehen, damit Spannungsfelder die Entfaltung von Entwicklungspotentialen nicht behindern, sondern fördern. Gemeinsam ist den folgenden Praktiken, dass sie in NPO tendenziell eine positive Wirkung zeigen können. Positiv meint, dass sie den Ausbruch von Konflikten zwischen den Polen der Spannungsfelder vermeiden und das Entfalten von Entwicklungspotentialen fördern könnten:

- Begriffe in ihren Sinnbezügen verwenden
- Verschiedenen Vorstellungen Raum öffnen
- In Entscheidungen Interpretationsspielräume offen lassen
- Themen ansprechen oder sich selbst überlassen
- Bilateral agieren

4.1. Begriffe in ihren Sinnbezügen verwenden

Wer effektiv kommunizieren will, muss die benutzten Begriffe in ihren Sinnbezügen verwenden. Wenn beispielsweise jemand auf einen Garten verweist und sagt, „*dort steht eine Bank*", so erwartet der Zuhörer gewöhnlich eine Sitzbank. Wenn er jedoch auf ein Haus zeigt, so wird erwartet, eine Bank im Sinne einer Sparkasse vorzufinden. Das Adverb „gewöhnlich" weist bereits darauf hin, dass solche Sinnbezüge nur entstehen, wenn diese von verschiedenen Personen wiederholt gemacht werden. Um das Gegenüber verstehen zu können und um sich selbst verständlich ausdrücken zu können, ist es deshalb wichtig, die Sprache in ihren Sinnbezügen zu verstehen und zu verwenden. Besonders in einem Kontext mit verschiedenen Weltbildern werden dieselben Begriffe auch verschieden interpretiert oder verschiedene Begriffe stehen für dasselbe Phänomen.

Sinnzusammenhänge können demnach aus verschiedenen Kontexten stammen. Sie können aber auch in verschiedenen Zeiten verankert sein. Wohlgemerkt, es geht nicht darum, dass alle Mitarbeitenden einer NPO den Sinn eines Begriffs teilen können. Für die wirksame NPO-Führungskraft geht es also nicht darum, diese Verschiedenheit aufzuheben, sondern auf Missverständnissen beruhende Konflikte möglichst zu verhindern.

Das Spannungsfeld in NPO zeigt gerade, dass in dieser Hinsicht verschiedene Sinnzuweisungen bestehen und diese sich kaum auflösen lassen. Folglich werden in jedem Kontext Begriffe und Erfahrungen verschieden interpretiert. So ist es Aufgabe von wirksamen Führungskräften ein und denselben Begriff in verschiedenen Sinnzusammenhängen verwenden zu können oder für ein und dasselbe Phänomen verschiedene Begriffe zu nutzen. Sie müssen beispielsweise wissen, dass „Knappheit" im Sinnbezug von Ökonomen etwas Anderes bedeutet als im Sinnbezug von Theologen.

Wer die Sinnbezüge von Begriffen in den verschiedenen Kontexten verstehen will, muss sich ein tiefes Verständnis des jeweiligen Kontextes erarbeiten. Und dabei kann ein Blick in die Geschichte der jeweiligen NPO solche Zusammenhänge aufdecken.

4.2. Verschiedenen Vorstellungen Raum öffnen

Verschiedene Weltbilder können einen „Glaubenskonflikt" erzeugen, in dem nicht selten die andere Position argumentativ „zerstört" werden soll. Für wirksame NPO-Führungskräfte sind solche Kämpfe wenig förderlich. Sie hinterlassen vielfach Spuren und ziehen weitere Auseinandersetzungen nach sich. In der Sache führen sie nicht weiter. Deshalb verhindern wirksame NPO-Führungskräfte solche Auseinandersetzungen, indem sie beiden Positionen einen Raum öffnen und damit Gültigkeit verschaffen. So kann es unterstützt werden, dass jede Vorstellung diskutiert werden kann.

Wie bereits erwähnt, liegt die Herausforderung für NPO-Führungskräfte nicht in der Zusammenführung der verschiedenen Vorstellungen. Sie liegt auch nicht im Durchsetzen bloß einer dieser Vorstellungen. Es geht vielmehr darum, dass NPO-Führungskräfte das Unternehmen so zur Sprache bringen, wie es ist. Die Spannungsfelder können also stehen gelassen werden. Sie werden durch das Öffnen von Diskussionsräumen sogar noch gefördert.

Die ersten beiden Aspekte − „Begriffe in ihren Sinnbezügen verwenden" und „verschiedenen Verständnissen Raum öffnen" − zeigen, wie begrenzt Führungskräfte die Organisation beeinflussen können. Sie können sie so wahrnehmen, wie sie ist. Sie können zum Ausdruck bringen, dass sie dies auch respektieren, und das ist angesichts ihres stark begrenzten Einflusses schon viel. Eine vergleichbare Frage lässt sich im Hinblick auf Entscheidungen stellen. Auch in diesem Zusammenhang werden Verstehensoptionen nicht geschlossen, sondern geöffnet.

4.3. In Entscheidungen Interpretationsspielräume offen lassen

Entscheidungen sind in Unternehmen wichtige Ereignisse, weil immer viele Optionen offen stehen. Deshalb geht es vor allem darum, sich einzuschränken und eine Priorität zu setzen. In NPO läuft eine solche Priorität Gefahr, dass sie alternative Vorstellungen ausschließt. Dies muss an sich keine negative Wirkung zeigen, kann es aber. Führungskräfte stehen also vor der paradoxen

Herausforderung, Entscheidungen zu fällen, ohne Verstehensoptionen auszuschließen. Dieses Paradoxon lösen sie auf, indem sie Entscheidungen derart
fällen, dass diese einen Interpretationsspielraum offen lassen.

Aus Sicht von Führungskräften, die Eindeutigkeit voraussetzen, scheint diese
Situation auf den ersten Blick unhaltbar. Sie würden nach klaren Entscheidungen, nach mehr Transparenz und nach einer aktiveren Kommunikation
verlangen. Wirksame NPO-Führungskräfte können diese Ungewissheit aber
gelassen hinnehmen. Sie sorgen dafür, dass sich die Situation so entwickelt,
dass die Wirkung zunehmend aus ihr selbst hervorgeht und dass sie zwingend
ist. Es ist also nicht notwendig, dass eine Entscheidung klar getroffen und
transparent kommuniziert wird. Dies wäre im Gegenteil unter Umständen
sogar hinderlich. Es ist wesentlich, dass sich Führungskräfte für falsche
Sinnbezüge und Vorstellungen immer ungreifbarer machen. „Du sagtest
doch, dass…“. „Das stimmt, aber ich meinte etwas anderes…“. Dies sind
Dialoge, die Führungskräfte angreifbar machen, weshalb die wirksamen unter
ihnen sehr sorgfältig mit der Sprache umgehen. Sie drehen nicht jedes Geld-
stück fünf mal um, sondern jedes Wort. Weil Führungskräfte nur einen
Bruchteil der denkbaren Interpretationen von Begriffen und Entscheidungen
verstehen können, lassen sie Entscheidungs- und Interpretationsspielräume
offen.

Die bisher aufgezeigten Praktiken wirksamer NPO-Führungskräfte zeigen,
dass kein eindeutiges Verständnis kommuniziert werden kann, weshalb keine
klaren Entscheidungen möglich sind. Wirksame NPO-Führungskräfte lassen
sogar Interpretationsspielräume offen. Mit den Entscheidungen vergleichbar
ist das Fördern von Themen. Auch dabei werden gewünschte Räume geöffnet, nicht gewünschte aber nicht geschlossen. Jene werden sich selbst überlassen.

4.4. Themen ansprechen oder sich selbst überlassen

Manche Themen werden immer wieder diskutiert, andere werden kaum angesprochen. Etwas nicht zum Thema machen wollen, heißt, dass das Thema
durchaus bewusst ist, es aber keinen Raum erhält. Solche Themen werden
nicht aktiv diskutiert, sondern verschwiegen.

Wirksame NPO-Führungskräfte sprechen nur solche Themen an, von denen
sie wissen, dass mit ihnen ein Entwicklungspotential zum Ausdruck gebracht
wird. Sie erkennen beispielsweise Grenzen unternehmerischen Handelns.
Deshalb möchten sie diese Verhältnisse ändern. Sie wollen selbst aber nicht
erkannt werden, weil sie keine Zeit haben oder im Hintergrund bleiben wollen. Deshalb sehen sie sich nach Auffassungen um, die einigen Grundannah-
men der verbreiteten Vorstellungen, die ihr Unternehmertum begrenzen, widersprechen und als „geistige Hebel“ zum „Sturz“ dieser Vorstellungen
verwendet werden könnten. Sie werden aber erkennen, dass abstrakte Themen nur dann zu solchen Hebeln werden können, wenn diese

(a) mit einflussreichen Vorbildern in Verbindung gebracht werden können und

(b) wenn sie selbst einen gewissen unternehmensweiten Einfluss haben – sonst bleiben die Themen unbeachtet oder werden ausgelacht.

Es muss eine Tradition da sein, in welche die neuen Gedanken eingebunden sind und angewendet, aber auch weiterentwickelt werden können.

4.5. Bilateral agieren

Im Überblick zeigen die bisherigen Beobachtungen das folgende Bild:

- Wenn mehrheitlich vorsichtig mit Sprache umgegangen wird;
- wenn verschiedene Vorstellungen eine Gültigkeit erhalten und keine einheitliche Orientierung möglich ist;
- wenn keine klaren Entscheidungen getroffen werden, weil immer Interpretationsspielräume offen bleiben und
- wenn die einen Themen angesprochen werden, die anderen aber sich selbst überlassen werden,

so scheint eine transparente und klare Kommunikation in NPO kaum möglich.

Wenn also bloß diese Praktiken wirksam sind und ihr Gegenteil nicht, stellt sich die Frage, wie trotzdem eine sachorientierte Kommunikation möglich ist. Die Antwort lautet: Es wird bilateral verhandelt, kommuniziert und entschieden. Im Bilateralen, also unter vier Augen, wird ein geschützter Raum geschaffen, in dem außerhalb der verschiedenen und sich häufig widersprechenden Vorstellungen diskutiert werden kann. Darum ist das bilaterale Agieren eines der Kernpraktiken im Umgang mit Spannungsfeldern. Erst der geschützte Raum ermöglicht eine Diskussion, die nah am eigentlichen Phänomen geführt wird und nicht die Gräben zwischen den verschiedenen Weltbildern wahrt.

Bilateral agiert jemand, der wie im folgenden Beispiel vorgeht: Noch bevor die nächste Geschäftsleitungssitzung stattfindet, ruft der Krankenhausleiter seinen Kollegen an und diskutiert mit ihm einen kritischen Punkt. Er wird in der Sitzung einen Antrag stellen, von dem er weiß, dass sein Kollege einen Einwand haben könnte und diesen möchte er im Vorfeld sachlich klären. „Bilateral" meint also ein sachliches Verhandeln und nicht Mobbing oder Klatsch, welche auch im NPO-Kontext mehr destruktiv als konstruktiv wirken.

„Bilateral agieren" ist an sich nichts Ungewöhnliches. In Organisationen wird dies häufig als „politisches Vorgehen" oder als „Mikropolitik" bezeichnet. Wenn jedoch die meisten Themen bilateral verhandelt werden, dann erscheint diese Praktik in einem anderen Licht. Es lässt sich vermuten, dass NPO in großen Teilen Entscheidungen bilateral treffen. Dies ist aber auch verständlich: Wenn eine offene Kommunikation ständig Gefahr läuft, Spannungsfelder noch zu verschärfen, dann werden geschützte Räume geschaffen, in denen sich frei sprechen lässt.

Die bisher beschriebenen Verhaltensweisen beschränken sich darauf, die negative Einwirkung von Spannungsfeldern zu reduzieren. Dies reicht sicher nicht aus. Unklar ist weiterhin, wie Führungskräfte wirksam die Entfaltung von Entwicklungspotentialen fördern.

5.   Entwicklungspotentiale fördern

Die vorangehenden Praktiken können von vielen beobachtet werden. Trotzdem scheiden sich deren Bewertungen, denn einige fragen sich: *„Kann eine NPO unter diesen Bedingungen funktionieren und erfolgreich sein? Auf dasjenige, auf das es ankommen sollte, nämlich auf die Kommunikation"*, so wird weiter argumentiert, *„kann sich keiner verlassen. Wenn etwas gesagt wird, kann der Zuhörer nicht darauf vertrauen, dass es tatsächlich so gemeint sein sollte; einheitliche Orientierungen sind nicht möglich; und klare Entscheidungen können nicht getroffen werden. Ein Unternehmen, das bloß bilateral kommuniziert, und sich dadurch koordiniert, kann keine einheitliche strategische Zielsetzung verfolgen, und diese ist für professionelles Management zentral."* Konsequent wird eine Forderung gestellt: *„Ein gutes Management behebt solche Unstimmigkeiten und fördert klare Entscheidungsfindungen. Es fördert offene Kommunikation. Es stiftet eine klare Orientierung und unterstützt ein geteiltes Strategieverständnis."*

Ursprung einer solchen Erwartung ist die Vorstellung, was gute Führung ausmachen sollte. Basis ist ein Ideal, wie es in vielen Managementbüchern zu lesen ist. Wenn NPO-Führungskräfte an solchen Idealen gemessen werden, werden sie unverhohlen als „unprofessionell geführt" bezeichnet, trotz der zahlreichen international bekannten und offensichtlich wirksamen NPO.

Wichtiger als ein solch schnelles Urteil ist es deshalb, noch weiter zu suchen und zu sehen, was eigentlich über die vorangehenden Praktiken hinaus passiert, ohne das bisher erkannte als „gut" oder „schlecht" zu bezeichnen. Ansonsten wird unter Umständen viel Energie auf etwas verwendet, das nicht verändert werden kann – denn besonders in NPO lassen sich Widersprüche nicht aufheben. Es geht also darum, sich offen und ohne „Ziele-setzen" oder „Pläne-schmieden" auf das weitere Geschehen einzulassen auch wenn – oder gerade weil – dies ungewohnt scheint.

Je näher im tatsächlichen Geschehen – und nicht in den Spannungsfeldern allein – agiert wird, desto wirksamer sind die Handlungen, weil sie die Entwicklungspotentiale ausschöpfen können. Dieses Vorgehen lässt sich wie folgt beschreiben:

▪ Wirksamkeit von Umfeldpotentialen sich entfalten lassen
▪ Nicht-Handeln

- Günstige Gelegenheit nutzen
- Wirksamkeit kontrollieren
- Produktivität von Erfahrungen fördern

5.1. Wirksamkeit von Umfeldpotentialen sich entfalten lassen

Jedes Unternehmen ist in eine Gesellschaft eingebunden und trotzdem eigenständig. Das beschrieb Peter F. Drucker bereits 1946. Deshalb ist der wache Blick auf die Umwelt eine zentrale Praktik wirksamer Führungskräfte. Diese Meinung ist auch in der traditionellen Managementpraxis und -wissenschaft verbreitet. Wo von Eindeutigkeit ausgegangen wird, dort wollen Führungskräfte zentrale Umwelttrends bestimmen können. Sie analysieren die Chancen und Gefahren, identifizieren die Kernkompetenzen ihres Unternehmens und stellen eine Strategie auf, mit der sie die Chancen aus dem Umfeld nutzen können. Das Unternehmen soll also in einem „strategic fit" an die Umwelt angepasst werden. Ziel ist es, sich besser zu positionieren als die Konkurrenz.

In NPO können Chancen und Gefahren nicht allgemein anerkannt unterschieden werden. Aus jeder Perspektive wäre etwas anderes eine Chance und eine Gefahr. Was NPO-Führungskräfte deshalb interessiert, sind vor allem die Entwicklungspotentiale. Dies sind Antworten auf die Frage: Wo hat heute in der Gesellschaft Zukunft bereits stattgefunden? NPO-Führungskräfte wollen nicht das eigene Unternehmen auf die Umfeldentwicklungen ausrichten und solche Potentiale nicht selbst in das Unternehmen tragen. Sie gehen davon aus, dass im Unternehmen die Umfeldpotentiale bereits zum Ausdruck kommen. Deshalb fördern NPO-Führungskräfte bloß die Geschwindigkeit der Entfaltung solcher Entwicklungspotentiale – sie begründen diese nicht.

Beispielsweise konnte die Geschäftsleitung eines Verbandes die Mitgliederunternehmen nicht direkt führen, weil der Verband den Mitgliedern gehörte. Es gelang dennoch, den Einfluss des Verbandes gegenüber den Mitgliedern zu stärken, indem das Gruppendenken gestärkt wurde. Die einzige Organisationseinheit, die für diese Gruppenidee eintreten konnte, war der Verband. Diese Gruppenidee wurde nicht intern gefördert, etwa durch Leitbildprozesse. Vielmehr wurde in den stärkeren Marketingmaßnahmen der Konkurrenten der Ausdruck eines Entwicklungspotentials erkannt, das es zu nutzen galt. So konnte indirekt auf das eigene Unternehmen eingewirkt und damit das Gruppendenken gefördert werden. Konkret wurde das Marketing der Konkurrenz zum Anlass genommen, das Verbandmarketing auszubauen. Folglich wurden im Umfeld nicht mehr die einzelnen Mitgliederorganisationen wahrgenommen, sondern die „Verbandsgruppe" als Ganzes. Dies wiederum hatte zur Folge, dass die Mitgliederorganisationen als Teil der Gruppe angesprochen wurden, wodurch das Zusammengehörigkeitsgefühl gefördert wurde.

Dieses Vorgehen, über das Umfeld indirekt auf das Unternehmen einzuwirken, ist nicht mit „struktureller Führung" zu verwechseln. In der strukturellen

Führung werden Bedingungen verändert, um so das Handeln der Geführten indirekt anzuleiten. Die Potentiale aus dem Umfeld sind keine „Strukturen", an die sich eine Unternehmen anpassen muss, sondern „Kräfte", die sich als (anfangs kleine) Veränderungen im Unternehmen ausdrücken. Diese Wirkung machen sich wirksame Führungskräfte zunutze. Sie müssen also nicht auf das Unternehmen direkt einwirken. Das verlangt manchmal eine Zurückhaltung, bis hin zum Nicht-Handeln.

5.2. Nicht-Handeln

„Stellen sie sich vor, sie sind Führungskraft einer NPO, und sie handeln nicht. Nicht, weil sie nicht wollen oder nicht könnten, sondern weil es das Wirksamste ist, das sie in diesem Moment tun können." Auf eine solche Vorstellung hin würden wohl viele die Hände über dem Kopf zusammenschlagen. Nicht zu handeln, scheint besonders in westlichen Ländern keine Option. Wo alles vom Individuum ausgeht, muss dieses handeln, sonst würde nichts geschehen. So lautet die verbreitete Meinung.

In NPO ist diese Vorstellung nicht immer angemessen. Führungskräfte, die nicht handeln, die sich scheinbar nicht anstrengen, die sich weder bemühen noch etwas erzwingen, tun dies nicht, um auszusteigen. Nicht das Modell des Aussteigers steht Pate. Sie machen es, um mit den Entwicklungspotentialen mehr Erfolg zu haben.

Führungskräfte wirken an der Entwicklung einer NPO mit. Die Betonung liegt auf „mit". Sie handeln also, ohne sich zu verausgaben und ohne Konflikte auszulösen. Dennoch benutzen sie Entwicklungspotentiale, nicht, um andere hereinzulegen oder taktische Spielchen zu spielen. Sie nutzen diese, um durchaus listig mit der Situation umzugehen, indem sie auf die Logik ihres Ablaufs zählen. Das ist wohl die wirksamste Praktik der NPO-Führungskräfte.

NPO- Führungskräfte müssen nicht handeln, um etwas geschehen zu lassen. Sie mischen sich immer weniger in das Geschehen ein, weshalb es nicht mehr die Führungskraft ist, die Wirkung verlangt. Es ist die Situation, die eine solche Wirkung zunehmend beinhaltet. Die Führung ist geschickt in den Lauf der Dinge eingeflossen und dort nicht mehr wieder zu erkennen. Ein solches Vorgehen kann durchaus langsam erscheinen. Es wird ja nichts getan. Scheinbare Langsamkeit ist aber gerade eine Grundlage wirksamer NPO-Führungskräfte, weil sie sich damit in und mit ihren Bedingungen verändern können.

Zusammenfassend lässt sich sagen: Im Gegensatz zum direkten, zielgerichteten Handeln hat das Nicht-Handeln eine indirekte Wirksamkeit, die Entwicklungspotentiale ausschöpft. Dies ermöglicht es, dass sich Entwicklungspotentiale entfalten können. Ähnlich verhält es sich im nächsten Aspekt, im Nutzen der günstigen Gelegenheit.

5.3. Günstige Gelegenheit nutzen

Die Gelegenheit ist ein Moment, der sich nur einmal bietet. Sie ist jenes Zusammentreffen des Handelns und der Zeit, das bewirkt, dass der Augenblick plötzlich zu einer Chance wird. Die Zeit ist also günstig, und Führungskräfte müssen nichts für diese tun. Die Möglichkeit kommt ihnen entgegen. Sie handeln also aus der Situation und orientieren sich weniger an einem Plan.

Wenn sich die Welt ohne Angriffspunkte präsentiert, dann bleibt wirksamen Führungskräften nur eins: Sich zurückziehen und auf die Gelegenheit warten. Diese wird es schließlich ermöglichen, im richtigen Moment „die Ideen" mit einem Wurf „umzusetzen". Beispielsweise kann eine Reorganisation ein Erfolg werden, wenn die Missstände in der Zusammenarbeit so groß geworden sind, dass eine veränderte Organisation von den meisten Betroffenen als unabdingbar angesehen wird.

Die Vorstellung der günstigen Gelegenheit scheint heute eine Selbstverständlichkeit, dennoch hat sie weit reichende Implikationen für die Vorstellung von Führung. Nicht die Führungskraft oder die strategischen Initiativen bringen die diskutierten Veränderungen. Sie machen nur das zum Thema, was bereits stattgefunden hat. Nicht die Führungskraft steht im Mittelpunkt, sondern das Entwicklungspotential, welches die Führungskraft moderiert, nicht entwickelt oder leitet. Moderieren kann sie es, nicht, weil sie es besser verstehen würde als manch anderer, sondern weil sie die Praktik der kleinen Schritte wählt, und diese aufmerksam verfolgt.

5.4. Wirksamkeit kontrollieren

Management von Wirksamkeit ist die Rückseite von „management by objectives". Während Ziele erwartete Ergebnisse voraussetzen, im Sinn einer Vision oder eines konkreten Soll-Zustandes in der Zukunft, liegt Wirksamkeit potentiell bereits vor. In der Wirksamkeit ist es eindeutig, dass etwas wirkt. Unklar ist aber, was genau bewirkt wird. Das mag etwas ungewohnt klingen. Es meint aber etwas ganz Einfaches. Angenommen zwei Führungskräfte suchen in einem dunkeln Raum nach einem Weg. Die eine Führungskraft leuchtet die Wände ab, findet eine Tür, und rennt auf diese Tür zu. Die andere leuchtet auf den Boden und folgt den Spuren vor sich. Beide Führungskräfte haben nur eine beschränkte Wahrnehmung. Sie interessieren sich aber für etwas anderes. Die wirksame NPO-Führungskraft interessiert sich für die Spuren auf dem Boden. Sie sucht nicht nach einem Ziel, nach einer Tür. Deshalb läuft sie sicheren Schritts und geht kein Risiko ein zu stolpern, wie es die erste Führungskraft eingeht. Sie zahlt aber den Preis der scheinbaren Langsamkeit. Sie macht kleine Schritte, während die andere losrennt.

Die kleinen Schritte stehen für eine Konzentration auf die Wirksamkeit. Weil NPO-Führungskräfte ihre Wirkung nicht kennen, ist es für sie wichtiger, kleine Schritte zu machen und immer aufmerksam zu beobachten, welche

Wirkung sie mit ihnen auslösen. Damit können sie schnell Anpassungen ihres Wirkens vornehmen. Deshalb ist die Wirksamkeit eine Wirksamkeit der Anpassung.

Die Gedanken und die Aufmerksamkeit der NPO-Führungskräfte liegen nicht in der Zukunft, sondern in der Gegenwart, im konkreten und augenblicklichen Geschehen. Für dieses Geschehen sind sie umso aufmerksamer, je erfahrener sie im Hinblick auf eine Situation sind.

5.5. Produktivität von Erfahrungen fördern

Viele Führungskräfte, die Klarheit gewohnt sind, produzieren Pläne, die sie dann in die Wirklichkeit umsetzen wollen. Sie entwickeln mit all ihrer Kreativität eine Idee und überlagern diese willensstark dem tatsächlichen Geschehen. An dieser Methode orientieren sich heute die größten Teile der Managementwissenschaft. Aber auch die Praxis, vor allem, wenn sie sich mit Wissen auseinandersetzt, folgt vielfach dieser Idee.

Dem steht aber etwas Wesentliches entgegen: Wenn sich Praktiker theoretisches Wissen über Management aneignen, kann dies immer nur einen kleinen Ausschnitt des tatsächlichen Geschehens zeigen. Die ganze „Komplexität" des tatsächlichen Geschehens ist Führungskräften unverfälscht und in ihrer ganzen Vielschichtigkeit nur durch Erfahrungen zugänglich. Wenn Führungskräfte aber gerade nicht das Risiko eingehen, ihre Zukunft auf unzulänglichen Plänen und Vorstellungen aufzubauen, so setzen sie dort an, wo das „Ganze" des tatsächlichen Geschehens unverfälscht zum Ausdruck kommen kann – an den Erfahrungen.

Beispielsweise kam eine NPO-Führungskraft im Hinblick auf ältere Mitarbeitende zu einem ganz anderen Schluss, als es heute Mode scheint. Mitarbeitende über 50, die eine lange Erfahrung aus ihrem Unternehmen mitbringen, verkörpern nach ihr ein Entwicklungspotential, das nutzbar gemacht werden muss. Es geht ihr um die Steigerung der Produktivität dieser Erfahrungen. Dem entgegen fördern viele Unternehmen ihre Mitarbeitenden über 50 nicht mehr aktiv. Sie sind bestrebt, ihre Führungskräfte zu verjüngen, ganz nach dem Motto: Neues Wissen ist besser als altes. Aus Sicht von NPO-Führungskräften wird ein solcher Jungendkult grundlegend in Frage gestellt.

NPO-Führungskräfte konzentrieren sich nicht allein auf das Wort, weil sie genau wissen, wie sehr dieses vom tatsächlichen Geschehen abstrahiert und wie die Sprache dieser niemals genügen kann. Dies wurde bereits im ersten Teil dieses Beitrags deutlich. Deshalb werden NPO-Führungskräfte aufmerksam, wenn sie auf Erfahrungen treffen. Sie lernen aus den Erfahrungen anderer – nicht aus den neuesten Theorien junger Absolventen. Zudem fördern sie es, Menschen mit Erfahrungen zusammenzubringen, damit auch diese gemeinsam aus ihren Erfahrungen diskutieren und nicht allein aus ihren Vorstellungen. Solche Erfahrungen machen es sehr schwierig, Ereignisse ungeschen zu machen. So sind Schadensfälle nicht nur etwas, das es zu vermeiden gilt, sondern auch eine günstige Gelegenheiten, um die Produktivität von Erfahrungen auszuschöpfen.

Auf ihrem Weg suchen NPO-Führungskräfte systematisch, Erfahrungen zu sammeln. In diesem Sinn reiste Geneen, der Geschäftsführer von ITT, durch die ganze Welt, um Auge in Auge mit seinen Managern die Bilanzen der jeweiligen Unternehmen zu diskutieren. Die Erfahrung der Begegnung war ihm soviel Wert, dass er lange Reisen auf sich genommen hat. „Management by walking around" ist auch für NPO-Führungskräfte zentral.

Die aufgeführten Aspekte des wirksamen Handelns beziehen sich alle auf die Entwicklungspotentiale einer NPO. „Wirksamkeit von Umfeldpotentialen sich entfalten lassen" bezieht sich auf die Entwicklungspotentiale im Umfeld. „Nicht-Handeln und Langsamkeit" auf die Eigendynamik der Potentiale. „Günstige Gelegenheit abwarten" darauf, dass sich die Potentiale erst zu einer „kritischen Reife" entwickelt haben müssen, damit sie durch gezieltes Handeln in ihrer Selbstentfaltung gefördert werden können. „Management der Wirksamkeit" bezieht sich auf die eigenen Wirkungen der Führungskräfte. Weil sie ihre eigenen Wirkungen nicht kennen können, machen sie kleine Schritte und korrigieren diese fortlaufend. Schließlich bezieht sich „Produktivität von Erfahrungen fördern" darauf, dass Entwicklungspotentiale vor allem erfahren werden können. Sie müssen konkret in der Situation erlebt werden, weil sie nicht an der Oberfläche eines Unternehmens liegen.

Letztendlich sammeln wirksame NPO-Führungskräfte Erfahrungen mit den organisationalen Kräften und moderieren diese. Organisationale Moderation ist damit die zentrale Bewegung wirksamer Führungskräfte.

6.   Führungskräfte als Wellenreiter

All dies führt zu einem Führungsbild, in dem die NPO-Führungskräfte nicht selbst die entscheidenden Impulse setzen. Vielmehr spielen sie mit den bestehenden organisationalen Energien, sie moderieren diese. Einfach von „Moderation" im Sinn des herkömmlichen Verständnisses zu sprechen, wäre aber etwas kurzsichtig und würde die Bedeutung dieses Begriffs missachten. So ist „Moderation" heute ein viel diskutiertes Thema. Die meisten Führungskräfte werden einmal mit dem Flip-Chart oder mit Pinwänden gearbeitet haben. Auch werden viele von ihnen Gruppendiskussionen geleitet haben. Wo Partizipation, Wissensarbeiter, Gruppenarbeit oder die Suche nach kreativen Lösungen tägliche Themen sind, ist auch Moderation eine alltägliche Praktik.

Aber fälschlich wird Moderation häufig allein als eine Technik der Diskussionsführung verstanden. Sie ist aber viel mehr. Sie ist ein Stil, aus dem wirksam in und mit den Entwicklungspotentialen auf der Ebene von Organisationen, nicht allein von Gruppen, praktiziert werden kann. In diesem Zusammenhang steht „Moderieren" für das Öffnen und Schließen von Räumen, innerhalb derer sich Entwicklungspotentiale entfalten können. Im Fokus stehen also nicht die Mitarbeitenden, sondern die organisationalen Entwicklungspotentiale, welche Mitarbeitende zum Ausdruck bringen können.

Die Kunst wirksamer Führungskräfte besteht darin, so früh wie möglich die geringsten Entwicklungspotentiale aufzuspüren, die sich zu entfalten beginnen und auf sie aufzuspringen. Indem sie diese Potentiale aufspüren, kaum dass diese begonnen haben, sich insgeheim einen Weg zu suchen, sind sie in der Lage vorherzusehen, wohin der ununterbrochene Lauf der Dinge führt, bevor die Potentiale Zeit gehabt hätten, aufzutauchen und ihre Wirkungen offen zu zeigen. Indem sie mit ihrem Auftakt eins werden, sind sie ihrer Aktualisierung voraus. Für solche Entwicklungspotentiale öffnen sie Raum, soweit sie dies können. Folglich sind nicht sie es, die führen, sondern die Entwicklungspotentiale. Wirksame NPO-Führungskräfte treten gar nicht in Erscheinung, werden teilweise sogar als widersprüchlich und wenig berechenbar eingeschätzt. Sie sind es aber, die durch das Öffnen und Schließen von Räumen ihrer NPO helfen, dass sich die Entwicklungspotentiale entfalten können. Wirksame NPO-Führungskräfte streben deshalb danach, Geschehnisse möglichst nah am eigentlichen Phänomen zu beschreiben und mit angemessenen Praktiken die Entfaltung der Entwicklungspotentiale zuzulassen.

Sie verhalten sich wie ein Wellenreiter, nicht etwa wie ein Künstler, Heeresführer oder Dirigent. So macht es Sinn, das Bild des Wellenreiters etwas auszubreiten: Ein Wellenreiter liegt mit seinem Brett auf dem Wasser. Er beobachtet die Wogen. Dann sieht er – es müssen 100 Meter weiter auf dem offenen Meer sein –, dass sich die Wassermassen langsam aufbäumen. Er dreht sich seitwärts zu den Wellen und paddelt mit seinen Armen. In Kürze bringt ihn sein lang erprobtes Geschick an den Platz, den er sich ausgesucht hat. Er dreht das Surfbrett mit der Spitze zum Strand und spreizt alle Viere von sich, was ihm auf dem ständig bewegenden Grund etwas Stabilität verleiht. In der Zwischenzeit ist die Welle zu einer imposanten Größe herangewachsen und zeigt bereits die ersten Schaumkronen. Sie ergreift ihn an seinen Beinen und lässt ihn vorn abfallen. In diesem Moment paddelt er wieder mit allen Kräften, stützt sich auf dem Brett auf, und zieht seine Beine unter sich. Er steht und fährt mit der Kraft des Wassers, tanzend und immer bereit, über sie hinweg abzuspringen und auf die nächste Welle zu warten.

Wie dieser Wellenreiter beobachten wirksame NPO-Führungskräfte die Entwicklungspotentiale ihrer Organisation genau und entscheiden, welche „Welle" die passende ist. Jeder Strand prägt durch seinen Untergrund die Entwicklung der Wellen auf seine ihm eigene Art, die ein erfahrener Wellenreiter nach vielen Versuchen kennt. In diesem Sinn entwickeln auch NPO ihre Eigenart, wie sie sich die Entwicklungspotentiale entwickeln lässt. Allgemeine Theorien reichen bei weitem nicht aus, wenn eine Welle kommt. Es gilt, möglichst dicht am Phänomen zu sein und es vor Ort zu studieren, sich aus seinen Erfahrungen und in Unterstützung von Theorien gut zu positionieren und durch gutes Training auf die passende Welle aufzuspringen. Das ist es, was Wellenreiter machen und worin sie wirksamen NPO-Führungskräften nahe stehen. Diese führen nicht – sie reiten.

Literaturverzeichnis:

DRUCKER, PETER (1993): Managing for Results, New York.

JÄGER, URS (2007): Zukunft Heute (Habilitationsschrift: eingereicht an der Universität St.Gallen), St.Gallen.

JULLIEN, FRANCOISE (1999): Über die Wirksamkeit, Berlin.

Udo Krolzik

Führung in europäisch arbeitenden Sozialunternehmen[1]

1.   Verständigung über die Begriffe

Die Begriffe des Vortragstitels sind keineswegs eindeutig! Bezeichnet z.B. der Begriff Sozialunternehmen auch diakonische Einrichtungen? Oder was ist mit Führung gemeint – die betriebliche Steuerung oder die Personalführung? Deshalb will ich mich in einem ersten Abschnitt kurz mit Ihnen darüber verständigen, wie ich die Begriffe in dieser Vorlesung inhaltlich füllen will.

1.1.   Sozialunternehmen

Spätestens seit der Aufhebung des Kostendeckungsprinzips, dem Gesundheitsstrukturgesetz von 1993 und dem Pflegeversicherungsgesetz von 1995 sind diakonische Einrichtungen Sozialunternehmen. So ist etwa der bedingte Vorrang der Freien Wohlfahrtspflege und damit auch die Subsidiarität seit SGB XI durch den Gesetzgeber ausgehebelt. Es werden soziale Dienstleistungen von Privaten, aber auch von frei Gemeinnützigen so erbracht, dass sie nicht mehr gemeinnützig sind.

1.2.   Führung

Jedes Unternehmen unterscheidet zwischen dem Leistungserstellungsprozess und dem Managementprozess. Führung gehört nun zu den Managementprozessen und beschäftigt sich mit der Frage, was die zukünftigen Erwartungen der Abnehmer am Markt sind und wie die Unternehmensstrukturen den neuen Marktstrategien angepasst werden können. Dabei geschieht Führung sowohl als Personalführung im Sinne von Leadership als auch als Steuerung im Sinne von Controlling und Qualitätsmanagement.

Jedes Unternehmen ist ein komplexes System, deren Elemente in vielfältiger Weise miteinander verbunden sind und in spezifischer Weise aufeinander wirken. Die Vielfalt der Elemente und der Wechselwirkungen untereinander, sowie die Wechselwirkungen zu den Umwelten, machen ein Unternehmen zu

---

[1] Vortrag am 31.01.2007 im Rahmen der Ringvorlesung „Leiten und Leiden. Die Kunst der Führung in Kirche und Diakonie" der Kirchlichen Hochschule Bethel.

einem komplexen System und nicht trivialen System! Entsprechend komplex ist auch die Führungsaufgabe in einem Unternehmen. Sie ist keineswegs eine triviale Aufgabe wie die Steuerung einer Maschine.

In Sozialunternehmen wächst diese Komplexität noch einmal um ein Vielfaches, denn eine personennahe „Dienstleistung" hat gegenüber anderen Dienstleistungen und Produkten eine zusätzliche Wirkgröße, den Leistungsempfänger. Er muss mitwirken bei der Leistung. Wenn Schüler nicht lernen, Kranke nicht gesund werden und Hilfebedürftige keinen Rat annehmen wollen, kann die Dienstleistung des Lehrers, Arztes oder Beraters nicht gelingen. Die bei Sachgütern charakteristische Trennung von Produktion und Konsum ist bei personennahen Dienstleistungen unmöglich. Sie werden vielmehr in Koproduktion von Dienstleister und Klienten erbracht. Dies macht die Führungsaufgabe in einem Sozialunternehmen zu einer hochkomplexen Aufgabe.

1.3. Ein europäisch arbeitendes Sozialunternehmen

Bei einem europäisch arbeitendem Unternehmen erhöht sich die Komplexität noch einmal um die europäische bzw. eine fremdländische Dimension mit ihren rechtlichen, politischen, gesellschaftlichen und kulturellen Gegebenheiten. In Sozialunternehmen, die europäisch arbeiten, wächst diese Komplexität noch einmal um ein Vielfaches, da die rechtlichen, politischen, gesellschaftlichen und kulturellen Umwelten des Leistungsempfängers ebenfalls auf den Prozess der Leistungserbringung einwirken.

Unter einem europäisch arbeitenden Sozialunternehmen kann viererlei verstanden werden:

1. Personennahe Dienstleistungen werden auf einem europäischen Markt und im europäischen Wettbewerb erbracht;
2. Personennahe Dienstleistungen werden immer stärker unter europäischen rechtlichen Rahmenvorgaben in Deutschland erbracht;
3. Personennahe Dienstleistungen werden durch Mitarbeitende aus europäischen Ländern in Deutschland erbracht;
4. Personennahe Dienstleistungen werden in anderen europäischen Ländern von deutschen Sozialunternehmen erbracht.

Die ersten drei Verständnisse gelten für alle Sozialunternehmen und damit auch für alle diakonischen Träger! Die Schaffung eines europäischen Binnenmarktes durch die Niederlassungsfreiheit hat dazu geführt, dass die nationalen Märkte von europäischen Anbietern durchdrungen werden und sich ein europäischer Markt gebildet hat!

Beispiel: französischer Konzern LVL und schwedischer Krankenhausträger: Die Hamburger Endoklinik hat eine orthopädische Abteilung in einem dänischen Krankenhaus eröffnet. Seit dem 1. Dezember 2003 können dänische Patienten von Ärzten der Hamburger Klinik in Dänemark behandelt werden. Der künstliche Gelenkersatz ist das Ziel.

Außerdem können bestimmte Gesundheitsleistungen auch im Ausland wahrgenommen werden, wie etwa Kuren in Ungarn, in der Tschechischen Republik oder in Polen.

Beispiel: In den nahezu 30 Euregios funktioniert die Zusammenarbeit gerade im Bereich der grenzüberschreitenden Gesundheitsdienstleistungen. So können sich in der Euregio Maas-Rhein (EMR) niederländische, deutsche und belgische Patienten seit 1997 grenzüberschreitend von Fachärzten behandeln lassen. Schon seit Anfang der 90er Jahre arbeiten auch mehrere ostdeutsche Grenzregionen zusammen. So z.B. die Region Pomerania, wo deutsche, polnische und schwedische Grenzgebiete im Bereich der Suchtvorbeugung oder beim Aufbau eines telemedizinischen Netzes zusammen arbeiten.

Von den rechtlichen Vorgaben der EU sind inzwischen alle Bereiche der Sozialunternehmen betroffen – ich erinnere nur an das Arbeitszeitgesetz oder die Antidiskriminierungsrichtlinie. Die Arbeitnehmerfreizügigkeit führt dazu, dass immer mehr Mitarbeitende in Sozialunternehmen aus anderen europäischen Ländern tätig sind. Im Johanneswerk haben wir über 320 Mitarbeitende aus 48 Staaten, die keine deutsche Staatsangehörigkeit besitzen. Nicht erfasst sind dabei die Mitarbeitenden, die zwar aus Polen, Rumänien, Ungarn und Russland gekommen sind, aber die deutsche Staatszugehörigkeit besitzen. Alle Sozialunternehmen arbeiten auf einem europäischen Markt und in einem europäischen Wettbewerb unter europäischen rechtlichen Vorgaben. Die meisten Sozialunternehmen arbeiten auch mit europäischen Mitarbeitenden! Allerdings nur wenige bieten ihre Leistungen im europäischen Ausland an.

Da wir zu den diakonischen Trägern gehören, die im europäischen Ausland Angebote machen, werde ich mich heute schwerpunktmäßig damit beschäftigen. In einem letzten Abschnitt werde ich allerdings Rückfolgerungen für Führung in Sozialunternehmen allgemein ziehen.

Aber zunächst werde ich einiges zur Bedeutung dieses Themas für diakonische Träger sagen, danach etwas zur Motivation für einen diakonischen Träger wie dem Johanneswerk, im europäischen Ausland Angebote zu machen und zu deren Realisierung, um dann schließlich einige Besonderheiten der Führung in einem europäisch arbeitendem Sozialunternehmen zu beleuchten.

2.   Bedeutung des Themas für diakonische Träger

Ich beginne mit einer kleinen Anekdote: Die IHK in Bayern informierte Kleinunternehmer über grenzüberschreitende Förderung in Europa. Anschließend fragte ein Unternehmer, ob diese Förderung auch gelte, wenn er ein Unternehmen in Württemberg errichten wolle.

Eine solches Denken ist kein Spezifikum Bayerns. Solche Grenzen sind auch in den Köpfen in Westfalen bezogen auf das Rheinland, in Baden bezogen auf Württemberg und jeweils umgekehrt. Und nicht nur Kleinunternehmer

denken so kleinräumig, sondern auch diakonische Träger. Bezogen auf das
Thema dieser Vorlesung könnte man fragen, wenn wir nicht einmal nord-
rhein-westfälisch oder baden-württembergisch diakonisch arbeiten können,
wie wollen wir dann europäisch diakonisch arbeiten. Es könnte allerdings
sein, dass gerade die europäische Herausforderung, grenzüberschreitend diakonisch zu wirken auch unsere deutschen Landesgrenzen weiter zurücktreten
lässt.

2.1. Diakonische Träger sind von Europa betroffen

Lange Zeit war Europa kein Thema für die Diakonie. Herausgefordert sah
sich die Diakonie durch Europa allenfalls dazu, den europäischen Einfluss
auf das Soziale abzuwehren und den gegenwärtigen Status der Wohlfahrtsverbände in Deutschland zu halten. Erst um 1997[2] änderte sich dies und Europa wurde für die Diakonie zunehmend zu einer Herausforderung, auch das
soziale Europa zu gestalten.[3] Viele Arbeiten stellen fest, dass Europa zukünftig mehr und immer schneller auf die Freie Wohlfahrtspflege und damit auch
auf die Diakonie Einfluss nimmt und so Europa zur zentralen Herausforderung für die Diakonie geworden ist.

60% bis 70% aller nationalen Gesetze sind durch Europa bestimmt. Und auch
das kürzlich verabschiedete Maßnahmenpaket der Europäischen Kommission
zur Finanzierung von gemeinwirtschaftlichen Leistungen zeigt, wie weit gerade auch diakonische Dienstleistungsangebote von Europa bestimmt sind.
Das Maßnahmenpaket stellt zwar fest, dass unsere Angebote im Wesentlichen nicht unter das Beihilfeverbot fallen, aber gerade dadurch, dass die
Kommission entscheidet, was unter diese Vorgaben fällt, macht deutlich, wie
umfassend wir in unserem diakonischen Handeln von europäischen Entwicklungen und Entscheidungen abhängen.

---

[2] 1991 stellte eine Studie der Prognos AG fest, dass Europa für die Wohlfahrtsverbände und damit auch für die Diakonie noch kein Thema ist. Im März 1996 stellt
Prof. Dr. Knut Ipsen in einem Gutachten „Zur Auswirkung des Europäischen Ge-
meinschaftsrechts für die mitgliedstaatliche Förderung sozialer Dienstleistungen im
Bereich der Freien Wohlfahrtspflege NRW" fest, dass die sozialen Dienstleistungen
noch nicht vom EG-Recht erfasst wurden und nach seiner Auffassung auch nicht in
Zukunft erfasst werden. Bevor ab 1997 die Beschäftigung mit dem Thema Diakonie
und Europa zunahm, war zum 1.1.1993 der Binnenmarkt vollendet, hatten sich die
Kirchen verstärkt mit dem Thema Europa beschäftigt und ebenso die Wohlfahrtsverbände, insbesondere die Caritas. Wichtig für die diakonischen Arbeiten war die „Bra-
tislava-Erklärung – Auf dem Weg zu einer Vision von Diakonie in Europa" (Oktober
1994) und der Zusammenschluss 1996 von „Eurodiaconia" und „Europäischer Verband für Diakonie" zum „Europäischen Verband für Diakonie – Eurodiaconia". Inhaltlich vorgearbeitet hat auch das Diakoniewissenschaftliche Institut an der Universität Heidelberg unter der Leitung von Professor Theodor Strohm. Zur Literatur vgl.
Theodor Strohm (1998), S. 97ff.; Diakonie. Jahrbuch 2000: Europa, 2000; Bernhard
J. Güntert, Franz-Xaver Kaufmann, Udo Krolzik (Hg.) (2002).
[3] Ein wichtiger Beleg für diese Veränderung ist Jürgen Gohdes Artikel „Europa –
Kreativität und Gestaltung. Positionen der Diakonie", vgl. Jürgen Gohde (1997),
S.130f.

Auch nach dem Scheitern des EU-Verfassungsentwurfes werden wirtschaftliche Überzeugungen und Notwendigkeiten die europäische Einigung weiter vorantreiben und ihr Gestalt geben und dabei auch das Soziale immer mehr erfassen. Die Europäische Bewegung hat von Anfang an Erfolge nicht durch politische Einsicht und politischen Willen errungen, sondern durch wirtschaftliche Überzeugungen und Notwendigkeiten. Politischer Wille würde den sozialen Bereich national gestalten, wirtschaftliche Überzeugungen wollen den Binnenmarkt auch auf das Soziale ausweiten. Die wirtschaftliche Logik und ihre Kräfte waren von Anfang an bestimmend – formten und trieben den Prozess der europäischen Gemeinschaftsbildung voran.

Deshalb gilt heute: Diakonie hat nur eine europäische Zukunft oder sie hat keine Zukunft. Europa ist zur Notwendigkeit für Diakonie geworden.

2.2. Diakonie ist europäisch von Herkunft und Auftrag

Die Herkunft der Diakonie besitzt starke europäische Bezüge und Zusammenhänge. Dabei bezeichnet europäisch nicht einen geschlossenen geographischen Raum, sondern ein Kommunikationsnetz. So zeigen neueste historische Untersuchungen, dass ein erstes Sozialmodell sich im 16. Jahrhundert ausbildete.[4] August Hermann Franckes „Großes Projekt", das auf die „Generalreformation der ganzen Welt" zielte, sowie die soziale Ausrichtung des Pietismus des 17./18. Jahrhunderts insgesamt, stehen in dieser Tradition.

Es waren dann die allgemeinen europäischen Entwicklungen der ersten Hälfte des 19. Jh.s, die zur Entstehung der Inneren Mission führten: Revolutionsfurcht mit entsprechenden Reformen des Rechtes, Abbau von Zunft- und Handelsordnung und darauf folgendes Bevölkerungswachstum, technische Entwicklung und Industrialisierung mit entsprechenden wirtschaftlichen Krisen und dem daraus folgenden Pauperismus![5]

Die Innere Mission war im Kontext der europaweiten Erweckungsbewegung Antwort auf diese gesamteuropäischen Herausforderungen und war inspiriert durch westeuropäische Initiativen der Kirchen. So war Johann Hinrich Wichern durch seine Erfahrungen aus England beeinflusst und besaß eine europäische Vision! Er war intensiv beteiligt an der Gründung der „Societé internationale de Charité" (1847) und nahm regelmäßig an deren Kongressen teil, die alle Themen der Wohlfahrtstätigkeit systematisch behandelten.[6]

Die Verpflichtung der Christen auf Nächstenliebe und Gerechtigkeit gebietet es ihnen, sich der Not anderer Menschen anzunehmen. Dieser Auftrag endet nicht an den nationalen Grenzen. Nächstenliebe gilt nicht nur dem nahen, sondern auch dem fernen Nächsten. Dies ist der Diakonie von ihrer Herkunft und ihrem Auftrag eingeprägt. Deshalb kann den Menschen in der Diakonie

---

[4] Vgl. Theodor Strohm/Michael Klein (Hg.), (2004), 2 Bde.
[5] Im Einzelnen hierzu vgl. Udo Krolzik (2005).
[6] Vgl. Theodor Strohm (1998), S. 97ff.

die Situation etwa in den mittel- und osteuropäischen oder den südeuropäischen Ländern nicht gleichgültig sein. Diakonische Überzeugungen, die Europa als das Fremde und Ferne sehen, bekommen es nur als Ziel von Hilfstransporten in den Blick, aber nicht als eigenen Handlungsraum und als Herausforderung, mit zum Wunder von Europa beizutragen.

Diakonie könnte aufgrund ihrer Geschichte und ihres Auftrages nationale Blickverengungen weiten und soziale Ausgrenzung und Benachteiligung benennen und verhindern helfen. Wir können und dürfen uns dem nicht entziehen.

Schon 1925 hat der schwedische Erzbischof Nathan Söderblom auf der ökumenischen Konferenz für Praktisches Christentum in Stockholm festgestellt: „Was Europa braucht, ist Diakonie"![7]

2.3.   Risiken und Chancen durch Europa

2.3.1.   Risiken

(1) Ökonomisierung personennaher Dienstleistungen

Die Grundforderung der EU ist der europäische Binnenmarkt. Dieses Ziel wird auch bei den Veränderungen verfolgt, die die Sozialpolitik betreffen. So hat etwa bei der Dienstleistungsrichtlinie der Binnenmarktskommissar die Federführung. Die Rechtssprechung des Europäischen Gerichtshofes zeigt ebenfalls die Tendenz, den Binnenmarkt umfassend herzustellen.

Auf diesem Hintergrund muss auch die Diskussion um die Daseinsvorsorge und damit verbunden die Infragestellung der Gemeinnützigkeit der von den Wohlfahrtsverbänden erbrachten personennahen Dienstleistungen gesehen werden. Die Bedeutung der Wohlfahrtsverbände ist zwar auf europäischer Ebene inzwischen erkannt und eine einseitige Bevorzugung des französischen Modells der économie sociale abgewendet. So wird auch in dem Entwurf der europäischen Verfassung in Art. 34 der Bedeutung der Verbände Rechnung getragen und der offene, transparente und regelmäßige Dialog der Organe der EU mit den repräsentativen Verbänden fest geschrieben. Dennoch wird im Zusammenhang mit der laufenden Debatte über die Daseinsvorsorge immer häufiger die Auffassung vertreten, dass es eine Regelung geben soll, die Teile der personennahen Dienstleistungen als wirtschaftliche Leistungen definiert. Damit fallen diese Leistungen dann unter die Wettbewerbskontrolle. Gemeinnützigkeit und staatliche Zuschüsse gehen dann für diesen Bereich verloren.

(2) Europäische Regulierung

Die europäischen Regulierungen greifen immer tiefer in das wirtschaftliche Handeln der unternehmerischen Diakonie ein und engen die bisherige Gestal-

---

[7] Zit. bei Theodor Strohm (1998), S. 97.

tungsfreiheit ein. Ein Beispiel ist die Bewertung des ärztlichen Bereitschaftsdienstes als Arbeitszeit. Ein weiterer kritischer Punkt ist das Diskriminierungsverbot (Art. 13) insbesondere aufgrund der Religionszugehörigkeit. Hier könnte die Regelung bei den meisten diakonischen Trägern, dass Mitarbeiter einer ACK-Kirche angehören müssen, ausgehebelt werden.

(3) Europäischer Wettbewerb

Ausländische Anbieter erkunden zunehmend den deutschen Markt, dieser ist nicht mehr geschützt. Dies gilt für den Gesundheitsmarkt, aber auch für den Altenhilfemarkt, auf den kapitalstarke Träger drängen. Das bedeutet, dass zukünftig gemeinnützige und private Träger nicht nur in Deutschland, sondern europaweit konkurrieren werden. Dies gilt insbesondere für grenznahe Bereiche.

Der Euro, mit der Möglichkeit über Grenzen hinweg Leistungen ohne Währungsverluste anzubieten und Preise zu vergleichen, beschleunigt die Bildung eines europäischen Marktes für soziale Dienstleistungen.

Schon jetzt drängen Träger der Altenhilfe aus Spanien, Anbieter von ambulanten Diensten aus Frankreich, Krankenhausträger aus Skandinavien und den Niederlande sowie Jugendhilfeträger aus Portugal auf den deutschen Markt für soziale Dienstleistungen. Die EU-weite Ausschreibungspflicht für öffentliche Aufträge ab einer bestimmten Höhe, verstärkt diese Entwicklung. Die Gefahr ist, dass nur „schlechte" Risiken – durch Versorgungsaufträge gebunden – bei den diakonischen Trägern verbleiben.

Die Erweiterung der Europäischen Union um mittel- und osteuropäische Staaten wird diese Entwicklung erheblich beschleunigen.

(4) Absinken der sozialen Standards

Zu den Bedingungen für die Aufnahme in die EU sollte neben den wirtschaftlichen Voraussetzungen auch die Existenz eines wirklich funktionierenden Sozialsystems zählen. Nur so können Armutswanderungen und deren wirtschaftliche Folgen möglichst vermieden werden. Darüber hinaus sollten wie in der Sicherheits- und Umweltpolitik künftig auch in der Sozialpolitik verbindliche Normen gelten, da sonst durch den Wettbewerb ein ungesteuertes Absinken der Standards zu befürchten ist.

Diese Gefahr besteht insbesondere auch für die bioethischen Standards, die in Deutschland besonders hoch sind.

2.3.2. Chancen

(1) Leistungserbringung im europäischen Ausland

Genauso wie diakonische Träger ihre Leistung über Grenzen der Kommunen und Bundesländer hinweg anbieten, werden sie das auch über nationale Grenzen hinweg tun. Teilweise geschieht das jetzt schon. Denn für eine ausschließliche Antwort auf Bedürfnisse von Menschen in einem engen geographischen und politischen Raum gab es weder zu Wicherns Zeiten noch heute vernünftige oder gar diakonische Gründe.

Europaweit wachsen die Märkte für soziale Dienstleistungen, insbesondere der Pflegemarkt. In einigen Ländern steht der Aufbau von Versorgungsstrukturen noch ganz am Anfang und kann von den Ländern aufgrund der rasanten Entwicklung nicht alleine bewältigt werden. Hierzu werden sich transnationale Kooperationen bilden. Solche Kooperationen erschließen auch Zugänge zu europäischen Märkten und erlauben Angebote zu machen, die unterschiedlichen Nachfragegruppen gerecht werden. So können etwa deutsche Spezialkliniken mit Allgemeinkrankenhäusern in anderen Ländern kooperieren und dort ihre besondere Kompetenz auf einem Fachgebiet anbieten. Ähnliche Vorhaben äußerten Vertreter aus Dänemark, Großbritannien und den Niederlanden bezogen auf den deutschen Markt. So bewirkt die EU langfristig das Entstehen transnationaler Netzstrukturen im Bereich der sozialen Sicherheit.

Ein besonderes Beispiel für europäische Nachfragemärkte ist die medizinische Rehabilitation. Einer neueren Studie zufolge verfügen im Gegensatz zu Deutschland zahlreiche europäische Staaten nicht über ein detailliertes System der medizinischen Rehabilitation. Daher gibt es in diesen Ländern nicht nur ein unzureichendes Dienstleistungsangebot, sondern auch der sozialethische Aspekt der medizinischen Rehabilitation spielt keine Rolle. Hier könnten vernetzte und integrierte Versorgungsangebote in Kooperation mit ansässigen Partnern eine Herausforderung für diakonische Träger sein.

Auf dem Hintergrund der neueren Rechtssprechung des Europäischen Gerichtshofes kann Diakonie für ihre Angebote auch in anderen europäischen Ländern Interessenten werben. Sei es, dass diese Menschen sonst keinen Zugang zu bestimmten Gesundheitsleistungen oder sozialen Angeboten haben oder unerträglich langen warten müssen. Diakonie wird sich dieser Situation nicht verschließen. Sie wird vielmehr durch gezielte Fortbildung Fachkräfte auf die besonderen Bedürfnisse dieser Menschen vorbereiten und sie mit deren Lebensgewohnheiten und natürlich auch deren Sprache vertraut machen.

(2) Euro

Verbunden mit der grundsätzlichen Dienstleistungsfreiheit eröffnet der Euro ganz neue Möglichkeiten, über Grenzen hinweg Preise zu vergleichen und entsprechend Leistungen anzubieten und wahrzunehmen. Er beschleunigt die Entstehung eines europäischen Dienstleistungsmarktes ganz erheblich, indem er den direkten Preisvergleich in den Staaten der Währungsunion erlaubt, ohne Umrechnung und die damit verbundenen Ungenauigkeiten und vor allem ohne Verluste beim Währungstausch. Auch auf die grenzüberschreitende Aufnahme von Arbeitsverhältnissen in Mitgliedstaaten der Währungsunion wird sich der Euro förderlich auswirken. Und den Anbietern erleichtert er es, ihre Leistungen über Grenzen hinweg anzubieten.

(3) Werben von Mitarbeitern im europäischen Ausland

Schon heute sind in diakonischen Einrichtungen nicht nur Arbeitskräfte aus der jeweiligen Kommune oder dem jeweiligen Bundesland oder überhaupt aus Deutschland tätig. Dies gilt in besonderem Maße für der Altenhilfe, in der die Anzahl der aus Osteuropa stammenden Mitarbeitenden stetig zunimmt. Darüber hinaus gibt es seit den 80er Jahren Mitarbeitende aus anderen europäischen und sogar überseeischen Ländern. Der akute Pflegekräftemangel wie auch die Freizügigkeit der Arbeitnehmer in der EU wird besonders durch die Osterweiterung zu einer Europäisierung der Mitarbeiterschaft führen. Diese Möglichkeit muss bewusst gestaltet werden.

(4) Austausch von Ideen und Mitarbeitenden

Die europäischen Länder stehen in vielen Bereichen vor gleichen Herausforderungen, so z.B. bei der Beschäftigungspolitik, der Armutsbekämpfung, der demographischen Entwicklung. Durch Austausch der Ideen und der Erfahrungen, die mit unterschiedlichen Wegen gemacht wurden, können die Länder viel von einander lernen. Ein solcher Austausch geschieht z.B. in den europäischen Netzwerken für Demenzarbeit oder Behindertenarbeit. Lernen ließe sich auch in der Pflegeausbildung oder der Gewinnung Ehrenamtlicher, wie sie etwa in Großbritannien durch „Business in the Community" geschieht. Es wird dann nicht darum gehen, dass die Sozialsysteme harmonisiert oder zusammengeführt werden, sondern der Wettbewerb der besten Wege und der besten Praxis werden das neue Leitbild einer europäischen Angebotsstruktur formen.

Neben dem Austausch von Ideen und Erfahrungen könnte eine im europäischen Horizont handelnde Diakonie auch den Austausch von Mitarbeitenden fördern. Damit würde sowohl eine fachliche als auch eine allgemein menschliche Horizonterweiterung angeregt und ermöglicht werden. So würde auch ein Beitrag zur Lösung von sozialen Problemen in europäischen Regionen geleistet werden, der über die Hilfstransporte hinausginge.

(5) Einbringen des besonderen diakonischen Ansatzes

Die Besonderheit diakonischer Dienstleistungen mit ihrer ethischen und spirituellen Dimension und Verpflichtung muss in die europäische Entwicklung eingebracht und es muss darauf geachtet werden, dass die europäische Rechtsentwicklung die Handlungsspielräume der Diakonie nicht einschränkt.

Bei der Mitgestaltung Europas kann die Diakonie zusammen mit den übrigen Wohlfahrtsverbänden auch ihre Rolle als Element und Komponente der Zivilgesellschaft einbringen. Gerade auf dem Hintergrund der immer wieder vermissten Bürgernähe Brüssels ist diese Rolle für die europäische Entwicklung von großer Bedeutung.

(6) Lernen für multikulturelle Pflege

Ein ganz wichtiger Lernschritt in einem zusammenwachsenden Europa wird eine multikulturelle Pflege sein. In Zukunft werden aufgrund der Arbeits-,

Gesundheits- oder Wohlstandsmigration immer häufiger Menschen in einem fremden kulturellen Umfeld von Angehörigen anderer Kulturen gepflegt werden. Bisher ist die Pflege in diesem Setting der diakonischen Findigkeit und Genialität überlassen. Hier könnten gezieltere Untersuchungen und daraus folgend Angebote gemacht werden, damit es zu einer diakonisch motivierten Fachlichkeit kommen wird.

(7) Ausbildung

Europa bietet der Diakonie und anderen Ausbildungsträgern die Möglichkeit die Ausbildung insbesondere in den Pflegeberufen auf europäischer Ebene anzugleichen. Wir brauchen dringend so etwas wie eine mehrstufige europäische Pflegeausbildung. Dabei wird es einerseits um die Akademisierung der Pflege in bestimmten Bereichen gehen. Andererseits ist aber auch dringend eine Kurzausbildung für bestimmte Tätigkeiten in der Pflege gefordert. Hier könnte das Diakonische Werk der Evangelischen Kirche in Deutschland über die bestehenden Ausbildungs- und Forschungsstätten in Deutschland und anderen Ländern entsprechende Entwicklungsprojekte anstoßen.

3.   Fallbeispiel Evangelisches Johanneswerk: Warum – Was – Wie

3.1.   *Warum – Motivation*

Unser Engagement im europäischen Ausland war im Wesentlichen durch vier Motive begründet:

1. Viele Deutsche verbringen ihren Ruhestand in klimatisch günstigeren Teilen Europas. Hinzu kommen Menschen, die aus gesundheitlichen Gründen, wie z.B. bei Erkrankungen der Gelenke, auf ärztlichen Rat hin, sich in den wärmeren südlichen Teilen Europas ansiedeln. Neben Deutschen sind dies auch zahlreiche Skandinavier, Briten und Menschen aus den Beneluxstaaten. Damit diese Menschen am Ort ihrer Wahl bleiben können, auch wenn sie alters- oder krankheitsbedingt Unterstützung benötigen, haben uns die deutschen Auslandsgemeinden gebeten, sie mit unserer Kompetenz zu unterstützen und entsprechende Angebote vor allem in Spanien aufzubauen. Wir haben diese Bitte aufgenommen, da wir überzeugt sind, dass Diakonie dort sein muss, wo Menschen ihre Unterstützung brauchen. Inzwischen haben wir drei Residenzen in Spanien, die für Menschen aller Nationalitäten und Religionsgemeinschaften Wohnen, Betreuung und Pflege anbieten.
2. Aus einigen osteuropäischen Ländern kam die Bitte, ihnen bei dem Aufbau von Versorgungsstrukturen zu helfen. Daraufhin hat einer unserer Einrichtungsleiter ungarische Kommunen beim Aufbau und Betrieb von Alteneinrichtungen und auch anderer sozialer Einrichtungen beraten und begleitet. In Rumänien haben wir geholfen, eine Altenpflege aufzubauen und in der

tschechischen Republik planen wir, zusammen mit der schlesischen Diakonie, Fort- und Weiterbildungsmöglichkeiten für soziale Berufe zu entwickeln.

3. In Begegnungen mit sozialen Dienstleistern aus dem europäischen Ausland – vor allem aus Skandinavien und den Niederlanden – stellten wir
fest, dass aufgrund gesellschaftlicher Entwicklungen und Einstellungen
sich andere Versorgungsstrukturen herausgebildet haben als bei uns in
Deutschland. Dabei sind manche dieser Angebote den individuellen Unter-
stützungsbedürfnissen der Menschen, denen unsere Angebote gelten, besser angepasst als bei uns. Um von einander zu lernen, haben wir uns in
Netzwerken zusammengeschlossen, in denen wir uns in fachlichen Fragen
austauschen, aber auch gemeinsame Projekte planen. So bieten wir zusammen mit einem niederländischen Träger der Altenhilfe an der deutsch-
niederländischen Grenze Wohnen mit Versorgungssicherheit an.

4. Ein vierter wesentlicher Grund war die schwierige Versorgungssituation
von alten Menschen und verwaisten Kindern in Siebenbürgen, nachdem
nach Öffnung der Grenzen die jungen Menschen das Land verlassen haben. Nach anfänglichen Überlegungen, dort entsprechende Angebote aufzubauen, haben wir uns entschlossen, die oben erwähnten Ausbildungsmöglichkeiten zu schaffen, damit Pflegeangebote im Land aufgebaut
werden können.

Zu diesen vier Hauptgründen unseres europäischen Engagements kommen
weitere Gründe der Wettbewerbssicherung und der Mitarbeitergewinnung.
Indem wir unsere europäischen Mitbewerber kennen, können wir uns auf
deren Angebote auf dem deutschen Markt besser einstellen und ihnen begegnen. Außerdem haben wir durch die spanischen Seniorenresidenzen unsere
Angebote erweitert, denn bisher haben wir in Deutschland keine Residenzen
erstellt.

Ab spätestens 2013 werden wir in Deutschland einen Bedarf an Pflegekräften
haben, den wir nicht mehr mit Mitarbeitenden aus Deutschland decken können. Um nicht so unvorbereitet wie in den 80er Jahren dann Pflegekräfte aus
dem Ausland einzustellen, bereiten wir uns und mögliche Mitarbeitende darauf vor. In den 80er Jahren hatten Krankenhäuser Schwestern aus Korea und
Indien nach Deutschland geholt, ohne diese auf das Arbeiten in einer fremden
Kultur vorzubereiten und auch ohne selbst darauf vorbereitet zu sein.

3.2. Was – Ev. Johanneswerk in Europa

Folgende Angebote machen wir Europa:

- *Spanien:* Seniorenresidenzen: Residencia Costa Tropical, Residencia Mon-
  tebello und Residencia Villa Augusto
- *Griechenland:* Haus Koroneos in Athen
- *Osteuropa:* u. a. Schulaktivitäten in Rumänien und Tschechien

▪ *Niederlande:* Europaprojekt: grenzüberschreitende Einrichtung; Gesellschafter zusammen mit einem niederländischen Gesellschaftern je 50 %

3.3. Wie – Organisationsform

Wir führen die spanischen Residenzen in eigenständigen spanischen GmbHs (SL's), die in der Espania SL zusammengefasst sind. Das Haus Koreneos ist eine Zweigniederlassung des Johanneswerkes, die Schulaktivitäten werden durch eine gemeinsame Gesellschaft mit der Diakonie Neuendettelsau (je 50 % Gesellschafter) der SoCaSE (*Social Care Services Europe*) entwickelt und gesteuert und das grenzüberschreitende Europaprojekt durch eine GmbH mit einem niederländischen Partner (je 50 %) entwickelt und betrieben. Die gesamten europäischen Aktivitäten sind im Stabsbereich Europa zusammengefasst.

4.   Besonderheiten der Führung in einem europäisch arbeitendem Sozialunternehmen

Grundlage der Führung in einem europäisch arbeitenden diakonischen Träger ist eine klare *Vision*: *Wir gehen da hin, wo Menschen uns brauchen!*

Und eine klare Mission: Wir machen individuell angepasste Unterstützungsangebote!

Die Vision macht klar, dass wir nicht erwarten, dass Menschen zu uns kommen, sondern dass wir zu den Menschen gehen! Wenn diese im Ausland sind, dann gehen wir auch ins Ausland! Natürlich können wir nicht überall hin gehen, deshalb bedarf es einer genauen Erkundung der jeweiligen Erfordernisse und des Abgleichs mit den eigenen besonderen Möglichkeiten.

Die Mission stellt klar, dass wir uns den jeweiligen Menschen und ihren individuellen Bedürfnissen verpflichtet wissen. Wir machen keine Pauschalangebote, sondern versuchen individuelle Lösungen anzubieten. Nicht Standardisierung ist das Ziel, sondern differenziert den unterschiedlichen Lebensstilen und Lebenssituationen Rechnung tragen.

4.1. Wirtschaftliche und fachliche Führung

Bei der wirtschaftlichen und fachlichen Führung ist vor allem die räumliche und auch inhaltliche Ferne, die ausländische Niederlassungen, Töchter und Kooperationen mit ausländischen Unternehmen der deutschen Träger haben, zu beachten. Personennahe Dienstleistungen können schon gar nicht von einer deutschen Zentrale in andere Staaten exportiert werden, sondern müssen vor Ort unter den jeweiligen rechtlichen, gesellschaftlichen und kulturellen Gegebenheiten erbracht werden. Auf diesem Hintergrund muss die Unternehmensstruktur möglichst dezentral ausgerichtet sein. Nur auf diese Weise ist die erforderliche Nähe zu den Menschen, denen unsere Arbeit gilt, und die Kenntnis ihrer jeweiligen Unterstützungsbedürfnisse möglich. Auch nur bei einer solchen möglichst dezentralen Struktur kommt es zu einer angemessenen Personalführung im Sinne von Leadership.

Allerdings ist entscheidend, was dezentralisiert wird, und nicht allein wie viel. Denn starke Dezentralisierung bedarf – gerade im transnationalen Kontext – eines dementsprechenden Controllings.

4.1.1.   Rechtliche Rahmenbedingungen

Beispiel: Grundstückskauf: In Spanien gibt es kein Grundbuchamt, sondern extra dafür zugelassene Notare übernehmen diese Aufgabe. Das gekaufte Grundstück wird durch die genaue Beschreibung der Grenzen bestimmt. Obgleich wir dieses getan hatten, erhob ein Nachbar nach Baubeginn Anspruch auf eine kleine Fläche mitten in dem von uns gekauften Grundstück. Da er dafür eine – wenn auch etwas dubiose – Urkunde aufweisen konnte, musste der Bau bis zur weiteren Klärung gestoppt werden.

Bei einer ersten Analyse, wo und mit welchen Angeboten ein diakonischer Träger tätig werden will, braucht er eine genaue Kenntnis der eigentums-, gesellschafts- und sozialrechtlichen Rahmenbedingungen.

In der Regel wird ein Träger sich diese Kompetenz bei inländischen Fachleuten einkaufen.

4.1.2.   Angebotsentwicklung und Einführung

Beispiel: Qua vitae in Marbella: Ein bedeutender spanischer Altenhilfeträger ist Qua vitae, der an zahlreichen Orten in Spanien Angebote für Spanier vorhält. Qua vitae plante und baute eine Seniorenresidenz in Marbella speziell für Ausländer. Diese Einrichtung war auch nach 3 Jahren nur zu knapp 20 % belegt. Der Grund war die Unkenntnis des Trägers von den Vorstellungen und Wünschen von Ausländern in Spanien, die neben einer schönen Lage mit Meerblick vor allem einen Balkon oder Terrasse wollen. Diese waren jedoch nur bei ganz wenigen Wohnungen vorhanden.

Wenn ein Träger auf einen neuen Markt mit neuen Angeboten geht, muss er diesen zunächst genau untersuchen. Dies gilt insbesondere auch für einen diakonischen Träger, der in ein anderes Land geht, in dem er die Bedürfnisse und Erwartungen nicht kennt. Deshalb muss er, um ein angemessenes, passgenaues Angebot machen zu können, die Vorstellungen bei den potentiellen Empfängern der Dienstleistung erkunden. Dies muss in einem offenen und wenig strukturierten Interviewprozess in einer Gruppe geschehen, damit die Ergebnis wenig vorstrukturiert oder beeinflusst sind.

4.1.3. Controlling

Beispiel: Zahlenwerk aus Spanien: Buchführung und Abschlüsse eines spanischen Unternehmens, so wie sie bei den spanischen Finanzämter eingereicht werden müssen, können nicht direkt in die Buchführungsstruktur in Deutschland übernommen und deshalb auch nicht zur Steuerung im Controlling genutzt werden.

Damit das gelingt, müssen der spanischen Buchführungsgesellschaft – und entsprechendes gilt für andere europäische Länder – klare Vorgaben gemacht werden, welche Zahlen die Zentrale auf bestimmte Art und Weise zu einem bestimmten Zeitpunkt aufzubereiten hat.

4.2. Personalführung als Leadership

Mit Recht wird in neueren Publikationen zur Führung betont, dass viele beliebte Führungsmuster kaum zum Erfolg führen. Die sieben „glorreichen" Führungsmuster sind: „Führung muss steuern! Führung muss kontrollieren! Führung muss standardisieren! Führung muss rational entscheiden! Führung muss den kurzfristigen Erfolg suchen! Führung muss beschleunigen! Führung muss sich an Rahmenbedingungen orientieren!"[8] Diese glorreichen Sieben widersprechen der eingangs aufgezeigten Komplexität von Unternehmen, besonders von Sozialunternehmen und ganz besonders europäisch arbeitenden. Sie widersprechen aber auch der Mission individuelle und nicht standardisierte Angebote zu machen und gerade in europäisch arbeitenden Unternehmen der Wertschätzung unterschiedlicher Kulturen als Bereicherung.

Das von Warren Bennis und Burt Nanus ausgearbeitete Verständnis von Führung als Leadership[9] entspricht der Komplexität von europäisch arbeitenden diakonischen Unternehmen und deren Mission und Wertschätzung der Verschiedenheit.

Bennis/Nanus sehen einen Unterschied zwischen Leader und Manager: „managers do things right while leaders do the right thing!" Und statt Kontrolle und Macht auszuüben, befähigen (empower) Leaders andere, damit diese Ziele umsetzen und erhalten. Sie betonen, dass Leader eine klare Vision haben müssen, um alle in einem Unternehmen auf eine Ziel hin zu fokussieren. Leadership ist für Bennis und Nanus verbunden mit Vertrauen und Integrität. Und vor allem steht Leadership für Sinnvermittlung und Unternehmenskultur.

---

[8] Hans A. Wüthrich/Dirk Osmetz/Stefan Kaduk (2006), S. 17ff.
[9] Vgl. Warren Bennis/Burt Nanus (2005).

4.2.1. Unternehmenskultur

Europäisch arbeitende diakonische Träger können nur erfolgreich sein, wenn Unterschiedlichkeit Teil ihrer Unternehmenskultur ist!

Beispiel: Eine spanische Krankenschwester als Pflegepraktikantin in einer deutschen Alteneinrichtung: Wir hatten eine spanische Krankenschwester für die Pflegedienstleitung unserer ersten Residenz in Spanien vorbereiten wollen und sie dazu für zwei Monate zum Kennenlernen unserer Standards in eine Alteneinrichtung nach Deutschland geholt. Nach vier Wochen sollte sie dann an unserer Altenpflegeschule ein Praktikum machen, um auch Altenpflege in Spanien zu unterrichten. Nach drei Tagen in der Einrichtung packte sie ihre Koffer und flog zurück. Die Begründung: „Ich mache als Krankenschwester doch nicht den Dreck anderer Leute weg!"

Unternehmenskultur wird von der Betriebswirtschaftslehre im Allgemeinen unter zwei Paradigmen betrachtet: 1. der Inhaltsorientierung und 2. der Kohärenzorientierung.

1. Dem ersten Paradigma zu Folge zeichnet sich Unternehmenskultur durch bestimmte Eigenschaften und Inhalte aus, die das Unternehmen einzigartig machen. Zum Unternehmenserfolg führt demnach vor allem die Verbreitung und Etablierung dieser Inhalte im Unternehmen.
2. In Anlehnung an die Kohärenzorientierung sollte eine starke Unternehmenskultur durch Widerspruchsfreiheit gekennzeichnet sein.

Das europäisch arbeitende Unternehmen stellt jedoch die Erfolgsaussichten beider Ansätze in Frage. Integrative Herausforderungen können nicht gemeistert werden, indem an starren Inhalten festgehalten und die zunehmende Komplexität des Unternehmenskontextes ignoriert wird. Komplexe Unternehmensstrukturen, Fusionen und Kooperationen lassen auch an der Umsetzbarkeit einer kohärenten und einheitlichen Unternehmenskultur Zweifel aufkommen.

Es ist fraglich, ob es einer Einheitlichkeit tatsächlich bedarf, um Mitarbeiter für das Unternehmen zu begeistern und zu Höchstleistung zu motivieren. Es muss überlegt werden, Motivation und commitment zum Unternehmen über eine Einbindung des Mitarbeiters in eine wahrgenommene Gemeinschaft zu generieren.

Was in der Kleingruppenforschung als Kohäsion bekannt ist, könnte dann auch auf die Unternehmensebene übertragen werden und den Mitarbeitern das Gefühl zu vermitteln „dazuzugehören". Und Dazugehören ist über kulturelle Grenzen hinweg möglich; vielmehr bildet ein Teamgedanke die Grundlage, Unterschiede wohlwollend kennen zu lernen und zu akzeptieren. Damit können diverse Mitarbeiter sich einbringen, ohne sich zu verbiegen; ganz im Gegenteil, sie werden in ihrer Unterschiedlichkeit wertgeschätzt und können diese im Sinne des Trägers für die Menschen, denen ihre Arbeit gilt, kreativ, problemlösend und imagegewinnend nutzen.

Ein Zusammengehörigkeitsgefühl, das sich durch die Unabhängigkeit von Inhalten und von Homogenität der Inhalte auszeichnet, führt zu einer aussichtsreichen Unternehmenskultur. Es entsteht eine geglaubte, nicht notwendigerweise reale Einheit. Somit ist Unternehmenskultur nicht das, was alle gemeinsam haben, sondern das, was alle verbindet.

4.2.2.   Auswahl und Ausbildung von Leitungspersonen

Was bedeutet das nun für die Auswahl und Ausbildung von Leitungspersonen in europäisch arbeitenden diakonischen Trägern?

Da Leitungspersonen die Brücke zur Zentrale bilden, werden sie zumeist aus dem Land stammen, in dem die Zentrale ist. Es wird in der Regel von ihnen erwartet, dass sie die Sprache sprechen, die in ihrem Einsatzort gesprochen wird oder bereit sind, diese in kurzer Zeit zu erlernen. Es werden Kenntnis und eine Nähe zu dem Land des Einsatzes erwartet und vor allem die Bereitschaft, sich auf die Bedingungen dieses Landes einzulassen, was häufig darin zum Ausdruck kommt, einen Anstellungsvertrag nach dem Arbeitsrecht des Einsatzlandes zu akzeptieren. Aber es wird vor allem die Fähigkeit erwartet, das eigene und das fremde kulturelle Orientierungssystem zu reflektieren. Nur Mitarbeiter, die das können, werden für das eigene Unternehmen im Ausland erfolgreich tätig sein.

Beispiel: Ein Essen mit einem spanischen Geschäftsmann: Ein deutscher diakonischer Träger wollte mit einem spanischen Partner eine gemeinsame Einrichtung bauen und betreiben. Bei einem ersten Treffen, das mit einem gemeinsamen Essen startete, wollte der deutsche Trägervertreter während des Essens das gemeinsame Vorhaben besprechen. Dazu kam es dann nicht, sondern die spanischen Partner suchten sich einen anderen deutschen diakonischen Träger, der in aller Ruhe drei Stunden mit ihnen gegessen hatte, ohne Projektfragen anzusprechen. In der letzten Viertelstunde wurde dann der Grund für gemeinsame Projekte gelegt. Dieses Geschehen erklärt sich aus der Überzeugung spanischer Geschäftsleute, dass sie beim Essen das Gegenüber kennen lernen und dann entscheiden, ob sie mit ihm Geschäfte machen wollen.

Eine Grundvoraussetzung zur Entwicklung von Kompetenzen zur interkulturellen Zusammenarbeit ist ein vertieftes und reflektiertes Verständnis für die Dynamiken im Kräftefeld interkultureller Überschneidungssituationen mit ihren Determinanten sowie die Fähigkeit, mit den sich daraus ergebenden Problemen und Entwicklungschancen produktiv umzugehen.

Wenn Menschen im eigenen Land mit Menschen aus einem anderen Land in einer spezifischen, anderen kulturellen Sozialisation zusammen kommen, dann entstehen sogenannte „kulturelle Überschneidungssituationen. Gleiches gilt natürlich, wenn Menschen in einem fremden Land mit den dort lebenden Einheimischen zusammenkommen. In dieser Situation wird das Handeln aller Beteiligten durch das jeweils Eigene, Fremde und das sich aus der Begegnung entwickelnde Interkulturelle determiniert.

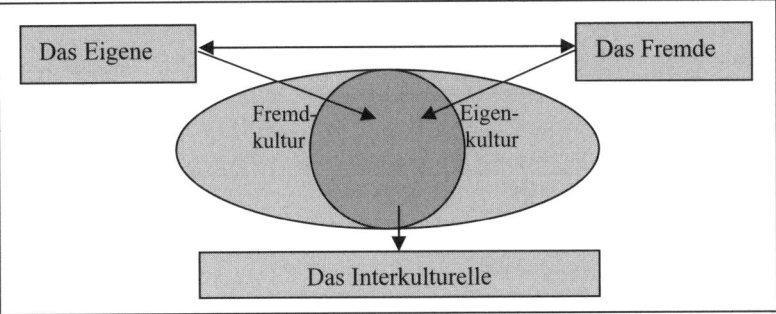

Kräftefeld interkultureller Überschneidungssituationen[10]

Wenn es nun darum geht mit Menschen aus anderen Kulturen zusammenzu-arbeiten, dann muss Eigenes und Fremdes auf interkulturelle Zusammenar-beit abgestimmt werden.

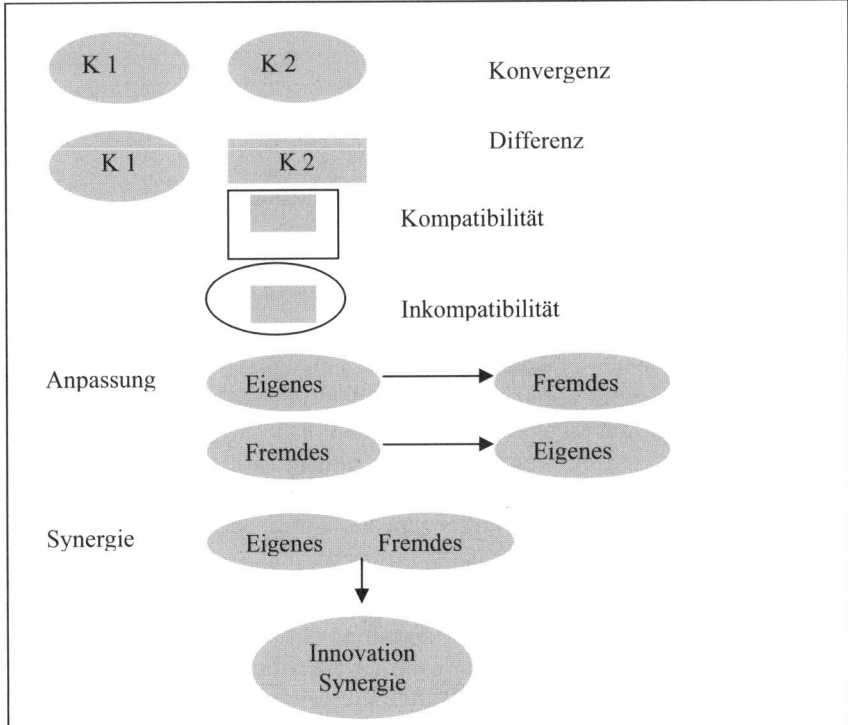

Gestaltungsformen kultureller Überschneidungssituationen[11]

Im Prinzip lassen sich vier verschiedene Formen der Bewältigung in einer interkulturellen Begegnung unterscheiden.

---

[10] Vgl. Alexander Thomas (2000), S. 27.
[11] Vgl. a.a.O. S. 31.

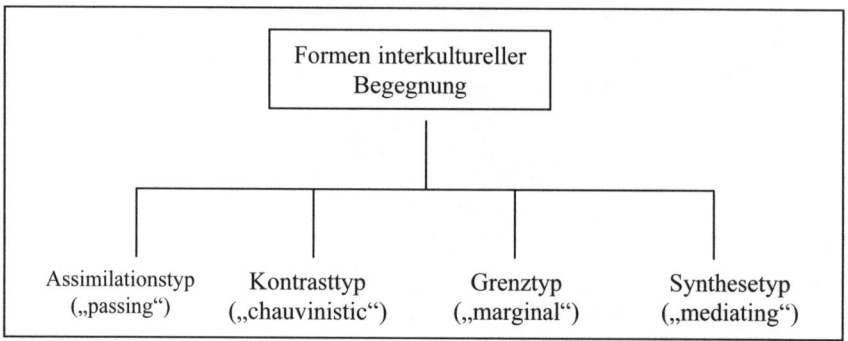

Formen interkultureller Begegnung[12]

In einer interkulturellen Begegnungssituation kompetent handeln zu können, setzt erfolgreiches interkulturelles Lernen voraus. Ein solches Lernen setzt neben dem Verstehen des fremdkulturellen Orientierungssystems eine Reflektion des eigenkulturellen Orientierungssystems voraus.

Erst eine solche Reflexion versetzt Leitungspersonen in die Lage, angemessen auf die in den einzelnen Ländern unterschiedlichen Erwartungen und entsprechenden Reaktionen auf Leitungsverhalten reagieren.

4.2.3. Ausbildung und Gewinnung von Mitarbeitenden

Beispiel: Wenn man in Griechenland einen Obsthändler fragt, ob er Apfelsinen hat und er darauf den Kopf seitlich bewegt, dann bedeutet das nicht eine Verneinung, sondern eine Bejahung.

Insbesondere bei einem Sozialunternehmen müssen die Mitarbeiter in der Lage sein oder in diese versetzt werden, andere kulturelle Orientierungssysteme zu verstehen und zu akzeptieren. Deshalb haben wir in unseren spanischen Einrichtungen die Mitarbeitenden in einem zwölfmonatigen Kurs zu Altenpflegehelfenden selbst ausgebildet und dabei einen Teil der Ausbildung in Deutschland durchgeführt. Darüber hinaus wurde nach einem intensiven Deutschkurs ein Teil des Unterrichts in Deutsch erteilt.

Im Übrigen hat die Geschäftsführung in Spanien freie Hand bei der Gestaltung der Personalarbeit. Der Vorteil liegt in einer marktbezogenen, kulturellen Verwurzelung der zumeist einheimischen Mitarbeiter. Ein Nachteil liegt in der Differenz von Tochter- und Mutterunternehmen, mit der Gefahr, dass Kohärenz und Synergieeffekte verloren gehen.

---

[12] Vgl. a.a.O. S.33.

4.3. *Diakonie*

Diakonie ist von der Überzeugung getragen, sich dem Einzelnen in seiner kulturellen und biographischen Geprägtheit zuzuwenden. Insofern entsprechen die Anforderungen an ein europäisch arbeitendes Sozialunternehmen ihrer inneren Motivation und Überzeugung.

Andererseits ist der diakonische Träger von einem bestimmten kirchlichen Profil durch Herkunft und Satzung und den satzungsmäßigen Organen geprägt. In anderen europäischen Ländern kann diese bestimmte kirchliche Prägung als Hindernis erlebt und wahrgenommen werden. Es bedarf eines größeren Abstandes von der heimatlichen kirchlichen Prägung, um die Annäherung an die Kirchen in dem jeweiligen Land zu ermöglichen. Letztlich kommt es dadurch zu einer ökumenischen Ausrichtung der Arbeit.

5. Rückwirkungen

Ich kann hier nur einige wenige Rückwirkungen aufzeigen, die ein solches europäisches Arbeiten eines diakonischen Trägers auf die gesamte Arbeit dieses Trägers hat.

Zunächst einmal werden so die vertrauten Muster des Managements infrage gestellt und hoffentlich zu mehr Vielfalt und höherer Akzeptanz des Anderen aufgebrochen. Insofern kann das europäische Arbeiten zum Musterbrecher werden. Dies kann dann die Perspektive hin auf mehr Vielfalt eröffnen und zwar nicht nur gegenüber Mitarbeitenden aus anderen Kulturen, sondern auch bezogen auf andere Unterschiede wie Geschlecht, Alter und Behinderungen. Vielfalt kann als Gewinn erlebbar werden. Diese Perspektive wird im Diversity-Management entwickelt. Ich kann hier nicht weiter darauf eingehen, aber einige Regelungen auf EU-Ebene zielen in diese Richtung.

Anders als in früheren Jahren wäre ein Unternehmen mit dieser Erfahrung auf Mitarbeitende aus anderen Kulturen vorbereitet, wenn wir sie in den kommenden Jahren – insbesondere in der Pflege brauchen. Die interkulturelle Zusammenarbeit mit den dringend benötigten Krankenschwestern aus Indien und Korea in den 80er Jahren wäre so ganz anders vorbereitet.

Außerdem wäre so auch eine Grundlage für eine interkulturelle Pflege bei den diakonischen Trägern in Deutschland geschaffen, wenn ausländische Mitbürger im Alter zunehmend in Deutschland bleiben und hier gepflegt werden wollen. Ähnliches gilt für alle anderen Arbeitsfelder der Diakonie.

Insofern hat ein europäisch arbeitendes diakonisches Unternehmen auch eine Vorreiterrolle für die interkulturellen Herausforderungen in Deutschland.

Literaturverzeichnis:

BENNIS, WARREN/NANUS, BURT (2005): Leaders. Strategies for Taking Charge, (2. Auflage), New York.

GOHDE, JÜRGEN (1997): Europa – Kreativität und Gestaltung. Positionen der Diakonie; in: Diakonie, Mai/Juni, S.130f.

GÜNTERT, BERNHARD J./KAUFMANN, FRANZ-XAVER/KROLZIK, UDO (HG.) (2002): Freie Wohlfahrtspflege und europäische Integration, Gütersloh.

KROLZIK, UDO (2005): Beitrag zum sozialen Frieden – Bollwerk gegen die Not; in: HERING, RAINER/OTTE, HANS/STEIGER J.A.: Gottes Wort ins Lebens verwandeln. Perspektiven der (nord-)deutschen Kirchengeschichte (FS Inge Mager), (Jahrbuch der Gesellschaft für niedersächsische Kirchengeschichte, Beiheft 12), Hannover.

STROHM, THEODOR (1998): Was Europa braucht ist Diakonie; in: KROLZIK, UDO (HG.), Zukunft der Diakonie. Zwischen Kontinuität und Neubeginn, Bielefeld.

DERS./KLEIN, MICHAEL (HG.) (2004): Die Entstehung einer sozialen Ordnung Europas. Historische Studien und exemplarische Beiträge zur Sozialreform im 16. Jahrhundert (Bd. 1), Heidelberg.

DERS./KLEIN, MICHAEL (HG.) (2004): Die Entstehung einer sozialen Ordnung Europas. Europäische Ordnungen zur Reform der Armenpflege im 16. Jahrhundert (Bd. 2), Heidelberg.

WÜTHRICH, HANS A./OSMETZ, DIRK/KADUK, STEFAN (2006): Musterbrecher. Führung neu leben, Wiesbaden.

Eberhard L. J. Mechels

„... bis alles in Scherben fällt"
– Der Kult der Zerstörung

1.   Beobachtungen (Szenarien der Zerstörung)

Erinnern wir uns an eine Szene, die wir alle kennen und die das Thema „Kult der Zerstörung" aus dem Anschein des Exotischen in die Nähe holt. Eine Szene, die uns auf Anhieb zeigt, dass Zerstörung auf dreierlei Weise kultig ist und sein kann:

1. Da ist etwas, was uns auf geheimnisvolle und abgründige Weise fasziniert und anzieht;
2. da ist etwas, bei dem es durchaus um einen gemeinsamen menschlichen Charakterzug geht und nicht nur um eine individuelle Abartigkeit und
3. da geht es um etwas, das „kultig" ist im folgenden Sinne: das ist „in", das ist modern.

Wir waren alle einmal Kinder und vermutlich gibt es hierzulande niemanden, der oder die nicht mit Bauklötzen gespielt hat. Zum Schatz unserer frühen Erfahrungen gehört jener spannende Moment, in dem das Werk gelungen ist. Es ist ungefähr so groß geworden wie man selbst ist. Ein richtiges Kunstwerk eben. Und vor allem: Ich habe es gebaut! Und darum darf ich es auch zerstören. Und dann kommt dieser faszinierende Moment: Vorsichtig stoße ich daran. Es wackelt – und dann – dann geht das Ganze mit einem herrlichen Krach zu Boden.

Zerstören hat offensichtlich etwas mit menschlichem Spieltrieb zu tun und mit der Lust an der Macht. Das ist der lustvolle Kult der Zerstörung im Kinderzimmer. Diesen gibt es auch am Nordseestrand mit der Sandburg. Den gibt es auf hintergründigere Weise und als Lusterfahrung, die mit großem Schmerz verbunden ist, auch am Ende der Geschichte von Alexis Sorbas (Nikos Kasantzakis, Alexis Sorbas, großartig umgesetzt von Anthony Quinn), diesem wunderbaren Taugenichts, Lebenskünstler und Philosophen. Das ist dieser faszinierende Moment, in dem er den Lift in Gang setzt, den er gebaut hat; jenen Lift, der das Holz aus dem Gebirge in die Ebene bringen soll. Es ist sein Lebenswerk - und nach einem kurzem Probelauf stürzt dieser Lift in sich zusammen wie eine Konstruktion aus riesigen Streichhölzern. Nach Augenblicken schmerzlichen Entsetzens sagt Sorbas zu seinem englischen Freund und Gönner: „Boss, war das nicht ein wunderbarer Krach?!" Und dann tanzt er mit ihm Sirtaki. Solch eine genussvolle Zerstörung gibt es am Ende des 007-Films, beim show down, wenn das Zentrum des Bösen – sei es die ausgehöhlte Insel, in der das Raketenzentrum des Bösewichts sich

befindet oder sei es ein anderes Zentrum des Schlechten – unter Bonds Einwirkung in die Luft fliegt.

Was ist das für eine rätselhafte Anziehungskraft, die Zerstörung auf uns aus-
übt? Sie macht Angst und sie fasziniert zugleich.

Das Kultige, das abstossend-anziehende der Zerstörung, zeigt sich auch in
dem Erfolg des Massenmediums einer 13,5 Millionen-Stadt wie Lagos in
Nigeria. Dort gibt es viele arme Menschen, die sich keine Zeitung kaufen
können. Ein dort verbreitetes Informationsorgan ist die Plakatzeitung. Der
über ganz Afrika bis in den Süden erfolgreichste Verlag für Plakatzeitungen
bringt nun eine massive Ansammlung von Gewalttat, Verbrechen und Zerstörung in Wort und Bild. Trauben von Menschen versammeln sich vor diesen
Darstellungen. Ein Gang jedoch durch die Regale im Media-Markt oder
durch Saturn belehrt uns, dass dieses Angebot sich hier bei uns wohl der
komfortableren Form (der elektronischen auf DVD), nicht aber dem Inhalt
nach unterscheidet. Ein offensichtlich erfolgreiches Angebot auf dem Markt
ist das „Kettensägenmassaker". Die Liste der auf DVDs angebotenen Zerstö-
rungsphantasien und virtuellen Untergänge und Katastrophen lässt sich beliebig verlängern.

Es wäre nun aber unrealistisch, würden wir uns auf die Zerstörungsspiele im
Kinderzimmer und auf die kultigen *Darstellungen* der Zerstörung, auf das
Virtuelle, beschränken. Die Realität und die Realisierung der Zerstörung und
der mit ihr verbundene Kult ist das ungleich bedrängendere und schwerere
Thema. Ebenso die geschehene Zerstörung und heute geschehende Zerstörung. Letztere, die heute aktuelle Form des Zerstörens, wird im folgenden
noch thematisier werden.

Aber zunächst die historische Erinnerung. Die umfassendste Zerstörungsge-
schichte des 20. Jahrhunderts war die des Zweiten Weltkrieges. Was auf den
Nürnberger Reichsparteitagen der NSDAP in einem quasi-religiösen Kult
zelebriert wurde, nämlich der Kult der totalen Macht, das hat sich realisiert
und entladen als Macht der Zerstörung in einer globalen Orgie der Gewalt,
die etwa 55 Millionen Menschen das Leben kostete.

Was die Menschheitserfahrung der nationalsozialistischen Zerstörungswucht
so einmalig und beispiellos dastehen lässt, ist die offensichtlich völlige
Selbstzwecklichkeit, mit der hier die Zerstörung, die Vernichtung von
menschlichem Leben betrieben wurde. Sebastian Haffner hat darauf wiederholt hingewiesen. Grausame Herrscher gab es viele in der Geschichte: Nero,
Josef Stalin, Idi Amin, Sadam Hussein und alle dieser Art waren grausame
Herrscher. Hitler ebenfalls. Aber bei ihm kam etwas hinzu, das mit „Grau-
samkeit" nicht zureichend beschrieben werden kann. „Das Besondere an
Hitler ist, dass er auch dann morden ließ, und zwar in einem unvorstellbaren
Ausmaß, wenn ihm die Staatsraison nicht den geringsten Grund oder auch
nur einen Vorwand dafür bot. Ja, manchmal waren seine Massenmorde seinem politisch-militärischen Interesse geradezu entgegengesetzt. Den Krieg
gegen Russland z.B., der militärisch, wie wir jetzt wissen, nicht zu gewinnen

war, hätte er politisch vielleicht gewinnen können, wenn er als Befreier statt als Ausrotter aufgetreten wäre. Aber seine Zerstörungslust, seine Mordlust war stärker als seine gewiss nicht geringe Fähigkeit zum politischen Kalkül... ‚Wenn an der Front die Besten fielen‘, hatte er schon in ‚Mein Kampf‘ geschrieben, ‚dann konnte man zu Hause wenigstens das Ungeziefer vertilgen‘. [...] Also die Vertilgung, die Zerstörung von Menschen, die für Hitler Ungeziefer waren, hatte mit dem Krieg nur insofern einen Zusammenhang, als der Krieg zu Hause die Aufmerksamkeit davon ablenkte. Im Übrigen war sie für Hitler Selbstzweck, nicht etwa ein Mittel zum Sieg oder zur Abwendung der Niederlage."[1] Zuletzt richtete sich dieser völlig verselbständigte und selbstzweckliche Zerstörungswille gegen das deutsche Volk, wie die beiden Führerbefehle vom 18. und 19. März 1945 belegen. Hitler wollte den Deutschen und zwar ausnahmslos allen, die Möglichkeit des Überlebens wegnehmen. Der Befehl lautete: „Alle militärischen, Verkehrs-, Nachrichten-, Industrie- und Versorgungsanlagen [...] sind zu zerstören". Und Hitler erläuterte dazu: „Wenn der Krieg verloren geht, wird auch das Volk verloren sein. Es ist nicht notwendig, auf die Grundlagen, die das deutsche Volk zu seinem primitivsten Weiterleben braucht, Rücksicht zu nehmen. Im Gegenteil ist es besser, selbst diese Dinge zu zerstören. Denn das Volk hat sich als das Schwächere erwiesen, und dem stärkeren Ostvolk gehört ausschließlich die Zukunft. Was nach diesem Kampf übrig bleibt, sind ohnehin nur die Minderwertigen, denn die Guten sind gefallen."[2]

Da sind Beobachtungen beschrieben, Schlaglichter noch nicht analysiert und gedeutet, sondern Szenen, Bilder, Ereignisse genannt, die zeigen, dass das Thema „Zerstörung" verschiedene Ebenen hat und ganz verschiedene Dimensionen aufreißt: von der lustvollen Zerstörung im Kinderzimmer über den etwas gruseligen Feierabend-Spaß mit James Bond bis zur abgründigen Dämonie einer völlig verselbständigten Zerstörungswut.

Im zweiten Teil möchte ich stärker *analysierend* vorgehen, um die aktuellen Merkmale der Möglichkeit und der Gefahr der Zerstörung, mit denen wir heute konfrontiert sind, in den Blick zu bekommen. Im dritten Teil werde ich eine *Deutung* riskieren.

2.   Analysen

2.1.   *Zerstörerische Allmacht: Los Alamos und Robert Oppenheimer*

„Am 16. Juli 1945 wurde die erste Atombombe, die es in der Menschheitsgeschichte gegeben hat, in der Wüste von Neu-Mexiko gezündet. Leiter dieses Unternehmens war bekanntlich Robert Oppenheimer. Ein Beobachter, der ihn

---

[1]   Sebastian Haffner (1978), S. 156f.
[2]   Vgl. a.a.O. S. 197.

genau betrachtete, berichtet: Als die Uhr die letzten Sekunden vor der Explosion tickte, wurde Oppenheimer immer nervöser. Ich zitiere: ‚Er konnte kaum noch atmen – als ein unerhörter Lichtschwall aufschoß, gefolgt von einem dumpfen Brüllen der Explosion, da erschlafften seine Züge und zeugten von einer unendlichen Erleichterung.' Oppenheimer selbst erinnerte sich, daß in diesem Augenblick zwei Verszeilen aus der Bhagavadgita für ihn lebendig wurden; es sind die folgenden: ‚Ich bin der Tod, der Welten sprengt, harrend der Stunde, da sie für das Gericht gereift sind.'"

Die Religionswissenschaftler nehmen dies als ein prominentes Beispiel für den Phasenwechsel zwischen religiösem Erleben und rein weltlichem, profanem Erleben.

Und in der Tat ist es so, dass wir es in dieser Situation, in der zum ersten Male in der Menschheitsgeschichte die Möglichkeit der globalen atomaren Zerstörung in die Hand des Menschen gegeben ist, mit einer religiösen Dimension zu tun haben. „Hier liegt keine technische Situation mehr vor. Es ist vielmehr Bhagavan, der mit diesen Worten spricht, eine religiöse Situation ist eingetreten.", sagt der Religionspsychologe Hjalmar Sundén. „Bedenken wir, daß die Worte aus der Bhagavadgita eine direkte Rede darstellen. Wer redet da? Und wen spricht er an?" Die Bhagavadgita ist ein Teil des großen Epos der Inder, des Mahabarata. Die Haupthandlung in diesem Epos führt zu einem entsetzlichen Kampf zwischen Verwandten, den fünf Brüdern Pandavas und ihren Vettern, den 100 Kauravas, um das Königreich von Bharata. Zu Beginn der Bhagavadgita ordnen sich die Heere zum Streit. In der einen Schlachtreihe kommt Arjuna mit seinem Streitwagen. Und dieser Arjuna ist voller Angst und hat Zweifel, ob er das darf, ob es richtig ist, Verwandte und andere Mitmenschen zu erschlagen. Er scheut vor dem Morden, vor der Zerstörung von Leben zurück. Da ergreift sein Wagenlenker das Wort. Aber in diesem Wagenlenker tritt in Wirklichkeit der Gott Krishna auf den Plan, ja sogar Bhagavan, der große, der einzige Gott selbst. Und der ermahnt Arjuna, seine Pflicht zu erfüllen, gehorsam zu sein gegenüber dem Ganzen, das mit der Stimme Bhagavans spricht. „Ich bin der Tod, der Welten sprengt, harrend der Stunde, da sie für das Gericht gereift sind." Diese Stimme spricht in dem Moment der ersten Atomexplosion.

Ich deute dies so: Da ist das kleine normal empfindende menschliche Ich des Robert Oppenheimer. Dies Ich hat Angst und sagt: Was tust du da? Du kleiner sterblicher Mensch, dieser Schritt gibt dir und der Menschheit ab heute Allmacht zur Zerstörung, entsetzlich viel mehr Macht, als du verantworten kannst, als überhaupt Menschen verantworten können. Hier bist du mehr als du bist. Und dann schlägt das um und Oppenheimer identifiziert sich mit diesem übergroßen Ich: Ich bin wie Gott, Allerschaffer, Allzerstörer: ich bin der Tod, der Welten sprengt.

Am Beispiel der Atombombe kommt hier tatsächlich die theologische Dimension ins Spiel. Der Kult der Zerstörung hat in der Tat mit Gott und mit den Göttern unserer Zeit zu tun. „Allmacht" ist gemäß der überlieferten Sprache des Glaubens ein Prädikat Gottes. Nun tritt mit der Atombombe die Allmacht auf den Plan als Allmacht des Menschen, aber als negative Allmacht, als die Macht zur Zerstörung von allem. Mit 24-fachem Overkill. Ich bin der Tod, der Welten sprengt. Und selbst wenn das Wunder der Vernunft von Pjönjang bis Teheran, von Moskau bis Tel Aviv und Washington um sich greifen und dazu führen sollte, dass alle atomaren Waffen vernichtet würden, so wird doch die Menschheit von nun an mit der Möglichkeit der totalen Zerstörung leben müssen. Denn die Formel ist nicht mehr aus der Welt zu bringen.

2.2. Schöpferische Allmacht

Das Gegenteil davon gibt es auch, nicht die Allmacht zur Zerstörung, sondern die Vorstellung und das Verlangen nach schöpferischer Allmacht. Dazu ein Beispiel: Ich erlebte am Fernseher eine Diskussion mit, die sich um das Thema der Gentechnik drehte. Teilnehmer waren der Journalist Hermann Schreiber, die Präsidentin der Ethik-Kommission des Europarates Frau Dr. Lenoir, der Internist Prof. Linus Geißler von der Uniklinik Bonn, Dr. Hermann Barth von EKD-Kirchenamt und der prominente amerikanische Genforscher Dr. Richard Seed. Er stellte in dieser Runde seine Vorstellung von der gentechnischen Schöpfung des Menschen der Zukunft und von den großen Möglichkeiten des Klonens von Menschen vor. „Zweifellos müssen wir für die künftigen Menschen größere Köpfe entwickeln, weil wir mehrere Gehirne rekombinieren müssen." Diese Aussage betonte Richard Seed mit einer untermalenden Bewegung, die auf den etwa dreifachen Umfang eines jetzigen normalen Kopfes schließen ließ. Auf erschreckte kritische Rückfragen und den Hinweis, dass doch solche Konstruktionen und das Klonen eine unverantwortliche Grenzüberschreitung seien, antwortete er: „Aber ich bitte Sie! Wo leben Sie eigentlich? Das ist doch wunderbar! Ich bin ein gläubiger Methodist. Und Gott hat uns doch das ewige Leben verheißen. Klonen bedeutet ja, dass ich ewig leben kann – in identischen Fortsetzungen. Gott will, dass wir ewig leben."

Auch dies ist eine Allmachtsvorstellung. Jetzt nicht mehr als Allmacht der Zerstörung, sondern als Macht des Menschen. Nämlich das, was der Glaube als Inhalt der göttlichen Verheißung allein von Gott empfängt und empfangen kann („Ich lebe, und ihr sollt auch leben", sagt Jesus in Johannes 14,19), das ewige Leben, das Leben jenseits des Todes, nun nicht mehr empfangen zu dürfen, sondern herstellen zu können. Ewiges Leben als Produkt des Menschen.

Nehmen wir beides zusammen – Oppenheimers Erfahrung und die gentechnischen Projektionen eines Außenseiters[3] – so wir deutlich, dass hier offen-

---

[3] Ich gehe davon aus, dass Seed ein Außenseiter ist und dass die Technik- und Machbarkeitsgläubigkeit in dieser moralisch hemmungslosen Form von der relevanten Mehrheit der in der gentechnischen Industrie Tätigen nicht geteilt wird.

sichtlich zweierlei eine Rolle spielt: einerseits nämlich die Erfahrung unserer Kleinheit und Angst und die Erfahrung der Größe unserer Möglichkeiten im Schaffen und Zerstören, das Bewusstsein der Sterblichkeit und die Angst vor dem Tod auf der einen Seite und andererseits die zerstörerische Allmachtserfahrung (ich bin der Tod, der Welten sprengt) und schöpferische Allmachtsphantasie (ich plane, konstruiere ewiges Leben).

Die Erfahrung von Kleinheit und Größe ist es auch, die in Psalm 8 zum Ausdruck kommt, und doch einen ganz anderen Klang hat:

> [4]Wenn ich sehe die Himmel, deiner Finger Werk, den Mond und die Sterne, die du bereitet hast: [5]was ist der Mensch, dass du sein gedenkst, und des Menschen Kind, dass du dich seiner annimmst. [6]Du hast ihn wenig niedriger gemacht als Gott, mit Ehre und Herrlichkeit hast du ihn gekrönt. [7]Du hast ihn zum Herrn gemacht über deiner Hände Werk, alles hast du unter seine Füße getan.

Aber hier ist etwas, das die Erfahrung des Beters aus dem Bundesvolk Israel deutlich von der Allmachts- und Ohnmachtserfahrung des modernen Menschen unterscheidet. In Psalm 8 gibt es eine Instanz, die den Menschen davor bewahrt, dass das Bewusstsein seiner Kleinheit das Verlangen nach Größe ins Dämonische treibt und in die Selbstvergötterung (und damit erst zerstörerisch wird); die ihn davor bewahrt, dass das Bewusstsein seiner Nichtigkeit in den Allmachtswahn umschlägt; dass seine Angst vor dem Tod ihn in die Dämonie treibt. Da ist eine Instanz, die uns davor bewahrt, dass unser Eingespanntsein in diesen Gegensatz zwischen Gott und der Nichtigkeit uns zerreißt zwischen Angst und Größenwahn: diese Instanz ist Gott selbst. Die Erfahrung von Kleinheit und Größe in Psalm 8 ist umgeben von Gott. „Herr, unser Herrscher, wie herrlich ist dein Name in allen Landen" – so heißt es am Anfang und am Schluss dieses Gebetes.

Die Beziehung zu dieser letzten Instanz, die uns ins Sein ruft und die uns zum Sein verpflichtet, ist es, die sich für den modernen Menschen verändert, offensichtlich grundlegend verändert hat. Hans Jonas sagt: „Es besteht eine unbedingte Pflicht der Menschheit zum Dasein, die nicht verwechselt werden darf mit der bedingten Pflicht jedes Einzelnen zum Dasein. Über das individuelle Recht zum Selbstmord läßt sich reden, über das Recht der Menschheit zum Selbstmord nicht."[4] Die Möglichkeit dazu hat sie, aber nicht das Recht.

Ich bin überzeugt, dass die unbedingte Pflicht zum Dasein, die Jonas mit Recht betont, nur dann fest gebaut ist, wenn wir uns als von der letzten absoluten Instanz, von Gott in die Pflicht genommen verstehen. Denn warum sollen wir uns nicht als Allmächtige verhalten im Verfügen über Sein oder Nichtsein, wenn wir die Mächtigsten sind, wenn es über uns keinen Allmächtigen gibt?

Ich werde im letzten Kapitel auf dieses Thema der Beziehung zu Gott als absoluter Instanz zurückkommen.

---

[4] Hans Jonas (1980), S. 80.

Jetzt möchte ich kurz bei der Beobachtung verweilen, die am Beispiel von Oppenheimer und Seed deutlich wurde: nämlich, dass im technologischen Fortschritt Schöpfung und Zerstörung nahe beieinander liegen.

2.3. Schöpferische Zerstörung

Es ist mir aufgefallen, dass bei einem klassischen Theoretiker der Volkswirtschaft genau das gleiche Phänomen im Zentrum steht. Denn der Begriff der „Schöpferischen Zerstörung" ist ein Begriff aus der Ökonomie, der von Joseph Alois Schumpeter[5] geprägt wurde. Seine Kernaussage besagt:

1. Jede ökonomische Entwicklung baut auf dem Prozess der schöpferischen bzw. kreativen Zerstörung auf. Durch die Zerstörung von alten Strukturen werden die Produktionsfaktoren immer wieder neu geordnet. Die Zerstörung ist also notwendig, damit Neuordnung stattfinden kann. Auslöser für die schöpferische Zerstörung sind Innovationen, die von den Unternehmern vorangetrieben werden mit dem Ziel, sich auf dem Markt durchzusetzen. Er sagt: „Die Eröffnung neuer, fremder oder einheimischer Märkte und die organisatorische Entwicklung vom Handwerksbetrieb und der Fabrik zu solchen Konzernen wie dem U.S.-Steel illustrieren den gleichen Prozeß einer industriellen Mutation – wenn ich diesen biologischen Ausdruck verwenden darf – der unaufhörlich die Wirtschaftsstruktur ‚von innen heraus' revolutioniert, unaufhörlich die alte Struktur zerstört und unaufhörlich eine neue schafft. Dieser Prozeß der „schöpferischen Zerstörung" ist „das für den Kapitalismus wesentliche Faktum. Darin besteht der Kapitalismus und darin muß auch jedes kapitalistische Gebilde leben."

2. „Diese Revolutionen sind nicht eigentlich ununterbrochen; sie treten in unsteten Stößen auf, die voneinander durch Spannungen verhältnismäßiger Ruhe getrennt sind. Der Prozeß als ganzer verläuft jedoch ununterbrochen – in dem Sinne, dass immer entweder Revolution oder Absorption der Ergebnisse der Revolution im Gange ist; beides zusammen bildet das, was als Konjunkturzyklus bekannt ist."

Halten wir also fest: Nach Schumpeter ist das Gesetz unseres Wirtschaftssystems, des Kapitalismus:

- Unaufhörliche, kontinuierliche (wenn auch nicht ununterbrochene) Revolution. Revolution ist also nicht nur das Merkmal antikapitalistischer, sozialistischer oder kommunistischer Programme, sondern Wesensmerkmal des Kapitalismus.
- Es handelt sich hier zwar um die Revolution der Wirtschaftsstruktur, aber betroffen sind alle Lebensbereiche und die gesamte Gesellschaft.
- „Revolution" bedeutet: Zerstörung und schöpferische Innovation. Zerstört wird alles, was der Innovation im Wege steht. Das sind soziale Strukturen,

---

[5] Vgl. Joseph Alois Schumpeter (1942: Original) und (1987).

das sind die ökologischen Strukturen der Umwelt (Wasser, Erde, Luft), das sind kulturelle Strukturen (denken wir z.B. an indianische Religiosität, – das berühmte Gedicht des Häuptlings von Seattle, – die Religiosität, für die Erde, Baum und Fluss beseelte Partner sind, nicht etwa Materie oder Gegenstände),

- Das Ziel schöpferischer Zerstörung ist es, sich auf dem Markt durchzusetzen. Die Rücksichtslosigkeit und der zerstörerische Umgang mit dem, was nicht hergestellt, sondern geworden, entstanden, gewachsen ist, ist nicht nur ein Versehen oder Betriebsunfall, sondern Merkmal des Systems. Die Unzulänglichkeit des bisher Gewordenen gilt als das Selbstverständlichste. Es muss weichen, es ist hinderlich und sonst nichts. Dagegen setzt ein verantwortungsvolles Handeln auf (mit den Worten von Hans Jonas) die „wesenhafte Zulänglichkeit" des Gewordenen.

Weil es das Ziel des ökonomischen Handelns ist, sich gegen Konkurrenten auf dem Markt durchzusetzen, kommt es darauf an, stärker, größer, schneller zu sein als die anderen, d.h.: unaufhörliches Wachstum ist eine wirtschaftliche Notwendigkeit.

Wir können es an unserem alltäglichen Sprachgebrauch ablesen, dass es sich bei diesem Faktum nicht um bloße Theorie handelt, sondern um so etwas wie einen modernen Glaubenssatz. Wachstum ist unendlich und allgegenwärtig, das ist Inhalt eines säkularen Glaubensbekenntnisses. Das schließe ich daraus, dass Wachstum auch dann als gegenwärtig geglaubt wird, wenn es nicht gegenwärtig ist, wenn also Stillstand herrscht – dann heißt es „Null-Wachstum". Mehr noch: Es wird auch dann als gegenwärtig geglaubt, wenn das Gegenteil von Wachstum stattfindet, nämlich Abnehmen, Rückgang, dann heißt es „Minus-Wachstum". „Allgegenwart" ist ein Prädikat Gottes, was sonst außer Gott noch Allgegenwart beansprucht, das gehört zu den Göttern unserer Zeit.

Wenn Schumpeter von „schöpferischer Zerstörung" spricht, dann haben wir Grund genug, von gegengeschöpflicher Zerstörung zu sprechen. Zerstörung ist unvermeidlich, wenn etwas, was der Natur nach begrenzt ist, als unbegrenzt angesehen und behandelt wird. „Die weltweite technologische und ökonomische Fortschrittsdynamik", so sagt Hans Jonas, „birgt als solche einen impliziten Utopismus in sich, der Tendenz, wenn nicht dem Programm nach." Und dieser Utopismus ist zur gefährlichsten „Versuchung der heutigen Menschheit geworden"[6]. Der Unbescheidenheit, ja dem Größenwahn der „schöpferischen Zerstörung" und ihrer Zielsetzung muss eine neue Demut und Bescheidenheit entgegengesetzt werden, mit der wir die Unversehrtheit unserer Welt und unseres Wesens gegen die Übergriffe unserer Macht schützen und bewahren.

---

[6] Hans Jonas (1980), S. 9.

Wenn wir die Beziehung zur Dimension des real Ewigen und Unendlichen verlieren[7] und unendliche Erwartungen auf die endliche Welt und Natur übertragen, wird Zerstörung unausweichlich.

Es gibt in Luthers Römerbriefauslegung von 1515/16[8] eine wunderbar hellsichtige, geradezu prophetische Passage, in der Martin Luther auf dieses Syndrom der Verwechslung von Endlichem und Unendlichem zu sprechen kommt. Ohne Beziehung zu Gott macht sich in uns ein unstillbarer Hunger breit, den wir zu stillen versuchen durch die Aneignung von weltlichen Dingen auf dem Wege wissenschaftlicher und technischer Verwertung. Aber paradoxerweise laufen wir uns selbst so immer mehr davon. So wird nicht nur der Mensch selbst „nichtig", sondern auch die Kreatur. Denn alles was Gott schuf war „sehr gut" (Genesis 1,31) und „alle Kreatur Gottes ist gut" (1.Timotheus 4.4), Gras und Früchte und Tiere. Aber der Mensch mag die Dinge nicht sein lassen, wie sie in sich wirklich sind, er erkennt sie nicht, wie sie „an sich" sind, er lässt sie nicht gegenüber sein in ihrer gottgeschaffenen Güte. Er erträgt nicht die Externalität des Guten. Was Wohltat ist, wird ihm zur Qual. Die Wissenschaft (scientia) und die verwertende Technik (cognitio) ruhen nicht eher, als bis sie alles nach ihrem Bilde verformt haben, nach dem Bild des *Menschen,* der alles auf sich bezieht und alles aneignet. Die Kreatur wäre nicht so nichtig, wenn der Mensch nicht wäre, der in die ihn umgebende kreatürliche Wirklichkeit projiziert, was sie in Wirklichkeit nicht ist, und der sie verwandelt und verwertet im Dienste von Bedürfnissen, für die sie nicht geschaffen ist. So werden aus ihnen Dinge, die „voll Trauerns sind". Er überfrachtet sie „lächelnd" durch „wunderlich mächtige Gedankengebäude" (ridentes congerunt cognitiones mira potentia)[9] und überfordert sie, indem er mit ihr Bedürfnisse decken will, die auf diese Weise nicht zu stillen sind – im Gegenteil, der Hunger wird immer gefrässiger und breitet Nichtigkeit und Zerstörung aus durch den „verkehrten Genuss" (perverse fruitioni)[10]. Er will Lebensfülle aus den Dingen ziehen, aber dort, wohin er sie zieht, ist nicht Leben, sondern die Krankheit zum Tode. Mit eigenen Worten: Wir sind unweigerlich religiöse Wesen. Wir haben ein Verlangen nach Sinn und dieses kann nur in der Dimension des Religiösen, des Ewigen gestillt werden. Wenn aber unser religiöses Verlangen nicht mehr auf den unendlichen Gegenstand der Religion bezogen ist, sondern säkularisiert wird, d.h. auf das Endliche projiziert wird, dann wird der Sinnhunger unstillbar, er wächst und will immer mehr, die Frage nach den Sinn unseres Daseins soll also durch die Aneignung von immer mehr Dingen zufrieden- und ruhiggestellt werden. Das wirkt zerstörerisch. Es handelt sich um eine profanisierende Transsubstantiation der Qualität des Sinns in Quantität.

---

[7] Vgl. P. Tillich (1942).
[8] Martin Luther (1515/16), S. 371.
[9] A.a.O. S. 372.
[10] A.a.O. S. 373.

3.   Deutung

Ich komme in diesen dritten Teil zurück auf das Kinderzimmer und beziehe
mich dabei auf den Psychoanalytiker Horst Eberhard Richter und sein Buch
„Der Gotteskomplex. Die Geburt und die Krise des Glaubens an die Allmacht
des Menschen".[11] Er sagt, es gäbe verhaltensauffällige Kinder, die sich auf
eine für ihre Umwelt, d.h. besonders ihre Eltern schwer verständliche und
ziemlich anstrengende Weise verhalten. Sie seien aus ihrem ursprünglichen
völlig unbegrenzten Vertrauen herausgefallen. Sie misstrauten ihren Eltern
und fühlten sich des Schutzes derer, auf deren Schutz sie angewiesen sind,
nicht mehr sicher. Diese Unsicherheit versuchten sie dadurch auszugleichen,
dass sie alles, was mit ihnen und um sie herum passierte, unter Kontrolle
haben wollten. Sie wollten nichts mit sich geschehen lassen. Sie könnten
abends nicht einschlafen – einschlafen ist ja ein Sich-fallenlassen, die Kontrolle verlieren, ist komplette Bewusstlosigkeit und Verteidigungsunfähigkeit.
Und wenn, dann höchstens wenn das Licht angeschaltet und die Tür offen
bliebe. „Was hinter ihrem Rücken passiert, ist für ihr Empfinden stets be-
drohlich und unheilverheißend. Und niemand darf mit ihnen etwas machen,
was sie nicht wollen. Nicht einmal der Zufall darf sich einmischen."[12] Sie
sagen gerne „nein", wenn die Erwachsenen ihnen etwas sagen. Sie wollen
ihre Selbständigkeit verteidigen. „Sie wollen es selbst in der Hand haben,
wann, wie oft und was sie essen und was sie überhaupt tun."

Solche Kinder haben eine besonders schnelle Auffassungsgabe und Wahr-
nehmungsfähigkeit, denn viel wissen bedeutet ja Sicherheit. Sie haben Angst,
und sie müssen rechtzeitig wissen, was auf sie zukommt. Aus ihrer Phantasie
tödlich bedrohender Ohnmacht fliehen sie in die narzisstische Allmacht. Da
hilft es nichts, wenn man dem Kind klarmacht, dass seine Widerspenstigkeit
beim Essen oder Einschlafen ihm körperlich schadet. Es will sich ja durch
Berechnung und Kontrolle sichern. Der Grund dafür ist verstandesmäßig
nicht erreichbar, es ist ja das Gefühl des Bedrohtseins, des Ausgeliefertseins.
„Hier entscheidet die emotionale Logik, dass vernichtende Ohnmacht nur
durch überkompensatorische Allmacht und Allwissenheit abgewendet werden könne. Und nur ein anderes emotionales Grundverhältnis zur Welt könnte eine hilfreiche Wendung bringen."[13]

Nun sagt Horst Eberhard Richter: „Es läßt sich vermuten, daß sich in den
Europäern beim Übergang vom Mittelalter in die Neuzeit Prozesse abgespielt
haben, die dem hier erläuterten kindlichen Reaktionsmuster verwandt sind,
und daß wir immer noch von den Konsequenzen dieser Prozesse betroffen
sind."[14] Die mittelalterlichen Menschen fühlten sich in ihrer Gotteskindschaft
sicher und geborgen, ein Zustand von einer Art kindlich-gläubigen Urver-

---

[11] Horst Eberhard Richter (1979).
[12] A.a.O. S. 19.
[13] A.a.O. S. 21.
[14] Ebd.

trauens. Dieses Gefühl, so meint Richter, hat sich zunehmend vermindert und entsprechend stärker wurde das Bedürfnis, sich Machtmittel anzueignen, um die Unheimlichkeit zu bannen. Wachsendes Unsicherheitsgefühl im Verhältnis zu Gott erzwang einen Ausgleich durch narzistische Selbstsicherung. Darin war von Anfang an die Tendenz des Umschlags von völliger Abhängigkeit zur eigenen Identifikation mit der göttlichen Allmacht und Allwissenheit. „Und tatsächlich trägt die folgende Entwicklung viele Züge des von der Psychoanalyse beschriebenen Reaktionsmusters der Flucht aus narzistischer Ohnmacht in die narzistische Omnipotenz". Nachdem der moderne Mensch den göttlichen Schutz glaubte verloren zu haben, wird das Selbstbewußtsein des autonomen Ich zum Garanten des modernen Sicherheitsgefühls. „In psychoanalytischer Betrachtungsweise kann man von einer narzistischen Identifizierung sprechen. Die grandiose Selbstgewißheit des Ich ist an die Stelle der Geborgenheit in der großen idealisierten Elternfigur getreten. Deren gewaltige Macht taucht nun als maßlose Überschätzung der eigenen Bedeutung und Möglichkeiten auf. Das individuelle Ich wird zum Abbild Gottes." „Der psychische Hintergrund unserer so imposant scheinenden neueren Zivilisation ist nichts anderes als ein von tiefen unbewältigten Ängsten genährter infantiler Größenwahn. Wie das Kind, das sich gewaltsam und illusionär selbst in eine allmächtige Elternfigur verwandelt, um seinen unverläßlichen Eltern nicht länger wehrlos ausgeliefert zu sein, trägt unsere Zivilisation seit damals zahlreiche Merkmale einer krampfhaften Selbstüberforderung." Die kontinuierliche Erweiterung der technischen Macht über die Welt und die Erweiterung der Selbstsicherung durch stetiges wirtschaftliches Wachstum wird „immerfort gleichgesetzt mit einer allmählichen Annäherung an das Ziel, der Unendlichkeit habhaft zu werden und die Grenzen der menschlichen Existenz zu sprengen." Das ist ein „objektiv selbstmörderischer Größenwahn."[15] Das ist zerstörerisch. Den Turm, den das Kind selbst gebaut hat, darf es auch umstürzen. Die globale zivilisatorische Welt, die künstlich-kunstvoll hergestellt, die unser Produkt ist, nichts naturhaft Gewordenes und Entstandenes, diese Welt können wir in gottgleicher Macht auch zerstören: Ich bin der Tod, der Welten sprengt. Das ist die Logik des Allmachtswahnes, der aus der Ohnmachtsangst sich immer wieder hervortreibt.

Gibt es einen Weg aus diesem gefährlichen Syndrom aus Ohnmacht und Allmacht? Ich sehe keinen anderen als den Weg der Demut des Glaubens, der sagt: „Lehre mich doch, dass es ein Ende mit mir haben muss und mein Leben ein Ziel hat und ich davon muss. [...] Denn ich bin ein Gast auf Erden und ein Wanderer wie alle meine Väter" (Psalm 39,5;13). Dies ist eben kein trostloses Eingeständnis, sondern das Wort eines getrösteten und gehaltenen Menschen. „Nun, Herr", sagt er, „wessen soll ich mich trösten? Ich hoffe auf dich" (V.8). Vor Gott und durch ihn kommt unser Taumel zwischen Ohnmachtsangst und Allmachtswahn in die Ruhe des rechten Maßes. Und wir können uns einstimmen in die Grenzen unseres irdischen Daseins. „Lehre uns bedenken, dass wir sterben müssen, auf dass wir klug werden" (Psalm 90,12).

---

[15] A.a.O. S. 31.

Literaturverzeichnis:

HAFFNER, SEBASTIAN (1978): Anmerkungen zu Hitler, (11. Auflage), München 1978.

JONAS, HANS (1980): Das Prinzip Verantwortung. Versuch einer Ethik für die technologische Zivilisation, Frankfurt.

LUTHER, MARTIN (1515/16): Vorlesung über den Römerbrief; in WA 56.

RICHTER, HORST EBERHARD (1979): Der Gotteskomplex. Die Geburt und die Krise des Glaubens an die Allmacht des Menschen, Hamburg.

SCHUMPETER, JOSEPH ALOIS (1942): Capitalism, Socialism and Democracy, New York.

DERS. (1987): Kapitalismus, Sozialismus und Demokratie, (6. Auflage), Tübingen.

TILLICH, PAUL (1942): Die verlorene Dimension. Not und Hoffnung unserer Zeit, Hamburg.

Johannes Rüegg-Stürm

Aufbauendes Management im Kontext von Ungewissheit und Unverfügbarkeit[1]

> Zu einer verantwortlichen Unternehmensführung gehört also auch, dass deren eigene Wertorientierung nicht mehr nur hintergründig und damit irrational mitschwimmt und mitbestimmt, während die Szene von Zahlen und Scheinfacts beherrscht wird. Die kritisch bewusste Ausarbeitung einer maßgeschneiderten, hauseigenen Management-Philosophie unter wirtschaftsethischen Gesichtspunkten gehört im Gegenteil zu den konstitutiven Elementen einer Unternehmungspolitik.
>
> Alfred Jäger[2]

Zwischen Glaubenspraxis und Management, zwischen Theologie und Managementwissenschaft wird mancherorts, und nicht selten in kirchlichen Kreisen, ein unversöhnlicher Widerspruch geortet. Auf der einen Seite die Heilszusage Gottes, gekleidet in utopistische Sonntagsrhetorik, auf der anderen Seite knallharter Wettbewerb auf Güter- und Arbeitsmärkten, täglich erfahrbar als erbarmungslose ökonomische Alltagswirklichkeit – so polar artikulieren sich entsprechende Wahrnehmungen. Im Kontrast dazu hat Alfred Jäger[3] vor dem Hintergrund wachsender Herausforderungen diakonischer Organisationen zeit seines Wirkens versucht, diese vordergründig unvereinbaren Lebenswirklichkeiten und Wissenschaftsdisziplinen zueinander in ein konstruktives Verhältnis zu setzen und vorhandene Berührungsängste abzubauen. Dabei hat er sich an einem Verständnis von Management orientiert, wie es an der Universität St. Gallen vor allem in den siebziger und achtziger Jahren entwickelt und propagiert worden ist und einen eigentlichen Managementansatz, den St. Galler Systemansatz, begründet.

Was genau dürfte nun – über die regionale Verbundenheit von Alfred Jäger mit der Ostschweiz hinaus – für die Wahl des St. Galler Systemansatzes gesprochen haben? Mit anderen Worten wäre zu zeigen, warum gerade ein *systemisches Verständnis* von Management, Organisation und Führung, was seine explizite und implizite *Wertorientierung* betrifft, in besonderer Weise *anschlussfähig* sein soll an die frohe Botschaft des Neuen Testaments.[4]

Genau dieser Fragestellung ist dieser Beitrag zur Würdigung des Schaffens von Alfred Jäger gewidmet. Er stammt von einem an Theologie interessierten Laien und ist in diesem Sinne als essayistischer Impuls zu verstehen. Er ist wie folgt aufgebaut:

---

[1] Pater Walther Gaemperle, dem vormaligen Studentenseelsorger der Universität St. Gallen, mit dem mich eine langjährige Freundschaft verbindet, danke ich ganz herzlich für den bereichernden Dialog und viele wertvolle Hinweise zu dieser Thematik.
[2] Alfred Jäger (1981), S. 52.
[3] Vgl. Alfred Jäger (1987) und (1992).
[4] Vgl. hierzu auch Hanns-Stephan Haas (2006), 476ff.

In einem ersten Schritt werden Grundüberlegungen eines systemischen Managementverständnisses erörtert. Dabei wird zu zeigen versucht, dass Management nicht mit Ökonomie verwechselt werden sollte. Management (in einem systemischen Sinne) ist als – leider oftmals unverstandene – gesellschaftliche Funktion zu begreifen, die einer sinnhaften erfolgsträchtigen Gestaltung komplexer arbeitsteiliger Wertschöpfung im Kontext von Ungewissheit und Ambiguität dient. In einem zweiten Schritt erfolgt der wagemutige Versuch, das Neue Testament auf ein paar Kernbotschaften und zentrale Handlungsprinzipien zu verdichten. In einem dritten Schritt werden diese Überlegungen zusammengeführt und fünf Konvergenzräume skizziert, die aufzuzeigen versuchen, dass zwischen den Prämissen und Grundanliegen eines systemischen Managementverständnisses und den Kernbotschaften des Neuen Testaments überraschend viele Parallelen aufscheinen. Zusammenfassend sollen diese Überlegungen dazu beitragen, ein systemisches Managementverständnis konstruktiv in die *Identität und Mission kirchlicher und diakonischer Organisationen* integrieren zu können.

1. Ökonomie und Management

1.1. *Grundprämissen der ökonomischen Theorie*

Im alltäglichen Sprachgebrauch werden Ökonomie und Management oftmals austauschbar gebraucht. Beim Wort Ökonomie denken wir unvermittelt an Stichworte wie freier Markt, Wettbewerb, Konkurrenz, Kostendruck, finanzmarktorientierte Führung, Zwang zu Kosten-Nutzen-Überlegungen, an daraus legitimierte Restrukturierungen und dergleichen mehr.

In der Tat beschäftigt sich die Ökonomie als wissenschaftliche Disziplin mit der *effizienten Allokation knapper Ressourcen in Kontexten arbeitsteiliger Wertschöpfung.* Die ökonomische Theorie versucht, die Bedingungen wirtschaftlichen Handelns und deren Wirkungen im Mikrokontext individueller Entscheidungen und im Makrokontext der gesamtwirtschaftlichen Entwicklung erklären zu können, um daraus wirtschaftspolitische Empfehlungen abzuleiten. Dabei operiert die ökonomische Theorie mit einer Reihe folgenreicher axiomatischer Prämissen, die in dieser Form von einem systemischen Managementverständnis gerade *nicht* geteilt werden.

Eine erste Prämisse betrifft den homo oeconomicus. Die ökonomische Theorie geht von einem *gegebenen Menschenbild,* dem nutzenmaximierenden Individuum als Wirtschaftssubjekt, aus. Eine zweite Prämisse unterstellt diesem homo oeconomicus ein *rationales Entscheidungsverhalten.* Wirtschaftssubjekte entscheiden rational nach Maßgabe *bekannter Präferenzen und Entscheidungsalternativen.* Eine dritte wichtige methodologische Prämisse setzt (im Sinne des methodologischen Individualismus) das *individuelle* Entscheidungsverhalten ins Zentrum der ökonomischen Theorie. Makroökonomische

Phänomene werden im wesentlichen über die „Aggregation" (oder Aufsummierung) individuellen Verhaltens zu erklären versucht.

1.2. Eckpfeiler eines systemischen Managementansatzes

Der St. Galler Systemansatz beruht demgegenüber traditionell auf einem *systemorientierten* und in seiner neuesten Fassung[5] auf einem *systemischen* Managementverständnis. Obwohl unter dem Namen „St. Galler Management-*Modell*" bekannt geworden[6], handelt es sich bei diesem Managementansatz nicht um ein klar definiertes Gestaltungs- und Handlungsmodell mit normativem Vorbild- und Instruktionscharakter, sondern um ein Leerstellengerüst[7] und vor allem um eine *reflexionsmotivierende Denk- und Handlungsform* im Umgang mit komplexen, arbeitsteiligen, zweckorientierten soziotechnischen Systemen. In seiner aktuellen systemischen Fassung beruht der Systemansatz vor allem auf Prämissen und Implikationen der neueren Systemtheorie.[8]

1.2.1. Kommunikation

Im Zentrum eines systemischen Managementverständnisses steht *Kommunikation*. Soziale Systeme werden als Kommunikationssysteme begriffen, die aus Beziehungs- und Kommunikationsprozessen verfertigt werden, in denen Sinn konstituiert und prozessiert wird. Der Vollzug von Kommunikation kann durch Menschen beeinflusst, unterstützt, irritiert, blockiert, nicht aber deterministisch gestaltet werden. Dem Kommunikationsgeschehen kommt in einem systemischen Verständnis eine *eigenständige realitätskonstituierende Wirkung* zu. Niklas Luhmann hat diese Sichtweise wie folgt zugespitzt: Nicht Menschen kommunizieren, sondern die Kommunikation kommuniziert. Weder kann eine einzelne Person direktiv Kommunikation gestalten und steuern, noch kann Kommunikation einen einzelnen Menschen und sein Denken und Handeln völlig vereinnahmen. Menschen (verstanden als psychische Systeme) und Kommunikation (verstanden als soziale Systeme wie z.B. Familien, Teams, Unternehmungen oder öffentliche Verwaltungen) funktionieren „operational geschlossen" und bilden füreinander Umwelten, zwischen denen mehr oder weniger lose oder feste strukturelle Koppelungen bestehen. In der historischen Entstehungsgeschichte entwickeln sich in jedem sozialen System idiosynkratische Kommunikationsstrukturen und Sinnschemata (Handlungslogiken, Rationalitäten), nach Maßgabe derer jegliche Form von Daten, Impulsen, Signalen, usw. in einem schöpferischen Prozess zu systemspezifischer Information verarbeitet wird.

---

[5] Vgl. Johannes Rüegg-Stürm (2003).
[6] Vgl. Hans Ulrich/Walter Krieg (1972).
[7] Vgl. a.a.O.
[8] Vgl. Niklas Luhmann (1984), (2000) und (2002).

Wenn man aus einem solchen Blickwinkel ein Menschenbild bestimmen wollte, so müsste man sagen, dass der Mensch autonom und in diesem Sinne *prinzipiell nicht bestimmbar* ist. Er konstituiert sich und seine Identität(en) in der Kommunikation mit anderen Menschen und in der Bewältigung alltagspraktischer Herausforderungen selbst, und zwar stets im jeweils historisch gewachsenen sozialen *Kontext.*

Mit anderen Worten postulieren wir (paradoxerweise) die Unmöglichkeit der Bestimmung eines verallgemeinerungsfähigen Menschenbildes. Genauso wenig lässt sich menschliches Verhalten in Gesetze fassen. In diesem Sinne erweist sich jede Form einer naturwissenschaftlich orientierten Wissenschaftsmethodologie als problematisch und unangemessen. Wenn überhaupt könnte man höchstens von einem homo relationalis oder homo communicans sprechen. Menschen sind unabdingbar auf Kommunikation, Beziehung, Dialog und wechselseitige Teilhabe angewiesen. Alles weitere konkretisiert sich *kontingent* in einem historischen Entwicklungsprozess. Auf die ökonomische Theorie angewandt würde dies heißen, dass der homo oeconomicus überhaupt erst *durch* diese Theorie – insofern sie zum Beispiel in der Alltagskommunikation, in Anreizsystemen und dergleichen mehr *operativ wirksam* wird – erzeugt wird.[9]

1.2.2. Entscheiden und Handeln unter Ungewissheit und Ambiguität

Unternehmungen (oder Organisationen ganz allgemein) werden als Sonderfall sozialer Systeme betrachtet. Es sind kommunikative, zweckoffene *Entscheidungssysteme.* Entscheidungen werden erforderlich aufgrund eines Komplexitäts- und *Optionenüberschusses.* Komplexität meint in diesem Zusammenhang *Entscheidungszwang,* ohne dass in einer Entscheidungssituation die *Handlungsbedingungen* oder die *Handlungsfolgen* voll durchschaubar wären. Soziale Kontexte sind meistens mehrdeutig und interpretationsbedürftig, autonome Menschen sind prinzipiell unberechenbar, Kommunikationsprozesse sind in ihrer eigendynamischen Entwicklung nicht absehbar, und damit die Zukunft *prinzipiell offen und kontingent.* Mit anderen Worten ereignen (oder treffen) sich Entscheidungen in sozialen Kontexten grundsätzlich unter *fundamentaler Ungewissheit und Ambiguität.*

Vor diesem Hintergrund ist es höchst problematisch, das Geschehen in Unternehmungen direkt kausal auf Persönlichkeitseigenschaften, Neigungen, Motive oder Fähigkeiten einzelner Personen zuzurechnen und durch diese erklären zu wollen.[10] Wenn wir nachvollziehen wollen, warum sich das Geschehen in einer Unternehmung in einer bestimmten Form ereignet oder entwickelt, reicht es nicht, sich mit den Persönlichkeitsstrukturen, Motivationslagen, Präferenzen, Fähigkeitsprofilen und Biographien von Führungskräften auseinander zusetzen. Vielmehr entwickelt sich in Unternehmungen mit der Zeit so etwas wie eine *Organisationsgrammatik* (oder Unternehmenskultur).

---

[9] Vgl. hierzu eindrücklich Fabrizio Ferraro e.a. (2005).
[10] Vgl. Fritz B. Simon (2004).

Diese Organisationsgrammatik umfasst insbesondere wechselseitig unterstellte Erwartungen und Entscheidungsprämissen, an denen sich Menschen bei ihrem Entscheiden und Handeln *implizit* ausrichten. Diese machen es überhaupt erst möglich, unter Ungewissheit und Ambiguität entscheiden und handeln zu können. Überspitzt formuliert könnte man sagen, dass Organisationen im Kern *gemeinsam unterstellte operative Fiktionen*[11] darstellen. Durch implizite routinisierte Bezugnahme auf diese operative Fiktion im Entscheiden und Handeln von Personen wird diese je neu reproduziert, solange es nicht zu Friktionen und Zusammenbrüchen der Kommunikation und des allgemeinen Handlungsstroms kommt. Genau dadurch kann die operative Fiktion das Entscheiden und Handeln maßgeblich vorstrukturieren und lässt es auf diese Weise innerhalb bestimmter Grenzen *erwartbar* und *stabil* erscheinen. Wie in der Alltagssprache lässt sich aber eine Organisationsgrammatik nicht von Einzelpersonen erzeugen. Sie ist ein fragiles Produkt *gemeinschaftlicher Alltagsbewältigung und deren Reflexion.*

1.2.3. Management als Strukturierung organisationaler Kommunikation

Genau an dieser Stelle kommt Management ins Spiel. Management hat mit der Gestaltung, Lenkung und Weiterentwicklung von zweckorientierten sozialen Systemen[12] zu tun. Damit kein technokratisches „Designen" gemeint, sondern die *Strukturierung von organisationaler Kommunikation.*

Unter organisationaler Kommunikation verstehen wir nicht einfach den interpersonalen Austausch von Mitarbeitenden in einem organisationalen Kontext. Bei der Strukturierung von organisationaler Kommunikation geht es vielmehr darum, für zentrale Themen und Problemstellungen der operativen Alltagsbewältigung, der strategischen Zukunftssicherung und der normativ-ethischen Legitimation und Sinnvermittlung, die mit einem hohen Maß an Ungewissheit, Ambiguität und Konfliktpotentialen behaftet sind, *Kontexte für möglichst konstruktive Kommunikation* bereitzustellen. Wir nennen solche Kontexte Plattformen, d.h. räumlich und zeitlich abgegrenzte, vorstrukturierte Opportunitäten für gemeinsame Reflexion und Sensemaking.

Mit *Plattformen* sind somit absichtsvoll geplante, dialogische Kommunikationskontexte und Arbeitsformen (im Sinne der Anwendung gemeinschaftlich vereinbarter Kommunikationspraktiken, Spielregeln und Visualisierungshilfsmittel) gemeint, die es erlauben, Ungewissheit, Ambiguität und Konfliktpotentiale wirksam zu bearbeiten, d.h. Ungewissheit ein Stück weit in Gewissheit zu transformieren. Ein Leitbild- oder ein Strategieprozess kann eine solche Plattform darstellen. Ein gutes Ergebnis solcher Plattformen bilden in sachlich-thematischer Hinsicht geklärte Vorstellungen und Erwartungen, was das Funktionieren der eigenen Organisation und deren Umwelt betrifft, und in kultureller Hinsicht tragfähige Beziehungen und konstruktive

---

[11] Vgl. hierzu Siegfried Schmidt (2004), S. 50ff; Günther Ortmann (2007).
[12] Vgl. Hans Ulrich (1984).

Kooperationsmuster. Der Aufbau solcher Plattformen ist allerdings kein technisches Unterfangen, sondern eine „Bereitstellungsleistung" mit beschränkter Gestaltbarkeit.

Plattformen wie ein Leitbild- oder Strategieprozess sind *Unterbrechungen.* Sie unterbrechen den gewohnten Vollzug der Arbeit und schaffen eine Gelegenheit, das was selbstverständlich abläuft und die dahinter stehende, gewachsene Organisationsgrammatik aus konstruktiv-kritischer Distanz zu beobachten. In diesem Sinne dienen strategisches und normatives Management zuallererst der systematischen Ermöglichung einer *reflektierenden Selbstbeobachtung.*

Im Mittelpunkt steht dabei die *Stabilisierung* arbeitsteiliger, parallel ablaufender Entscheidungs- und Handlungsströme und untrennbar damit verbunden die Stabilisierung von Bildern, Erwartungen und gemeinsamen Bezugspunkten. Mit anderen Worten geht es immer auch um Selbstvergewisserung und um Stärkung der eigenen Identität.

Stabilisierung meint nicht Erstarrung. Damit Systeme stabil bleiben können, müssen sie sich laufend weiterentwickeln können. Damit eine solche Weiterentwicklung (im Sinne von Wandel) nicht zu einem chaotischen Zusammenbruch des Kommunikations- und Handlungsstroms führt, ist sie auf Stabilität angewiesen. Damit wir als Personen dieselben bleiben können, müssen wir uns (und unsere Identität) von Jugend auf ständig weiterentwickeln. Demzufolge beinhaltet Stabilisierung paradoxerweise stets Beides: Schließung und Öffnung, Schützen und in Frage stellen, Routinisierung und kreaktiv-schöpferische Transformation – oder gar schöpferische Zerstörung (Schumpeter). Denn jedes Entscheiden und Handeln muss zum einen kreativ in einen sich laufend fortentwickelnden Kontext eingepasst werden und dennoch bestimmten Regeln folgen, damit Andere sinnvoll daran anschließen können.

Mit anderen Worten sind, damit *gemeinschaftliches* Entscheiden und Handeln unter Ungewissheit und Ambiguität überhaupt möglich wird, *Setzungen* notwendig. Darunter verstehen wir den Aufbau verbindlicher Referenzen, d.h. Annahmen und Prämissen im Sinne von Erwartungen, Regeln, unterstellten Kausalzusammenhängen, auf die man sich im Sinne einer hypothetischen Gültigkeit verlassen können muss. Solche Setzungen kreativ zu formieren, robust zu machen und zu stabilisieren, ist eine typische Aufgabe eines Unternehmers[13] und von Management insgesamt. Allerdings können sich solche hypothetischen Setzungen (Annahmen und Prämissen) immer als unpassend und unangemessen erweisen. Daraus ergibt sich die *Paradoxie,* dass (wie vorgängig bereits erörtert) solche Setzungen einerseits verfestigt und geschützt, aber je neu auch immer wieder geöffnet, hinterfragt und weiterentwickelt werden müssen. Letzteres ist eine idealtypische Aufgabe des strategischen Managements.

---

[13] Vgl. Johannes Rüegg-Stürm (2007).

1.3. Die normative Dimension von Management als Ort der Sinnfrage

In der Literatur und in der Praxis bezieht sich strategisches Management oftmals ausschließlich auf Problemstellungen einer langfristig erfolgreichen ökonomischen Überlebenssicherung und Stärkung der Lebensfähigkeit einer Unternehmung, ohne gezielt und differenziert auch Fragen wie „Erfolg für wen?" oder „In welchem Zeithorizont?" adressiert werden.

Wird aber das Stellen solcher Fragen unterlassen, impliziert dies, dass die *ökonomische Verwertbarkeit* einer Leistung bereits den Zweck einer Unternehmung legitimiert: „The business of business is business". Mit anderen Worten wird der *Markt* zu ethischen Instanz. In der Tat kein Problem: Wir können industriell höchst erfolgreich ein rationelles Fischgeschäft betreiben und dabei die Meere irreversibel ruinieren. Wir können als Automobilhersteller (wie z.B. Toyota) maßgeschneiderte Exekutionsbusse herstellen, damit in China zu Tode Verurteilte landesweit speditiv und effizient hingerichtet werden können. Wir können gewinnbringend Elektroschockwaffen (zur Folter) herstellen und an einschlägige Regierungen und private Sicherheitsunternehmungen verkaufen. Wir können hochlukrative Medikamente und medizinische Therapien entwickeln, die Leben zwar verlängern, aber zum Preis einer höchst fraglichen Lebensqualität. Gewissermaßen zwischen die Maschen fällt bei einem solchen Verständnis von strategischem Management die *Sinnfrage*.

Diese stellen zu dürfen, scheint vordergründig absolut problemlos und ehrenwert zu sein. Aber sie birgt – und das scheint oftmals vergessen zu gehen – immer und unausweichlich das *Potential einer fundamentalen Kritik* – Kritik am Konsum von Produkten und Dienstleistungen, Kritik an Produktionsformen, -verfahren und Produktionsbedingungen, Kritik an Kurzfrist- oder Langfristwirkungen einer ökonomischen Tätigkeit. Der Markt bzw. die Marktfähigkeit von Produkten als absolute Referenz erfolgreicher wirtschaftlicher Tätigkeit wird damit radikal relativiert.

Die Sinnfrage zu stellen, erfordert somit die Bereitschaft, sich selber grundlegend in Frage zu stellen und sich radikal zu öffnen, was Fragen der Identität, Vision, Mission und des Zwecks einer Unternehmung anbelangt. Dies setzt seitens der verantwortlichen Führungskräfte ein hohes Maß an äußerst anspruchsvoller *Irritations- und Ambiguitätstoleranz* voraus.

Zur unabdingbar kritikträchtigen und damit hoch verunsichernden Bearbeitung der Sinnfrage unterscheiden wir im St. Galler Systemansatz deshalb bewusst eine dritte Management-Dimension: das *normative Management*. Dieses ist kategorial dem strategischen und operativen Management vorgelagert. Im normativen Management werden in einer selbstkritischen Haltung grundlegende Setzungen adressiert, die definieren, was als sinnvoll, gut und erstrebenswert betrachtet werden soll und was eher nicht. In der Praxis werden solche Setzungen oft auch als *Werte* bezeichnet.

Kennzeichnend für den systemischen St. Galler Managementansatz[14] ist, dass er zum einen unmissverständlich für grundlegende normative Setzungen im Sinne einer *normativen Positionierung* plädiert, gleichzeitig aber – im Sinne eines normativ-kritischen Anspruchsgruppenkonzepts[15]– auch einen konstruktiv-kritischen Umgang mit solchen Setzungen und Werten einfordert. Alfred Jäger hat dieses Anliegen bereits 1981 unter dem Begriff „Management-Philosophie als Dauerreflexion"[16] treffend zusammengefasst.

1.4. Zusammenfassung

Die skizzierten Denkfiguren und Prämissen eines systemischen Managementansatzes lassen sich somit wie folgt zusammenfassen:

- Organisationale Praxis wird als *eigendynamische realitätskonstituierende Sphäre* begriffen, an der Personen teilhaben, ohne diese determinieren zu können. Personen und Organisation operieren wechselseitig autonom – nach Maßgabe eigener, historisch gewachsener Operationslogiken. Weder kann eine Person vom organisationalen Geschehen völlig vereinnahmt werden, noch kann sie dieses souverän quasi von außen gestalten und steuern.
- Im Zentrum der Aufmerksamkeit stehen deshalb nicht primär Personen und deren Eigenschaften, Fähigkeiten und Motive, sondern die *kontextspezifische Entfaltung von Beziehungs- und Kommunikationsprozessen.* Von erstrangigem Interesse sind die historisch gewachsenen und ständig in Entwicklung befindlichen Wirkmomente (Erwartungen, Regeln, Setzungen), die das organisationale Geschehen maßgeblich vorstrukturieren und den beobachtbaren Praktiken eine bestimmte Form geben.
- Aufgrund der Komplexität arbeitsteiligen organisationalen Geschehens lassen sich zwischen Ursachen und Wirkungen *keine einfachen Kausalbeziehungen* rekonstruieren, die dann auch verlässliche Vorhersagen zulassen würden.
- Dies bedeutet, dass jede Form von Managementpraxis durch *fundamentale Ungewissheit und Ambiguität* gekennzeichnet ist. Damit unter diesen Bedingungen trotzdem gehandelt und entschieden werden kann, sind *Setzungen* erforderlich. Diese Setzungen sind aufgrund der Ungewissheit und Ambiguität zukünftiger Entwicklungen hypothetischer Natur, sind der Entscheidungs- und Handlungsfähigkeit dienlich und tragen damit zur Stabilisierung organisational verteilter Handlungsströme bei.
- Aufgabe des Managements besteht in der *reflexiven Stabilisierung* solcher Setzungen. Damit ist paradoxerweise Beides gemeint: Schließen und Öffnen, Schützen und Kritisieren. Im Kern geht es dabei um die Herstellung von Erwartbarkeit und um die kommunikative, möglichst konstruktive Abarbeitung sämtlicher Formen von Störungen und Entwicklungsimpulsen.

---

[14] Vgl. Hans Ulrich (1981) und (1984).
[15] Vgl. Peter Ulrich (2001).
[16] Alfred Jäger (1981), S. 52f.

▪ Ein konstitutives Element des systemischen St. Galler Managementansatzes bilden *normativ-ethische* Fragestellungen und Setzungen. Aus diesem Blickwinkel verbürgt der Markt alleine nicht notwendigerweise die ethische Legitimation einer bestimmten unternehmerischen Praxis. Diese ist vielmehr je neu dialogisch reflektieren und zu verantworten. Dies erfordert immer wieder einen *systematischen selbstkritischen Umgang* mit grundlegenden Setzungen und Wertungen aller Art – sei dies im Kontext der Alltagspraxis genauso wie in der wissenschaftlichen Praxis.

2.   Kernbotschaften des Neuen Testaments

Wie weit kann nun ein solches, in aller Kürze skizziertes systemisches Managementverständnis der Kernbotschaft des Neuen Testaments gerecht werden? Inwieweit steht es damit im Einklang oder im Widerspruch? Bevor diese Frage zu beantworten versucht wird, gilt es ein paar Eckpfeiler zum eigenen Verständnis des Neuen Testaments offenzulegen.

Das Neue Testament erweckt nicht den Eindruck, als ob sich Jesus als Religionsgründer verstanden habe. Weder hat er eine Dogmatik, eine Moral noch eine organisationale Institutionalisierung postuliert. Glauben wird von ihm nicht als theoretisch-intellektuelles oder strukturell zu förderndes Unterfangen, sondern als eine kulturelle Form *gemeinschaftlicher und bedingungslos lebensdienlicher Lebenspraxis* zur Darstellung gebracht.

Diese Lebenspraxis wird als unglaublich vielfältig, farbig und *unverfügbar* dargestellt. Keiner kann sich selber wählen, und Biographien entwickeln sich in vielfältigen, kaum durchschaubaren Lebens- und Handlungszusammenhängen. Lebensdienliches Handeln lässt sich demzufolge nicht auf ein paar Verhaltensregeln reduzieren, sondern entfaltet sich als *kreatives, situativ angemessenes, d.h. kontextsensitives, situiertes Tun.* Was im Moment, in der konkreten Situation unmittelbar lebensdienlich ist und lebensvermehrend erscheint, gilt im Sinne des Neuen Testaments als geboten.

Solches Tun kann aber bei bestem Willen auch scheitern. Erstens können Menschen die Handlungsbedingungen und Handlungsfolgen nie perfekt durchschauen. Zweitens sind menschliche Möglichkeiten immer beschränkt, was die Notwendigkeit von Priorisierungen und damit auch Enttäuschungen nach sich ziehen kann. Das Leben ist voller Dilemmata und Spannungsfelder. Solche Bedingungen erfordern eine *versöhnende Grundhaltung* und das stete *Bewusstsein wechselseitiger Angewiesenheit.*

Kurz zusammengefasst: *Glaube kommt vor Moral* und vor jeglichen Anstrengungen zu einer strukturell-rechtlichen Institutionalisierung des Reichs Gottes. Die Zusage für Frieden und Versöhnung, die insbesondere die Berichte des Neuen Testaments aus der Zeit nach Ostern prägt, steht vor jeglichen Ansprüchen an eine verallgemeinerungsfähig definierte gute Lebenspraxis. Dies wirkt unglaublich entlastend und schützt radikal vor (insbesondere religiös motivierter) Selbstüberforderung.

Menschliche Existenz vollzieht sich im Spannungsfeld zwischen *Unverfügbarkeit* der eigenen Lebensentwicklung und *aktivem Gebrauch* (Gestaltungsanspruch) *menschlicher Freiheit*. Dieser Freiheitsanspruch birgt stets die Gefahr des Scheiterns. In der Sprache der modernen Soziologie formuliert: der Optionenüberschuss einer modernen Gesellschaft ist nicht nur eine Verheißung, sondern auch ein großes Risiko.[17] Die Wahl der eigenen Lebensform wird mehr denn je zu einer komplexen Gestaltungsaufgabe, an der wir scheitern können. Vor diesem Hintergrund besteht das Gegenteil von Glauben nicht in Unglauben, sondern in einer *existenziellen Angst* – Angst vor Ungewissheit und Isolation, vor dem Herausfallen aus menschlichen Beziehungen, vor dem Irrewerden am Ringen um ein gelingendes, sinnvolles Leben.

Spirituell genährte, theologisch und diakonisch unterstützte Glaubenspraxis würde dann heißen beizutragen, dass diese Angst gewendet werden kann in Vertrauen, Hoffnung und Liebe. Im Mittelpunkt einer christlich orientierten Lebenspraxis stehen deshalb *gemeinschaftliche* Praxis, wechselseitige Aufmunterung, Stärkung und Heilszusage und letztlich eine einfühlsame, situationspräsente, lebenspraktisch wirksame Lebensdienlichkeit.

Diese lebensdienliche gemeinschaftliche Praxis wird im Neuen Testament durch und durch als *stetes Unterwegssein* und als *dialogischer Beziehungsprozess* dargestellt, der auf vier Säulen beruht:

- der *Liturgie* (Feiern des Geheimnis des Glaubens),
- der *Verkündigung* und dem Zeugnis (Teilen des Wortes),
- dem *Abendmahl* bzw. der *Eucharistie* (Vergewisserung der Hingabe und Auferstehung von Jesus Christus im Teilen von Brot und Wein) und darauf bezogen
- einer lebenspraktisch wirksamen *Diakonie* (lebensdienlichen Praxis).

Wie weit vermag nun ein systemisches Managementverständnis diesem skizzenhaften Deutungsversuch christlich orientierter Lebenspraxis gerecht zu werden?

3.   Konvergenzräume zwischen christlich orientierter Lebenspraxis und einem systemischen Managementansatz

Oft wird dem Systemansatz vorgeworfen, er sei amoralisch und ethisch beliebig. Das Einzige, was interessiere und zähle, sei das *„Funktionieren des Systems"* – anything goes. Wenn dem so wäre, stellte sich ernsthaft die Frage, warum gerade ein solcher Ansatz für das Management in kirchlichen und diakonischen Organisationen geeignet sein solle.

---

[17] Vgl. Peter Gross (1994).

Der angesprochenen Kritik ist aber zusammen mit anderen[18] entschieden zu widersprechen.

Das Mindeste, was dem Systemansatz zugestanden werden muss, ist der dezidierte Respekt vor der Systemkomplexität. Damit verbunden ist unabdingbar eine *respektvolle Grundhaltung* hinsichtlich jeglicher unidirektionalen Steuerungsversuche, ein klares *Eingeständnis eingeschränkter Wirkmöglichkeiten* und nicht zuletzt eine deutliche Absage an jegliche Form von Allmachtsgestaltungsphantasien und an den *Machbarkeitsmythos.*

Lern- und Entwicklungsprozesse – systemisch verstanden als Prozesse der kritischen Selbstbeobachtung und Selbstreflexion – können bei einem System, sei dies eine Person, ein Team, eine Familie oder eine Organisation, wohl angestoßen und unterstützt, ihr Ziel und ihre Form aber nie quasi per Instruktion von außen gesteuert werden. Bei diesen Überlegungen klingt das Gleichnis vom Wachsen der Saat an (Mk 4, 26–28).

Jeder unidirektionale Steuerungsversuch ist nicht nur eine Anmaßung gegenüber der Autonomie eines Systems und der Würde einer Person, sondern trägt darüber hinaus die fatale Möglichkeit des „Schlechten vom Guten" in sich, wie das Watzlawick[19] gleichermaßen humoristisch und bedrückend dargestellt hat. Kennzeichnend für den Systemansatz ist somit ein klares Bewusstsein für die potentiell hoch destruktive Wirkung vielleicht gut gemeinter, aber letztlich oftmals fataler naiver „Interventionen" im Kontext komplexer Handlungsbedingungen und damit eine radikale Kritik an allen Formen von Heilsmythen.

Diese pointierte Positionsnahme lässt sich nicht zuletzt aus Erfahrungen der europäischen Geschichte und insbesondere der Geschichte des Christentums herleiten. Wer für Andere glaubt zu wissen, was deren Heil sei und gezielt das Reich Gottes auf Erden „installieren" möchte, läuft unmittelbar Gefahr, die Hölle zu inszenieren. Darauf deutet auch das Gleichnis vom Unkraut unter den Weizen hin (Mt 13, 24–20).

In ähnlicher Weise lassen sich aus der Gegenüberstellung von Grundvorstellungen eines systemischen Managementverständnisses und der Kernbotschaft des Neuen Testaments durchaus *Konvergenzräume* zwischen einer christlich orientierten Lebenspraxis und einem systemischen Managementansatz herleiten. Im Folgenden werden fünf Konvergenzräume andiskutiert, in deren Mittelpunkt folgende Prämissen und Handlungsprinzipien stehen:

- Zurückhaltung mit personalen Zurechnungen und (moralischen) Urteilen
- radikale Lösungsorientierung: Um zu wissen, was besser ist, müssen wir nicht wissen, was gut (bzw. schlecht) ist
- Ungewissheit der Zukunft und Unverfügbarkeit des Lebens – Anerkennung von Grenzen der Machbarkeit

---

[18] Vgl. z.B. Sigi Hirsch (1992), Insa Sparrer (2007), Hans Ulrich (1985) und Rudolf Wimmer (2004).
[19] Paul Watzlawick (1983) und (1986).

- Leben als stets gefährdeter Beziehungs- und Kommunikationsprozess
- Macht- und institutionenkritische Einstellung

Diese fünf Konvergenzräume werden im Folgenden so diskutiert, als in einem ersten Schritt ein paar zentrale Prämissen des systemischen Managementverständnisses in Erinnerung gerufen, diese in einem zweiten Schritt mit der Lebenswirklichkeit der nachösterlichen Gemeinde in Beziehung gesetzt und davon in einem dritten Schritt Management-Implikationen abgeleitet werden. Dass bei diesem komplexen Deutungsversuch ein paar Redundanzen auftreten, möge verzeihlich sein.

3.1. Zurückhaltung mit personalen Zurechnungen und (moralischen) Urteilen

3.1.1. Systemische Perspektive

Die systemische Perspektive konzeptualisiert soziale Systeme und damit auch Unternehmungen als non-triviale Systeme.[20] Die beim praktischen Tun *fortlaufend miterzeugten* Handlungsbedingungen (Kontext) sind entscheidend für die Handlungspraxis und die resultierenden Wirkungen. Demzufolge gilt Zirkularität als das bestimmende Wirkungsprinzip.

Mit anderen Worten gestattet es eine solchermaßen rekursive (autopoetische) Form der Systemkonstitution in den wenigsten Fällen, Handlungswirkungen problemlos identifizierbaren Ursachen und insbesondere einzelnen Personen zuzurechnen.

Daraus resultiert eine dezidierte Zurückhaltung mit kausalen Zurechnungen oder gar (moralischen) Verurteilungen.[21] Wir sind alle mitbeteiligt (verstrickt) an Gelingendem und Misslingendem, aber keine autonom-souveränen Schöpfer unserer Wirklichkeit.

3.1.2. Lebenswirklichkeit der nachösterlichen Gemeinde

Im Neuen Testament fällt eine extreme Zurückhaltung mit moralischem Urteilen und Richten (Mt 7,1–5; Lk 6,37–42) auf. Exemplarisch wird dies an der Begegnung Jesu mit der Ehebrecherin sichtbar: „Wer von euch ohne Sünde ist, werfe als erster einen Stein auf sie" (Joh 8,1–11). Jesus macht zwar deutlich, dass Ehebruch nicht lebensdienlich ist („Geh und sündige von jetzt an nicht mehr"). Seine provokative Frage an die Schriftgelehrten und Pharisäer macht aber genauso deutlich, dass er sie auf die Handlungsbedingungen eines Geschehens aufmerksam macht, in die alle Anwesenden auf ihre Weise mitverstrickt sind.

---

[20] Vgl. Heinz von Foerster (1984).
[21] Vgl. Karl Weick/Kathleen Sutcliffe (2003).

3.1.3. Management-Implikationen

Das – vor allem in der angelsächsischen Geschäftswelt ausgeprägte – Zurechnen von Wirkung, Erfolg und Misserfolg *auf einzelne Personen* ist hoch ambivalent.

Wenn es gut läuft, tendieren wir gerne dazu, „Heroes" zu etablieren. Ihnen wird im Wesentlichen der gesamte Unternehmenserfolg zugerechnet. Sie sind für alle zentralen Entscheidungen zuständig, müssen Weitblick und Visionen haben und auf diese Weise die gesamte Ungewissheit der Zukunft absorbieren. Wenn dies über eine gewisse Zeit gelingt, bilden sie dankbare Identifikationsfiguren. Selbstverständlich haben solche „Great Leaders" auch entsprechende Gehaltserwartungen ...

Wenn es schlecht läuft, kann man auf diese Weise durch eine simple Schuldzurechnung rasch einen Sündenbock identifizieren, diesen in die Wüste schicken und damit die anstehenden Probleme elegant externalisieren. Dies schützt eine Organisation, mit sich selbst, mit problematischen Annahmen, Prämissen, Regeln der Zusammenarbeit, Arbeitsgewohnheiten und fatalen Machtspielen in Kontakt zu kommen. Die Personalisierung von organisationalen Problemen und Wirkungen dient somit dem *Strukturschutz.*[22]

Dies alles ist einer raschen und vordergründig erfolgversprechenden Komplexitätsreduktion dienlich. Empirische Untersuchungen zeigen allerdings, dass diese Praktiken längerfristig auch erhebliche Gefahren bergen können. Denn wenn Menschen ständig riskieren, für Fehler und Misslingen unmittelbar zur Verantwortung gezogen zu werden, werden sie sich hüten, problematische Erfahrungen und fragwürdige Handlungsbedingungen proaktiv zu thematisieren.

Daher werden in nachhaltig erfolgreichen Organisationen Fehler, Probleme, Zwischenfälle oder Unfälle in erster Annäherung systematisch als *„Artikulationen des Systems"* und erst in letzter Priorität als Fehler von Menschen betrachtet.[23] Konkret bedeutet dies: In einem ersten Schritt werden jeweils möglichst vielfältige Arbeitshypothesen („Ursachenkarten") zur Entstehung eines Problems entwickelt. Diese Arbeitshypothesen adressieren die vielfältig verwobenen Handlungsbedingungen. Dies schärft die Aufmerksamkeit der Mitarbeitenden für kleine Abweichungen und für kritische Erfolgsbedingungen. Die Mitarbeitenden werden damit auch achtsamer für gemeinschaftlich erzeugte hypothetische Setzungen, implizite Prämissen, Erwartungen und für potentielle Missverständnisse – das heißt für die Fragilität gemeinsamer Praxis und Kommunikation. Es versteht sich von selbst, dass in einem solchen Arbeitskontext individuumszentrierte finanzielle Anreizsysteme wenig zu suchen haben.

---

[22] Vgl. Alexander Exner et al. (1987), S. 268.
[23] Vgl. Karl Weick/Kathleen Sutcliffe (2003).

Dies alles entledigt die einzelne Person nicht ihrer Verantwortung, aber sie hat die Chance, in einem Kontext zu arbeiten, in dem nicht gleich jedes Misslingen automatisch zu einer Schuldzuweisung führt.

3.2.   Radikale Lösungsorientierung

3.2.1.   Systemische Perspektive

Der systemische Ansatz ist, was seine Handlungsorientierung betrifft, durch eine *radikale Lösungsorientierung* gekennzeichnet. Nicht Probleme und ihre historische Entstehung interessieren, sondern Lösungsimpulse, d.h. *positive Unterschiede* im Sinne einer lebensdienlichen Besserung. Deshalb zielt eine lösungsorientierte Führung und Kommunikation in ihrer Grundhaltung zuallererst auf eine Stärkung der Vorstellungskraft für mögliche positive Unterschiede und ist gerade nicht am präzisen Festschreiben von Problemen interessiert. Speziell für diesen Zweck entwickelte Frageformen, die in Verbindung mit einer wertschätzenden Grundhaltung erlernt werden können[24], dienen dazu, die kreative Suche und Realisation positiver Unterschiede gezielt zu unterstützen.

Selbstverständlich müssen in Organisationen oftmals Abläufe genau analysiert werden, um problematische Schnittstellen, unangemessene Kontrollroutinen, unterstrukturierte Informationsflüsse als solches erst einmal fassbar und bearbeitbar zu machen. Aber dabei ist es völlig unnötig, die Frage zu stellen, wie es *historisch* dazu gekommen ist. Denn eine solche Frage ist stets auch eine versteckte Einladung zu einem Schuldzuweisungsritual. Stattdessen stellt folgender Satz die zentrale Handlungsmaxime dar: Um zu wissen, was *besser* ist, müssen wir nicht wissen, was *gut* (bzw. schlecht) ist (Matthias Varga von Kibéd).

Ein systemischer Zugang zu Problemen ist somit nie an einer „objektiven" Beschreibung und einer präzisen Ursachenforschung interessiert. Dies ist nicht nur zeitaufwendig, sondern auch potentiell gefährlich oder gar destruktiv. Was stattdessen zählt, ist die Gewinnung von Ansatzpunkten, „Perspektiven" und konkreten Handlungsmöglichkeiten in Richtung eines positiven *Unterschieds* (Besserung). Die zentrale Stossrichtung aller Entwicklungsanstrengungen bilden somit *Befähigungsstrategien,* die dazu beitragen, neuartige vielversprechende Lebens- und Optionsräume auszuloten und zu realisieren.

3.2.2.   Lebenswirklichkeit der nachösterlichen Gemeinde

Genau diese Stossrichtung scheint auch im Neuen Testament einer Kernbotschaft zu entsprechen. In den Berichten der Evangelien:

---

[24] Carin, Mussmann/Reto Zbinden (2003) und vgl. Insa Sparrer (2007).

- Die Heilung eines Aussätzigen (Lk 5,12–16; Mt 8,2–4)
- Die Heilung eines Gelähmten (Mt 9,1–8)
- Die Heilung eines Blinden bei Jericho (Lk 18,35–43)
- Die Begegnung Jesu mit der Sünderin (Lk 7,36–50)
- Der dankbare Samariter (Lk 17,11–19; Mt 20,29–34)

erfolgt nie eine Ursachenforschung mit Schuldzuweisung, sondern immer die Einladung, einen positiven Schritt zu praktizieren. Jesus hat nie in den Biographien der ihm begegneten Menschen geforscht, er scheint daran eigenartig uninteressiert gewesen zu sein. Was für ihn stattdessen zählt, sind das Hier und Jetzt (vgl. auch Lk 12,22–32) und unmittelbare Schritte in eine bessere Zukunft.

3.2.3. Management-Implikationen

Wenn Führung als eine Form gemeinschaftlicher Anstrengung verstanden wird[25], die in einem Beziehungs- und Kommunikationsprozess verfertigt wird[26], dann wären diese Beziehungs- und Kommunikationsformen verstärkt nach Maßgabe einer lösungsorientierten Führung und Kommunikation[27] zu strukturieren – sozusagen als *kulturell verankerte Mikropraktik* der Führung und Kommunikation.

Gerade aus Sicht erfolgreicher diakonischer Organisationen impliziert eine radikale Lösungsorientierung noch etwas zweites Wichtiges: Es gilt den Blick nach vorne zu lenken. Der Kontext diakonischen Wirkens ist in Bewegung und Veränderung. Dazu bedarf es eines klaren Blicks auf die gegenwärtigen Umweltentwicklungen und deren Implikationen – ohne objektive Festschreibung und Wertung aktueller Probleme und ohne unnötig schmerzhafte Vergangenheitsbewältigung.

Das Alte und Neue Testament zeigen den Menschen als *Wanderer* ohne Bleibe und ohne Verfügbarkeit der eigenen Biographie, und die christliche Tradition als Pilger. Was dabei in einem hoch anspruchsvollen Prozess je neu gelernt werden will, ist ein wertschätzendes Abschiednehmen von der Vergangenheit. Je dynamischer und offener sich die Gesellschafts- und Wirtschaftsentwicklung manifestiert, desto wichtiger wird eine „Kultur der Abschiedlichkeit" (Hans Ruh) und „Fähigkeit zu einem geordneten Rückzug" (Peter Gross).

---

[25] Vgl. Paul Bate (2004).
[26] Vgl. H. Peter Dachler (1989).
[27] Vgl. Carin, Mussmann/Reto Zbinden (2003) und vgl. Insa Sparrer (2007).

3.3.   Ungewissheit der Zukunft und Unverfügbarkeit des Lebens – Anerkennung von Grenzen der Machbarkeit

3.3.1.   Systemische Perspektive

Bei einem systemischen Managementansatz werden soziale Systeme als komplexe non-triviale Systeme konzeptualisiert[28]. Aufgrund der rekursiven Operationsweise non-trivialer Systeme ist die Wirkung von Interventionen nur schwer prognostizierbar. Ungewissheit und Ambiguität kennzeichnen den Normalzustand heutiger Organisationen. Die Bedingungen der Steuerung solcher Systeme sind somit – wie bereits eingehend diskutiert – gleichermaßen prekär und eingeschränkt. Genau dies ist außerordentlich schwer zu ertragen, weshalb Unternehmungen viel Ressourcen in den Aufbau von zahlenbasierten Controlling-Systemen investieren – von mehrdimensionalen Budgets bis zu Balanced Scorecords. So wertvoll diese Praktiken im Sinne von Feedbackmechanismen sind, sie können die Ungewissheit der Zukunft und das Risiko unangemessener Entscheidungen nicht eliminieren. Vor diesem Hintergrund erweisen sich Controlling-Praktiken bei genauerer Beobachtung nicht selten als *Steuerungsrituale,* die dazu dienen, diese prekäre Situation zu tarnen und die vorherrschende Ungewissheit und Unverfügbarkeit der eigenen Organisation etwas besser erträglich zu machen.[29]

Aus systemischer Sicht ist zentral, dass sich die Führungskräfte einer Unternehmung diese unabdingbare Ungewissheit, Ambiguität und Unverfügbarkeit des Geschehens explizit eingestehen können müssen, auch wenn besonders von den Finanzmärkten ganz andere Signale erwartet werden. Paradoxerweise stärkt aber genau ein gemeinsames explizites Eingestehen der Fragilität des eigenen Tuns die kollektive Entscheidungs- und Handlungsfähigkeit der beteiligten Akteure und schafft damit neue Handlungsmöglichkeiten. Es ist zudem ganz allgemein ein spannender Gedanke, das eigenen Managementhandeln systematisch auf diese prekären Bedingungen auszurichten und beispielsweise bewusst von der Unwahrscheinlichkeit des Gelingens von Kommunikation auszugehen.[30]

3.3.2.   Lebenswirklichkeit der nachösterlichen Gemeinde

Im Neuen (wie schon im Alten) Testament wird das Leben als geheimnisvoller, unverfügbarer Prozess dargestellt, z.B. in den Gleichnissen

- vom Sämann (Mk 4,1–9; Mt 13,1–9),
- vom Wachsen der Saat (Mk 4,26–29),
- vom Senfkorn (Mk 4,30–32; Mt 13,31–32),
- vom Unkraut unter den Weizen (Mt 13,24–30).

---

[28] Vgl. Heinz von Foerster (1984).
[29] Vgl. hierzu Johannes Rüegg-Stürm/Lukas Gritsch (2003).
[30] Vgl. Niklas Luhmann (1981).

In all diesen Gleichnissen ist eine deutliche Absage an jegliche Form der technizistischen Vereinnahmung von Lebensprozessen herauszuhören. All-machtsphantasien und Machbarkeitsmythen haben nichts zu suchen im Neuen Testament. Dafür werden das Eingeständnis von Angewiesenheit und die Bedeutung des Dienens betont – allerdings nicht im Sinne eines Leistungs-stresses, sondern als Grundhaltung der Offenheit und Lebensdienlichkeit. Unverfügbarkeit wird somit nicht als überfordernde Aufgabe und Belastung dargestellt, solange ein Grundvertrauen lebendig bleibt, dass unser Leben über alle Bruchstellen und Grenzerfahrungen hinweg in einer gütigen Hand aufgehoben ist (Ps 139).

3.3.3. Management-Implikationen

Aus Sicht des Managements impliziert dies (wie bereits vorgängig angedeutet) die Entwicklung einer *Kultur der Achtsamkeit*[31] und der *wechselseitigen Angewiesenheit*. Management ist eine Funktion, die im Dienste des Ganzen steht. Dass dieser Prozess nie „politiklos" verläuft, versteht sich von selbst, solange sich Menschen engagieren, die Lebensentwürfe zu realisieren versuchen, die nicht völlig deckungsgleich sind. Aber genau an der *Form* der Austragung entsprechender Differenzen, am gelebten Umgang mit Diversität im Kontext einer Kultur der Achtsamkeit und Angewiesenheit kann eine zentrale Qualität des Managements deutlich werden. Wenn die Zukunft ungewiss und unser Leben unverfügbar ist, dann ist Management als *kontinuierlicher, revisionsfreundlicher Erkenntnis- und Lernprozess* zu konzeptualisieren. Fehler zu machen und dabei zu lernen, muss erlaubt sein, auch wenn dies Erwartungen enttäuschen und Leben verletzen kann. Umso wichtiger erweisen sich dabei achtsame Erwartungsklärungen und ehrliche Feedbacks.

Achtsamkeit steht in diesem Zusammenhang für Präsenz, Identitätsbewusstsein, Empathie sowie für Ambiguitäts- und Irritationstoleranz. Paradoxerweise erlauben es gerade eine starke innere Mitte und ein geklärter Standpunkt eher, sich systematisch auf Fragen der Ungewissheits- und Ambiguitätsbewältigung einzulassen. Gelingt dies, dann fördert dies umgekehrt eine tragfähige Identität. Dazu können auch Inseln der Meditation einen entscheidenden Beitrag leisten. Vielleicht sind es gerade spirituell genährte Hoffnung und Vertrauen, die Menschen helfen, Zukunftsoffenheit als Entwicklungsvoraussetzung auszuhalten und als Chance wahrzunehmen.

---

[31] Vgl. Karl Weick/Kathleen Sutcliffe (2003).

3.4. Leben als stets gefährdeter Beziehungs- und Kommunikationsprozess

3.4.1. Systemische Perspektive

Im Zentrum eines systemischen Managementansatzes steht die *Entwicklung von Bedingungen,* die dem Gelingen von Kommunikation *förderlich* sind. Denn wirksam und verbindlich werden kann nur, was offen kommuniziert und gemeinsam beobachtet werden kann. Management muss sich deshalb in erster Priorität um ein achtsames Arrangieren und Strukturieren von Beziehungs- und Kommunikationsprozessen kümmern. Dies bildet eine Voraussetzung, um Menschen für wichtige Anliegen mobilisieren und vernetzen, wirkungsvoll gemeinsames „Sensemaking" (im Sinne von Ungewissheits- und Ambiguitätsabsorption) betreiben und sowohl Problemlagen als auch attraktive Zukunftsbilder vergemeinschaften, d.h. sich gemeinsam zu eigen machen, zu können.

3.4.2. Lebenswirklichkeit der nachösterlichen Gemeinde

Die zentrale Bedeutung von *Kommunikation* und *Kommunion* (Gemeinschaft) wird exemplarisch in der Begegnung der beiden Jünger mit dem Auferstandenen auf ihrem Weg nach Emmaus deutlich gemacht (Lk 24,13–35). Zusammen haben sie ihre Erfahrungen mit Hilfe der Schrift gedeutet und gemeinsam Gastfreundschaft gelebt. Auf diese Weise konnten sie ihre Enttäuschung über den unerwarteten Tod von Jesus überwinden und neue Hoffnung gewinnen. Christliches Leben (und Kirche insgesamt) ist immer gemeinschaftliche Praxis, bei der Enttäuschung in Zuversicht, Angst in Hoffnung gewandelt werden soll. In diesem Sinne lässt sich die Identität und der Auftrag der nachösterlichen Gemeinde interpretieren: *Deuten* (sensemaking) des Worts, und damit der Lebensgeschichte von Jesus, und *Teilen* des damit verbundenen Geheimnisses im lebenspraktischen Teilen von Brot und Wein, die stellvertretend für das Teilen des gesamten Lebens stehen. In ähnlicher Weise lässt sich die Salbung Jesu in Bethanien (Mt 26,6–13; Mk 14,3–9; Lk 7,36–50; Joh 12,1–8) und die im ersten Johannesbrief skizzierte Vollendung des Glaubens *in der Begegnung und Beziehung* (1 Joh 4,7–21) deuten.

3.4.3. Management-Implikationen

Im Zentrum gelingenden Managements stehen *tragfähige Beziehungen* und damit verbunden eine achtsame *wertschätzende Kommunikation* mit hoher Sensibilität für Erwartungsenttäuschungen. Diese Erwartungsenttäuschungen können sich auf Zwischenfälle in sachlicher Hinsicht oder auf Reibungen und Konflikte im zwischenmenschlichen Bereich beziehen. Oft ist es nicht einfach, aus eigener Kraft über solche Erwartungsenttäuschungen oder gar Verletzungen hinwegzukommen, obwohl diese höchst wertvoll und heilsam sein zu können.

Die Emmaus-Geschichte zeigt hierzu einen modellhaften Weg auf, wie ihn die nachösterlichen Gemeinde offenbar erfahren konnte. Es braucht Bewegung und Neugierde, gemeinsames Deuten und Teilen, auf dessen Grundlage eine neuartige Alltagspraxis verfertigt und vergemeinschaftet werden kann.

Für kirchliche und diakonische Organisationen ergibt sich daraus eine zentrale Frage: Wo – in der organisationalen Praxis dieser Organisationen – gibt es Räume einer *gemeinschaftlichen theologischen und spirituellen Vergewisserung* der gemeinsamen christlichen Identität? Oder wie dies Alfred Jäger[32] pointiert formuliert hat:

> „Das Wesen und der Sinn diakonischer Tätigkeit bedarf zentral der theologischen Reflexion, wenn im einzelnen und ganzen die Orientierung an der Hauptachse der Liebe immer wieder errungen und gewahrt werden soll."

3.5. Macht- und institutionenkritische Einstellung

3.5.1. Systemische Perspektive

Aus systemischer Sicht ist Macht nicht etwas, was Menschen oder Institutionen „haben", sondern etwas, was aus Beziehungs- und Kommunikationsprozessen erwächst. Es sind immer in spezifischen geschichtlichen Kontexten sich entfaltende Machtprozesse, die zu mächtigen Personen, Institutionen und Machtstrukturen führen und dabei bestimmte Lebens- und Arbeitsformen fördern, andere dagegen verhindern können. Daraus erwachsen für unterschiedliche Menschen unterschiedliche Lebensmöglichkeiten. Mit dieser Konzeptualisierung von Macht wird Macht eine *ambivalente* Rolle zugedacht: Macht ist einerseits *Bewegungsmoment jeder Entwicklung.* Macht kristallisiert sich in Legitimationsprozessen, die Bestimmtes als wichtig, richtig, zulässig und geboten erscheinen lassen und entsprechend Realisationsenergie frei setzen. Andererseits besteht bei einer Akkumulation von Macht bei einzelnen Personen immer die *Gefahr eines Machtmissbrauchs.* Denn wenn Macht über entsprechende personalisierende Zurechnungsprozesse wirksam wird, d.h. in ausgeprägter Form auf einzelne Personen zugerechnet wird, leistet dies zwar eine enorme Komplexitätsreduktion in einem System, indem die Aufgabe der Ungewissheitsabsorption klar den Trägern der Macht zugedacht wird. Der daraus erwachsende Dispositionsspielraum kann aber stets eigennützig ausgeschöpft werden.

Dabei ist zu beachten, dass aus systemischer Sicht die Wahrscheinlichkeit von Interventionen, was deren Gelingen und Misslingen betrifft, *asymmetrisch* verteilt ist, und zwar im folgenden Sinne: Es ist verhältnismäßig ein-

---

[32] Alfred Jäger (1987), S. 113.

fach, ein soziales System irreversibel zu schädigen, indem fragile Umwelt-
koppelungen und Kommunikationsstrukturen zerstört werden. Umgekehrt ist
es aufgrund der Non-Trivialität sozialer Systeme weitestgehend unmöglich,
einen als erstrebenswert erachteten Systemzustand absichtsvoll mit unidirektionalen Maßnahmen erzwingen zu wollen.

Daraus ergibt sich, dass eine einseitige Machtakkumulation bei einzelnen
Personen aus systemischer Sicht nicht nur als verführerisch, sondern potentiell immer als äußerst gefährlich erachtet wird. Es dürfte kein Zufall sein,
dass sich eine zentrale Errungenschaft der modernen Zivilisation in der Entwicklung hoch differenzierter (und stets gefährdeter!) Formen der Gewalten-
teilung manifestiert – ob dies nun die Politik ganz allgemein oder Fragen der
Corporate Governance betreffe. Im modernen Staat wird Macht durch starke
(machtvolle) Institutionen domestiziert, d.h. Macht zeigt sich in der modernen Gesellschaft in einer durch die Allgemeinheit legitimierten Praxis der
Schaffung entwicklungsförderlicher Bedingungen und nicht in personalen
Machtakkumulationen.

3.5.2. Lebenswirklichkeit der nachösterlichen Gemeinde

Es ist interessant zu beobachten, dass sich im Neuen Testament – vielleicht mit
Ausnahme der Andeutung von Bischofs- und Diakonsämtern (Apg 20,28; 1.
Tim 3,1–13; Phil 1,1) – keine institutionalisierten Rollen und Institutionalisie-
rungen finden, im Gegenteil: Die Evangelien scheinen eher zu belegen versuchen, dass Institutionen, Ämter und Titel gerade *nicht* notwendigerweise wirkliche Lebensdienlichkeit zu verbürgen vermögen, sondern eine ernsthafte
Gefahr darstellen, Oberflächliches ins Zentrum zu stellen und Gott und den
Menschen – über die Etablierung von moralischen Gesetzen und von Institutionen, die diese zu überwachen glauben müssen – manipulierbar zu machen.

Im Kontrast zu einer überraschend kritischen Haltung gegenüber tradierten
Institutionen nehmen die Themen *Dienen* und *Hingabe* eine äußerst wichtige
Stellung ein, wie z.B. die folgenden Textstellen zeigen:

- Fußwaschung Jesu (Joh 13,3–17)
- vom Herrschen und vom Dienen (Mk 10,35–45; Mt 20,20–28; Lk 22,24–27)
- die Verklärung Jesu (Lk 9,28–36)
- die Salbung von Jesus in Bethanien (Mt 26,6–13; Mk 14,3–9; Lk 7,36–50;
  Joh 12,1–8)

3.5.3. Management-Implikationen

Vor dem Hintergrund dieser Überlegungen erweisen sich Machtballungen an
der Spitze von Unternehmungen und Kirchen, Doppelmandate als Verwal-
tungsratspräsident und CEO, aber genauso eine mangelhafte Governance von
Stiftungen als hoch fragwürdig und nicht zuletzt auch als riskant. Gerade in
Stiftungen, bei denen der Stiftungsrat ausschließlich von der gesetzlichen

Stiftungsaufsicht kritische Fragen erwarten muss, sind Machballungen im und Machtanmaßungen durch den Stiftungsrat besonders leicht (und ungestraft) möglich. Dies gilt es insbesondere in kirchlichen und diakonischen Organisationen immer wieder kritisch zu bedenken. Denn am Umgang mit diesen Fragen der Macht, der von Vielen mit Argusaugen beobachtet wird, entscheidet sich die Glaubwürdigkeit der Leitung einer Unternehmung und ganz besonders einer kirchlichen oder diakonischen Organisation.

Insgesamt ist allen heroisierenden Verklärungen von Personen oder Organisationen, ob in der Form von Great Man Leadership Ansätzen, transformationalen oder charismatischen Führungsansätzen eher mit Vorsicht zu begegnen. Sie entsprechen einer riskanten Komplexitätsreduktionsstrategie, die der historischen und situativen Bedingtheit und Verwobenheit organisationalen Geschehens bei näherem Hinschauen nicht gerecht zu werden vermag und darüber hinaus dazu tendiert, die einzelne Person (als Star oder Sündenbock) auf längere Frist zu instrumentalisieren und zu überfordern. Dementsprechend vorsichtig ist auch mit finanziellen Anreizsystemen (und entsprechenden Einkommensunterschieden) auf der Grundlage personaler Erfolgs- und Misserfolgszumessungen umzugehen.

4.   Und der Gewinn für Theologie und Managementwissenschaft?

Diese bisherigen Überlegungen versuchten, grundlegende Fragestellungen und Prämissen des Managements aus einem Blickwinkel zu beleuchten, bei dem sich eine Lebenspraxis, die sich an der frohen Botschaft des neuen Testaments orientiert, und eine systemisch ausgerichtete Managementpraxis erstaunlich nahe kommen. Vielleicht ist es gerade der ungewohnte Blickwinkel von der einen Disziplin in die andere Disziplin und umgekehrt, der neue Perspektiven, Deutungs- und Handlungsmöglichkeiten eröffnet. In diesem Sinne schließt dieser Beitrag an die Überlegungen von Grand und Huppenbauer[33] an, die für eine „Trading Zone" zwischen Management und Religion plädieren. Eine solche zu etablieren und Berührungsängste abzubauen, war und ist ein zentrales Anliegen der wissenschaftlichen und praktischen Tätigkeit von Alfred Jäger.

4.1   Wo sich Management und Glaubenspraxis praktisch und theoretisch treffen

Die heutige Lebens- und Managementpraxis ist mehr denn je durch einen *Optionenüberschuss* gekennzeichnet[34]. Wir könnten mehr, als wir können. Im

---

[33] Vgl. Simon Grand/Markus Huppenbauer (2007).
[34] Vgl. Peter Gross (1994).

Leben insgesamt wie im Management im besonderen gilt es deshalb neu Se-
lektionen vorzunehmen und Entscheidungen zu treffen. Entscheiden hat mit
scheiden zu tun. Mit Entscheidungen können somit stets Zumutungen und
Ansprüche an Dritte verbunden sein.

Fatalerweise beruhen aber Entscheidungen auf Prämissen, die Erwartungen
und Setzungen verkörpern, für die aus Erfahrung einiges sprechen mag, die
aber letztlich immer *kontingent* sind. Denn die Zukunft ist fundamental offen
und damit radikal ungewiss. Wie ist es in einem derart prekären und risiko-
behafteten Kontext möglich, dass *trotzdem* entschieden und gehandelt wird
und dies – aus einer organisationalen Perspektive – auf möglichst kohärente
Art und Weise?

Diese Frage der Bewältigung von *Ungewissheit* und *Ambiguität* steht im
Zentrum von Management und ganz besonders von strategischem, unternehmerisch ausgerichtetem Management. Die Managementwissenschaft versucht
dementsprechend, bewährten Bearbeitungsformen von Ungewissheit und
Ambiguität auf die Spur zu kommen und dafür eine Sprache zu entwickeln.

Genau diese Thematik liegt aus meiner Sicht letztlich auch dem Neuen (und
großenteils auch dem Alten) Testament zugrunde. Wie lässt sich ein gelingendes Leben *führen,* das letztlich *unverfügbar* ist. Wie lässt sich *menschliche Freiheit* als Aufgegebenheit, d.h. als Gestaltungsaufgabe mit der *Unverfügbarkeit* menschlichen Lebens sinnvoll und verantwortungsbewusst in
Beziehung setzen? Und wie lässt sich in diesem Kontext einer riskanten Unverfügbarkeit trotz Misslingen und Scheitern sinnvoll weiter leben?

Während sich die Managementwissenschaft mit der Bewältigung von Ungewissheit und Ambiguität im Kontext organisationaler Entscheidungs- und
Handlungsprozesse beschäftigt, steht bei christlicher Theologie die *Frage
nach einem gelingenden Leben* im Kontext der Unverfügbarkeit menschlichen Lebens im Vordergrund. Diese ähnlich gelagerten Problemstellungen
könnten somit einen Impuls darstellen, um miteinander bewährte Formen der
praktischen Bewältigung von Ungewissheit und Unverfügbarkeit zu reflektieren. Selbstverständlich dienen hierzu je nach disziplinärem Kontext völlig
unterschiedliche Erfahrungsquellen. Diese kreativ miteinander in Beziehung
zu setzen, könnte aber bestimmt zu überraschenden neuartigen Perspektiven
und Handlungsoptionen führen.

Was – wenigstens im Sinne einer ersten Andeutung – lässt sich nun konkret
zur Bewältigung von Ungewissheit und Unverfügbarkeit aus Sicht einer
christlichen Theologie bzw. einem systemischen Managementansatz sagen?
Auch bei diesem Deutungsversuch werden interessante Parallelen sichtbar.
Aus Sicht einer christlichen Theologie lautet die Antwort auf Ungewissheit
und Unverfügbarkeit *Glaube,* verstanden als ein *personales Beziehungsge-
schehen,* d.h. als ein vertrauensvolles sich Zuwenden zu Gott und zum
Nächsten. Im menschlichen Leben gibt es gemäss des Neuen Testamentes
keine Sicherheiten außer der Glaubensgewissheit, dass sich im gemeinsamen
Teilen des Wortes, im gemeinsamen Brechen des Brotes und in der lebens-

dienlichen Begegnung mit dem Nächsten „Gott ereignet", d.h. personal präsent wird – als ein Leben in Fülle über alle Brüchigkeit des Lebens und über alle lebensvermindernden und lebensfeindlichen Wirkmomente hinaus.

Die systemische Perspektive stellt, z.B. bei Fragen strategischen Wandels, in ähnlicher Weise die Förderung tragfähiger *Beziehungs- und Kommunikationsprozesse* in den Mittelpunkt. In inhaltlicher Hinsicht können wir nicht wissen, wie die Welt morgen aussieht, mit welchen gesellschaftlichen Herausforderungen, Marktentwicklungen und Technologieinnovationen unsere Organisationen zurecht kommen müssen und was dies für die einzelnen Menschen implizieren mag. Umso wichtiger wird eine achtsame *Dramaturgiearbeit*. Dazu gehören die Ermöglichung einer Vergemeinschaftung von Ungewissheit und Ambiguität, eine sorgfältige Klärung impliziter Erwartungen und Erwartungserwartungen[35] sowie eine gemeinschaftliche Erarbeitung kontingenter Setzungen und Entscheidungsprämissen. Paradoxerweise werden *in einer gemeinschaftlichen Vergewisserung* von Ungewissheit und Ambiguität den prekären Entscheidungs- und Handlungsbedingungen von Management ihr bedrohliches Wirkmoment genommen und damit mutige Schritte in eine offene Zukunft möglich.

4.2.   Implikationen für eine diakonische Management-Praxis

Glaubenspraxis und ganz besonders diakonische Praxis sind weit mehr als kognitiv-intellektuelle Anstrengung und blutleere theologische Reflexion. Im Zentrum steht *„embodied social practice"*, verkörpertes gemeinschaftliches Handeln und Wirken. Dazu gehören ganz wesentlich auch Rituale und Symbole für die Kommunikation und Vergemeinschaftung des Unfassbaren und Unverfügbaren. Im Kontext eines Rückblicks und Ausblicks diakonischer Unternehmensethik schreibt Alfred Jäger[36] hierzu treffend:

> „Diesen nach vorn weisenden, alternative Zeichen setzenden, die gesellschaftliche Umwelt auf-brechenden Zug des diakonischen Ethos gilt es wieder neu zu entdecken. ... Darin liegen ungenutzte Chancen, die es verdienen, neu aufgegriffen zu werden. Diakonisches Ethos und diakonische Spiritualität können ..., wenn auch in völlig neuer Gestalt, wieder deutlich zum Rückgrat der Einrichtungen werden."

In diesem Sinne betrachte ich mit Alfred Jäger eine *spirituell verankerte, glaubwürdige Führungspraxis* auf der Grundlage einer tragfähigen Management-Theologie als *das* zentrale Differenzierungsmerkmal diakonischer Organisationen. Diakonische Spiritualität könnte sich dann je neu als *einzigartige* Gabe (nicht einfach Ressource!) erweisen, die diese Organisationen tagtäglich zur Bewältigung von Ungewissheit, Ambiguität und Grenzerfahrungen einsetzen dürfen und auch sollen.

---

[35] Vgl. Niklas Luhmann (1984).
[36] Alfred Jäger (1992), S. 78.

Normatives Management in diakonischen Einrichtungen könnte dann bedeuten, für diesen grundlegenden Aspekt diakonischer Führungs- und Organisationspraxis systematisch einen geeigneten, entwicklungsförderlichen Kontext zu schaffen – und das bedeutet insbesondere *stärkende Orte der gemeinsamen spirituellen Vergewisserung*. Nur so können aus meiner Sicht die bei Alfred Jäger[37] gleichermaßen treffend und bedrückend beschriebenen Defizite diakonischer Unternehmenskultur (Führungsdefizit, theologisches Defizit, Sinndefizit, Identitätsdefizit, Wir-Defizit) in neue Chancen und Potentiale transformiert werden. Dazu gibt es – weit jenseits der Machbarkeit – allerdings kein Erfolgsrezept und keinen Königsweg. Auf jeden Fall braucht es dazu immer wieder berufene Arbeiterinnen und Arbeiter und einen guten Boden im Weinberg.

Literatur:

BATE, PAUL (1994): Cultural Change: Strategien zur Änderung der Unternehmenskultur, München.

DACHLER, H. PETER (1992): Management and Leadership as Relational Phenomena, in: CRANACH, MARIO VON/ DOISE, WILLEM/MUGNY, GABRIEL (HG.): Social Representations and the Social Basis of Knowledge, Lewiston, S. 169–178.

EXNER, ALEXANDER/KÖNIGSWIESER, ROSWITHA/TITSCHER, STEFAN (1987): Unternehmensberatung – systemisch; in: Die Betriebswirtschaft (47/3), S. 265–284.

FERRARO, FABRIZIO/PFEFFER, JEFFREY/SUTTON, ROBERT (2005): Economics language and assumptions: how theories can become self-fulfilling; in: Academy of Management Journal (30/1), S. 8–24.

FOERSTER, HEINZ VON (1984): Principles of Self-Organization – In a Socio-Managerial Context; in: ULRICH, HANS/PROBST, GILBERT J.G. (HG.): Self-Organization and Management of Social Systems, Heidelberg, S. 2–24.

GRAND, SIMON/HUPPENBAUER, MARKUS (2007): Managementforschung und theologische Ethik im Diskurs: Beobachtungen und Reflexionen aus der „Trading Zone" von Management und Religion; in: Zeitschrift für Evangelische Ethik (51/2), S. 129–145

GROSS, PETER (1994): Die Multioptionsgesellschaft, Frankfurt.

HAAS, HANNS-STEPHAN (2006): Theologie und Ökonomie. Ein Beitrag zu einem diakonierelevanten Diskurs, Gütersloh.

HIRSCH, SIGI (1992): Fragen an den Meister (Interview), in: KÖNIGSWIESER, ROSWITHA/LUTZ, CHRISTIAN (Hg.): Das systemisch-evolutionäre Management, (2. Auflage), Wien, S. 85–94.

LUHMANN, NIKLAS (1981): Die Unwahrscheinlichkeit der Kommunikation, in: Soziologische Aufklärung (Band 3), Opladen, S. 25–34.

DERS. (1984): Soziale Systeme, Frankfurt.

DERS. (2002): Einführung in die Systemtheorie, Heidelberg.

DERS. (2000): Entscheidung und Organisation, Opladen.

JÄGER, ALFRED (1981): Wirtschaftsethik: Das Prinzip Verantwortung als Element einer Management-Philosophie, in: ULRICH, HANS (HG.) (1981): Management-Philosophie für die Zukunft. Gesellschaftlicher Wertewandel als Herausforderung an das Management, Bern, S. 47–56.

DERS. (1987): Diakonie als christliches Unternehmen, 2. Auflage, Gütersloh.

DERS. (1992): Diakonische Unternehmenspolitik, Gütersloh.

---

[37] Vgl. a.a.O., S. 60ff.

MUSSMANN, CARIN/ZBINDEN, RETO (2003): Lösungsorientiert führen und beraten, Zürich.

ORTMANN, GÜNTHER (2007): Als Ob. Fiktionen und Organisationen, Wiesbaden.

RÜEGG-STÜRM, JOHANNES (2003): Das neue St. Galler Management-Modell – Grundkategorien einer integrierten Managementlehre: der HSG-Ansatz, 2. Auflage, Bern.

DERS. (2007): Handlung und Reflexion in Managementpraxis und Managementforschung: Konturen einer kreativen Beziehung, in; EBERLE THOMAS S./HOIDN, SABINE/SIKAVICA KATARINA (HG.): Fokus Organisation. Sozialwissenschaftliche Perspektiven und Analysen. Festschrift für Emil Walter-Busch, Konstanz (im Druck).

DERS./GRITSCH, LUKAS (2003): Die Bedeutung von Ritualen in Prozessen organisationalen Wandels; in: NAGEL, ERIK (HG.): Welchen Wandel wollen wir? Ansätze und Perspektiven für die Gestaltung organisationaler Veränderungsprozesse. Luzerner Beiträge zur Betriebs- und Regionalökonomie (Band 10), Chur, S. 49–76.

SCHMIDT, SIEGFRIED J. (2004): Unternehmenskultur. Die Grundlage für den wirtschaftlichen Erfolg von Unternehmen, Weilerswist.

SIMON, FRITZ B. (2004): Gemeinsam sind wir blöd? Die Intelligenz von Unternehmen, Managern und Märkten, Heidelberg.

SPARRER, INSA (2007): Einführung in die Lösungsfokussierung und systemische Strukturaufstellungen, Heidelberg.

ULRICH, HANS (HG.) (1981): Management-Philosophie für die Zukunft. Gesellschaftlicher Wertewandel als Herausforderung an das Management, Bern.

DERS. (1984): Management, Bern.

DERS. (1985): Plädoyer für ganzheitliches Denken, Aulavortrag Nr. 32, Universität St. Gallen.

DERS./KRIEG, WALTER (1972): St. Galler Management-Modell, Bern.

ULRICH, PETER (2001): Integrative Wirtschaftsethik, 3. Auflage, Bern.

WATZLAWICK, PAUL (1983): Anleitung zum Unglücklichsein, München.

DERS. (1986): Vom Schlechten des Guten oder Hekate. Lösungen, München.

WEICK, KARL E./SUTCLIFFE, KATHLEEN M. (2003): Das Unerwartete managen. Wie Unternehmen aus Extremsituationen lernen, Stuttgart.

WIMMER, RUDOLF (2004): Organisation und Beratung. Systemtheoretische Perspektiven für die Praxis, Heidelberg.

Sabine E. Schwenk-Vilov

Wo bleibt die Winzerin?
– Die Arbeiterinnen im Weinberg des Herrn

1. Zur Problemstellung

Ein kleiner Blick in das Inhaltsverzeichnis dieser Festschrift zeigt: Ja, es gibt sie – die Arbeiter im Weinberg des Herrn. Ganz konkret, uns nicht unbekannt, hinterlassen sie ihre Spuren. Aber wo sind denn die Arbeiterinnen im Weinberg des Herrn zu finden? Müsste diese geflügelte Redewendung angesichts der Dominanz der arbeitende Frauen in den diakonischen Einrichtungen und Organisationen nicht geändert werden in: „Von den Arbeiterinnen im Weinberg des Herrn?" Angesichts der (noch) vorherrschenden Dominanz von Männern in Führungs- resp. Leitungsfunktionen in der Diakonie könnte man auch sagen: Es gibt sie, die Winzermeister im Weinberg des Herrn, tatkräftig unterstützt von den fleißigen Arbeiterinnen und Arbeitern, von denen der Großteil weiblichen Geschlechts ist.[1]

So sieht die aktuelle Situation aus – und sie springt nicht nur mir ins Auge. Dementsprechend fragt Arnd Götzelmann in seiner Evangelischen Sozialpastoral unter dem Postulat solidarischer Verbindlichkeit: „Warum ist die zu 75 % ihrer Mitarbeiterschaft weibliche Diakonie weithin immer noch von männlicher Leitung dominiert? Warum gibt es einen unterdurchschnittlichen Prozentsatz von leitenden Positionen in den evangelischen Kirchen, die mit Frauen besetzt sind?"[2]

Gute Fragen, die Götzelmann stellt und damit auf eine Situation hinweist, die so nicht sein müsste. Das Bildwort von den „ArbeiterInnen im Weinberg des Herrn" weist auf den biblischen Kontext und auf die Lebenswirklichkeit Jesu hin, so dass es mir angebracht erscheint, einen Blick in die neutestamentlichen Quellen zum dienenden Handeln zu werfen.

---

[1] Ende der 1980er Jahre beschrieb Ina Praetorius die geschlechtspezifische Arbeitsteilung folgendermaßen: „Männer verkündigen das Wort – Frauen hören zu. Männer verwalten die Diakonie – Frauen pflegen, heilen, erziehen, trösten. Männer setzen die rechte Lehre fest – Frauen handeln der Lehre gemäß. Männer werden bezahlt – Frauen arbeiten ehrenamtlich. Männer predigen Nächstenliebe und Demut – Frauen leben Nächstenliebe und Demut." [vgl. Ina Praetorius (1987), S. 136]. Sie stellt zwar fest, dass möglicherweise diese Arbeitsteilung nie ganz so strikt gewesen ist und hält für ihre Zeit eine Besserung fest, aber m.E. ist dies heute ein z.T. noch immer vorherrschendes Bild oder sogar die Realität. Ein Blick in die Kirchengemeinden zeigt, dass der größte Anteil der Ehrenamtlichen Frauen sind. Bei den leitenden Ehrenamtlichen nimmt die Zahl der Männer dann wiederum zu.

[2] Arnd Götzelmann (2003), S. 364.

2.   Biblische Grundlagen

Die oben genannte Fragestellung lenkt den Blick nicht nur allgemein auf die Stellung der Frauen im Neuen Testament, auf ihre Aufgaben und Funktionen innerhalb der urchristlichen Gemeinde, sondern auch speziell auf das Verhältnis von Frauen und Männern. Hierzu gehört auch Jesu Umgang mit den Frauen seiner Zeit und ein besonderer Blick auf die Wertschätzung, die er ihnen entgegenbringt. Diese Aspekte durchdringen sich jedoch und lassen sich von daher nicht immer trennen.

Luise Schottroff kommt zu der Feststellung, dass es nicht eindeutig ist, von den Arbeiterinnen im Weinberg des Herrn zu sprechen, da „[i]n der wissenschaftlichen Tradition des Themas Diakonat der Frauen im Neuen Testament unterschieden wird zwischen unspezifischen und spezifischen Aussagen über das ‚Dienen‘ von Frauen und spezifischen Aussagen, die die Überlegung erlauben, ob Frauen ein ‚Amt ‘ als Diakonin in der Gemeinde innehatten.“[3] Es liegt folglich keine eindeutige Landkarte der diakonischen Arbeit der Frauen zur Zeit Jesu und des Urchristentums vor, sondern es gibt nur einzelne Orte, die miteinander verbunden werden sollen oder müssen.

2.1.   Unspezifische Aussagen über das Dienen von Frauen

Den unspezifischen Aussagen über das diakonein (dienen) der Frauen ist nichts Genaues bezüglich der vorhandenen Ämter und ihre Besetzung durch Frauen zu entnehmen. Als unspezifisch werden folgende Stellen von Luise Schottroff genannt: Mk 1,31 par; Mk 15,40f par; Lk 10,40 und Joh 12,2.[4] Es lohnt sich jedoch, trotz dieser Zuschreibung des Unspezifischen, diese Textstellen genauer zu betrachten und zu überprüfen, ob sich diese Einordnung halten kann.

Da diakonein (dienen) auch schlicht und ergreifend das Dienen bei Tische bezeichnen kann, ist vielleicht gerade bei der Heilungsgeschichte der Schwiegermutter des Petrus an diesen Zusammenhang zu denken. Als Dank für die durch Jesu Vollmacht bewirkte Heilung wird die nun genesene Frau zur Dienerin Jesu. Dies kann unter zweierlei Aspekten betrachtet werden: Das Dienen kann sich zum einen ganz praktisch als Dankeserweis äußern, sozusagen als ein diakonein im Sinne des Tischdienstes. D.h. die Schwiegermutter lädt Jesus und seine Jünger nach der Heilung zum Essen ein, deckt ihnen den Tisch und bewirtet sie. Somit käme diese Frau ihrer geschlechterhierarchischen Rolle nach und leistete ihre Hausarbeit. Zum anderen kann diakonein in Mk 1,31 par. auch über den Tischdienst hinaus gedeutet und in einen weitreichenden Kontext gestellt werden. Denn „Mk 1,31 par erwähnt die Diakonie der von Jesus geheilten Schwiegermutter des Petrus nicht als

---

[3] Luise Schottroff (1998), S. 222.
[4] Vgl. ebd.

Beweis ihrer Heilung, sondern um zu sagen, dass sie Nachfolgerin Jesu wurde. Die Wundergeschichte ist zugleich Nachfolgegeschichte. Die Schwiegermutter des Petrus beweist hier nicht durch ihre Kochkünste ihre Heilung und Dankbarkeit, sondern sie wird Dienerin Jesu bzw. der Heiligen."[5] Die Zeitform des Verbes diakonein ist das Imperfekt, bei dem der durative Aspekt ausgeprägt ist. D.h. das bei dem Dienen der Schwiegermutter des Petrus nicht von einer einmaligen Tätigkeit ausgegangen, sondern das dieses entweder linear, konativ oder iterativ verstanden werden kann.

Diese Interpretation von Mk 1,31 par konkretisiert eine unspezifische Aussage zum Dienst der Frauen und stößt sich so mit der klassischen Interpretation, die in der Diakonie der Schwiegermutter des Petrus nur Dankbarkeit sieht. Joachim Gnilka[6] sieht das Bedienen der Gäste als Demonstration der wiederhergestellten Gesundheit und nicht als ständigen Dienst an Jesus und seinen Jüngern. Aber gegen Gnilka ist daran festzuhalten, dass das Dienen der Schwiegermutter des Petrus dennoch im Kontext der bewussten Jesusnachfolge steht.

Vergleichbares gilt für die Auslegung von Mk 15,40f par. Gnilka deutet das diakonein in diesem Kontext als materielle Unterstützung, die die Frauen Jesus und seinen Jüngern zukommen ließen. Allerdings hätten die Frauen beim Gang nach Jerusalem begriffen, das Jesusnachfolge Kreuzesnachfolge sei.[7] Gnilka ist insoweit zuzustimmen, als dass die Frauen wirklich erkannt haben, dass diakonein und akolouthein (jmd. nachfolgen) zusammengehören und nicht zu trennen sind. Wird jedoch in der Frauennachfolge das diakonein geschlechtsspezifisch verstanden, ist dieser Interpretation nicht zu folgen. Die Frauen, die Jesus bis zum Kreuz begleiten und dort für ihn und mit ihm aushalten, beweisen die Übereinstimmung von Nachfolge und Dienst. Vielleicht meint Paulus genau diese Vereinbarkeit von dienen und nachfolgen, wenn er sich selbst als Diener Jesu Christi bezeichnet (Röm 1,1; 1. Kor 3,5; 2. Kor 5,20). Innerhalb dieses paulinischen Kontextes käme niemand auf den Gedanken, dass Paulus für die Versorgung Christi resp. Gottes zuständig ist, sondern das Dienen wird so gedeutet, dass Paulus seinen Dienst Gott resp. der Gemeinde zur Verfügung stellt. Mit diesem Verständnis des Dienstes und Dienerseins können auch die weiteren „unspezifischen Aussagen" betrachtet werden.

Das Dienen der Marta (Lk 10,40 und Joh 12,2) wird oft schlichtweg auf den hauswirtschaftlichen Teil bezogen. „Ob Marta egoistisch an sich selbst denkt oder altruistisch daran, daß Jesus und seine Begleiter zu ihrem Mahl kommen, ist nicht gesagt"[8], aber letztendlich geht es um die Dienstleistung für den Gast, die Essenszubereitung und Nachtlager umfasst[9]. Jesus hält einer-

---

[5] Vgl. a.a.O. S. 237.
[6] Vgl. Joachim Gnilka (1978), S. 84.
[7] Vgl. Ders. (1979), S. 326.
[8] Eduard Schweizer (1982), S. 124.
[9] Vgl. Hans Klein (2006), S. 396. Klein schließt die Möglichkeit von François Bovon, dass im Hintergrund eine Hauskirche stünde ebenso aus wie die These von Eli-

seits an den patriarchalen Strukturen fest, da er zulässt, das Marta die Hausarbeit zum Wohle des Gastes verrichtet und diese auch annimmt. Andererseits bricht mit den vorhandenen Strukturen, indem er sich zum einen in ein nur von Frauen bewohntes Haus einladen lässt und, indem er zum anderen zulässt, dass Maria die Position einer Schülerin einnimmt. Die kurze Erzählung wertet weder den Tischdienst ab noch den Dienst am Wort auf. Marta schimpft nicht über die Dienstleistungen resp. die Hausarbeit, die ihr aufgetragen sind. Sie macht allerdings ihrem Ärger über die Menge der Arbeit Luft, denn sie arbeitet zuviel und ist von daher überlastet. Ihre Wut richtet sich allerdings nur gegen ihre Schwester, nicht gegen Jesus, obwohl dieser ihre Dienste in Anspruch nimmt und nicht in die Situation eingreift. Jesus aber hat trotz allem Verständnis. Er sieht Martas Mühen und ihren Fleiß, erkennt aber auch, dass ihre Unruhe auf zuviel Bemühen und Sorgen beruht. Folglich beschwichtigt Jesus Marta und wendet ihr seine volle Aufmerksamkeit zu. Aus Jesu Reaktion lässt sich ableiten, dass zwischen Dienen und Hören, dem Tisch- und Wortdienst, keine hierarchische Über- oder Unterordnung besteht, sondern dass die beiden zusammen gehören. Maria steht für die vita contemplativa, die auch das Hören des Wortes mit einschließt, Marta verkörpert den etwas übereifrigen Typus der vita activa. Gerade im Anschluss an die Erzählung vom barmherzigen Samariter wird der Zusammenhang von Helfen und Hören, von Dienstleitung und Ruhen deutlich. Marta sollte eigentlich für viele Mitarbeitenden in diakonischen Einrichtungen ein Vorbild sein, denn sie verschafft – trotz ihres Helfersyndroms – ihrer Überlastung noch rechtzeitig Luft.

Es ist Luise Schottroff darin zuzustimmen, dass diese neutestamentlichen Textstellen wenig Informationen zum Thema Frau und Amt bieten. Allerdings ist den exegetischen Kommentaren zu eben jenen Versen zu entnehmen, dass das kleine Wörtchen diakonein doch zum Nachdenken anregt. Nämlich zum Nachdenken darüber, was in jenen spezifischen Kontexten damit genauer gemeint sein könnte. M.E. wird das Dienen der Frauen hier zurecht mit dem Tischdienst in Verbindung gebracht, allerdings wird es zugleich auch auf diesen beschränkt. Nachfolge fängt mit dem Tischdienst an, aber sie geht darüber hinaus. Dies zeigt der Gebrauch des Imperfekts beim Dienen der Schwiegermutter des Petrus, ebenso das diakonein der galiläischen Frauen, das diese bis unter das Kreuz führt. Dienen und Hören, Tischdienst und Nachfolge (bis unter das Kreuz) sind bei den Frauen vorauszusetzen, aber nur schwer zu belegen.

---

sabeth Schüssler-Fiorenza, dass es um einen weiblichen Diakonat, der nicht zur Verkündigung zugelassen werde, ginge. Klein weist darauf hin, dass es auf alle Fälle solcher Menschen bedarf, die wie Marta sich um das täglich Brot kümmern. Aber es solle im rechten Maß geschehen. Deswegen braucht Maria nicht mehr zu helfen, sondern Marta solle das Wenige herrichten und dann sich Zeit nehmen, um auch noch das Wort zu hören. Nach Klein ist der hier dargestellte Jesus eben kein Fresser und Säufer, sondern ein Missionar, der zu den Frauen ins Haus kommt.

2.2. Spezifische Aussagen über das Dienen von Frauen

Diesen doch sehr unspezifischen Aussagen über die dienenden Tätigkeiten resp. der dienenden Nachfolge einiger bestimmter, sogar namentlich genannter Frauen stehen nun die Textstellen gegenüber, die spezifische Aussagen enthalten. So ist es möglich, dass sich beim genaueren Hinsehen ein klareres Bild des weiblichen Dienstes ergibt. Vielleicht lässt sich daraus sogar eine Art „Stellenprofil" der ersten engagierten Christinnen resp. Nachfolgerinnen Jesu ableiten.

Zu diesen kennzeichnenden Zeugnissen über das Engagement der Frauen gehört auch **Phil 1,1**, obwohl es uns auf den ersten Blick manchmal schwer fällt, in den Bischöfen und Diakonen/Dienern (episkopois kai diakonois) sowohl Frauen als auch Männer zu sehen. So kann Luise Schottroff kritisieren, dass Phil 1,1 undiskutiert als Aussage über Männer verstanden wird, obwohl bekannt sei, dass das Neue Testament eine androzentrische Sprache spreche.[10]

Zum weitergefassten Verständnis von Phil 1,1 lässt sich **Apg 16,11ff** heranziehen. Hier wird darüber berichtet, dass Paulus und seine Begleiter nach Philippi gingen und dort mit den Frauen ins Gespräch kamen. Da diese Frauen sich an einem Gebetsplatz trafen, lässt sich vermuten, dass Paulus in Philippi an einer religiösen Versammlung von Frauen teilnahm. Von einer dieser Frauen wird Näheres berichtet. Sie wird hervorgehoben, nicht allein durch die Nennung ihres Namens, Lydia, sondern auch anhand der Beschreibung „sebomenä" (gläubig).[11] Es scheint, als hätten die Frauen in Philippi führende

---

[10] Vgl. Luise Schottroff (1998), S. 222. Vgl. hierzu auch Gerhard Lohfink (1983), der kritisiert, dass sich mit dieser Textstelle ein bestimmtes Vorstellungsmodell rechtfertigen ließe. Nämlich folgendes: „Die Kirche braucht [...] die diakonischen Dienste der Frau. Aber diese diakonischen Dienste sind sorgfältig vom hierarchischen Amt der Kirche, das sakramental vermittelt wird, zu scheiden. Deshalb: Diakonische Dienst für die Frau: Ja! – Ein Amt der Diakonin in der Kirche: Nein!" (Kursivdruck im Original; vgl. S. 321f). Lohfink hält fest, dass die Ausformung und Strukturierung von Ämtern nicht von Jesus, sondern von der sich bildenden Kirche stammen. Ihm ist daran gelegen zu zeigen, dass gerade in den Anfängen des Christentums auf die Dienste der Frau nicht verzichtet werden konnte. Denn gerade in der praktisch-missionarischen Arbeit (Verkündigung des Evangeliums und Gemeindeaufbau) wurde die Mitarbeit der Frauen benötigt. Hierbei kam es zu der Entwicklung des weiblichen Diakonats. Lohfink veranschaulicht seine These anhand von drei Beispielen: 1. Phöbe, die als Diakon bezeichnet wird (Röm 16,1–2); 2. Junias, die Apostel genannt wird (Röm 16,7) und 3. den sog. Diakonenspiegel in 1.Tim 3,11, der zeigt, dass es neben männlichen auch weibliche Diakone als feste Institution gibt, vgl. Lohfink (1983), S. 321–324. In Lohfinks Interpretation lässt sich das Aufkommen der feministischen Bibelexegese erkennen, die den Blick von einer androzentrischen Lesweise löste und ihr Augenmerk vermehrt auf die Frauen und ihre soziale Stellung und Rolle richtete.

[11] sebomenä, Part. Präsens von sebomai (religiös verehren, Gott fürchten), das im Neuen Testament nur im Medium vorkommt und nicht von Christen in Bezug auf Christen gebraucht wird. Vgl. Werner Foerster (1964), S. 172. Die Bezeichnung der Lydia als Gottesfürchtige oder Gottverehrende stimmt mit dem Treffpunkt der Frauen überein. Die Forschung führt verschiedene Argumente auf, die entweder dafür

Rollen, denn zum einen treffen sie sich an Gebetsplätzen, die über die Stadtgrenzen hinaus bekannt sind und an denen sich aller Wahrscheinlichkeit auch die Männer zum Gebet versammeln. Zum anderen ist eine der Frauen sowohl mit ihrem Namen als auch mit ihrem Beruf bekannt und letztlich sogar als solche tradiert worden. Lydia stand ihrem Haus vor, denn als sie sich infolge der Predigt des Paulus zum christlichen Glauben bekehrte, ließ sie nicht nur sich, sondern ihr ganzes Haus taufen.

Auf der Basis dieser Informationen aus der Apostelgeschichte und mit dem Wissen um die Geschlechterideologie kann Phil 1,1 nicht eindeutig als Amtsbezeichnungen für Männer gedeutet werden. Sheila Briggs führt bezüglich der religiösen und gesellschaftlichen Stellung von Frauen in Philippi an, dass es in der Antike keine einheitliche Geschlechterideologie gab. Ein Grund dafür sei u.a. die Multikulturalität des Römischen Reiches.

> „Wichtiger ist die Bedeutung und Funktion der Geschlechterunterschiede im breiten Feld antiker Ideologien, in denen angeblich ‚natürliche‘ Differenzen zwischen Männern und Frauen als Begründung für soziale Ungleichheit fungierten. Die nach diesem Verständnis von der Natur vorgegebenen Fähigkeiten und Rollen von Menschen wurden ebenso sehr durch ihren gesellschaftlichen Stand wie durch ihr Geschlecht bestimmt. Das hatte zur Folge, dass die Bezeichnungen ‚männlich‘ und ‚weiblich‘ unter Umständen nicht mit der biologischen Geschlechtszugehörigkeit zusammenfielen. Frauen konnten männliche Tugenden üben und Rollen übernehmen, ohne deren geschlechtsspezifische Zuordnung zu untergraben. Vor allem im Bereich des Haushaltes wurden männliche Funktionen an Frauen übertragen. Weil der Haushalt nicht wie in der Moderne auf eine intime Familiensphäre beschränkt war, sondern auch der wirtschaftliche Kern der Gesellschaft war, ermöglichte die Leitung eines Haushaltes einer Frau ökonomische Unabhängigkeit und ein Mitwirken am gesellschaftlichen Geschehen. In der Regel war ein Mann das Haupt des Haushaltes (pater familias), aber auch Frauen (wie Lydia) übernahmen diese Rolle. Wenn eine Frau eine sonst als ‚männliche‘ verstandene Stellung, Tätigkeit oder Autorität übernahm, führte das nicht zur Abschwächung der Ideologie, dass männliches und weibliches Wesen und Vermögen grundsätzlich verschieden waren. Vielmehr wurde die Frau dann als geistiger und sittlicher Mann verstanden.“[12]

Davon ausgehend, dass Paulus nicht ganz unbeeinflusst von seiner Umwelt war, lässt sich die These aufstellen, dass mit den Bischöfen und Diakonen sowohl die Männer als auch die Frauen in leitenden Funktionen in Philippi angesprochen wurden. Provokant könnte man bei einer rein androzentrischen Lesweise davon ausgehen, dass der Brief generell nur an die Männer in Philippi gerichtet sei und sich so von den paulinischen Briefen unterscheide, die sich an die ganze Gemeinde richten. Oder bezieht sich das „an alle Geliebten Gottes und berufene Heiligen in Rom“ (Röm 1,7) auch nur auf die Männer und nicht auch auf die Frauen und Kinder in Rom? Vielleicht hätte Paulus einfach immer wie im 1. Korintherbrief seine Worte an die ekkläsia tou the-

---

sprechen, dass Lydia der jüdischen Gemeinde von Philippi oder einer der griechisch-römischen Religionen angehörte. Vgl. hierzu Sheila Briggs (1998), die in Lydia eine Angehörige der jüdischen Gemeinde sieht.
[12] Sheila Briggs (1998), S. 627.

ou, an die Gemeinde resp. die Kirche Gottes richten sollen, um die Diskussion über das Geschlecht der Adressaten zum vermeiden?

Wie dem auch sei, die Worte an sich geben keine exakte Antwort, sondern die Perspektive der Lesenden und Übersetzenden bestimmt die Auslegung. Deswegen ist es wichtig, über die verschiedenen Interpretationen in einen Diskurs zu treten. Allerdings ist darauf zu achten, dass nicht allein die Eisegese die Auslegung bestimmt, sondern dass auch die Exegese des Textes zum Tragen kommt. Beide, Exegese und Eisegese, geben Phil 1,1 die Brisanz zum Thema „Frauen und Amt im Neuen Testament". Jedoch sollte nach jahrelanger androzentrischer Eisegese nun die feministische Exegese unter dem Aspekt des Gender Mainstreaming beide Geschlechter in den Blick nehmen.

„Und ich empfehle euch unsere Schwester Phöbe an". Mit diesen Worten beginnt das 16. Kapitel des Römerbriefs des Paulus. Nicht nur dies, Paulus nennt auch Gründe für seine Bitte: zum einen ist Phöbe eine Glaubensschwester der römischen Gemeinde, zum zweiten ist sie diakon der Gemeinde Kenchreä und schlussendlich ist sie auch prostatis jener Gemeinde. Alles, was uns über diese Frau bekannt ist, erfahren wir aus diesen zwei Versen in Röm 16,1–2. Bei beiden Bezeichnungen, bei diakon und prostatis, stellt sich die Frage, ob diese als termini technici zu verstehen sind oder nicht. Prostatis wird im Wörterbuch wiedergegeben mit „Beschützerin" und „Beistand"[13] oder aber auch mit „Helferin". Phoebe ist aber nicht nur für Paulus, sondern für viele zur Hilfe geworden, weswegen man eigentlich davon ausgehen kann, dass die Aussage des Paulus auch von anderen Gemeindegliedern bestätigt werden kann. Nach Gerhard Lohfink[14] ist prostatis in Röm 16,2 noch keine feste Amtsbezeichnung, sondern eher in einem allgemeinen Sinn zu verstehen. Phoebe ist Glaubensschwester der Gemeinde in Rom und verwirklicht ihr Christsein in tätiger Nächstenliebe, so dass sie als Helferin von vielen bezeichnet werden kann. Bezüglich des Diakonos-seins der Phoebe scheiden sich die Geister: Während G. Lohfink in Röm 16,1 schon eine Tendenz zu einer festen Amtsbezeichnung ausmachen kann und die Anbahnung einer festen Amtstheologie zu erkennen meint, ist U. Luz gänzlich anderer Meinung. Für ihn ist diakonos in diesem Kontext noch kein terminus technicus, sondern bezieht sich auf das „Dienen" der Phoebe als prostatis/patrona. Luz ist der Ansicht, dass prostatis dem lateinischen patrona entspräche. Phoebe sei vermutlich Hausbesitzerin gewesen und ihr Dienen bezieht sich auf die Gastfreundschaft, die sich den Reisenden und der Gemeinde gewährt.[15] M.E. ist es für die Bedeutung der Phoebe in ihrer Gemeinde unrelevant, diakonos als terminus technicus zu sehen oder ganz allgemein als Dienerin der Gemeinde. Denn wenn diese Bezeichnung noch auf kein festes Amt verwies, so sind die Männern und Frauen, die als diakonos bezeichnet werden, zu dieser Zeit gleichgestellt. Es gilt für beide Geschlechter das Gleiche.

---

[13] Vgl. Walter Bauer (1958), Sp. 1425.
[14] Vgl. Gerhard Lohfin (1983), S. 325.
[15] Vgl. Ulrich Lutz (2005), S. 31.

Phoebe ist diakonos der Gemeinde in Kenchreä so wie in diesen Jahren einige Frauen und Männer diakonoi anderer Gemeinden sind. Es ist allerdings wichtig festzuhalten, dass es Paulus ein Anliegen war, der römischen Gemeinde gegenüber auf die besonderen Dienste der Phoebe innerhalb der christlichen Gemeinde hinzuweisen. Das Dienen der Phoebe hat für ihn Vorbildcharakter, welches der römischen Gemeinde Grund genug für eine herzliche Aufnahme sein sollte.

Weiteres Diskussionspotential hat der sogenannte Diakonenspiegel in **1. Tim 3,8–13**, der sich dem Ämterspiegel für Bischöfe anschließt. Gegen Ende des 1. Jahrhunderts wurde dieser Brief unter dem Pseudonym des Paulus von einem uns unbekannten Verfasser geschrieben. Dieser hat in den sog. Pastoralbriefen die bezeichneten Ämterspiegel eingebaut, die sich in 1. Tim zuerst an die Episkopen (Bischöfe) und dann an die Diakone richten. Konkret bedeutet dies, dass in 1. Tim 3 zwei Gemeindeämter behandelt und ihre Strukturen aufgezeigt werden. Allerdings gehen diese Ämterspiegel weit über die Beschreibung der Tätigkeiten der Amtsinhaber hinaus, denn auch die Voraussetzungen für ein solches Amt werden genannt. Letztendlich werden Charaktereigenschaften aufgezählt, die eigentlich von allen Christinnen und Christen erwünscht sind: Ehrlichkeit, Nüchternheit, Glaubenstreue („das Geheimnis des Glaubens mit reinem Gewissen bewahren). Ebenso sollen gewisse Untugenden, wie Trunksucht, Verleumdung etc. vermieden werden. Ferner werden Regeln in Bezug auf das Ehe- und Familienleben aufgestellt. Undiskutiert ist, dass die Episkopen allein als männlich gedacht werden. Jedoch taucht bei dem Diakonenspiegel ein „Problem" auf, das aber nicht unbedingt als solches betrachtet werden muss. So ist plötzlich in V. 11 von den Frauen die Rede. Einige Übersetzer lösen das vermeintliche Problem, in dem sie die gynaikas (Frauen) als „ihre Frauen" auslegen, d.h. indem sie einen Rückbezog zu den zuvor erwähnten männlichen Diakonen herstellen. Allerdings gibt dies der griechische Text nicht her, es findet hier somit eine androzentrische Eisegese statt.

Fakt ist, dass die Anforderungen an die Diakone durch V. 11 seltsam unterbrochen wird. Denn plötzlich ist die Rede von den Frauen, die in gleicher Weise ehrbar sein sollen, nicht verleumderisch, sondern nüchtern und zuverlässig. Danach geht es wieder bei den Ansprüchen für die Männer weiter. Bei diesem Einschub stellt sich die Frage nach Sinn und Zweck von V. 11. Ist hier einfach die Rede von den Ehefrauen der Diakone? Geht es eventuell um christliche Frauen ganz allgemein im Leben der Gemeinde? Oder handelt es sich letztendlich doch um weibliche Diakone? Im Kontext eines Ämterspiegels ist auszuschließen, dass es ganz allgemein um Frauen im Gemeindeleben geht. Dieser Bruch wäre zu radikal. Auch die Möglichkeit, von Ehefrauen der Diakone zu sprechen, lässt sich verneinen, denn kein Possessivpronomen unterstützt diesen Rückschluss. Ferner ist zu fragen, warum in einem Ämterspiegel die Ehefrauen erwähnt werden sollten. Des weiteren könnte man dann auch im Bischofsspiegel eine Bemerkung hinsichtlich der Ehefrauen erwarten. Schlussendlich kann es sich in V. 11 nur um weibliche Diakone, um

Amtsträgerinnen handeln[16], die ein diakonisch-seelsorgerliches Amt in der Gemeinde inne haben.

2.3. Das Dienen der Männer
– oder: Auf dem Weg zur dienenden Gemeinschaft

Eine geschlechtergerechte Lesweise von Mk 10,42–45 kann zur Beendigung der Diskussion über spezifische und unspezifische Aussagen vom Dienen der Frauen führen. Auf die Frage der Söhne des Zebedäus gibt Jesus eine Antwort, die über den eigentlichen Kontext hinausgeht und eine Aussage über das Verhältnis über Männer und Frauen, Kleine und Große, Arme und Reiche, SklavInnen und Freie in der christlichen Gemeinschaft macht. Auf die Frage der Zebedäiden nach ihrer Position resp. ihres Ranges kritisiert Jesus nicht nur das Verhalten jener Jünger, sondern auch das Machtgehabe der Menschen allgemein. So wie es in der Welt ist, so wie die politischen Funktionäre und reichen Bürger des Landes es vorleben, so soll es eben in der entstehenden christlichen Gemeinschaft nicht sein. Diese Mahnung Jesu, die zugleich eine Aufforderung an die Jüngerinnen und Jünger ist, bezieht sich nicht allein auf die politischen, sondern vor allem auch auf die sozialen Verhältnisse, die sich bis in die Familien hinein auswirken. Es ist eine patriarchale Welt, in der Jesus lebt und in der er sich bewegt. Zum einen nimmt Jesus ohne mit der Wimper zu zucken den Dienst der Frauen in Anspruch (vgl. Maria und Marta, Lk 10,40 und Joh 12,2), zum anderen möchte er eine Veränderung der Zustände. „So soll es bei euch nicht sein" das impliziert eine (radikale) Umkehrung der vorhandenen Hierarchien sowohl in der Gesellschaft/Gemeinde als auch in der Familie. Letztendlich bedeutet dies für die Frauen in der Umgebung Jesu eine Anweisung zur Emanzipation.

In Bezug auf Mk 10,45a schreibt Ulrich Luz, dass dieses Wort aufnehme, was die Sendung Jesu auszeichne. Nämlich seine ganzheitliche Zuwendung zu den Menschen, insbesondere den Armen, Kranken und Besessenen, den „Kleinen", den Frauen und den Außenseitern Israels. Dieser Zuwendung entspräche das Liebesgebot als Zentrum des Willens Gottes. „Dienen" bedeute folglich „kompromisslose und nicht auf Gegenseitigkeit spekulierende Liebe."[17] Dieses Dienen Jesu, das vorbildlichen Charakter für die JüngerInnen und für die christlichen Gemeinden haben soll, wird aber nun in der weiteren christlichen Geschichte nicht ganzheitlich auf alle Gemeindeglieder bezogen. Die von Jesus gewünschte Umkehrung der Rangordnung und die Neustrukturierung vorhandener Hierarchien stellt auch die Exegeten vor viele ungeklärte Fragen. Lässt sich dieser Wunsch Jesu „so soll es bei euch nicht sein" auf die Lebenssituation von Frauen und Männern übertragen? „Unsicher bleibt die Deutung der evangelischen Aussagen über das ‚Dienen' von Frauen. Meinen sie in einem ähnlichen Sinn exemplarische Nachfolge (so

---

[16] Vgl. hierzu auch Gerhard Lohfink (1983), S. 332f.
[17] Ulrich Luz (2005), S. 21.

vermutlich Mk 15,41)? Oder meinen sie etwas Spezifischeres, z.B. das Aufkommen für den Lebensunterhalt Jesu und der Jünger (so wohl Lk 8,3) oder den Tischdienst (so wohl Joh 12,2) und ähnliche Dienstleistungen (so Lk 10,40)?"[18]

Luise Schottroff ist der Ansicht – und ich stimme ihr hierin zu –, dass auch freie Männer in den Gemeinden SklavInnen und freien Frauen gedient haben. „Das ‚Dienen/diakonein' wäre dann vom frühen Christentum neu gefüllt und gelebt worden: Es bezeichnet Teilhabe an Autorität und Teilhabe an Versorgungsarbeit für denselben Personenkreis ohne Abstufung für SklavInnen, Frauen und freie Männer."[19] Für diese Deutung spricht für Luise Schottroff zum einen, dass freie Frauen und SklavInnen Teilhabe an der Macht in der Gemeinde hatten (vgl. Röm 16,1); zum anderen, dass sich in Konflikte in den Gemeinden erkennen lassen, die dadurch entstanden, dass Frauen die Hausarbeit verweigert haben (vgl. Lk 10,38–42; 1.Tim 5,8.10.13) und dass die Diakonie (Mt 25,44) an Hungernden, Durstenden, Fremden, Nackten, Kranken und Gefangenen zwar vorrangig durch die geschlechtshierarchische Arbeitsaufteilung von Frauen ausgeübt wurde, Männer aber wohl kaum ausgeklammert werden sollen.[20]

Wenn die von Jesus gewünschte radikale Umkehrung der Verhältnisse ernst genommen und umgesetzt würde, so entstünde eine dienende Gemeinschaft von (freien) Frauen und Männern. Das Ideal, das Jesus hier fordert und mahnt, stellte damals die jungen christlichen Gemeinden vor eine große Herausforderung und blieb über die Jahrhunderte hinweg eher eine Vision denn ein reelles Leitbild. Jesu Leitbild entspricht dem Ideal, das sein diakonos Paulus in Gal 3,28 formuliert: Hier ist nicht [...] Sklave noch Freier, hier ist nicht Mann noch Frau; alle nämlich seid ihr einer in Christus Jesus.

2.4. Stellenprofil

Aus all den genannten unspezifischen und spezifischen Aussagen über den Dienst der Frauen zur Zeit Jesu und des Urchristentums lässt sich eine Art Stellenprofil für weibliche Diakone, d.h. für Diakoninnen ableiten. Unter Berücksichtigung von Mk 10,42–45 gilt dieses Stellenprofil nicht nur für die Frauen, sondern auch für die Männer:

- karitative Aufgaben
- Verkündigungsdienst
- Tischdienst (wie auch immer gestaltet)
- Nachfolge im Glauben (konsequent bis zum Kreuz)
- Gemeinschaftsbewusstsein

---

[18] A.a.O. S. 22.
[19] Luise Schottroff (1994), S. 304f.
[20] Vgl. a.a.O. S. 305.

- Seelsorgerlich-diakonische Tätigkeit im Bereich der christlichen Gemeinde und für die Witwen, Waisen und Fremdlinge
- Tun der Werke der Barmherzigkeit nach der Magna Charta der Diakonie in Mt 25: Hungrige speisen, Dürstende tränken, Fremde aufnehmen, Nackte bekleiden, Kranke besuchen, sich um Gefangene kümmern. Später kommt zu diesem Tätigkeitsfeld noch das Begraben der Toten hinzu
- das Gleichgewicht zwischen vita activa und vita contemplativa halten können

3.   Frauen gestalten diakonisch Geschichte

In die erste Zeit der Entstehung der kirchlichen Ämter gehört die Entwicklung und später leider auch die Rückbildung des weiblichen Diakonats.[21] Dennoch gab es im Laufe der Geschichte des Christentums immer wieder Frauen, die diakonisch tätig waren. Man denke nur an die unzähligen Nonnen, die im Kloster der christlichen Liebestätigkeit nachkamen und ihr ganzes Leben in den Dienst Jesu Christi stellten. Viele von ihnen bleiben für immer namenlos, aber einige sind uns bekannt.

Berichten die Quellen der Kirchenväter noch über Frauen, die die Härten der Christenverfolgungen auf sich nahmen und zu Märtyrerinnen für den Glauben wurden, so bekommen sie später eine eher untergeordnete Rolle. Viele diakonisch tätige Frauen erscheinen in der späteren Kirchengeschichte nur noch als Mütter, Schwestern oder Ehefrauen hervorragender Männer. Es gibt allerdings wenige Ausnahmen, die uns namentlich bekannt und deren Tun uns überliefert ist.[22] Als ein Beispiel, stellvertretend für viele, sei nun Elisabeth von Thüringen genannt, die gegen den Widerstand ihres Ehemannes gesellschaftliche Strukturen und soziale Unterschiede überwand und sich den armen Menschen ihrer Region zuwandte. Viele Frauen, die als Arbeiterinnen im Weinberg des Herrn handelten, sind uns heute kaum als solche bekannt, z.B. Louise Scheppler, Königin Katharina von Württemberg, Charlotte Reihlen, Gertrud Kurz u.v.m. Dem Namen nach bekannt sind vielen von uns wahrscheinlich Elizabeth Fry, Amalie Sieveking[23], Florence Nightingale und Frederike Fliedner[24]. Von daher

---

[21] Vgl. Gerhard Lohfink (1983), S. 323.

[22] Maria Heinsius, die erste promovierte Theologin Deutschlands, untersuchte das Wirken von Frauen in der Kirche und gab dazu mehrere Studien heraus. Maria Heinsius erschließt mit dem von ihr aufgearbeiteten geschichtlichen Material eine neue Dimension von Geschichte, speziell für die Zeit der Reformation. In vielen Publikationen zur Reformation von Kirchenhistorikern fehle allerdings diese Dimension, weil die Lebenswelt von Frauen als nicht geschichtsrelevant gilt. Allerdings eröffnet, so Heinsius, die Frauen-Geschichte den Zugang zu der existentiellen Dimension täglicher, mitmenschlicher Erfahrungen, in denen der Glaube der Menschen wirkt als bewegende Kraft. Vgl. hierzu: Gerta Scharffenorth/Heidi Lauterer-Piner (1987).

[23] Amalie Sieveking widersetzte sich im 19. Jahrhundert mit ihrer Idee einer evangelischen kommunitären Gemeinschaft vorhandenen Konventionen. Auch die Tatsache, dass sie selbst die Leitungsfunktion innehaben wollte, war unvorstellbar. „Leitungs-

ist es richtig und wichtig, dass die Führungspersönlichkeiten unter den Diakonissen und auch andere Frauen der Diakonie gewürdigt werden.[25] Die Motivation für das Handeln dieser Frauen lässt sich unter folgendem Motto bündeln:
„Helfen und Leiten, immer in Beziehung zu anderen Menschen, die sich dadurch unterstützt und bereichert sehen."[26] Es ist unsere Aufgabe, das Engagement der namentlich bekannten und zahlreichen namenlosen Frauen, die gemäß des diakonischen Auftrages Jesu handelten und ihr Leben danach
ausrichteten, nicht zu vergessen und unser eigenes Leben davon bereichern zu
lassen. Denn die „Frauen haben wesentlich zu dem Aufschwung beigetragen,
den die Diakonie und die Innere Mission im 19. Jahrhundert genommen haben"[27] und dessen Auswirkungen noch heute das Bild der Diakonie prägen und
ins gesellschaftliche Bewusstsein einprägen.

Im Jahr 1987 veröffentlichte Theodor Strohm in der Theologia Practica einen
Artikel mit dem leicht provokanten Titel „Der Aufbruch der Frauen – wohin?
Zehn Thesen." Strohm geht fest davon aus, dass ein Aufbruch stattgefunden
hat, jedoch ist für ihn die Richtung noch zu klären. Die zehn Thesen lassen
sich folgendermaßen kurz zusammenfassen, vor allem die neunte These bezieht sich speziell auf die Diakonie:

> 1. Nach Strohm bestätigen 1987 neuere Publikationen eine einfache Beobach-
> tung, nämlich dass hinter der ganzen Vielfalt der Lebensweisen, Schicksale,
> Freuden und Leiden so etwas wie eine weltweite Solidarität und ein gemein-
> sames Ziel aufleuchte: „daß Frauen Kontrolle über ihr Leben, ihren Körper
> und die Entwicklung ihrer Gesellschaft gewinnen."[28]
> 2. Auch die feministisch-theologische Bewegung überschreite unbefangen
> Grenzen. Theologie würde konsequent als „Erfahrungswissenschaft" gedeutet
> und feministische Theologie als Variante der Befreiungstheologie. Hermeneu-
> tik würde zu einer argwöhnenden, proklamierenden, erinnernden und kreativ
> aktualisierenden Arbeit an der Überlieferung. Ihr Ziel sei eine Paradigma-
> Änderung in Theologie und Kirche.

---

funktionen im Pflege- und Wirtschaftsbereich oblagen Ehepaaren." Unverheirateten
Frauen war der Zugang zu vielen Arbeitsbereichen verschlossen, da viele Stellen den
Ehefrauen vorbehalten wurden. Vgl. Jutta Schmidt (2005), S. 91.

[24] In den letzten Monaten ist ein Roman von Gina Meyer erschienen, nämlich „Die
Protestantin". Es ist ein fiktiver Roman, der sich aber dennoch an den Fakten zur
Entstehung der Kaiserswerther diakonischen Einrichtungen unter Theodor Fliedner
orientiert. Hauptpersonen sind zwei Frauen, Johanne und Catherine, die die Arbeit
Fliedners und seiner Diakonissen unter verschiedenen Blickweisen betrachten. Jo-
hanne, die ältere der beiden Schwestern, engagiert sich stark in den Kaiserswerther
Einrichtungen und hinterfragt die politische Meinung Fliedners nur selten. Ihre
Schwester Catherine hingegen kann angesichts der sozialen Not und der Sozialen
Frage die politische Haltung Fliedners nicht verstehen und wendet sich von seiner
Arbeit ab.

[25] Vgl. hierzu das zweibändige Werk von Adelheid M. von Hauff (Hg.), Frauen gestalten Diakonie. Band 2 erschien 2006 und zeigt die vielfältigen Formen des Engagements von Frauen in der Diakonie vom 18. bis zum 20. Jahrhundert.

[26] So Heinz Schmidt im Vorwort, a.a.O. S. 9.

[27] Jutta Schmidt (2005), S. 90.

[28] Theodor Strohm (1987), S. 163.

3. Es ginge für die Frauen um die Gewinnung einer erneuerten Identität, wofür über theologische Grundaussagen hinaus weitergegangen werden könne. Eine kulturelle Aneignung weiblicher Wirklichkeitserfahrung solle gelingen.

4. Eine Integration in Strukturen ohne deren Transformation könnte leicht zur tödlichen Bedrohung des Anliegens der Frauenbewegung werden. Prinzipiell dürfe es keinen Bereich geben, der vom Anspruch der Frauen auf gleichberechtigte Mitwirkung ausgespart bliebe. „Dann aber dürfen Frauen nicht länger Halt machen vor technischen, vor den juristischen und nationalökonomischen Ausbildungsgängen. Es ist auf die Dauer mit der Würde der Frauen nicht zu vereinbaren, daß die leitenden Positionen in Kirche, Schule, Verwaltung, in den Informationsmedien usw. den Männern vorbehalten bleiben. Aber die quantitative Linie der Gleichstellung muß begleitet werden von der qualitativen Bereicherung und Transformation. Es geht um eine gesellschaftliche Ordnung, die die Symmetrie zwischen den Werten, die herkömmlicherweise polarisiert sind als spezifisch weibliche und spezifisch männliche, wiederherstellt und in ihren Strukturen wiederspiegelt. Nennen wir das ruhig eine ‚Verantwortliche Gesellschaft‘.“[29]

5. Nach Strohm ist es eine unmenschliche Überforderung, den Frauen die doppelte Bürde aufzulegen: „sie sollen sich ihren Platz in der Gesellschaft erkämpfen und sollen zugleich an deren Überwindung arbeiten“.[30] Es soll eine partnerschaftliche Form der Zusammenarbeit angestrebt werden. Der partnerschaftlichen Verantwortung sollen sich die Frauen stellen.

6. Frauen seien sowohl von der Instabilität ihrer beruflichen Biographie als auch von der Instabilität ihrer Beziehungsbiographie herausgefordert. Gut sei es, wenn der Aufbruch der Frauen, der zu Veränderungen der Strukturen führt, auch bei den Männern Lernprozesse auslöse.

7. Konsequent sollten die Frauen in ein eigenständiges soziales Sicherungssystem einbezogen werden. Dabei ginge es auch um eine Neubewertung von Tätigkeiten, z.B. Erziehung der Kinder, Führung des Haushaltes, Versorgung pflegebedürftiger Verwandter etc.

8. „Die Gleichstellung der Frauen im geistlichen Amt [...] ist ein kirchengeschichtliches Datum und irreversibel. Die Gemeinden akzeptieren, ja begrüßen diesen Durchbruch [...]. Luther hat durch seine Botschaft vom königlichen Priestertum aller Gläubigen die Türen aufgestoßen. Er hat die Würde und Berufung der Frauen in das helle Licht der Gottesebenbildlichkeit gerückt [...]. Dieses Licht soll im neuen Glanz strahlen [...].“[31] Der geringe Anteil von Frauen in der diakonischen Konferenz und in den Kirchenleitung muss verändert werden. Für Strohm gilt: „nicht die Frauen sollen sich anonymen Strukturen anpassen. Umgekehrt: nur in überschaubaren, menschlich ‚zugänglichen‘ Strukturen kann menschlich und sinnvoll gearbeitet werden.“[32]

9. „Im diakonischen Bereich fanden Frauen seit 150 Jahren ihr wichtigstes Feld gesellschaftlicher Sinnverwirklichung. Eine Erhebung der siebziger Jahre spiegelt diese Tatsache noch heute: 83% der fachlich ausgebildeten Kräfte in diakonischen Einrichtungen, 92% der Teilzeitbeschäftigten, über 80% der ehrenamtlichen Kräfte sind Frauen. Umgekehrt sind die Leitungspositionen zu über 90% mit Männern besetzt. Dies ist auch das Ergebnis eines patriarchalischen Überfremdungsprozessen der Diakonie, der mit *Theodor Fliedner* einsetzte und im Zentralausschuss der Inneren Mission 100 Jahre lang festgeschrieben wurde. Spätestens bei dem großen Revirement der neunziger Jahre, wenn eine Generation der leitenden Kräfte in Ruhestand tritt, muß dieser unwürdige Rückstand

---

[29] A.a.O. S. 165.
[30] Ebd.
[31] A.a.O. S. 166.
[32] A.a.O. S. 167.

behoben werden. In der wichtigen EKD-Studie „Frauen in Familie, Kirche und Gesellschaft" (1979) wird mit Recht die Aufstellung eines ‚zeitlichen Stufenplans' gefordert, ‚wie im Laufe von fünf Jahren eine angemessene Beteiligung von Frauen auf allen Ebenen zu erreichen ist' (S. 173). Dieses Ziel wurde bisher nicht erreicht, es soll hier in aller Form angemahnt werden!
10. Strohm hält drei Gesichtspunkte fest: 1. Die Frauenbewegung hat eine selbsttragende Kraft angenommen. 2. Die Menschenwürde wird in neuer Form ans Licht treten. 3. Der Beweis, dass Frauen ihren eigenständigen Beitrag in Politik, Wissenschaft, Kultur und Gesellschaft leisten können, ist längst erbracht.

Strohms neunte These aus dem Jahr 1987 könnte meines Erachtens auch im Jahr 2007 geschrieben worden sein. Eventuell müssen die Prozentzahlen ein wenig abgeändert werden, doch der Rückstand von dem Strohm berichtet, ist auch heute noch Kennzeichen der leitenden Funktionen in Kirche und Diakonie. Frauen stellen die Basis an der Basis, aber je höher die Positionen sind, desto geringer ist der Anteil an Frauen.

4.   Wo sind heute die Winzermeisterinnen im Weinberg des Herrn?

Schon ein kurzer Blick über die diakonische Landschaft zeigt eines ganz deutlich: Frauen prägten und prägen bis heute das Erscheinungsbild der Diakonie. Die Diakonie ist nicht nur von ihrem Artikel her weiblich, sondern ganz und gar von ihrem Auftreten. Wie eingangs schon zitiert, sind 75 % der Mitarbeiterschaft der Diakonie Frauen, aber die Leitungsfunktionen sind beinahe ausschließlich von Männern besetzt. Deshalb bietet es sich an, nach der Winzermeisterin zu fragen. Also nicht allein auf die zahlreichen Arbeiterinnen im Weinberg des Herrn zu schauen, sondern auch nach den Chefinnen, den Meisterinnen, die eine Leitungsposition innehaben. Der kleine Gang durch das Neue Testament hat gezeigt, dass es keine biblische Begründung für eine männliche Vorherrschaft in Leitungsfunktionen gibt. Die fehlende biblische Legitimation für die Vorherrschaft der Männer in den Führungs- und Leitungspositionen und das sich wandelnde Bild der arbeitenden Gesellschaft, die (Wieder-)Entdeckung der Rechte der Frau und das Ziel eines ausgeglichenes Verhältnisses der Geschlechter in der Arbeitswelt sind Gründe, die Gleichstellung der Frau nicht nur anzustreben, sondern auch zu verwirklichen.

4.1.   Schritte auf dem Weg zur Geschlechtergerechtigkeit – Die Hauptgeschäftsstelle des Diakonischen Werkes der EKD

Gerade das Diakonische Werk der EKD bemüht sich verstärkt, eine Vorreiterfunktion auf dem Weg zu mehr Gerechtigkeit für Frauen und Männer einzunehmen. So kam es im Laufe der letzten Jahre zu einigen Publikationen zu dem genannten Thema. Vor allem das Gender Mainstreaming wurde als Handlungsstrategie der Hauptgeschäftsstelle des Diakonischen Werkes der EKD in den Blick genommen.[33]

Diese Konzeption ist in drei Teile gegliedert und beschäftigt sich zuerst mit der Notwendigkeit und Chance von Geschlechtergerechtigkeit für die Diakonie. Betont wird hierbei, dass die Diakonie der Gesellschaft ein ausgeprägt weibliches Gesicht zeigt, da ca. 75% der haupt- und ehrenamtlich Mitarbeitenden Frauen sind. „Historisch gesehen war und ist die Diakonie für Frauen ein nahe liegender Arbeitsplatz und eine Organisation, in der Frauen um Anerkennung und Rechte kämpfen mussten."[34] Gerechtigkeit für die Geschlechter ist die Grundvoraussetzung dafür, dass Mann und Frau sich als imago Dei (Gen 1,27) entfalten und leben können. Die Hauptgeschäftsstelle nennt als einen Meilenstein auf dem Weg zu mehr Geschlechtergerechtigkeit die EKD-Synode von 1989, die sich dem Thema „Gemeinschaft von Frauen und Männern in der Kirche" angenommen hatte. Anhand des Leitbilds Diakonie der Diakonischen Konferenz von 1997 reflektiert die Hauptgeschäftsstelle das Gender Mainstreaming[35] in ihren eigenen Aufgabenfelder und ihrer eigenen Praxis. Mit ihrem Leitsatz 5 „Wir sind eine Dienstgemeinschaft von Frauen und Männer im Haupt- und Ehrenamt" verpflichtet sich die Diakonie zu einer Politik der Gleichstellung von Frauen und Männern. Für die Hauptgeschäftsstelle sind für die Thematik der Geschlechtergerechtigkeit insbesondere zwei Dimensionen von großer Bedeutung: 1.) „Geschlechtergerechtigkeit bzw. die geeignete Handlungsstrategie muss als Kriterium diakonischer Verbandsarbeit in der Arbeit der Hauptgeschäftsstelle verankert werden. 2.) Die Organisationskultur der Hauptgeschäftsstelle soll ein gutes Beispiel für die Verwirklichung von Geschlechtergerechtigkeit werden."[36] Was dieses Statement auszeichnet, ist m.E. die Tatsache, dass die Hauptgeschäftsstelle selbst diesen Weg zu mehr Gerechtigkeit mitgeht, sich selbst in die Pflicht nimmt und eine Vorbildsfunktion für die zahlreichen diakonischen Einrichtungen und Dienste einnehmen möchte.

Im zweiten Abschnitt dieser Konzeption werden die gesetzlichen Grundlagen und ihre Auswirkungen näher in den Blick genommen. Dieser Teil ist sehr lesenswert, weil hier auf wenigen Seiten ein großer Überblick über die gesetzliche Landschaft zum Thema Geschlechtergerechtigkeit geboten wird.

---

[33] Im März 2003 verabschiedete die Hauptgeschäftsstelle des DW der EKD eine Konzeption mit dem Titel: Schritte auf dem Weg zu mehr Gerechtigkeit für Männer und Frauen. Gender Mainstreaming als Handlungsstrategie der Hauptgeschäftsstelle des Diakonischen Werkes der EKD".
[34] A.a.O. S. 1.
[35] Für die Hauptgeschäftstelle des DW der EKD schließt das Gender Mainstreaming sich „an die Gleichstellungsarbeit an, die vorrangig dazu dient, Frauen gleiche berufliche Chancen zu verschaffen. Gender Mainstreaming geht einen Schritt weiter, indem geschlechterspezifische Gesichtspunkte als Querschnittsaufgabe in allen Arbeitsbereichen verankert werden." (a.a.O. S. 2).
[36] A.a.O. S. 2.

Nach Ansicht der Hauptgeschäftsstelle führen vier Strategien, die in Abschnitt III dargestellt werden, zum Ziel. Geschlechtergerechtigkeit lässt sich erreichen durch 1.) Gender Mainstreaming[37], 2.) Maßnahmen der Gleichstellung, 3.) Frauenarbeit und 4.) Männerarbeit. Alle vier Strategien sind wichtig, um Ungleichheiten zwischen den Geschlechtern abzubauen und zu neuen Rollen- und Tätigkeitsbeschreibungen zu kommen.

Anhand des konkreten Beispiels von Brot für die Welt/Ökumensiche Diakonie wird aufgezeigt, dass es möglich ist, Meilensteine auf dem Weg zu mehr Geschlechtergerechtigkeit zu setzen.

4.2. Gender Mainstreaming in der Diakonie

Im Jahre 2005 fand eine Fachtagung des Diakonischen Werkes der EKD in Kooperation mit der Diakonischen Akademie zum Thema „Gender Mainstreaming in der Diakonie" statt[38]. Eine Tagung zu diesem Zeitpunkt zu jenem Thema schien damals für viele schon längst nicht mehr angebracht und überholt zu sein. Dabei hatte das Diakonische Werk der EKD erst 2004 die Satzung geändert und in § 4.2. hervorgehoben, dass die unterschiedlichen Lebenssituationen und Interessen der Geschlechter bei der Arbeit und innerhalb der Organisationen der Diakonie zu berücksichtigen sind. Eine Umfrage des DW der EKD im Jahre 2004 in 81 diakonischen Einrichtungen ergab folgendes Bild:

- einige Einrichtungen nutzen Gender Mainstreaming als Instrument für die eigene Organisation und grenzen sich nicht oder wenig gegen Gleichstellungsmaßnahmen ab
- es wurde Skepsis geäußert, dass Gender Mainstreaming auch die Arbeit zugunsten von Frauen schwächen könnte
- es wird keine Notwendigkeit für Gender Mainstreaming gesehen, da generell nur mit Frauen und Mädchen gearbeitet werde

Das Ziel der Fachtagung war, Fragen zur Erörterung und Einführung von Gender Mainstreaming zu diskutieren, weiterzudenken und zu beraten, welche positiven Wirkungen von Gender Mainstreaming ausgehen können und wo mögliche Hemmnisse liegen.

---

[37] Die Europäische Union definiert Gender Mainstreaming folgendermaßen: „Gender Mainstreaming besteht in der (Re-)Organisation, Verbesserung, Entwicklung und Evaluierung der Entscheidungsprozesse, mit dem Ziel, dass die an politischer Gestaltung beteiligten Akteure/Akteurinnen den Blickwinkel der Gleichstellung zwischen Frauen und Männern in allen Bereichen und auf allen Ebenen einnehmen." Vgl. a.a.O. S. 5.
[38] Diakonisches Werk der EKD (2005), S. 5. Die Dokumentation beinhaltet die Vorträge der Tagung, die das Thema Gender Mainstreaming unter verschiedenen Blickpunkten betrachten. Die Dokumentation ist als Download unter www.diakonie.de/dokumentation zu finden.

„Auf der Tagung wurde die Bedeutung von Gender Mainstreaming für die Zukunft der Diakonie insbesondere unter stark veränderten Rahmenbedingungen und Kürzungen deutlich. Sie hat gezeigt, dass Gender Mainstreaming dazu beitragen kann, Kirche und Diakonie zu einer wahrhaft solidarischen und gerechten Gemeinschaft von Frauen und Männern wachsen zu lassen."[39]

4.3.   Perspektiven der Geschlechtergerechtigkeit in der Diakonie

„Am Beispiel der Mutterhausdiakonie lässt sich auch heute noch belegen, dass Organisationskulturen und Strukturen von Institutionen keineswegs ‚geschlechtsneutral' sind, wie gerne angenommen wird, sondern dass sie in ihren Zielsetzungen und Formen geprägt sind durch traditionelle ebenso wie jeweils zeitgenössische oder auch zukunftsträchtige Vorstellungen von Geschlechterordnungen."[40] So gab es in der Mutterhausdiakonie lange Zeit eine Aufgabenteilung in der Leitung, die sich folgendermaßen äußerte: Es gab einen männlichen Vorsteher, der für Theologie, Repräsentation und Rechtsgeschäfte zuständig war und eine weibliche Vorsteherin (Oberin), die dem männlichen Kollegen unterstellt war. Diese Teilung der Leitungsfunktion wurde in Kaiserswerth erstmals 1998 aufgehoben, als eine ordinierte Frau beide Funktionen ausübte.[41] In den Anfängen der Diakonie gingen die Frauen oft bis an ihre Grenzen und darüber hinaus (Dienen für Gotteslohn), zugleich aber boten die diakonischen Einrichtungen zum ersten Mal Tätigkeitsfelder für unverheiratete Frauen.

Der Mutterhausdiakonie ist zugute zu halten, dass sie moralische Vorbehalte gegenüber außerhäuslich arbeitenden Frauen abbaute und dazu beitrug, dass Frauen die Möglichkeit bekamen, innerhalb der Diakonie Berufe zu lernen und diese auszuüben. „So ist die Diakonie neben allen patriachalen Traditionen auch die Wiege qualifizierter weiblicher Berufstätigkeit."[42] Gen 1,27 bietet die theologische Grundlage für die Rechte und die Würde der Frau. Denn Gott schuf den Menschen in der geschlechtlichen Ausprägung als Mann und Frau, nicht als Mensch an sich. Mann und Frau unterscheiden sich voneinander, aber die Unterschiede sind zugleich in der imago Dei aufgehoben. In der Gottebenbildlichkeit bekommen beide ihre Würde, darin sind sie gleich. Es geht darum, die Gleichheit und Verschiedenheit in eins zu denken, so wie Paulus es auch in Gal 3,28 versucht.

Geschlechtergerechtigkeit ist eine Herausforderung für die Diakonie, denn sie spielt sowohl bei den Zielgruppen der Diakonie als auch bei ihren Beschäftigten eine Rolle. Zudem führt jeder Mangel an Gerechtigkeit zu Reibungsverlusten, was dazu führt, dass wertvolle Energien verloren gehen.

---

[39] A.a.O. S. 7.
[40] Diakonisches Werk der EKD (2006), S. 7.
[41] Vgl. ebd.
[42] A.a.O. S. 8.

„So bleibt es Aufgabe der Diakonie, ihre Strukturen, das heißt das gesamte Regelwerk und die Organisation so zu gestalten, dass Frauen und Männer die gleichen Rechte und Chancen zur beruflichen Entfaltung haben."[43] Dabei sollte auf alle Fälle bedacht werden, dass die Einteilung in sog. Frauen- und Männerberufe innerhalb der diakonischen Einrichtungen selbst schon diskriminierend ist. Ferner gilt es zu prüfen, ob es möglich ist, eine Balance zwischen Arbeit und Privatleben zu organisieren – sowohl für Frauen als auch Männer in der Arbeitswelt. Diese Work-Life-Balance ist für Frauen, Männer, Familien und Alleinerziehende von gleicher und zentraler Bedeutung. „Zu geschlechtergerechten Strukturen gehören auch entsprechende Grundsätze und Verfahrensregeln zur Personaleinstellung, Versetzung, Beförderung und Kündigung. Entscheidungswege und –kriterien müssen transparent und somit nachvollziehbar sein."[44] Es sollte nicht vergessen werden, dass Geschlechtergerechtigkeit schon in dem alltäglichen Symbol der Sprache in Wort und Schrift beginnt.

Sigrid Häfner, die dieses Positionspapier für das DW der EKD verfasst hat, kommt zu folgendem Fazit: „Am Ende geht es darum, dass diakonisches Handeln weiterhin zu mehr sozialer Gerechtigkeit, aber auch zu einer Kultur wechselseitig lernender Gemeinschaft und zu gelebter Solidarität beiträgt. Diesen Auftrag kann die Diakonie nur glaubwürdig erfüllen, wenn sie in ihren eigenen Reihen Ungerechtigkeiten und Diskriminierungen überwindet."[45] Letztendlich bietet dieses Dokument noch eine Reihe „exemplarischer Leitfragen zur Umsetzung von Gender Mainstreaming in der Diakonie":

„Generelle Fragen

- Sind die eigenen Beschlüsse, Programme und Veröffentlichungen zu geschlechtergerechtem Entscheiden und Handeln im beruflichen Alltag bekannt? Gibt es zum Beispiel schon Gleichstellungsrichtlinien oder entsprechende Dienstvereinbarungen?
- Wer ist zuständig und verantwortlich, diese Informationen weiterzugeben und für die Umsetzung von Beschlüssen zu sorgen?
- Wird das Ziel ‚Geschlechtergerechtigkeit' von der Leitung aktiv gefördert und von den Beschäftigten angestrebt?
- Wer hat die Definitionsmacht oder Deutungshoheit darüber, was gerecht und was ungerecht ist? Sind es überwiegend Männer oder Frauen?

Fragen im Personalwesen

- Sind Personalentscheidungsprozesse transparent und nachvollziehbar? Folgen sie festen und allen bekannten Verfahrensregeln?
- Sind in allen Phasen des Verfahrens jeweils beide Geschlechter hinreichend und entscheidend vertreten?
- Wurden Stellenbeschreibungen und Anforderungsprofile rechtzeitig und unabhängig von aktuellen Bewerbungskonstellationen erstellt? Wurden sie auf geschlechtsspezifische Implikationen hin überprüft? Gibt es dafür erforderliche Fachkenntnis und Sensibilität?
- Entsprechen die Arbeitsplatzausschreibung und die Begründung des Ar-

---

[43] A.a.O. S. 9.
[44] A.a.O. S. 10.
[45] A.a.O. S. 12.

beitsverhältnisses den geltenden Bestimmungen des Bürgerlichen Gesetzbuches (§§ 611a, 611b BGB)?

- Sind die Auswahlkriterien „gegendert", das heißt zielen sie auf die Wahrnehmung und Würdigung geschlechtsspezifischer Fähigkeiten und Fertigkeiten bei Frauen und Männern?
- Ist die Stellenbewertung auch im Detail frei von traditionell bedingten Urteilen über Wert und Wichtigkeit vermeintlich typisch weiblicher oder typisch männlicher Tätigkeiten?
- Wird eine paritätische Besetzung aller Stellen mit Frauen und Männern angestrebt?
- Ist die Vereinbarkeit von Familie und Beruf für Frauen und Männer ein erklärtes Ziel der Personalpolitik? Was wird konkret dafür getan?
- Gibt es eine familienfreundliche Arbeitszeitpolitik? Sind zum Beispiel auch Leitungspositionen teilbar?
- Ist dafür gesorgt, dass über dem Ziel der Familienfreundlichkeit andere Lebensformen und Lebensmuster nicht diskriminiert werden?

Fragen zu Aus- und Fortbildung

- Werden in der Aus- und Fortbildung allen Beschäftigten die sozialethischen Grundlagen und praktischen Kenntnisse über Geschlechtergerechtigkeit, Gender-Politik und Gleichstellung vermittelt?
- Haben Frauen wie Männer bei Erwerb zusätzlicher Qualifikationen grundsätzlich die gleichen Chancen für beruflichen Aufstieg, vor allem auch dann, wenn sie ihren Familienaufgaben im Sinne einer Work-Life-Balance hohe Priorität einräumen?

Fragen zu Strukturreformen und Sparmaßnahmen

- Werden die Auswirkungen von Strukturreformen und Sparmaßnahmen geschlechtsspezifisch analysiert?
- Welche Strategien werden entwickelt, falls es dabei zu erkennbaren Unbleichgewichten zu Lasten eines Geschlechtes kommt? Wer ist zum Beispiel primär von Stellenstreichungen, Entlassungen, Privatisierungen, Verlegungen mit zu erwartenden Umzügen, Kürzungen bei Sach- und Projektmitteln betroffen?
- Welche Auswirkungen haben derartige Maßnahmen auf die Zielgruppen der diakonischen Arbeit? Gehen sie überwiegend zu Lasten von weiblichen oder männlichen Klienten, Patienten oder Kunden? Machen sie kompensatorische Maßnahmen zum Ausgleich bestehender Benachteiligungen zwischen den Geschlechtern unmöglich, wie zum Beispiel spezielle Mädchen- oder Jungenarbeit in der Erziehung oder Jugendpflege oder die Entwicklung neuer Wohnformen im Alter?

Fragen zu Haushaltsplan und Finanzpolitik

- Gibt es Gender Budgeting in der Finanz- und Haushaltsplanung und in der Finanzverwaltung?
- Welche Interessengruppen nehmen auf welche Art und zu wessen Gunsten Einfluss auf die Haushaltsplanung und Mittelvergabe? Welche Interessen werden für wichtig und welche für weniger wichtig befunden? Gibt es in dieser Bewertung geschlechtsspezifische Ungleichgewichte? Was wird dagegen getan?
- Werden bei Finanz- beziehungsweise Haushaltsentscheidungen Folgewirkungen oder unerwünschte Nebenwirkungen sowie die Nachhaltigkeit von Beginn an bedacht? Gibt es die Möglichkeit zum Nachjustieren, falls sich geschlechtsspezifische Ungleichgewichte herausstellen?

Exemplarische Fragen in einzelnen Arbeitsbereichen

- Sind in der interkulturellen sozialen, sozialpädagogischen und erzieheri-

schen Arbeit mit Menschen aus verschiedenen Herkunftsländern geschlechtsspezifische Traditionen, Kultur- und Handlungsmuster sowie Rol-
lenzuschreibungen hinreichend bekannt? Was wird zur Vermittlung solcher
Kenntnisse getan?

- Wird auf sozio-kulturelle Unterschiede Rücksicht genommen?
- Wird in der Kranken- und Altenpflege auf geschlechtsspezifische Empfind-
  samkeiten in Bezug auf Körperlichkeit, Sexualität und Intimpflege geachtet?
- Ist in Beratung und Therapie präsent, dass Verhaltensauffälligkeiten nicht
  selten ihre Ursache in frühen (sexuellen) Gewalterfahrungen haben und dass
  zwischen 30 und 40 Prozent aller Frauen solche Erfahrungen haben?"[46]

Diese exemplarischen Fragen zur Umsetzung von Gender Mainstreaming in
der Diakonie zeigen, wie vielfältig die Bereiche der Geschlechtergerechtigkeit sind und welche Handlungsfelder davon berührt sind. Festzuhalten ist,
dass das Diakonische Werk Wert darauf legt, dass sowohl Frauen als auch
Männer bei diesem Thema in den Blick genommen werden. Geschlechtergerechtigkeit ist nämlich ein Thema, das beide Geschlechter berührt. Denn auch
Männer werden durch bestimmte Typisierungen diskriminiert genauso wie
Frauen und Frauen haben in der Arbeitswelt die gleichen Rechte wie Männer.
Wichtig erscheint mir in diesem Kontext auch, dass auch die Empfangenden
diakonischer Tätigkeiten in den Blick genommen und deren geschlechtsspe-
zifische Empfindlichkeiten gewürdigt werden.

5.   Ausblick

Was mich persönlich beim Lesen verschiedener exegetischer Literatur doch
so manches Mal zum Staunen brachte, war die Unterschiedlichkeit der Über-
setzungen von diakonos. Bezüglich der Männer innerhalb dieser Gruppe
variierte die Wiedergabe des griechischen Wortes zwischen den beiden Möglichkeiten Diener und Diakon. Bezog sich das gleicher Wort allerdings auf
Frauen in diesem Arbeitsfeld, so konnte eine dritte Übersetzungsmöglichkeit
hinzukommen. So war diakonos dann nicht einfach Dienerin oder Diakonin,
sondern in manchen Fällen wurde diakonos mit Diakonisse wiedergegeben.
M.E. besteht ein Unterschied zwischen Diakonin und Diakonisse, der nicht
zu unterschlagen ist: Eine Diakonin darf neben ihrem Arbeitsleben noch ein
Privatleben mit eigener Familie haben, währenddessen sich die Diakonisse
ganz und gar ihrem Beruf und dem Glauben verschreibt. Erstaunlich fand ich
in diesem Kontext, dass scheinbar keiner der Exegeten auf die Idee kam,
auch bei den männlichen Diakonen die Ehelosigkeit vorauszusetzen.

Positiv festzuhalten ist jedoch, dass zur Zeit die vergessenen Frauen der diakonischen Geschichte wieder in den Blick genommen und – wenn auch –
gewürdigt werden. Das Thema „Frau und Amt" ist ein Thema, das uns noch
so lange beschäftigen wird, bis die Geschlechtergerechtigkeit sich auch in
den Führungsebenen kirchlicher und diakonischer Einrichtungen durchgesetzt hat. Ähnliches gilt allerdings auch für die Männerarbeit innerhalb der

---

[46] A.a.O. S. 13f.

Diakonie. Auch für Männer sollte im Zuge der Geschlechtergerechtigkeit der Zugang zu doch einigen „typischen Frauenberufen" geöffnet werden. Generell sollte die Wertigkeit eines bestimmten Arbeitsfeldes nicht durch die Frage des Geschlechts, sondern durch das Stellenprofil bestimmt sein.

Gerade im kirchlich-religiösen und im diakonischen Raum gibt es eine lange Tradition von geschlechtsspezifischen Rollenmustern, die durchbrochen werden sollen und wollen. Niemand geht davon aus, das dies ein einfacher und müheloser Weg ist. Das Gegenteil ist der Fall, denn bestimmte, über lange Zeit gefestigte Verhaltensmuster müssen geändert oder in manchen Fällen sogar abgeschafft werden. Es gilt Misstrauen gegenüber Neuerungen abzubauen sowohl innerhalb der verschiedenen Einrichtungen und Organisationen resp. Institutionen als auch bei den Mitgliedern der Kirche oder den Kunden, Empfänger und Klienten diakonischer Tätigkeit.

Beispiel: Wird innerhalb eines evangelischen Kindergartens eine Stelle für Erzieherinnen oder Erzieher ausgeschrieben, so sind – jedenfalls nach meiner Erfahrung – 98% der eingehenden Bewerbungen von Frauen. In diesem Bereich liegt ein klassisches geschlechtsspezifisches Rollenmuster vor, das da lautet: Eine Erzieherin im Kindergarten ist weiblich. M.E. werden Männer in diesem Beruf misstrauisch beäugt und müssen in diesem Tätigkeitsfeld mehr als Frauen ihre Eignung beweisen. Hier ist es dringend notwendig, dass das alte resp. traditionelle Rollenmuster im Sinne der Geschlechtergerechtigkeit durchbrochen wird.

Dieses Beispiel soll illustrieren, dass Geschlechtgerechtigkeit auch auf Männer und ihre Tätigkeiten innerhalb von Kirche und Diakonie bezogen werden kann und muss.

Jedoch soll unser Blick noch einmal auf die Winzerinnen im Weinberg des Herrn gelenkt werden. Wir brauchen die Meisterinnen auf des Herrn Arbeitsfeld, denn damit kommen wir zum einen Jesu Forderung nach, dass es unter uns nicht so sein soll wie in der Gesellschaft seiner Zeit und ebenso dem Wunsch des Apostel Paulus, dass wir alle eins sein sollen in Christus. Theodor Strohm hat die Frauen aufgefordert, ihrer Verantwortung in allen Bereichen des Lebens und der Arbeitswelt nachzukommen. Der Beweis dafür, dass sie es könnten sei schon erbracht.

Wir sind auf dem Weg, einiges zu verändern und zu wandeln. Dieser Prozess braucht Zeit, darf aber auch nicht ins Stocken geraden. Frauen übernehmen in der Evangelischen Kirche in Deutschland das Amt der Bischöfin und setzen damit eigene Akzente. Frauen übernehmen als Pfarrerinnen die Leitung von Pfarrgemeinden und anderen kirchlichen Einrichtungen. So soll es nun auch in der Diakonie geschehen. Frauen sollen auch hier nicht nur im ehrenamtlichen Bereich zu finden sein, sondern auch in hauptamtlichen Leitungsfunktionen. Vielleicht ergibt es sich ja in der Zukunft, dass eine Frau die oberste Stelle einer der großen diakonischen Einrichtungen in Deutschland einnehmen und gut ausfüllen wird. Das wäre ein riesengroßer Schritt auf dem Weg zu mehr Geschlechtergerechtigkeit.

Literaturverzeichnis:

BAUER, WALTER (1958): Griechisch-deutsches Wörterbuch zu den Schriften des Neuen Testaments und der übrigen urchristlichen Literatur, 5. Auflage, Berlin.

BRIGGS, SHEILA (1998): Der Brief an die Gemeinde in Philippi. Die Aufrichtung der Gedemütigten; in: SCHOTTROFF, LUISE/WACKER, MARIE-THERES: Kompendium Feministische Bibelauslegung, Gütersloh, S. 625–634.

DIAKONISCHES WERK DER EVANGELISCHEN KIRCHE IN DEUTSCHLAND (HG) (2003): Schritte auf dem Weg zu mehr Gerechtigkeit für Frauen und Männer. Gender Mainstreaming als Handlungsstrategie des Diakonischen Werkes der EKD, Stuttgart.

DASS. (2005): Gender Mainstreaming in der Diakonie (Diakonie Dokumentationen 03/05), Stuttgart.

DASS. (2006): Perspektiven der Geschlechtergerechtigkeit in der Diakonie (Diakonie Texte Positionspapier 20.2006), Stuttgart.

FOERSTER, WERNER (1964): Art. sebomai; in: ThWNT Bd. 7, Stuttgart, S. 168–172.

GNILKA, JOACHIM (1968): Der Philipperbrief (HThK X/3), Freiburg e.a.

DERS. (1978): Das Evangelium nach Markus (EKK II/1), Neukirchen.

DERS. (1979): Das Evangelium nach Markus (EKK II/2), Neukirchen.

GÖTZELMANN, ARND (2003): Evangelische Sozialpastoral. Zur diakonischen Qualifizierung christliche Glaubenspraxis (Praktische Theologie heute, Bd. 61), Stuttgart.

KLEIN, HANS (2006): Das Lukasevangelium (KEK I/3), 10. Auflage, Göttingen.

LOHFINK, GERHARD (1983): Weibliche Diakone im Neuen Testament; in: DAUTZENBERG, GERHARD/MERKLEIN HELMUT (HG): Die Frau im Urchristentum (Questiones Disputatae 95), Freiburg e.a., S. 320–338.

LÜHRMANN, DIETER (1987): Das Markusevangelium (HNT 3), Tübingen.

LUZ, ULRICH (2005): Biblische Grundlagen der Diakonie; in: RUDDAT, GÜNTER/SCHÄFER, GERHARD K. (HG): Diakonisches Kompendium, Göttingen, S. 17–35.

MÜLLER, ULRICH B. (1993): Der Brief des Paulus an die Philipper (ThHK 11/1), Leipzig.

OBERLINNER, LORENZ (1994): Die Pastoralbriefe. Kommentar zum Ersten Timotheusbrief (HThK XI/2), Freiburg.

SCHARFFENORTH, GERTA/LAUTERER-PIRNER, HEIDI (1987): Frauen in der Kirche als Problem männlicher Geschichtsdarstellung; in: Theologia Practica (22/2), S. 176–189.

SCHMIDT, JUTTA (2005): Die Frau hat ein Recht auf die Mitarbeit am Werke der Barmherzigkeit; in: Herrmann, Volker (Hg.): Zur Diakonie im 19. Jahrhundert. Überblicke – Durchblicke – Einblicke (DWI-Info Sonderausgabe 6), Heidelberg 2005, S. 90–105.

SCHOTTROFF, LUISE (1994): Lydias ungeduldige Schwestern. Feministische Sozialgeschichte des frühen Christentums, Gütersloh, S. 297–325.

DIES. (1998): DienerInnen der Heiligen. Der Diakonat der Frauen im Neuen Testament; in: SCHÄFER, GERHARD K./STROHM THEODOR (HG.): Diakonie – biblische Grundlagen und Orientierungen. Ein Arbeitsbuch zur theologischen Verständigung über den diakonischen Auftrag (VDWI Bd.2), 3. Auflage, Heidelberg, S. 222–242.

SCHWEIZER, EDUARD (1982): Das Evangelium nach Lukas (NTD 3), 18. Auflage, Göttingen.

STROHM, THEODOR (1987): Der Aufbruch der Frauen – wohin? Zehn Thesen; in: Theologia Practica (22/2), S. 163–168.

TAMEZ, ELSA (1998): Der Brief an die Gemeinde in Rom. Eine feministische Lektüre; in: SCHOTTROFF, LUISE/WACKER, MARIE-THERES: Kompendium Feministische Bibelauslegung, Gütersloh, S. 557–573.

WILCKENS, ULRICH (1982): Der Brief an die Römer (EKK VI/3), Neukirchen-Vluyn.

Dierk Starnitzke

Ethische und biblische Überlegungen zur psychosozialen Beratung bei Pränataldiagnostik

1. Einleitung

Bereits während meines Studiums vor etwa 20 Jahren hatte ich Gelegenheit, die Anfänge der Lebenstheologie Alfred Jägers mitzuerleben. Während meiner späteren Tätigkeit als sein Wissenschaftlicher Mitarbeiter habe ich die Weiterentwicklung der Thesen und Überlegungen zu einem theologischen Lebensbegriff begleiten können. Für den bevorstehenden Ruhestand erwarte ich mit Spannung nach einigen Testdurchläufen der thetischen Fassung dieser Lebenstheologie deren Ausarbeitung zu ihrer voll ausgeführten literarischen Fassung.

Während der Beschäftigung mit diesem Entwurf wurde mir deutlich, dass die wohldurchdachte Architektur des Ganzen vor allem auf eine Füllung der Thesen mit Fragen und möglichst auch mit Antworten aus dem Bereich gelebten Lebens zielt. Einer dieser Bereiche, mit dem ich in den letzten Jahren näher zu tun hatte, war die Pränataldiagnostik. Ich hatte Gelegenheit, am Evangelischen Zentralinstitut der EKD für Familienberatung (EZI) in Berlin an einer Ausbildung für psychosoziale Beratung bei Pränataldiagnostik mitzuwirken. Dies war ein vom zuständigen Ministerium unterstütztes Pilotprojekt, dessen interne Auswertung inzwischen vorliegt. Die Arbeit mit den Beraterinnen und Beratern und die Auseinandersetzung mit ihren konkreten Beispielen aus der Beratungspraxis waren für mich sehr bewegend und führten zu einem tiefgehendem Nachdenken über aktuelle gesellschaftliche und medizinisch-ethische Prozesse. Es drängte sich für mich die Frage nach gelingendem Leben in einem evangelisch-theologischen Kontext auf. Der folgende Beitrag bemüht sich darum, die dabei deutlich werdenden Problemstellungen ethisch und auch biblisch zu reflektieren und dabei zu einer begründeten Haltung zum Problem der Beratung bei Pränataldiagnostik (PND) zu gelangen. Die hier ausgeführten Überlegungen verstehen sich deshalb als praxisorientierter Beitrag zu einer Theologie des Lebens.

2. Die aktuelle Entwicklung der Pränataldiagnostik

PND ist ein medizinisches Arbeitsfeld, von dem man erwarten kann, dass es in nächster Zukunft den Umgang mit Schwangerschaften jedenfalls in

Deutschland ausgesprochen stark verändern wird. Schon bei den ersten routinemäßigen Untersuchungen werden zukünftig recht häufig Auffälligkeiten des Fötus sichtbar werden, zu einem Zeitpunkt, wo man sich noch gar nicht näher mit den sich anschließenden medizinischen und ethischen Fragestellungen befasst hat. Während solche frühen Diagnosen in den letzten Jahren noch eher die Seltenheit waren, wird durch den zunehmenden Einsatz und die ständige Verbesserung sonographischer Geräte und anderer Diagnosemethoden zukünftig ein weitaus größerer Teil der Schwangeren mit den sich anschließenden Fragen konfrontiert werden. Liegt eine Auffälligkeit vor, so bedarf es schon in diesem frühen Stadium der Schwangerschaft Entscheidungen der Beteiligten, vor allem der Schwangeren. Soll eine weitere medizinische Diagnostik zur Anwendung kommen, bei der diesen Auffälligkeiten weiter nachgegangen werden kann? Wenn nein, wie kann man mit der Unsicherheit der Diagnose umgehen und welche Therapiemöglichkeiten werden damit dem werdenden Menschen verwehrt? Wenn ja, bis zu welchem Punkt soll die dann nach einer bestimmten Systematik verlaufende medizinische Diagnostik weitergeführt werden? Und bis zu welchem Punkt können die dann festgestellten Krankheiten oder Behinderungen von den Beteiligten, vor allen Dingen von der schwangeren Frau, akzeptiert werden?

Dies sind ausgesprochen sensible und schwierige Fragen. Psychosoziale Beratung vor, während und nach der PND hat die Aufgabe, die Beteiligten bei der Bewältigung dieser Probleme zu begleiten und zu beraten. Ich hatte die Möglichkeit, bei dem ersten Kurs im EZI mitzuwirken, in dem es um die Ausbildung zu dieser Aufgabe ging. Nach meinem Eindruck stellen sich bei dieser psychosozialen Beratung unter anderem auch neue ethische Probleme, die vor Beginn der PND in ihrer heutiger Form in der ethischen Debatte so wohl noch nicht im Blick waren. Es fehlen daher weitgehend noch ethische Ansätze, die der Komplexität der Thematik auch nur einigermaßen gerecht werden können. Es gibt zwar aus Erfahrungen bei Schwangerschaftskonflikten im Allgemeinen schon eine gewisse Systematik, was den ethischen Umgang mit der Frage von Schwangerschaftsabbrüchen anbelangt. Die ethischen Probleme verschärfen sich bei der PND im Speziellen jedoch noch wesentlich, weil nun neben der Abwägung der Situation der Beteiligten, vor allem der Schwangeren, die Beurteilung der Entwicklung des Fötus und seiner möglichen Krankheiten bzw. Behinderungen direkt mit in den Blick kommt. Ein vergleichbares Feld ethischer Fragen ergibt sich hier höchstens bei der Präimplantationsdiagnostik (PID), die aber aktuell und wohl auch in Zukunft wesentlich seltener vorkommt als die PND. Bei der PND sind gegenüber der PID die anstehenden Fragen auch insofern wesentlich existenzieller, als die Entwicklung des Fötus weiter fortgeschritten ist und dieser und die schwangere Frau unmittelbar miteinander verbunden sind.

Gerät damit bei der PND der Fötus selbst ins Zentrum der Analysen, so stellen sich in aller Deutlichkeit die Fragen, wann menschliches Leben beginnt und welche Krankheiten und Behinderungen zum einen für den werdenden

Menschen selbst und zum anderen für die für dieses Leben Verantwortlichen, allen voran die schwangere Frau, nicht mehr annehmbar sind. Ein Problem in der heutigen ethischen Debatte über diese schwierigen Fragen scheint mir in dem recht einseitigen Lebensbegriff zu liegen, der hier zumeist verwendet wird. Er liegt in Bezug auf das werdende Kind deutlich im Bereich der Biologie. Ich möchte einerseits diesen einseitigen biologistischen Lebensbegriff zunächst etwas ausweiten und mir und den Lesenden andererseits angesichts dieser schwierigen und bedrückenden Fragen eine kleine Erholung gönnen. Deshalb erzähle ich, wie ich es auch im Kurs über psychosoziale Beratung bei PND getan habe, zunächst einen Witz.

3. Theologische Überlegungen zum Leben des Fötus

Ein katholischer Theologe, ein evangelischer Theologe und eine dritte Person werden gefragt: „Wann beginnt das menschliche Leben?" Sagt der katholische Theologe: „Das Leben beginnt eindeutig in dem Moment, wo Samenzelle und Eizelle miteinander verschmelzen!" Sagt der evangelische Theologe: „Wann das menschliche Leben beginnt, weiß ich nicht so ganz genau: Vielleicht schon bei der Verschmelzung von Ei- und Samenzelle oder vielleicht auch bei der Nidation (der Einnistung des befruchteten Eis in der Gebärmutter), vielleicht bei der neurologischen Entwicklung eigener Empfindsamkeit des Fötus oder bei der Ausbildung eines menschlichen Antlitzes, vielleicht aber auch erst bei der Geburt." Sagt der Dritte: „Das Leben beginnt, wenn die Kinder aus dem Haus sind und der Hund tot ist."

Der Witz eignet sich zunächst, um – zugegeben stark vereinfachend – die verschiedenen ethischen und auch zum Teil konfessionellen Positionen wiederzugeben. Die katholische Position zeichnet sich demnach durch eine relativ große Eindeutigkeit bei der Frage aus, wann menschliches Leben beginne und was die daraus zu ziehenden ethischen Konsequenzen seien. Es beginne mit der Befruchtung und dürfe deshalb nicht mehr angetastet oder gar beendet werden. Dies ist jedenfalls die offizielle Position der katholischen Kirche, obwohl die Diskussion unter den katholischen Fachleuten sicherlich wesentlich differenzierter ist.

Demgegenüber zeichnet sich die evangelische Position durch eine größere Offenheit (positiv formuliert) oder – kritischer formuliert – Uneindeutigkeit aus. Es ist schon ein gewisses Ergebnis der bisherigen bioethischen Debatte, dass sich hier im evangelischen Bereich eine gewisse Ambivalenz ergibt. Einerseits gibt es zwar keine eindeutige Positionierung bei der Frage nach dem Beginn menschlichen Lebens, aber doch eine gewisse Tendenz, den Embryo schon in einem sehr frühen Entwicklungsstadium so weit wie möglich zu schützen. Ulrich Körtner meint dazu: „Gerade weil der Anfang eines menschlichen Individuums unbestimmt ist, sollte Embryonen proleptisch und vorsorglich Personsein zugesprochen bzw. ein für Personen geltender

Rechtsschutz zuerkannt werden."[1] Andererseits lässt sich in Fragen von Schwangerschaftskonflikten eine geradezu grundsätzliche Uneindeutigkeit der evangelischen Position beobachten, nach der die Situation der Frau und das Lebensrecht des Fötus in seinen verschiedenen Entwicklungsstadien zumeist miteinander oder auch gegeneinander abgewogen werden können, was unausweichlich zu Ambivalenzen führt.

Gegenüber dieser geradezu unvermeidbaren Spannung der evangelischen Haltungen ist die dritte im Witz genannte Position eher pragmatisch. Es geht hier um ein selbstbestimmtes Leben, welches vor allem dadurch charakterisiert ist, dass es in größtmöglicher Unabhängigkeit geschehen möchte und die unvermeidlichen Abhängigkeiten von daher kritisch in den Blick nimmt. Diese Haltung mag eher die Lebensdefinition eines modernen, Autonomie liebenden Menschen wiedergeben. In der Tat zeigt sich, dass diese dritte Position einer möglichst unabhängigen Lebensführung und einer nüchternen Abwägung der dabei akzeptierbaren Verpflichtungen auch in den genannten ethischen Fragen eine zunehmende Rolle spielt.

Die drei skizzierten Lebensverständnisse können durchaus als Eckpunkte hilfreich sein, an denen sich eine ethische Diskussion über die PND zumindest grob orientieren kann: auf der einen Seite das unbedingte Lebensrecht des Fötus unabhängig von seinen Eigenschaften, Krankheiten oder Behinderungen, auf der anderen Seite die Autonomie des erwachsenen Menschen, der möglichst unabhängig über eine angemessene Gestaltung seines Lebens entscheiden möchte und drittens spannungsvoll in der Mitte liegend das Abwägen zwischen Lebensrecht des Fötus und selbständiger Entscheidung der betroffenen Personen, vor allem der Frau.

Die oben kurz dargestellte Uneindeutigkeit der letztgenannten evangelischen Position provoziert immer wieder die Frage nach dem spezifisch evangelischen Profil. Bei der Suche nach Antworten könnte eine Idee darin bestehen, nach guter protestantischer Tradition in der Bibel nach Orientierung zu suchen. Allerdings zeigt sich, dass auch hier die Ansichten nicht ganz eindeutig sind. Bei Jeremia findet sich die Vorstellung, dass sein eigenes Leben schon von Gott bestimmt worden ist, bevor er ihn im Leib der Mutter geformt hat. So wird zu Beginn des Jeremiabuches folgendes Wort Gottes wiedergegeben: „Bevor ich dich im Mutterleib gebildet habe, kannte ich dich, und bevor du aus dem Mutterschoß hervorgegangen bist, habe ich dich ausgesondert und zum Propheten für die Völker bestimmt" (Jeremia 1,5). Verallgemeinert bedeutet dies, dass auf der Linie dieser biblischen Tradition der Mensch bereits vor seiner leiblichen Ausgestaltung gewissermaßen als Gedanke Gottes vorhanden ist und seine physische Ausprägung im Mutterleib und seine gelebte Existenz nur Konsequenzen dieses göttlichen Gedankens sind. In dieser Sicht wären alle Versuche, dieses menschliche und von Gott vorher genau so gedachte Leben zu beurteilen und gegebenenfalls zu beenden, theologisch problematisch. Nicht ganz so weitgehend, aber in die gleiche Richtung weisend

---

[1] Ulrich Körtner (2002), S. 11.

sind die biblischen Traditionen, die meinen, dass Gott den Menschen bereits im Mutterleib geschaffen hat.[2] Hier ist offenbar die Vorstellung, dass Gott als Schöpfer schon bei der materiellen Gestaltung des Fötus im Mutterleib tätig ist. Auch z.B. Paulus nimmt im Neuen Testament in Galater 1,15 diese Ansicht für sein eigenes Leben auf.

Auf der Basis dieser Traditionen ist es nun erstaunlich, dass die sonst sehr an Fragen der Sexualität interessierten biblischen Schriften vor allem des Alten Testamentes auf das Thema des Schwangerschaftsabbruches fast überhaupt nicht eingehen. Für Andreas Lindemann stellt sich hier die Frage: „Gibt es eine Erklärung für den überraschenden Befund, daß das Thema Schwangerschaftsabbruch in den Schriften der hebräischen Bibel keine Erwähnung findet?"[3] Er stellt zunächst klar, dass Nachkommenschaft eine der zentralen Verheißungen des Alten Testaments ist. Unter dieser Voraussetzung meint Lindemann dann: „Die Erwägung, eine Schwangerschaft abzubrechen, scheint also tatsächlich jenseits dessen gelegen zu haben, worüber ernsthaft hätte nachgedacht werden sollen. Man wird nicht behaupten können, daß Abtreibungen im biblischen Israel schlechterdings nicht vorkamen; aber zu einer rechtlichen Beurteilung scheint wirklich kein Anlaß bestanden zu haben."[4]

Diese in der hebräischen jüdischen Tradition ziemlich eindeutige Haltung wird dann aber durch die Berührung mit griechischer Kultur differenzierter. Lindemann macht darauf aufmerksam, dass es in der griechischen Fassung des Alten Testamentes, der Septuaginta, eine für unsere Fragestellung interessante Unterscheidung gibt. Es wird dort in Exodus 21,22f der Fall erörtert, dass bei einer körperlichen Auseinandersetzung zweier Männer eine schwangere Frau verletzt wird und eine Fehlgeburt erleidet. Man darf mit gutem Grund annehmen, dass es hier nicht nur um diesen konkreten Einzelfall geht, der ja im täglichen Leben kaum vorkommt. Vielmehr wird anhand dieses Sonderfalles die allgemeine Frage erörtert, wie die Tötung des Fötus zu beurteilen ist.

Die hebräische Fassung dieser biblischen Stelle meint, dass in jedem Falle im Hinblick auf die Tötung des Fötus nur eine angemessene Geldstrafe erfolgen müsse, deren Höhe vom Mann der betroffenen Frau festzulegen ist. Im Unterschied dazu kommt die griechische Fassung hier zu einer Differenzierung zwischen zwei Phasen der Schwangerschaft. Wenn das Kind nicht ausgebildet ist, soll der Verantwortliche – wie im hebräischen Text – eine angemessene Geldstrafe bezahlen. Ist das Kind aber ausgebildet, dann soll gelten: Leben für Leben. Das bedeutet, dass hier dem ausgebildeten menschlichen Fötus, der von seiner äußeren Erscheinung her schon als Mensch erkennbar ist, also vielleicht in der zwölften Schwangerschaftswoche, eine Form von

---

[2] Vgl. z.B. Psalm 139,13: „Du hast mich im Mutterleib gebildet."
[3] Andreas Lindemann (2001), S. 136.
[4] A.a.O. S. 137.

Leben zugesprochen wird, die mit der des Täters verglichen werden kann. Vorher ist dies aber ausdrücklich nicht der Fall.[5]

Möglicherweise kommt in dieser Unterscheidung zwischen ausgebildeten und nicht ausgebildeten Föten zum Tragen, dass die Praxis des Schwangerschaftsabbruches in der griechischen Tradition wesentlich differenzierter war als in der hebräischen. Man sieht an diesem Beispiel – dem wohl einzigen, das es in der Bibel zu diesen Fragen gibt – dass sich die theologisch-ethischen Beurteilungen schon innerhalb der Bibel durchaus verändern können, je nachdem, in welchen gesellschaftlichen und kulturellen Zusammenhängen man sich befindet. Es gibt damit aufgrund der biblischen Tradition einerseits eine gewisse Klarheit in der Meinung, dass Schwangerschaftsabbrüche nicht sein sollen. Andererseits findet man zumindest in der genannten Bibelstelle einen Hinweis darauf, dass die Frage, wann menschliches Leben beginnt und wie deshalb eine Tötung des Fötus theologisch zu beurteilen ist, unter sich ändernden kulturellen und gesellschaftlichen Bedingungen auch anders beantwortet werden kann. Im hebräischen Kontext erfordert sie im konkreten Fall lediglich eine Geldstrafe, im griechischen eine differenzierte und zum Teil härtere Bestrafung. Die weitere Geschichte des Umgangs mit Fragen des Schwangerschaftsabbruches bestätigt diese Ambivalenz. Einerseits ist deutlich, dass das Christentum in den meisten Zeiten deutlich für ein Lebensrecht des Fötus eingetreten ist. Das führte aber andererseits über die gesamte Kirchengeschichte betrachtet in den seltensten Fällen zu einer kategorischen und kirchlich praktizierten Verurteilung von Abtreibungen.[6]

4.　Ethische Fragen zur PND im Kontext der heutigen gesellschaftlichen Entwicklungen

Die aktuelle gesellschaftliche Situation in Deutschland ist zunächst dadurch gekennzeichnet, dass es eine eindeutige weltanschauliche Orientierung nicht gibt. In dem Ausbildungskurs zur Beratung bei der PND wurde deutlich, dass sowohl die Beratenden als auch die zu Beratenden aus verschiedensten philosophischen, religiösen und weltanschaulichen Richtungen stammen. Dementsprechend differieren auch die damit zusammenhängenden Werteorientierungen. Keine der verschiedenen Religionen und Weltanschauungen kann hier eine Leitorientierung bieten, was im Vergleich zu anderen Regionen der Erde durchaus eine Sondersituation ist. Es steht von daher überhaupt nicht zu erwarten, dass sich in dieser pluralen gesellschaftlichen Situation durch die anspruchsvolle Diskussion über ethische Überzeugungen so etwas wie ein gesellschaftlicher Grundkonsens in Fragen der PND herstellen lassen wird. Sicherlich könnte dann ein bestimmter Träger einer Beratungseinrichtung – oder auch eine Ausbildungsstätte für solche Beratungen wie z.B. das EZI –

---

[5] Vgl. ebd.
[6] Vgl. Robert Jütte (1993), S. 22f.

für die eigene Arbeit einen solchen Konsens formulieren. Dieser wäre dabei jedoch höchstens für den Bereich der eigenen Institution durchsetzbar. Ich werde mich dazu am Ende dieses Beitrages thesenartig äußern.

Ich hatte von der Unmöglichkeit gesprochen, in einer weltanschaulich pluralen Gesellschaft einen allgemeinen Wertekonsens in diesen Fragen zu formulieren. Nach meinem Eindruck zeichnet sich jedoch überraschender Weise inzwischen längst ein gesellschaftlicher Konsens über die genannten ethischen Fragen ab. Dieser entwickelt sich allerdings nicht auf der Basis von medizinischen, politischen, ethischen oder religiösen Fachdiskussionen, sondern im konkreten Umgang mit diesen Fragen in der alltäglichen Praxis im Kontext der PND. Es werden nicht aufgrund bestimmter ethischer Grundsatzüberlegungen von den Beteiligten Entscheidungen getroffen, sondern es entwickelt sich eine bestimmte gesellschaftliche Praxis in diesen Fragen, die dann ein bestimmtes Ethos (allgemein akzeptiertes Verhalten) hervorbringt. Eine Ethik, die zu angemessenen realitätsbezogenen Aussagen finden möchte, tut deshalb gut daran, das sich entwickelnde Ethos zunächst aufmerksam wahrzunehmen.

Es gibt inzwischen nach meinem Eindruck deutliche Tendenzen für das zu erwartende Entscheidungsverhalten der Schwangeren bei positiven Diagnosen, d.h. in den Fällen, wo eine Behinderung oder Krankheit festgestellt oder mit hoher Wahrscheinlichkeit angenommen werden kann. Auch hier wird man differenzieren müssen, aber bei den meisten Frauen, die sich einer solchen Diagnostik unterziehen, ist die Bereitschaft, schwerere Krankheiten oder Behinderungen zu akzeptieren, in der Regel relativ gering. In den meisten Fällen wird man daher mit einem vorzeitigen Abbruch der Schwangerschaft und dem Tod des Fötus rechnen müssen. So werden laut Auskunft von Gynäkologen z.B. nur wenige Föten (deutlich unter 10 Prozent) mit diagnostiziertem Down-Syndrom (Trisomie 21) ausgetragen. Aber auch in Fällen körperlicher und geistiger Behinderungen leichterer Art kann man schon jetzt eine zum Teil überraschende Bereitschaft feststellen, die Schwangerschaft nicht weiterzuführen. In ihrer beachtenswerten Arbeit spricht Christiane Kohler-Weiß hier gesellschaftlich betrachtet von Selektion. „Während die persönliche Entscheidung für einen Schwangerschaftsabbruch nach PND in individualethischer Perspektive gute Gründe haben kann, ist die PND, seit sie routinemäßig angewandt wird, in sozialethischer Perspektive als Selektionsinstrument zu bewerten."[7] Es geht hier nicht darum, diese Tendenzen moralisch oder ethisch vorschnell zu verurteilen. Vielmehr muss eine angemessene ethische Beschäftigung mit den genannten Fragen die gesellschaftliche Praxis erst einmal zur Kenntnis nehmen, bevor sie zu ethischen Äußerungen dazu kommt.

Ich finde es hilfreich, dass von Kohler-Weiß neben der individuellen auch eine gesamtgesellschaftliche sozialethische Sicht angesprochen wird. Die

---

[7] Christine Kohler-Weiß (2003), S. 410.

genannten Probleme gelten bislang nur für den noch relativ kleinen Teil der Schwangerschaften, bei denen eine solche Feindiagnostik bereits zur Anwendung kommt. Aber je früher und häufiger sich in Zukunft z.B. durch die weitere Verfeinerung der Sonographie und anderer Diagnosemethoden Möglichkeiten eröffnen, Krankheiten und Behinderungen zu entdecken, desto höher wird dann auch die Schwelle für die schwangeren Frauen, sich aufgrund individueller Entscheidung jeder weiteren Diagnostik zu entziehen. Es ist durchaus zu erwarten, dass ein guter Teil der pränatal vorhandenen Behinderungen und Krankheiten zukünftig sehr früh erkennbar ist und dass dies dann in der Mehrheit der Fälle zu einer „vorzeitigen Beendigung der Schwangerschaft" führt. (Ich wurde von dem Chefarzt der gynäkologischen Abteilung eines evangelischen Krankenhauses gebeten, diesbezüglich nicht von Abbruch oder gar Abtreibung zu sprechen, sondern von vorzeitiger Beendigung der Schwangerschaft.) Man wird vermuten können, dass aufgrund des sich so entwickelnden gesellschaftlichen Ethos individuelle Entscheidungen gegen dieses Ethos eher die Ausnahme darstellen werden. Die ethischen Fragen stellen sich mit anderen Worten nicht nur individualethisch, sondern vor allem auch sozialethisch.

Wenn dann zukünftig deutlich weniger Kinder mit Behinderungen und Krankheiten zur Welt kommen, so werden auch die Möglichkeiten, mit solchen Erkrankungen und Behinderungen positive Erfahrungen zu machen, deutlich reduziert. Weniger Erfahrung schränkt dann wiederum die Bereitschaft ein, einen Fötus mit solchen Behinderungen und Krankheiten akzeptieren zu können, und so weiter. Ich möchte hier als Betheler Theologe ausdrücklich betonen, dass es eine große Bereicherung des Lebens sein kann, täglich mit solchen kranken und behinderten Menschen Kontakt zu haben. Damit auch zukünftig solche bereichernden Erfahrungen gesellschaftlich im Bewusstsein gehalten werden können, braucht es ein Ethos, das die Geburt eines kranken oder behinderten Menschen mindestens ebenso akzeptiert wie dessen nicht geboren werden.

5.   Eindrücke zur aktuellen Beratungspraxis bei der PND

Der Vorteil und die große Chance einer Arbeit wie der im EZI besteht nach meinem Eindruck darin, dass hier über die grundsätzliche ethische Fachdiskussion hinausgehend, die natürlich mit allem Ernst und auf höchstem Niveau zu führen ist, die faktisch sich bereits entwickelnde Praxis durch den Austausch der Erfahrungen der Beratenden deutlich und offen wahrgenommen werden kann. Ich empfand es als außerordentliche Bereicherung gerade für die ethischen Fachfragen, mit den alltäglichen Beratungserfahrungen der Kursteilnehmenden konfrontiert zu werden. Dabei kamen Problemstellungen zum Vorschein, die in der ethischen, theologischen und auch politischen Fachdiskussion nach meinem Eindruck kaum thematisiert werden und die doch für das tatsächliche Beratungsgeschehen von großer Bedeutung sind.

Ich möchte deshalb im Folgenden einige Punkte ansprechen, die mir bei der Arbeit mit den Beratenden und bei den besprochenen Fallbeispielen besonders deutlich wurden und die m.E. gerade für eine angemessene Fachdiskussion über die genannten Fragen wichtig sein könnten.

Erstens wurde klar, dass das Beratungsgeschehen in systemische Prozesse eingebunden ist. Wenn die psychosoziale Beratung beginnt, hat parallel dazu das medizinische System schon begonnen, zu arbeiten. Es agiert nach einer ganz eigenen Logik, die sich am Code krank/gesund orientiert. Die Prozesse innerhalb des Systems sind sehr klar strukturiert, man erhebt Wahrscheinlichkeiten für das Vorhandensein einer bestimmten Krankheit oder Behinderung und für die daher zu erwartenden Lebensmöglichkeiten oder -einschränkungen des Fötus. Man isoliert die medizinische Diagnose von den sozialen und psychischen Zusammenhängen, in die hinein sie gestellt ist, so dass bei den Beteiligten der Eindruck entsteht, dass sie selbst als Person kaum im Blick sind. Es gibt dadurch eine gewisse Selbstabschließung des medizinischen Systems gegenüber anderen Bereichen, z.B. auch gegenüber den psychosozialen Beratungsprozessen. Es erscheint deshalb durchaus schwierig, für psychosoziale Beratung bei Medizinern um Offenheit und vielleicht sogar Kooperation zu werben. Diese medizinischen Systemprozesse sind nicht einfach vorschnell ethisch zu disqualifizieren. Denn das Medizinsystem verdankt seine hohe Leistungsfähigkeit gerade dieser Fähigkeit, sich gegenüber Einflüssen aus anderen Systemen abzuschließen und streng nach dem eigenen Code krank/gesund zu agieren.[8] Psychosoziale Beratung wird sich deshalb realistisch betrachtet als ein eigenes System neben dem medizinischen etablieren müssen. Es wird zwar wichtig sein, gegenseitig Bezüge und Durchlässigkeiten zu entwickeln, z.B. dadurch, dass Ärzte und psychosozial Beratende enger miteinander kooperieren und kommunizieren. Es handelt sich hier jedoch um zwei sehr verschiedene Bereiche, die wohl auch bei weiterer Entwicklung der psychosozialen Beratung verschieden bleiben werden.

Zweitens muss man sich für eine realistische ethische Beurteilung der Beratungsprozesse deren zeitliche Begrenztheit vor Augen halten. Im Falle einer positiven medizinischen Diagnose sind innerhalb weniger Tage und Wochen schwerwiegende Entscheidungen über das weitere Vorgehen zu treffen. Die Auskunfts- und Beratungsmöglichkeiten von Seiten der Ärzte sind dabei aus den oben genannten systeminternen Gründen des medizinischen Systems zeitlich wie sachlich äußerst begrenzt. Sie können ethische Aspekte in der Regel nicht ernsthaft mit einbeziehen. Damit können jedenfalls im Bereich der professionellen Beratungsangebote ethische Fragen am ehesten im Bereich der psychosozialen Beratung angesprochen werden. Aber auch hier ist der Zeitrahmen oft sehr eng. Es handelt sich zumeist nur um ein oder zwei im Zeitumfang deutlich limitierte Kontakte. Dabei kostet es in der Beratung schon erhebliche Mühe und Zeit, die für die Schwangere gegebene medizini-

---

[8] Vgl. zu solchen Systemabläufen ausführlicher Dierk Starnitzke (1996), S. 248ff.

sche, finanzielle, soziale und psychische Situation halbwegs exakt festzustellen. Für ein ernsthaftes Erwägen der verschiedenen Handlungsmöglichkeiten auch unter ethischen Gesichtspunkten oder gar für die Initiierung und Begleitung eines inneren Entscheidungsprozesses ist allein schon der zeitliche Rahmen sehr knapp.

Drittens wurde bei einem relativ großen Teil der im Kurs besprochenen Fallberichte deutlich, dass es sich bei den zu Beratenden um Personen handelt, die zu einem guten Teil aus recht einfachen Verhältnissen mit einem relativ niedrigen Bildungsniveau kamen. Sie waren mit den medizinischen Sachverhalten wenig vertraut und konnten deshalb ihre eigene Situation nicht besonders gut einschätzen. Es stellte schon eine anspruchsvolle Aufgabe dar, den Ratsuchenden die oft wenig verständlichen medizinischen Fragen und Möglichkeiten zu erläutern. Die dabei sich stellenden Probleme dann nochmals auf einer ethischen Ebene zu bedenken und den Betroffenen zu einem Abwägen und einer ethisch reflektierten Entscheidung zu verhelfen, ist in den meisten Fällen im gegenwärtig praktizierten Beratungssetting kaum möglich. Dies würde weitaus aufwändigere Rahmenbedingungen erfordern, die die intellektuellen und ethischen Reflexionsmöglichkeiten der zu Beratenden realistisch berücksichtigen. Es ist von daher nicht überraschend, dass innerhalb der derzeit gegebenen Bedingungen nur relativ selten eine Veränderung der Einstellung zu der Frage des Fortführens oder Beendigens der Schwangerschaft durch die Beratung stattfindet.

Viertens muss man bedenken, dass es sich bei dieser Form der Beratung auch für die Beratenden um eine kommunikativ, psychisch und auch intellektuell ausgesprochen schwierige Aufgabe handelt, die regelmäßig auch zu Überforderungssituationen führt. Es geht um sehr belastende Grenzfragen des Lebens, mit denen die Beratenden konfrontiert werden und die sie auch für sich verarbeiten müssen. Dabei ist es schwierig, eigene Lebenseinstellungen einerseits nicht auszublenden und den Beratungsprozess andererseits offen zu halten. Dazu kommen die in den ersten drei Punkten genannten äußeren Bedingungen. Die Beratenden werden deshalb verständlicherweise auch regelmäßig an die Grenzen ihrer Möglichkeiten geführt und brauchen dabei auch ihrerseits Beratung.

Zu diesen vier Punkten kommen noch weitere hinzu, die ich hier nur andeuten kann: der Umgang mit Schuldfragen, die Begleitung der Betroffenen während des Todes des Fötus, Formen der Verabschiedung vom toten Fötus usw. – all dies sind Probleme, die im Grunde innerhalb des derzeit vorhandenen Beratungssettings kaum zu bewältigen sind, die aber dennoch relativ häufig aufkommen. Es stellt sich deshalb m.E. dringend die Aufgabe, die Beratenden noch weitgehender auszubilden, sie auch in ihrer Beratungspraxis zu begleiten und insgesamt für die Beratungen einen Rahmen zu schaffen, innerhalb dessen mit den genannten Problemen angemessen umgegangen werden kann.

6. Fazit

Auf der Basis meiner Ausführungen möchte ich am Schluss für die weitere Beschäftigung mit der hier behandelten Thematik folgende Thesen formulieren:

Angesichts der außerordentlich hohen Anforderungen, die sich bei der psychosozialen Beratung bei der PND stellen halte ich es für geboten, sowohl deren Ausbildung als auch deren Praxisbegleitung nochmals deutlich zu intensivieren. Eine angemessene Ausbildung für die Beratung bei der PND erfordert unter anderem auch eine eingehende Beschäftigung mit den damit zusammenhängenden ethischen Fragen. Wie ich hier versucht habe zu zeigen, sind diese so komplex, dass dafür auch ein angemessener Zeitrahmen in der Ausbildung zur Verfügung stehen sollte.

Es ist gerade für evangelische Beratungs- und Ausbildungsstellen wichtig, über ein eigenes Profil bei der Beratung im Kontext der PND nachzudenken und dieses vielleicht auch einmal formulieren zu können. Es könnte vielleicht gerade darin bestehen, sich gemäß der eingangs im Witz genannten zweiten Position nicht auf eine eindeutige Position festzulegen, sondern sich in jedem Einzelfall um eine offene und ernsthafte Abwägung der verschiedenen Aspekte zu bemühen.

In den grundsätzlichen Überlegungen im ersten Abschnitt wurde deutlich, dass die Tötung eines Fötus aus theologisch-ethischer Sicht einerseits problematisch ist, dass dabei andererseits eine grundsätzliche Beurteilung des Verhaltens der Beteiligten den Kontext der jeweiligen gesellschaftlichen Praxis unbedingt in Rechnung stellen muss. Ein wesentliches Charakteristikum einer Beratung mit einem spezifisch evangelischen Profil könnte vielleicht unter heutigen Bedingungen darin bestehen, dass die Beratung als absolute Minimalforderung tatsächlich ergebnisoffen geführt wird. Sie könnte sich gegenüber einer relativ einseitigen Festlegung auf eine Beendigung der Schwangerschaft, wie sie sich derzeit gesamtgesellschaftlich zumindest abzeichnet, um einen offenen Beratungsprozess bemühen, in dem der Erhalt der Schwangerschaft als eine ernsthaft zu prüfende Möglichkeit in jedem Falle zur Sprache gebracht wird.

Eine Ausbildung zur Beratung bei der PND im evangelischen Bereich könnte sich auch zur Aufgabe nehmen, diese Ergebnisoffenheit einzuüben. Dabei ist es mir aufgrund der Erfahrungen in meiner jetzigen Tätigkeit als Vorstandssprecher der größten Einrichtung für geistig behinderte Menschen ein wichtiges Anliegen, eines hervorzuheben: Ein Mensch mit einer Behinderung, die bei der derzeit gängigen PND im Falle einer positiven Diagnose in der Regel zum Abbruch der Schwangerschaft führt, kann m.E. sehr wohl ein gelingendes Leben führen, wenn eine den Bedürfnissen dieses Menschen entsprechende Förderung und Betreuung erfolgt.

Wenn man im Rahmen der Beratung eine wirkliche Auseinandersetzung mit den genannten ethischen Fragen ermöglichen möchte, müsste der Umfang der

Beratung wesentlich erweitert werden. Zum einen sollten mehr schwangere Frauen die Beratung in Anspruch nehmen (können), zum anderen müsste der einzelne Beratungsprozess wesentlich aufwändiger sein.

Über die individuelle Beratung hinausgehend sollte im evangelischen Bereich auch im gesamtgesellschaftlichen Kontext auf eine intensivere Beschäftigung mit den genannten Problemstellungen hingewirkt werden. Die Einführung einer rechtlich verbindlichen psychosozialen Pflichtberatung bei der PND könnte gesellschaftlich gesehen den wichtigen sozialethischen Effekt haben, dass bei jeder entsprechenden Schwangerschaft – bei aller Beschränktheit der tatsächlichen Beratungsmöglichkeiten im Einzelfall – zumindest die Möglichkeit eröffnet wird, die Gründe für das Fortsetzen oder Beendigen der Schwangerschaft zu reflektieren und damit zu einem breit angelegten gesellschaftlichen ethischen Reflexionsprozess beizutragen.

Über eine solche Pflichtberatung hinausgehend, die sicherlich nur in einem relativ engen Rahmen durchgeführt werden kann, sollte es dann auf Wunsch der Beteiligten Möglichkeiten geben, den Beratungsprozess freiwillig fortzuführen. Dafür sollte ein zeitlicher Rahmen zur Verfügung stehen, der den schwierigen Fragen angemessen ist, die sich im Falle eines individuellen Konfliktes stellen und der eine intensive Beratung dabei ermöglicht.

Literaturverzeichnis:

JÜTTE, ROBERT (1993): Einleitung. Vom Umgang mit der Geschichte in der Abtreibungsdiskussion; in: DERS.: Geschichte der Abtreibung. Von der Antike bis zur Gegenwart; München, S. 7–26.

KOHLER-WEISS, CHRISTIANE (2003): Schutz der Menschwerdung. Schwangerschaft und Schwangerschaftskonflikt als Themen evangelischer Ethik; Gütersloh.

KÖRTNER, ULRICH (2002): Embryonenschutz und menschlicher Fortschritt. Ethische Probleme der Reproduktionsmedizin; in: Zeitschrift für Evangelische Ethik 46 (2002), S. 6–19.

LINDEMANN, ANDREAS (2001): Schwangerschaftsabbruch als ethisches Problem im antiken Judentum und frühen Christentum; in: Wort und Dienst. Jahrbuch der Kirchlichen Hochschule Bethel 26, S. 127–148.

STARNITZKE, DIERK (1996): Diakonie als soziales System. Eine theologische Grundlegung diakonischer Praxis in Auseinandersetzung mit Niklas Luhmann; Stuttgart.

Wolfgang Teske

Corporate Governance in der Diakonie

1. Einleitung

Prof. Dr. Alfred Jäger hat sich seit den 80er Jahren des vergangenen Jahrhunderts in seinen Veröffentlichungen und Vorträgen zentralen diakonischen Leitungsfragen gewidmet, insbesondere unter dem Blickwinkel moderner Führungstheorien. Dabei zeigte er Wege auf, wie Führung bzw. Management in diakonischen Unternehmen praktisch gestaltet werden muss, um unter den sich wandelnden Rahmenbedingungen in der Sozialwirtschaft bestehen zu können.[1] Bei den Fragen nach der Führung von diakonischen Unternehmen rückt zunehmend der vor allem mit börsennotierten Aktiengesellschaften in Verbindung gebrachte Begriff „Corporate Governance" in den Vordergrund.

Die Tatsache, dass „Corporate Governance" Teil des allgemeinen deutschen Sprachgebrauchs wurde, ist auf verschiedene Skandale bei börsennotierten Aktiengesellschaften Ende der neunziger Jahre des vorigen Jahrhunderts zurückzuführen[2]. Das nicht akzeptable Verhalten von Unternehmensleitungen und Aufsichtsräten veranlasste zunächst die Bundesregierung und anschließend den Gesetzgeber zum Handeln.

Eine von der Bundesministerin der Justiz am 6. September 2001 eingesetzte Regierungskommission verabschiedete bereits am 26. Februar 2002 den Deutschen Corporate Governance Kodex.[3] Nach seiner Präambel stellt der Deutsche Corporate Governance Kodex „wesentliche gesetzliche Vorschriften zur Leitung und Überwachung deutscher börsennotierter Gesellschaften (Unternehmensführung) dar und enthält international und national anerkannte Standards guter und verantwortungsvoller Unternehmensführung. Der Kodex soll das deutsche Corporate Governance System transparent und nachvollziehbar machen. Er will das Vertrauen der internationalen und nationalen Anleger, der Kunden, der Mitarbeiter und der Öffentlichkeit in die Leitung und Überwachung deutscher börsennotierter Aktiengesellschaften fördern." Der Gesetzgeber verankerte den Kodex im Rahmen des Transparenz- und Publizitätsgesetzes, das am 26. Juli 2002 in Kraft trat, im deutschen Rechtssystem. So wurde das Aktiengesetz um § 161 erweitert, der folgende Aussage enthält: „Vorstand und Aufsichtsrat der börsennotierten Gesellschaft erklären jährlich, dass den vom Bundesministerium der Justiz im amtlichen Teil des

---

[1] Vgl. hierzu u.a. Alfred Jäger, (1992) und ders. (2002).
[2] Vgl. dazu hier nur Thomas Strieder (2005), S. 31f. m.w.N.
[3] Aktuelle Fassung u.a. unter http://www.corporate-governance-code.de.

elektronischen Bundesanzeigers bekannt gemachten Empfehlungen der ‚Regierungskommission Deutscher Corporate Governance Kodex' entsprochen wurde und wird oder welche Empfehlungen nicht angewendet wurden oder werden. (...)." Die Unternehmen, die zu einer solchen Entsprechenserklärung verpflichtet sind, befolgen die Empfehlungen des Kodex weitgehend.[4]

Der Deutsche Corporate Governance Kodex gilt explizit zwar nur für börsennotierte Aktiengesellschaften, aber bereits im Bericht der Regierungskommission wurde „rechtspolitischer Diskussionsbedarf vor allem hinsichtlich solcher Vereine" gesehen, „die steuerliche Privilegien in Anspruch nehmen, Spenden einsammeln oder als Idealvereine im Rahmen des sogenannten Nebenzweckprivilegs als Wirtschaftsunternehmen tätig sind",[5] also auch im Hinblick auf gemeinnützige Unternehmen der Sozialwirtschaft und damit für diakonische Unternehmen.

Die zwischenzeitlichen Entwicklungen haben darüber hinaus gezeigt, dass Misswirtschaft und unklare Strukturen, die dies ermöglichen, kein Privileg der gewerblichen Wirtschaft sind. Skandale, Unternehmenszusammenbrüche und Insolvenzen gibt es auch in der Sozialwirtschaft; und hierbei handelt es sich nicht mehr um zu vernachlässigende Einzelfälle. Ausschlaggebend für das Diakonische Werk der EKD als evangelischer Spitzenverband der Freien Wohlfahrtspflege auf der Bundesebene, sich mit dem Thema Corporate Governance zu beschäftigen, waren – glücklicher Weise – keine Skandale in der Diakonie sondern Überlegungen, ob die Vorgaben des Deutschen Corporate Governance Kodex für diakonische Unternehmen von Nutzen sein können.

Als Ergebnis dieser Überlegungen hat die Diakonische Konferenz des Diakonischen Werkes der EKD im Oktober 2005 in Rummelsberg einen Corporate Governance Kodex für die Diakonie[6] beschlossen und den Mitgliedern des Werkes empfohlen, den Kodex zu beachten und ihn im Rahmen einer verbindlichen Selbstverpflichtung zu übernehmen, um auf diesem für die Diakonie wichtigen Themenfeld zu möglichst einheitlichen Standards zu kommen.

2.   Unterschiede zwischen dem
     Deutschen Corporate Governance Kodex und dem
     Corporate Governance Kodex für die Diakonie

Der Corporate Governance Kodex für die Diakonie ist keine Kopie des für börsennotierte Aktiengesellschaften entwickelten Deutschen Corporate Governance Kodex. Denn damit würde man der Situation diakonischer Einrichtungen nicht gerecht werden. Den Grund hierfür hat bereits Axel Schuhen

---

[4] Vgl. dazu hier nur Axel von Werder/Till Talaulicar (2006), S. 849ff.
[5] BT-Drs. 14/7517, S. 5.
[6] Diakonischer Corporate Governance Kodex (DGK), mit Erläuterungen, Stand Oktober 2005 (http://www.diakonie.de/downloads/DK-05-2005.pdf).

zutreffend formuliert. Der Deutsche Corporate Governance Kodex hat überwiegend finanzwirtschaftliche Zielsetzungen im Sinne von Eigentümer- und
Anlegerschutz im Blick.[7] Ein Kodex für Non-Profit-Organisationen – wie die
Diakonie – muss hingegen komplexere Ziele, insbesondere deren sozialan-
waltschaftliche Funktion berücksichtigen. In der gewerblichen Wirtschaft ist
die ökonomische Leistungsfähigkeit das Ziel, in der Freien Wohlfahrtspflege
ist sie hingegen die Basis des Handelns.

Wichtig waren auch noch zwei weitere Aspekte, die im Deutschen Corporate
Governance Kodex nicht enthalten sind. Zum einen ist dies das Zusammenwirken diakonischer Einrichtung mit der Kirche. Für den evangelischen Spitzenverband der Freien Wohlfahrtspflege ist die kontinuierliche Verbindung
zwischen diakonischer Einrichtung und der evangelischen Kirche besonders
bedeutsam. So ist bei der Besetzung der Organe der Einrichtungen auf eine
Bindung der Mitglieder an die Kirche zu achten, um die Zuordnung zur Kirche zu gewährleisten. Dies sind keine neuen Anforderungen, die im Rahmen
der Erarbeitung des Corporate Governance Kodex für die Diakonie entwickelt wurden. Vielmehr entspricht dies seit langem der gefestigten Recht-
sprechung des Bundesverfassungsgerichts. Grundsätzlich soll der Kodex
auch im Leitbild der Einrichtung verankert werden. Diese Forderung bedeutet
zugleich, dass Einrichtungen, die bisher über kein Leitbild verfügen, aufgefordert sind, ein solches in einem partizipativen Prozess zu erarbeiten.

Ein weiterer Unterschied im Vergleich zum Deutschen Corporate Governance Kodex besteht in der expliziten Berücksichtigung der unterschiedlichen Lebenssituationen und Interessen der Geschlechter bei der Arbeit und
innerhalb der Einrichtung. Nicht nur in der sprachlichen Ausgestaltung, sondern auch bei den Inhalten soll so dem Genderaspekt Rechnung getragen
werden.

Ein Corporate Governance Kodex für die Diakonie darf außerdem die unterschiedliche Größe und die unterschiedlichen Rechtsformen diakonischer Einrichtungen und Dienste nicht unberücksichtigt lassen. Denn das, was auf der
Grundlage des Deutschen Corporate Governance Kodex für börsennotierte
Aktiengesellschaften gilt, kann nicht ohne Modifizierung auf kleine Vereine
übertragen werden.

Dies sind die entscheidenden Gründe für die im Vergleich zum Deutschen
Corporate Governance Kodex andere Prägung des Corporate Governance
Kodex für die Diakonie. Es geht nämlich nicht darum, „das Vertrauen der
internationalen und nationalen Anleger ... in die Leitung und Überwachung
deutscher börsennotierter Aktiengesellschaften zu fördern", wie es in der
Präambel des Deutschen Corporate Governance Kodexes heißt. Auch in der
Diakonie geht es um Vertrauen und Transparenz[8]; wichtig ist hier aber das
Vertrauen der Menschen, für die diakonische Einrichtungen und Dienste da
sind, das Vertrauen der Öffentlichkeit, der Mitarbeitenden, der Politik und

---

[7] Axel Schuhen (2005), S. 231.
[8] Vgl. dazu hier nur Marcus Kreutz (2007), S. 50 (52, 53 jeweils m.w.N.).

der Menschen, die die Diakonie mit ihren Spenden unterstützen. Dieses Vertrauen muss immer wieder neu erworben werden.

3.   Der Corporate Governance Kodex für die Diakonie

3.1.   Der Anwendungsbereich des Kodex

Der Corporate Governance Kodex für die Diakonie soll zumindest in allen Einrichtungen mit mehr als 50 Vollzeitkräften und einem Umsatz von mehr als 2.000.000 € angewandt werden. Kleinere Einrichtungen sollten den Kodex jedoch nicht sofort zur Seite legen. Zwar können nicht alle darin enthaltenen Anforderungen auf sie übertragen werden. Aber auch sie sind aufgefordert zu prüfen, welche Vorgaben des Kodexes für sie bedeutsam sind und diese Vorgaben auf ihre Belange und Strukturen übertragen.

Zur Klarstellung sei darauf hingewiesen, dass im Rahmen des Corporate Governance Kodex für die Diakonie der Begriff „Einrichtung" als Oberbegriff für alle betroffenen Körperschaften verwendet wird, da er traditionell eingeführt ist. Der Kodex richtet sich grundsätzlich an alle Rechtsträger der Diakonie, d. h. an stationäre und teilstationäre Einrichtungen bzw. Unternehmen, ambulante Dienste, Werke der Diakonie sowie die mit ihnen verbundenen Unternehmen.

Ziel des Kodex ist es, die unterschiedlichen Aufgaben der Organe einer Einrichtung, d. h. des Vorstandes, des Aufsichtsgremiums sowie der Mitgliederversammlung, klar zu beschreiben und deren Zusammenwirken zum Wohl der Einrichtung zu regeln.

3.2.   Die Mitgliederversammlung

Die Mitgliederversammlung – bzw. Gesellschafterversammlung oder Hauptversammlung, je nach Rechtsform und Satzung der Einrichtung – ist zuständig für die Besetzung des Aufsichtsgremiums und für dessen Abberufung. Bei der Besetzung des Aufsichtsgremiums ist darauf zu achten, dass die Mitglieder möglichst über verschiedene fachliche Kompetenzen aus den Arbeitsfeldern der Einrichtung verfügen; theologische/diakonische Kompetenzen, ökonomische Kompetenzen und juristische Kompetenzen sollten in den Aufsichtsgremien von Einrichtungen vorhanden sein. Es gibt mit Sicherheit keinen idealen Personenmix für Gremien. Entscheidend ist, dass nicht eine Fachrichtung im Aufsichtsgremium dominiert, denn dann kann der erforderliche ganzheitliche Blick verloren gehen.

Auch sollten nur solche Personen in ein Aufsichtsgremium gewählt werden, die das 65. Lebensjahr zum Zeitpunkt der Wahl noch nicht vollendet haben. Dies ist eine Reglung im Corporate Governance Kodex für die Diakonie, die teilweise sehr kritisch bewertet wird.[9] Hiermit soll jedoch kein Beitrag zur Altersdiskriminierung geleistet werden. Vielmehr geht es darum, eine Diskussion innerhalb der Diakonie in Gang zu setzen. Deshalb heißt es im Kodex auch, dass Mitglieder des Aufsichtsgremiums bei ihrer Wahl das 65. Lebensjahr noch nicht vollendet haben sollten. Durch die Verwendung von dem Wort „sollten" wird deutlich, dass es sich um eine Anregung handelt. Der Sinn der Regelung besteht darin, dass sichergestellt sein muss, dass die Mitglieder des Aufsichtsgremiums ihre Überwachungsfunktion auch adäquat ausüben können; und dazu benötigt man Personen, die mit der jeweils aktuellen Unternehmenspraxis vertraut sind. Es bestehen nicht unerhebliche Zweifel daran, ob dies bei Personen der Fall ist, die bereits vor 10 oder 15 Jahren aus dem Berufsleben ausgeschieden sind. Selbstverständlich gibt es Ausnahmen, die diese Aussage widerlegen, aber dies stellt die Richtigkeit einer generellen Altersregelung nicht in Frage. Ob man die Altersgrenze zukünftig bei 65, 68 oder 70 Jahren zieht, ist ohne Belang, aber eine derartige Grenze ist sinnvoll.

Die Mitgliederversammlung entscheidet auch über Satzungsänderungen sowie alle grundsätzlichen und richtungsweisenden Maßnahmen, die nicht ausdrücklich dem Vorstand oder dem Aufsichtsgremium zugewiesen sind. Zu diesen Maßnahmen zählen beispielsweise Umwandlungen, Verschmelzungen, Fusionen oder die Einstellung von Arbeitsgebieten.

3.3. Das Aufsichtsgremium

Dem Corporate Governance Kodex für die Diakonie liegt ein klares Bekenntnis zu einem dualen Führungssystem zugrunde, d. h. für eine eindeutige Trennung von Aufsicht und Leitung.

Das Aufsichtsgremium, das seine Tätigkeit grundsätzlich ehrenamtlich ausüben sollte, hat den Vorstand zu beraten, zu begleiten und zu überwachen. Es beteiligt sich nicht am operativen Geschäft. Die Verantwortung für das operative Geschäft liegt beim Vorstand. Hier darf es zu keiner Vermischung der Zuständigkeiten kommen. Eine der Hauptaufgaben des Aufsichtsgremiums besteht in der Bestellung der Mitglieder des Vorstandes und in deren kontinuierlicher Begleitung. Die Ausgestaltung der Verträge mit den Vorstandsmitgliedern gehört ebenfalls zu den Aufgaben des Aufsichtsgremiums. Es ist zudem zuständig für die Bestellung des Abschlussprüfers oder der Abschlussprüferin sowie der damit einhergehende Honorarvereinbarung.

Aufsicht ist nur dann effektiv, wenn die Personen, denen diese Aufgabe obliegt, ihr Mandat auch wirklich wahrnehmen. Deshalb fordert der Kodex von den Mitgliedern des Aufsichtsgremiums eine regelmäßige Sitzungsteilnahme, ausreichende zeitliche Ressourcen für die Aufsichtstätigkeiten, eine angemessene Sitzungsvorbereitung sowie eine regelmäßige Fort- und Weiterbil-

---

[9] Martin Beck (2006), S. 6.

dung. Im Gegenzug ist seitens der Einrichtung für eine ausreichende Versicherung – ohne Eigenbeteiligung – der Mitglieder des Aufsichtsgremiums Sorge zu tragen, damit die ehrenamtlich tätigen Personen die Risiken ihrer Tätigkeit für die Einrichtung nicht selbst tragen müssen. Wichtig ist ferner, dass Interessenkonflikte[10] – z. B. aufgrund der Wahrnehmung von Mandaten in mehreren Aufsichtsgremien – möglichst vermieden oder zumindest aber offen gelegt werden.

Der Arbeit von Aufsichtsgremien muss zukünftig auch in der Diakonie mehr Beachtung geschenkt werden als bisher.[11] Damit ein Aufsichtsgremium einen Beitrag zum Erfolg des diakonischen Unternehmens erbringen kann, ist zu definieren, welches Überwachungsverständnis zur effektiven Begleitung des Unternehmens erforderlich ist und was hierzu an Informationen benötigt wird. Entscheidend ist daher nicht nur eine klare Struktur, sondern auch, wie die inhaltliche Arbeit konkret gestaltet wird.[12]

3.4. Der Vorstand

Der Vorstand leitet die Einrichtung in eigener Verantwortung. Er hat die strategische Ausrichtung zu bestimmen, die er allerdings mit dem Aufsichtsgremium abstimmen muss[13]. Eine strategische Ausrichtung schließt eine Mehrjahresplanung ein. Zudem muss der Vorstand für ein adäquates Risiko- und Qualitätsmanagement sorgen. Er ist verantwortlich für die zeitnahe Aufstellung des Jahresabschlusses sowie ein ergänzendes Berichtswesen. Wichtig ist in diesem Zusammenhang auch die Informationspflicht des Vorstandes gegenüber dem Aufsichtsgremium über Ereignisse, die für die Lage und Entwicklung der Einrichtung von zentraler Bedeutung sind.

Zur Sicherstellung einer verbandsintern möglichst einheitlichen Entwicklung fordert der Corporate Governance Kodex für die Diakonie vom Vorstand auch die Beteiligung an verbandsinternen Maßnahmen insbesondere zum Risikomanagement. Der Vorstand hat zudem die Einhaltung mitgliedschaftlicher Mitwirkungs- und Satzungspflichten zu gewährleisten – auch insoweit besteht ein Unterschied zum Deutschen Corporate Governance Kodex.

Um in der Öffentlichkeit keinerlei Vermutungen über unverhältnismäßig hohe Gehälter der Vorstandsmitglieder aufkommen zu lassen, fordert der Kodex eine Offenlegung der Vergütung des Vorstandes. Auch hier gibt es Fragen und Kritik. Allerdings ist dieser Weg aus Transparenzgründen richtig. Das Diakonische Werk der EKD ist diesen Weg gegangen und hat diese An-

---

[10] Axel Schuhen (2005), S. 221.
[11] Vgl. zur Arbeit eines Aufsichtsratsvorsitzenden im Einzelnen: Tobias Allkemper/Steffi Hunnius (2005), S. 188–206.
[12] Philip Grothe (2006), S. 22.
[13] Ob dies wirklich ausreicht, wird von Philip Grothe, ebd., mit beachtlichen Argumenten in Zweifel gezogen.

gaben in seinem freiwilligen Lagebericht im Rahmen des Jahresabschlusses zum 31. Dezember 2005 veröffentlicht.

Die Trennung der Aufgaben von Vorstand und Aufsichtsgremium darf zu keinem Gegeneinander führen. Vielmehr sind beide Organe gemeinsam ausschließlich dem Wohl der Einrichtung verpflichtet und haben eine vertrauensvolle Zusammenarbeit zu gewährleisten.

3.5. Das geforderte Risikomanagement

Der Kodex befasst sich nicht nur mit der Zuweisung bestimmter Aufgaben an die verschiedenen Organe einer Einrichtung. Er geht ferner davon aus, dass diakonische Einrichtungen über ein aussagekräftiges Überwachungs- und Kontrollsystem verfügen. Einrichtungen, die noch keine entsprechenden Maßnahmen ergriffen haben, sind aufgefordert, dies möglichst umgehend in Angriff zu nehmen. Das rechtzeitige Erkennen von Risiken ist erforderlich, um die Einrichtung vor Schäden zu bewahren, die bis zur Insolvenz führen können. Existenzgefährdende Risiken entstehen für diakonische Einrichtungen nicht nur im Bereich der Finanzen. Vielmehr können auch Verstöße gegen Vorgaben des Heimrechts oder gegen Brandschutzauflagen negative Folgen haben, die bis zur Schließung der Einrichtung führen.

Das Vorhandensein eines Risikomanagements gewinnt bei Unternehmen in der Sozialwirtschaft eine immer größere Bedeutung. Dies belegt eine Studie der contec GmbH und der Fachhochschule Nordhausen zum „Implementierungsgrad von Risikomanagement in sozialwirtschaftlichen Organisationen".[14] Selbst wenn die Diakonie nach dieser Studie bei der Implementierung von Risikomanagementsystemen im Vergleich zu Trägern anderer Spitzenverbände der Freien Wohlfahrtspflege führend ist, verfügen gerade einmal etwas mehr als die Hälfte der in der Studie erfassten Organisationen über ein Frühwarnsystem. Insofern besteht hier auch in der Diakonie nach wie vor großer Handlungsbedarf.

3.6. Die testierte Entsprechenserklärung

Wenn die Vorgaben des Corporate Governance Kodex für die Diakonie erfüllt sind, sollten die Einrichtungen ihre Entsprechenserklärung von Wirtschaftsprüfern bzw. Wirtschaftsprüferinnen testieren lassen. Dieses Testat wird sicherlich nicht kostenlos erteilt, aber diese Kosten werden sich zumindest mittelfristig amortisieren. Zudem sollte der Kostenaspekt nicht als Vorwand dienen, den Kodex mit seinen Vorgaben zur Kompetenzabgrenzung der Organe, zur Kommunikation der Organe untereinander sowie zur Verantwortung des Vorstandes für adäquate Risiko- und Qualitätsmanagementsysteme

---

[14] Vgl. Thomas J. Peters/Christian Renning (2006), S. 6ff.

insgesamt nicht anzuwenden und umzusetzen. Sofern die Kosten für eine Testierung im Verhältnis zur Größe und Struktur der Einrichtung unverhältnismäßig hoch erscheinen, kann die Testierung unterbleiben. Denn das Testat wird vom Corporate Governance Kodex für die Diakonie nicht zwingend vorgeschrieben. Aber es sollte nicht außer Betracht bleiben, dass so noch einmal einem unabhängigen Dritten ein prüfender Blick darauf ermöglicht wird, ob die Vorgaben von Corporate Governance in der Einrichtung auch tatsächlich umgesetzt sind.

Ferner dürfen bei der Bewertung der Kosten des Testats die positiven Auswirkungen auf die Kreditwürdigkeit der Einrichtung nicht in Vergessenheit geraten. Ökonomische Vorteile aus der Umsetzung des Corporate Governance Kodex für die Diakonie können sich im Rahmen des Kreditratings nach Basel II ergeben. So haben die im Vorfeld der Verabschiedung des Kodex befragten evangelischen Kirchenbanken und die Bank für Sozialwirtschaft bestätigt, dass Einrichtungen, die den Kodex im Wege der Selbstverpflichtung übernehmen und dies auch von ihrem Wirtschaftsprüfer bestätigen lassen, Vorteile beim Rating haben. Denn im Rahmen der sogenannten „Soft Facts" bzw. der „qualitativen Faktoren" beim Rating nach Basel II spielen exakt die hier behandelten Themen eine entscheidende Rolle. Je besser das Rating einer Einrichtung ausfällt, desto leichter fällt es ihr, notwendiges Fremdkapital beispielsweise für Investitionen zu günstigen Konditionen zu erlangen – ein klarer Kostenvorteil. Gerade die Investitionsfinanzierung bereitet viele Einrichtungen mit dünner Eigenkapitaldecke Probleme, da sich die Öffentliche Hand aus der Investitionsfinanzierung im sozialen Bereich immer mehr zurückzieht. Prinzipiell wird das zusätzlich benötigte Fremdkapital um so teurer, je geringer das vorhandene Eigenkapital ist. Dieser Effekt verstärkt sich noch, wenn sich der Einsatz der Mittel für den externen Kapitalgeber als risikoreich darstellt. Dieses Risiko kann durch Corporate Governance und die Umsetzung des Kodex für die Diakonie gemindert werden.[15]

4.   Der Nutzen von Corporate Governance in der Diakonie

Bei der Diskussion um den Nutzen von Corporate Governance in der Sozialwirtschaft wird nach wie vor die Frage gestellt, ob dies ein Wettbewerbsvorteil oder ein Hemmschuh ist. Letzteres wird damit begründet, dass die freiwillige Anwendung des Kodex nur dann einen Wettbewerbsvorteil mit sich bringt, wenn dies von der „Kundschaft" gewürdigt oder mit einem Aufschlag bezahlt wird. Wenn die Kundschaft kein Interesse daran habe und etwaige Mehrkosten nicht aufbringe, so hätten die Anwender sogar einen Wettbewerbsnachteil.[16] Diejenigen, die Corporate Governance in der Sozialwirt-

---

[15] Vgl. dazu Wolfgang Teske (2005), S. 105 (107).
[16] So Martin Beck (2006), S. 6.

schaft als Hemmschuh bewerten, verkennen wesentlichen Vorteile – auch im Hinblick auf die Kosten.

Diakonische Einrichtungen und Dienste können durch Corporate Governance einen Wettbewerbsvorteil auf dem Markt sozialer Dienstleistungen erlangen.[17] Alle Unternehmen in der Sozialwirtschaft stehen wirtschaftlich und strukturell vor großen Herausforderungen. Wer in dem sich weiter verschärfenden Wettbewerb auf dem Markt sozialer Dienstleistungen bestehen will, muss gut aufgestellt sein. Dies erfordert eine klare Organisationsstruktur innerhalb der Einrichtung, eine eindeutige Abgrenzung der Aufgaben und Funktionen der Organe der Einrichtung, eine möglichst störungsfreie Kommunikation der Organe untereinander und Frühwarnsysteme zur Minimierung wirtschaftlicher Risiken.

Diese Bausteine zur Verbesserung der Leistungsfähigkeit geben allerdings keine Garantie für erfolgreiches unternehmerisches Handeln. Denn auch in der gewerblichen Wirtschaft ist es der empirischen Forschung bislang noch nicht eindeutig gelungen, einen Zusammenhang zwischen einer guten Corporate Governance und der Performance auf dem Aktienmarkt nachzuweisen.[18] Die zuvor beschriebenen Elemente geben aber Sicherheit und bilden eine gute Grundlage für eine erfolgreiche Unternehmensführung. Sie spielen in diakonischen Einrichtungen ebenso eine zentrale Rolle wie bei börsennotierten Aktiengesellschaften.[19]

Nicht zufällig spricht man von der „Ausstrahlungswirkung" der einschlägigen Gesetzesbestimmungen im Aktienrecht, insbesondere des TransPuG und des KonTraG. Standards, die hier vorgegeben werden, können bei der Frage eines Organisationsverschuldens im Haftungsfall zum Maßstab auch bei Vereinen und anderen gemeinnützigen Körperschaften werden. Schon deshalb war das, was der Gesetzgeber als Leitungskodex für börsennotierte Aktiengesellschaften verbindlich vorgegeben hat, auf seinen Sinngehalt für die Diakonie zu hinterfragen.

Noch ein weiterer Aspekt ist wichtig. In Zeiten knapper werdender Ressourcen, eines intensiveren Wettbewerbs auf dem Spendenmarkt und immer lauter werdender Stimmen, die nach dem Abbau vermeintlicher Privilegien gemeinnütziger Träger rufen, bedarf es der Transparenz der eigenen Strukturen und des wirtschaftlichen Handelns[20]. Hierzu gehört die Erstellung eines Jahresabschlusses unter Beachtung der Grundsätze ordnungsmäßiger Buchführung, der ein den tatsächlichen Verhältnissen entsprechendes Bild der Vermögens-, Finanz- und Ertragslage zeichnet sowie den Grundsätzen der Bilanzwahrheit und -klarheit Rechnung trägt. Einem ergänzenden freiwilligen Lagebericht kommt in diesem Zusammenhang große Bedeutung zu, ins-

---

[17] Vgl. Wolfgang Teske (2005), 105 (110).
[18] Siehe dazu Clemens Börsig (2006), S. 3 (5). Vgl. ferner Alexander Bassen/René S. Klein/Christine Zöllner (2006), S. 81–82.
[19] Vgl. Wolfgang Teske (2005), S. 105.
[20] Vgl. dazu auch Marcus Kreutz (2007), S. 50 (53).

besondere dann, wenn er veröffentlicht wird.[21] Das Diakonische Werk der EKD hat sich hierzu entschlossen und veröffentlicht seinen Jahresabschluss bestehend aus Bilanz, Gewinn- und Verlustrechnung sowie freiwilligem Lagebericht nicht nur im gedruckten Jahresbericht, sondern auch im Internet.

Der Corporate Governance Kodex für die Diakonie ist ein Regelwerk, das durch Vorgaben für eine klare Kompetenzabgrenzung der Organe, zur Kommunikation der Organe untereinander sowie durch die Betonung der Verantwortung des Vorstandes für adäquate Risiko- und Qualitätsmanagementsysteme qualifizierte Arbeit in den Einrichtungen unterstützen soll. Der Corporate Governance Kodex für die Diakonie soll in den einzelnen Einrichtungen als Akt der Selbstverpflichtung verbindlich werden. Sich selbst verpflichten kann nur, wer sich auf die Inhalte des Kodex einlässt. Ein zentraler Nutzen liegt in den dabei gewonnenen Erkenntnissen über und für die eigene Einrichtung.

Neben der verbesserten Transparenz und der damit verbundenen Stärkung des Vertrauens der Öffentlichkeit in die Qualität der Arbeit und in die Führung diakonischer Unternehmen wird sich Corporate Governance zudem positiv auf die Unternehmenskultur auswirken, da Kompetenzen klar beschrieben sind und die Transparenz den Mitarbeitenden gleichfalls zugute kommt.

Noch ein weiterer Punkt zum Nutzen von Corporate Governance in der Diakonie ist zu nennen und zwar ist dies der Erfahrungsvorsprung. Vor der Verabschiedung des Corporate Governance Kodex für die Diakonie im Oktober 2005 wurden bereits den Einrichtungen des Deutschen Caritasverbandes mit der Handreichung „Soziale Einrichtungen in katholischer Trägerschaft und wirtschaftliche Aufsicht" des Verbandes der Diözesen Deutschlands und der Kommission für caritative Fragen der Deutschen Bischofskonferenz (Arbeitshilfe 182) vom 02. April 2004 Empfehlungen zu Corporate Governance gemacht.[22] Damit ist Corporate Governance derzeit noch ein Alleinstellungsmerkmal kirchlicher Wohlfahrtsverbände. Die Arbeiterwohlfahrt sieht in ihren Grundsätzen und Eckpunkten zur Verbandsentwicklung unter anderem einen „AWO-Corporate Governance Kodex" vor.[23] Auch das Deutsche Rote Kreuz lehnt sich mit seiner Umsetzung der Trennung von Aufsicht und Leitung, die Bestandteil der „Strategie 2010plus" ist, an den Corporate Governance Kodex an.[24] Dieser Vorsprung sollte nicht ungenutzt verstreichen. Nach einer Studie der Wirtschaftsprüfungsgesellschaft KPMG und der Uni-

---

[21] Vgl. Wolfgang Teske (2005) S. 105 (106).
[22] Sekretariat der Deutschen Bischofskonferenz 2004.), – abrufbar unter http://www. deutsche-bischofskonferenz.de.
[23] Bundeskommission Verbandsentwicklung, Grundsätze und Eckpunkte zur Verbandsentwicklung der AWO, Stand September 2006, S. 9, abgelegt unter http://www. awo.org/pub/verbd_einr/oe/oegrundsapap/caarticle_file_download/elem3/Grundsaet zepapier_Bundeskommission_letzte%20Fassung.pdf.
[24] Vgl. http://www.drk.de/2010plusonline/.

versität Potsdam planen gcradc einmal ein Zehntel der befragten Non-Profit-Organisationen die Einführung eines Corporate Governance Kodex.[25]

5.   Ausblick

Der Corporate Governance Kodex für die Diakonie ist ebenso wenig wie der Deutsche Corporate Governance Kodex für börsennotierte Aktiengesellschaften ein Allheilmittel, das Misswirtschaft und unklare Strukturen verhindert, die zu Skandalen führen können. Entscheidend ist nicht, dass es einen Kodex gibt. Entscheidend ist vielmehr, wie das Regelwerk aufgenommen und Verantwortung von den Leitungs- und Aufsichtsgremien wahrgenommen wird. Denn nur dann, wenn sich die handelnden Personen dieser Verantwortung stellen, kann der Corporate Governance Kodex für die Diakonie seine positive Wirkung entfalten und einen Beitrag zur Sicherung der Zukunftsfähigkeit diakonischer Einrichtungen leisten.

Erst wenn der Kodex in der Praxis gelebt wird, kann sich auch die Aussage des Instituts der Wirtschaftsprüfer zum Corporate Governance Kodex für die Diakonie bewahrheiten, nämlich dass dieses Regelwerk ein verantwortungsvoller Schritt in die Zukunft ist. Damit der Kodex dies bleibt und nicht veraltet oder erstarrt, ist es erforderlich, ihn ständig zu überprüfen und an neuere Entwicklungen anzupassen. In diesem Zusammenhang ist zu berücksichtigen, dass auch der Deutsche Corporate Governance Kodex in regelmäßigen Abständen ergänzt und geändert wird, zuletzt am 12. Juni 2006. Im Hinblick auf diese Änderungen wird das Diakonische Werk der EKD – wie in der Vergangenheit – zu prüfen haben, ob eine Übernahme der Neuregelungen in den Corporate Governance Kodex für die Diakonie zweckmäßig und sinnvoll ist. Denn es gilt, die Eigenständigkeit des Corporate Governance Kodex für die Diakonie auch bei seiner Weiterentwicklung zu bewahren.

Literaturverzeichnis:

ALLKEMPER, TOBIAS/HUNNIUS, STEFFI (2005): Der Aufsichtsratsvorsitzende von Unternehmen in der Diakonie, in: HAAS, HANNS-STEPHAN/KÄSSMANN, MARGOT (HG.), Nächstenliebe in Strukturen – Diakonie in Gemeinde, Unternehmen und Verband (FS Henning Brandes), Hannover, S. 188–206.

BASSEN, ALEXANDER/KLEIN, RENÉ S./ZÖLLNER, CHRISTINE (2006): Ratingsysteme der Corporate Governance: Eine kritische Bestandsanalyse (zfo 2/2006), S. 81–87.

BECK, MARTIN (2006): Glosse „Corporate Governance – Wettbewerbsvorteil oder Hemmschuh"; in: Sozialwirtschaft aktuell (22/2006), S. 6.

BÖRSIG, CLEMENS (2006): Die Rolle des Aufsichtsrats im Verhältnis zum Vorstand; in: CROMME, GERHARD (HG.), Corporate Governance Report 2006 – Vorträge und Diskussionen der 5. Konferenz Deutscher Corporate Governance Kodex, Stuttgart.

---

[25] Von Christian Graf von Hardenberg/Patricia V. Siebart (2006), S. 32.

GROTHE, PHILIP (2006): Der Aufsichtsrat im Kreuzfeuer; in: Frankfurter Allgemeine Zeitung vom 18.12.2006, S. 22.

HARDENBERG, CHRISTAN GRAF VON/SIEBART, PATRICIA VON (2006): Corporate Governance in Nonprofit-Organisationen, Studie von KPMG und der Universität Potsdam, KPMG 2006, S. 1–38.

JÄGER, ALFRED (1992): Modernes Management in der Diakonie – Chancen und Gefahren; in: Wege zum Menschen (44. Jg./1992), S. 193–204.

DERS. (2002): Führungskonzepte in sozialen Organisationen; in: HILDEMANN, KLAUS: Spannungsfeld Führung. Neue Konzepte in einem veränderten Sozialstaat, Leipzig, S. 33–42

KREUTZ, MARCUS (2007):Verhaltenskodices als wesentliches Element von Corporate-Governance-Systemen in gemeinnützigen Körperschaften; in: Zeitschrift für Rechtspolitik (ZRP) (02/2007), S. 50–54.

PETERS, ANDRE/RENNING, CHRISTIAN (2006): Risikomanagement – Nicht alles im Griff; in: Sozialwirtschaft (5/2006), S. 6ff.

SCHUHEN, AXEL (2005): Corporate Governance in Nonprofit-Organisationen; in: HOPT, KLAUS J./HIPPEL, THOMAS VON/WALZ, W.R. (Hg.): Nonprofit-Organisationen in Recht, Wirtschaft und Gesellschaft, Tübingen, ; S. 221–230.

SEKRETARIAT DER DEUTSCHEN BISCHOFSKONFERENZ (HG.) (2004): Soziale Einrichtungen in katholischer Trägerschaft und wirtschaftliche Aufsicht – Eine Handreichen der Diözesen Deutschlands und der Kommission für caritative Fragen der Deutschen Bischofskonferenz (Arbeitshilfe 182), Bonn. (http://www.deutsche-bischofskonferenz.de).

STRIEDER, THOMAS (2005): Deutscher Corporate Governance Kodex. Praxiskommentar, Berlin, S. 31f.

TESKE, WOLFGANG (2005): Der Corporate Governance Kodex für die Diakonie; in: GOHDE, JÜRGEN (Hg.): Diakonie Jahresbericht 2005 – Jahresbericht des Diakonischen Werkes der EKD, Stuttgart 2005.

WERDER, AXEL VON/TALAULICAR, TILL (2006): Kodex Report 2006: Die Akzeptanz der Empfehlungen und Anregungen des Deutschen Corporate Governance Kodex; in: Der Betrieb (DB), S. 849ff.

Ekkehard Thiesler

Management Know-how als Unternehmenskapital[1]

1.   Einleitung

„Von Ausnahmen abgesehen, fehlt es Managern nicht an Moral, sondern an der richtigen Ausbildung. Wer ein typisch amerikanisches Programm zum Master of Business Administration (MBA) absolviert hat, ganz gleich an welcher Universität, kommt mit den denkbar schlechtesten Voraussetzungen in eine Führungsposition."[2] „Die verlorene Generation" betitelt *Fredmund Malik* seinen Beitrag in „Die Zeit" und stellt zwei Thesen auf. Erstens, dass die einseitige Fokussierung auf die Gewinnmaximierung mit dem damit verbundenen Shareholder Value das Ergebnis einer Vermittlung von falschem Management Know-how ist. Und zweitens, dass richtiges Management-Wissen die Moral-Debatte entbehrlich machen kann, weil sie bereits in den notwendigen Skills enthalten ist.[3]

Der Shareholder Value und das kurzfristige Denken in Quartalsbilanzen scheinen immer mehr zum Zieluniversum der obersten Managementebene von Unternehmen geworden zu sein. Die Globalisierung, Liberalisierung und auch die Deregulierung machen vor den Toren Deutschlands nicht mehr halt.[4] Danach muss sich wie selbstverständlich das Management Know-how der Unternehmensleitung ausrichten. Schon der Altmeister der Ökonomie, der Nobelpreisträger Milton Friedman, sprach einzig und allein von den Gewinnen, über die sich ein Unternehmen zu definieren habe.[5] (Koste es, was es wolle?)

Eine Studie – in folgender Abbildung dargestellt –, die die Unternehmensberatung Booz Allen Hamilton bei den 2500 größten Unternehmen der Welt durchgeführt hat, stellt fest, dass das Risiko, sein Amt zu verlieren, für die Vorstandsvorsitzenden in den vergangenen 10 Jahren signifikant gestiegen ist.[6] Ein Ergebnis dieser Fokussierung auf die Gewinnmaximierung?

---

[1] Vortrag gehalten im Rahmen der Ringvorlesung „Leiten und Leiden. Die Kunst der Führung in Kirche und Diakonie" an der Kirchlichen Hochschule Bethel.
[2] Fredmund Malik (2005), S. 27.
[3] Vgl. ebd.
[4] Vgl. Marc Brost/Arne Storn (2006), S. 25f.
[5] Vgl. Burkhard Schwenker (2006), S. 20.
[6] Vgl. a.a.O. S. 25f.

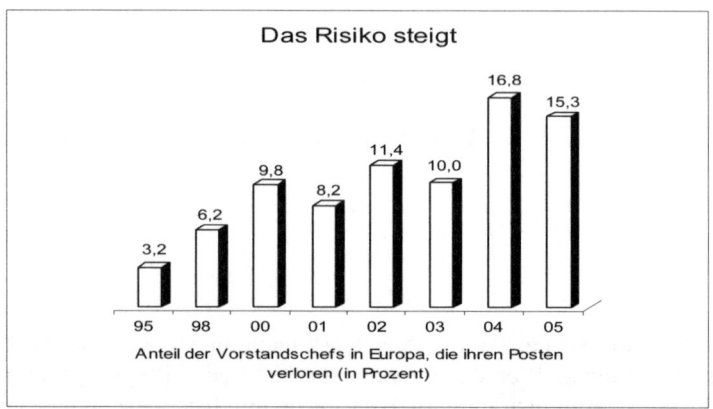

Das Risiko steigt[7]

Was fehlte beispielsweise einem Kai-Uwe Ricke oder einem Wolfgang Pie-schetsrieder, dass ihre Management-Skills nicht mehr für den Vorstandsvor-sitz der Deutschen Telekom bzw. von Volkswagen gebraucht werden? Ihr Management Know-how reichte anscheinend nicht aus, um die Ziele zu er-reichen. Welches Know-how muss ein Manager mitbringen, um die wach-senden Anforderungen zu erfüllen? Welche persönlichen Kompetenzen sind entscheidend? Was sind die Faktoren eines erfolgreichen Managements? Fragen, die im Folgenden nur angerissen werden können, die ein guter Ma-nager jedoch beantworten muss. Vor diesem Hintergrund freuen wir uns über die Initiative der Evangelischen Kirche Deutschlands (EKD), des Diakoni-schen Werkes der EKD (DW der EKD) und der großen diakonischen Träger, eine Führungsakademie für Kirche und Diakonie (FAKD) zu gründen, die Managern in kirchlichen und diakonischen Einrichtungen hilft, Management Know-how aufzubauen und – das ist ein weiterer wesentlicher Aspekt – den Austausch zwischen den Verantwortlichen anzuregen, um ein gemeinsames Verständnis von Management zu bilden, das unter der besonderen Verant-wortung steht, die aus dem Bezug auf das Wort Gottes resultiert.

2. Begriffsdefinition

Im zweiten Kapitel geht es zunächst um die Begriffsdefinitionen von Unter-nehmenskapital und Management Know-how und deren Interdependenz zu anderen betriebswirtschaftlichen Dimensionen. In diesem Abschnitt soll es dabei auch um eine kritische Würdigung der definierten Know-how-Indikatoren gehen.

---

[7] Eigene Darstellung; vgl. Marc Brost/Arne Storn (2006), S. 27.

2.1. Unternehmenskapital

Das Unternehmenskapital wird volkswirtschaftlich als Produktivkapital beschrieben. Dieses umfasst unter anderem den Grund und Boden, das eingesetzte Kapital und – heute wichtiger denn je – die Human Ressourcen. Aus Sicht der Betriebswirtschaft bezeichnet man mit Unternehmenskapital das bilanzielle oder wirtschaftliche Eigenkapital oder auch die Lizenzen und Rechte, die ein Unternehmen als Vermögenswert bucht.[8]

2.2. Management Know-how

Das Management umfasst als Funktion alle zur Steuerung einer Unternehmung notwendigen Aufgaben, im Umkehrschluss also alle Aufgaben, die nicht rein ausführender Natur sind. Der Anteil der ausführenden Aufgaben sinkt innerhalb einer Hierarchie, je höher eine Position angesiedelt ist. Im Top-Management, von dem wir im Rahmen dieses Beitrages ausgehen wollen, liegt der Anteil der Managementaufgaben bei nahezu 100 Prozent.[9]

Als Hauptfunktionen des Managements können unterschieden werden:

- Planung und Kontrolle
- Organisation und Disposition
- Führung[10]

Das Management Know-how kann demnach als das Wissen zur Steuerung und Gestaltung von Unternehmen definiert werden. Dabei geht es um das Wissen über das strategische und operative Management. Das heißt auch, es inkludiert die Erkenntnisse um die „Tugenden" bzw. um die Erfolgsfaktoren, welche ein zukunftsorientiertes, starkes Unternehmen ausmachen.[11] Im Folgenden werden zunächst die persönlichen Anforderungen (Handlungskompetenzen), die an einen Manager gestellt werden, vorgestellt. Danach wird das Management Know-how als Kunst, unterschiedliche Ziele in Einklang zu bringen, beschrieben, und unter 2.2.3. wird das Management-Wissen als Unternehmenspolitik vorgestellt, bei der es um die Einhaltung der notwendigen Erfolgsfaktoren eines zukunftsorientierten Managements geht.

2.2.1. Handlungskompetenzen eines Managers

Die persönlichen Anforderungen eines Managers können als Handlungskompetenzen definiert werden. Unter die Handlungskompetenzen werden die Fach-, Sozial und Methodenkompetenz subsumiert.

---

[8] Vgl. Günter Wöhe (1990), S. 47ff.
[9] Vgl. Henner Schierenbeck (1993), S. 81f.
[10] Vgl. a.a.O. S. 82.
[11] Vgl. Franz Bea/Erwin Dichtl/Marcell Schweitzer (1988), S. 100.

Fachkompetenz

Bei der Fachkompetenz wird das Wissen um die Branche und deren Spezifika (z.B. Produkt- und Verfahrenskenntnisse) beschrieben. Dieses Know-how wird grundsätzlich als Generalistenwissen im Management vorausgesetzt.[12] Allerdings gibt es immer wieder erstaunliche Ausnahmen. Als beispielsweise Dr. Breuer, der damalige Vorstandssprecher der Deutschen Bank, in einem TV-Interview das Bankgeheimnis seines Kunden, des Medienmoguls Leo Kirch, verletzte, offenbarte er gravierende Mängel seines Fach-Know-hows.

Sozialkompetenz

Mitarbeiterführung, Teamfähigkeit und Kommunikationsvermögen nach innen und außen werden als Sozialkompetenz tituliert.[13] Der Ausspruch „Peanuts" eines Hilmar Kopper oder das „Victory-Zeichen" seines Nach-Nachfolgers im Amt des Vorstandssprechers der Deutschen Bank, Josef Ackermann, können als Negativ-Beispiele einer fehlenden Sozialkompetenz zitiert werden. In Jahren, in denen viele Tausende Mitarbeiter ihre Jobs verlieren, wirkt es fast „anstößig", auf alle Fälle aber kaum erklärbar, wenn sich beispielsweise der Vorstand der Siemens AG eine Gehaltserhöhung um 30 Prozent genehmigt.[14] Sie müssen sich den Vorwurf gefallen lassen, nur an die Maximierung des eigenen Geldbeutels zu denken und die Bedürfnisse der Mitarbeiter – hier insbesondere die von der BenQ-Insolvenz betroffenen – zu vernachlässigen.

Vor diesem Hintergrund scheint es fast naiv, wenn an die Vorbildfunktion des Managers appelliert wird. Es ist der Stil des Umgangs, der Kommunikation, der ein Unternehmen kennzeichnet. Ein Manager erreicht seine Mitarbeitenden in großem Maße über die emotionale Ebene, die Identifikation mit den Zielen der Unternehmung erfolgt über die Person des Managers.[15] Dieser Aspekt ist für Manager, die im kirchlich-diakonischen Umfeld aktiv sind, von größter Bedeutung: Wenn von einem diakonischen Manager gesagt wird, er „predige Wasser und saufe Wein", wird er es schwer haben, Menschen, die aus einer christlichen Überzeugung heraus agieren, für seine Ziele begeistern und motivieren zu können. In diesem Kontext ist die Auseinandersetzung mit dem Begriff des christlichen „Dienens" wichtig. „Wer Christus folgen will, muss nicht in erster Linie über ein entsprechendes religiöses Wissen verfügen oder sich durch die Einhaltung kirchlicher Regeln auszeichnen, sondern durch praktizierte Nächstenliebe. Das heißt, er muss konkret handeln, Hilfe gewähren denjenigen, die Hilfe benötigen, und mit Empathie sowie einem klaren Blick für das, was Not tut, für eine möglichst dauerhafte Problemlösung sorgen."[16]

---

[12] Vgl. Erika Regnet (1995), S. 51.
[13] Vgl. ebd.
[14] Vgl. Marc Brost/ Arne Storn (2006), S. 25f.
[15] Vgl. Lutz von Rosenstil (1995), S. 11.
[16] Bernd Stauss (2004), S. 412f.

Methodenkompetenz

Unter Methodenkompetenz versteht man die Kompetenz, die Management-techniken gezielt einzusetzen. Hauptprobleme in diesem Zusammenhang sind die enorme Komplexität der Zusammenhänge und die Eigendynamik von Unternehmen. Der Manager muss es verstehen, das Unternehmen als Ganzes und die Einflüsse des Umfelds zu sehen, Chancen und Risiken aus diesen Beziehungen zu erkennen und ein geeignetes Führungskonzept für die Unternehmung zu formulieren. Dabei geht es primär darum, Veränderungsprozesse zu steuern.[17] Dies dürfte bei der Allianz Versicherung anders ablaufen als bei den v. Bodelschwinghschen Anstalten Bethel (v.B.A. Bethel). Herr Diekmann muss anders vorgehen als der Vorstand der v.B.A. Bethel, aber das Ergebnis muss dasselbe sein: die Zukunftsfähigkeit der Unternehmen sicherzustellen.

Um dieses wichtigste Ziel zu erreichen, sind Veränderungsprozesse notwendig. Die können für die Betroffenen sehr schmerzlich sein, sind aber um die Existenz eines Unternehmen nicht zu gefährden, unter Umständen unvermeidbar. Untersuchungen zeigen hier, dass die Veränderungsprozesse nur dann zielführend sind, wenn die betroffenen Anspruchsgruppen im Rahmen einer Konsens-Strategie mitgenommen werden. Unter Anspruchsgruppen werden dabei alle Betroffenen, mit eigenem Einflussbereich subsumiert. Dies können die Mitarbeitenden, Anteilseigner usw. sein.[18]

+	Fragezeichen: • Deutsche Bank • Telekom	Stars: • Apple • vBA Bethel
Veränderungs- *prozesse*	Poor Dogs: • Allianz • VW	Reife U.: • Porsche • BASF, Henkel
−		
	− *Commitment Zielprozesse* +	

Konsens-Matrix[19]

Die Abbildung „Konsens-Matrix" zeigt eine Konsensmatrix, die in Anlehnung an das im Harvard Business Manager Magazin veröffentlichte Vier-Felder-Portfolio entwickelt wurde. Auf der X-Achse wurde das Commitment der Betroffenen zu diesem Prozess und auf der Y-Achse die Höhe der Veränderungsprozess-Dynamik abgetragen.

Die US-amerikanische Computerfirma Apple wird dabei als ein Unternehmen identifiziert, das sowohl ein Commitment hinsichtlich der gemeinsamen Ziele als auch über die damit entstehenden Wirkungsketten erzielt hat. Apple

---

[17] Vgl. Hans Worpitz (1991), S. 129ff.
[18] Vgl. o.V.; in: Harvard Business Manager, Dezember 2006, S. 26–28.
[19] Eigene Darstellung in Anlehnung an: o.V.; in: Harvard Business Manager, Dezember 2006, S. 26–28.

hat damit großen Erfolg erzielt und notwendige Veränderungen Ende der
90er-Jahre erfolgreich umgesetzt.

Das dürfte für die Deutsche Telekom oder die Volkswagen AG nicht gelten.
Einem Kai-Uwe Ricke oder einem Wolfgang Pieschetsrieder wurde unter
anderem auch angelastet, keinen klaren Kurs und damit auch keine Konsens-
strategie gefahren zu haben. Einerseits die soziale Verantwortung der Unternehmen zu betonen und andererseits die Anspruchsgruppen – insbesondere
die Mitarbeitenden und Aufsichtsgremien – auf den Restrukturierungsweg
nicht mitgenommen und damit zu halbherzig bzw. zu einseitig notwendige
Veränderungen vorangetrieben zu haben, reicht nicht, um erfolgreich zu sein.
Die Kritik an Herr Pieschetsrieder wurde dann als Entscheidungsschwäche
des Managers ausgelegt.

Wird allerdings gar kein Veränderungsprozess angestoßen, obwohl dieser
notwendig erscheint, kritisiert Friedrich A. von Hayek dies als falschen Kon-
servatismus, Opportunismus und Prinzipienlosigkeit.[20] Hierzu passt auch der
Ausspruch von Alfred Herrhausen, der einmal sagte: „Die meisten Fehler
machen Unternehmen, wenn es ihnen gut geht, nicht wenn es ihnen schlecht
geht."

Die Allianz AG kann zu diesen erfolgreichen Unternehmen gezählt werden.
Wer diesen Konzern allerdings näher kennt, weiß, dass in vielerlei Hinsicht
„Erbhöfe" entstanden sind. Aus diesem Grund war es richtig und notwendig,
dass der Vorstandsvorsitzende der Allianz die „Reißleine" gezogen hat und
insbesondere im mittleren Management, in aufgeblähten Stäben und Sekreta-
riaten Einsparpotenziale umsetzen will. Vorwerfen lassen muss sich Herr
Diekmann allerdings die Art und Weise seiner Implementierungsstrategie
und hier insbesondere seine fehlende Kommunikationskompetenz, die die
öffentliche Meinung erst negativ beeinflussen lassen konnte.

Unter der Rubrik der Methodenkompetenz lässt sich darüber hinaus auch ein
Trend subsumieren, der sich darin manifestiert, dass immer mehr Unterneh-
mensberater zu Unternehmensführern ernannt werden. Aktuell prominentes-
tes Beispiel hierfür stellt Klaus Kleinfeld dar, der vor seiner Berufung zum
Vorstandsvorsitzenden der Siemens AG lange Jahre Chef der Siemens
Inhouse Consulting war. Das Denken in theoretischen Projekten und Fallstu-
dien könnte aber nicht immer ausreichend sein für ein auf Ganzheitlichkeit
und vernetztes Denken angewiesenes Management Know-how. So dürfte
auch die Aussage von Roland Berger, Gründer der Roland Berger Strategy
Consultants, in diesem Kontext stehen, der sagte, dass die Unternehmensbe-
rater nicht zwangsläufig die besseren Unternehmensführer seien.[21]

Ist erfolgreiches Management nun eine Kunst oder eine Wissenschaft? Diese
Frage ist zu stellen, um die zweite Begriffsdimension des Management
Know-hows untersuchen zu können. Wissenschaft und Kunst sind in diesem

---

[20] Vgl. Friedrich A. von Hayek (1971), S. 486.
[21] Vgl. Marc Brost/Arne Storn (2006), S. 26.

Zusammenhang keine Gegensätze, sondern sie ergänzen sich, wenn der Führung ein „gesunder Menschenverstand (Kunst)" und eine „gute Theorie (Wissenschaft)" zugrunde liegen.[22]

2.2.2. Management als Kunst, Ziele in Einklang zu bringen

Worin liegt nun die Kunst im Management – bestimmt darin, den Überblick zu behalten, die richtigen Fragen zu stellen und last but not least die richtigen Ziele zu verfolgen. Dabei steht zunächst die Erkenntnis im Vordergrund, dass in der Praxis stets mehrere Ziele gleichzeitig verfolgt werden sollten, die aber in bestimmten Beziehungskonflikten zueinander stehen. Dem Management obliegt die Aufgabe, aus einem Zieluniversum ein Zielsystem abzuleiten, mit Hilfe dessen das Unternehmen in die gewünschte Richtung gesteuert werden kann.[23] Hier kritisiert *Malik*, wie eingangs zitiert, dass für viele Manager nur noch ein Ziel von Bedeutung sei und das sei die Gewinnmaximierung in Verbindung mit dem Shareholder Value. Dies, so seine Auffassung, widerspräche aber einer langfristigen Zukunftsfähigkeit von Unternehmen.[24]

Auch eine Untersuchung von Wolfgang Fritz und *Udo Wagner* über den Stellenwert sozialer Verantwortung in der Hierarchie der Unternehmensziele in Deutschland kommt zu dem Ergebnis, dass die soziale Verantwortung und verwandte Ziele wie der Umweltschutz oder die Schaffung und Erhaltung von Arbeitsplätzen in der Zielhierarchie von deutschen Unternehmen von untergeordneter Rolle sind.[25]

Welche Ziele verfolgt zum Beispiel eine genossenschaftliche Bank, wie die KD-Bank eine ist? Eine mit Hilfe der Delphi-Methode durchgeführte Befragung der Entscheidungsträger genossenschaftlicher Primärbanken kam zu folgenden Ergebnissen[26]:

- Rangfolge der wichtigsten Globalziele in einer Genossenschaftsbank:
  - o 50 % Kundenorientierung als wichtigstes Globalziel
  - o 29 % Kostenorientierung als wichtigstes Globalziel
  - o 21 % Andere Ziele wie Mitarbeiterorientierung, Ertragsmaximierung, Beziehungsmanagement und Mitgliederförderung

Das Ziel der Gewinnmaximierung ist demnach von untergeordneter Rolle. Vielmehr steht die Kundenorientierung bei der Hälfte der Genossenschaftsbanken im Vordergrund. Immerhin 29% der befragten Institute versuchen über besonders günstige Kostenstrukturen am Finanz-Markt wettbewerbsfähig zu bleiben. Hier sind vor allem die PSD- und Spardabanken aus dem Genossenschaftsverbund zu nennen.

---

[22] Vgl. Hans H. Hinterhuber (1992), S. 38.
[23] Vgl. Henner Schierenbeck (1993), S. 75f.
[24] Vgl. Fredmund Malik (2005), S. 27.
[25] Vgl. Wolfgang Fritz/Udo Wagner (2004), S. 432ff.
[26] Vgl. Ekkehard Thiesler (2000), S. 26.

- Formalität der Globalziele:
  - o 67 % der befragten Primärbanken haben Ziele schriftlich fixiert
- Eingesetzte Instrumente zur Zielerreichung:
  - o Planungsrunden, Mitarbeitergespräche, Zielvereinbarungen, Profit-Center, Kundenbefragungen
- Wettbewerbsvorteile durch das Instrument der genossenschaftlichen Mitgliedschaft:
  - o 56 % sehen vor allem die bessere Bindung des Teilhabers
  - o 37 % bewerten die Mitgliedschaft auch als immaterielle Bindung
  - o 7 % gaben keine Antwort

Zu diesen Zielen kommt bei der KD-Bank der Anspruch als Spezialbank für Kirche und Diakonie, besondere, auf die Bedürfnisse der Kundschaft und der Mitglieder zugeschnittene Angebote zu bieten. In das Zielsystem der KD-Bank fließen somit noch die Betonung des partnerschaftlichen, fairen Umgangs und nachhaltiger (ethischer) Aktivitäten der Bank ein. Für die KD-Bank stellen diese Ziele ein wichtiges Differenzierungsmerkmal dar, um ihr christliches Profil zu schärfen. Eine einseitige Fixierung auf den Gewinn kommt dagegen für die KD-Bank auch aus satzungsmäßigen Gründen nicht in Frage.

2.2.3. Auf der Suche nach dem Erfolg einer Unternehmung

Im zweiten Kapitel dieses Beitrages wurde die Aufgabenstellung inhaltlich analysiert, das Management Know-how als Handlungskompetenz und als Kunst zu managen definiert. Im Folgenden werden nun mehrere Managementpolitik-Modelle vorgestellt bzw. aus dem genannten abgeleitet. Dabei bezeichnet man ein Modell als das vereinfachte Abbild der Realität, mit dem Ziel, die Analyse und Eingriffe in das System zu erleichtern, um induktive Aussagen für die Gesamtheit zu erlangen.

Die Management-Politik ist die Ausgestaltung des Management Know-hows. In den genannten Definitionen stellt es das Management Know-how im weiteren Sinne dar. Das Management Know-how ohne die Management-Politik zu betrachten, wäre genauso als ob man ein Auto ohne Lenkrad oder ohne sonstige Steuermittel fahren wollte.

Es gibt keine Garantie dafür, dass Unternehmen, die in der Vergangenheit erfolgreich waren, auch in Zukunft erfolgreich sind, selbst dann, wenn dasselbe Management zur Verfügung steht. Durch die Veränderungen im Umfeld und innerhalb der Unternehmung entstehen immer neue Problemsituationen und Anforderungen an das Management.[27] Globalisierung, multinationale Konzerne, kulturelle Integration, steigende Komplexität – in diesen unruhigen Zeiten wird es immer schwieriger, zu überschauen, welches

---

[27] Vgl. Hans Worpitz (1991), S. 202ff.

die dauerhaften Erfolgsdimensionen des Management Know-hows sein dürften.

Die Frage nach dem Erfolg eines Unternehmens hat dabei verschiedene Stoßrichtungen:

- Welche Maßgrößen können für die Messung unternehmerischen Erfolgs angesetzt werden?
- Was sind die Ursachen für unternehmerischen Erfolg?
- Ist unternehmerischer Misserfolg auf die gleichen Erfolgsfaktoren zurückzuführen?

Im Folgenden werden ausgewählte deskriptive Modelle eines erfolgreichen, zukunftsorientierten Managements beschrieben, die im Gegensatz zu Konzepten, die den Erfolg als Ergebnis von Umfeldbedingungen ansehen,[28] von den „intrinsischen", d.h. von innen heraus notwendigen Erfolgsfaktoren bzw. „Tugenden" einer Unternehmung beschreiben. Unter einem Erfolgsfaktor wird dabei die effektive Kombination organisatorischer Fähigkeiten und Kernkompetenzen im Hinblick auf die Umsetzung der strategischen Ausrichtung eines Unternehmens verstanden.[29]

Die Konzepte von *Thomas J. Peters* und *Robert H. Waterman* sowie *Peter F. Drucker* zeichnet vor allem aus, dass sie sehr großen Einfluss auf die Entwicklung des Managements gehabt haben, über viele Jahre hinweg aktuell geblieben sind und sich auch weiterhin großer Aufmerksamkeit erfreuen.

Das Exzellent-Konzept nach Peters und Waterman

Das Exzellent-Konzept der McKinsey-Berater Peters und Waterman ist schon fast 25 Jahre alt. Trotz der Tatsache, dass einzelne als „exzellent" beschriebene Unternehmen in den Folgejahren in existenzielle Schwierigkeiten geraten sind, hat das Konzept in der Management-Literatur zu Recht seinen Platz als eines der Top-Management-Konzepte gefunden.

Nach Peters und Waterman können besonders erfolgreiche Unternehmen durch acht Grundmerkmale charakterisiert werden[30]:

1. Der Primat des Handelns: erfolgreiche Unternehmen bleiben nicht in der Theorie stecken, sondern setzen Entscheidungen aktiv um.
2. Konsequente Kundenorientierung: die Unternehmensführung wird gezielt auf die Wünsche und Bedürfnisse der Kunden ausgerichtet. Service, Qualität, Zuverlässigkeit sind Strategien, die auf Kundenbindung und langfristige Ertragssteigerung (und -absicherung) ausgerichtet sind. Kundenorientierung und Ertragssteigerung sind keine konträren, sondern positiv korrelierte Ziele, wenn sie in einem „gesunden" Verhältnis zueinander stehen.

---

[28] Michael Porter hat z.B. mit Branchenfaktoren erfolgreiche Unternehmen selektiert. Vgl. Michael Porter (1986), S. 18ff.
[29] In Anlehnung an die Definition von R. Leichtfuß (2002), S. 20.
[30] Vgl. Thomas J. Peters/Robert H. Waterman (1990), S. 115ff.

3. Freiraum für Unternehmertum und damit die Förderung praktischer Risikobereitschaft.
4. Die Produktivität durch Menschen: am Erfolg einer Unternehmung ist jeder einzelne Mitarbeiter aktiv beteiligt.
5. Sichtbar gelebtes Wertsystem: die Philosophie einer Unternehmung hat mehr Einfluss auf die Leistungsfähigkeit als technische oder finanzielle Ressourcen, die Innovationsrate oder die Organisationsstruktur.
6. Bindung an das Stammgeschäft (heute Kernkompetenzen genannt).
7. Einfacher, flexibler Aufbau: Komplexität und unübersichtliche Unternehmensstrukturen führen zur Lähmung einer Organisation, „Kleinheit" sichert die Anpassungsfähigkeit.
8. Straff-lockere Führung: erfolgreiche Unternehmen zeichnen sich durch eine Führungskultur aus, die auf einem verbindlichen und kompromisslos anerkannten Selbstverständnis basiert und dennoch den Mitarbeitern möglichst große Freiräume einräumt.

Der wichtigste Einzelfaktor für den unternehmerischen Erfolg ist nach *Peters* und *Waterman* das Festhalten an einem Wertsystem. Um den Herausforderungen einer Welt im Wandel gerecht zu werden, muss ein Unternehmen im Laufe seiner Entwicklung alles ändern, die Technologie, die Organisationsstruktur, Innovationen, Timing, nur eines nicht, die grundlegenden Werte.[31]

Erfolgsfaktoren nach Peter F. Drucker

Peter F. Drucker wurde 1909 in Wien geboren, studierte an den Universitäten in Hamburg und Frankfurt am Main und wanderte wegen der Nationalsozialisten in die USA aus. Dort legte er mit seiner Studie Concept of Corporation einen Grundstein der modernen Management-Wissenschaft. Zwischen 1950 und 1971 lehrte er an der New York University. Drei Jahre vor seinem Tod erhielt er 2002 den Presidential Medal of Freedom, die höchste zivile Auszeichnung in den USA.

Schon in seinen ersten Studien stellte *Drucker* Erfolgsfaktoren für Unternehmen heraus, die sich im Laufe seiner Forschungs- und Beratungstätigkeit immer wieder bestätigten: Erfolgreich sind demnach Unternehmen,

- die dezentral (max. 200 Mitarbeiter) geführt werden und sich auf ihre Kernkompetenzen konzentrieren.
- die Wissensarbeiter (knowledge worker) beschäftigen und fördern. Mitarbeiter sind Wissensträger und wertvolles Unternehmenskapital, lebenslanges Lernen als Schlüssel zum Erfolg.
- die mit Hilfe von Zielen führen (Management by Objectives).

Dabei prägte er eine ganz entscheidende Aussage im Management-Wissen: „If you can't measure it, you can't manage it!" und wurde damit Bote einer kennzahlen-gestützten Unternehmensführung. In einem seiner letzten Aufsätze untersuchte Drucker, welche Eigenschaften eine effektive Führungskraft

---

[31] Vgl. a.a.O. S. 322.

ausmachen und beschrieb „Kardinaltugenden", die für alle Führungskräfte gelten sollten:[32]

- Eine effektive Führungskraft fragt sich: Was ist zu tun? Was ist das Richtige für das Unternehmen? Anschließend entwickelt sie einen Aktionsplan, übernimmt Verantwortung und trifft Entscheidungen. Sie fragt nicht, was ist gut für den Aktienkurs oder für die Mitarbeiter, denn das, was richtig ist für das Unternehmen, ist auch langfristig gut für die Aktionäre und die Mitarbeitenden.
- Eine effektive Führungskraft konzentriert sich auf Chancen, übernimmt Verantwortung für die Kommunikation und gestaltet Meetings effektiv.
- Effektive Führungskräfte denken oder sagen nicht „*Ich*" sondern „*Wir*". Dieses Wir-Prinzip zeigt deutlich die Interdependenzen und das Zusammengehörigkeitsgefühl auf, das in einer Unternehmung unbedingt notwendig ist. Die aktuellen Turbulenzen in der Siemens AG sowohl um die Erhöhung der Vorstandsgehälter als auch die Korruptionsvorwürfe – die bis hinein in den Vorstand reichen – zeigen deutlich, dass es hier zuwenig Miteinander und zuviel Einzelkämpfertum gibt.

„Man könne einen erfolgreichen Manager nicht an der Nasenspitze erkennen", sagte *Drucker* und fügte hinzu: „Um es noch einmal zu betonen: Gute Führungskräfte unterscheiden sich erheblich in ihren Persönlichkeiten, Stärken und Schwächen, Werten und Überzeugungen. Sie haben nichts weiter gemein, als dass sie effektiv arbeiten, eben das Richtige tun […] Eine Führungskraft zu sein ist kein Privileg, sondern eine Verpflichtung. Und die oberste Verpflichtung dabei ist die zur Effektivität."[33]

Erfolgsfaktoren für dezentral agierende Unternehmungen

In Anlehnung an diese oben vorgestellten Konzepte und durch eine statistisch-mathematische Faktorenanalyse selektiert, wurde im Rahmen der Dissertation des Verfassers[34] ein Management-Konzept für Genossenschaftsbanken entwickelt, das aufgrund der Vergleichbarkeit von Branchen auch für andere Unternehmungen Gültigkeit haben kann. Insbesondere für den diakonischen Bereich könnte die Wirkungsanalyse Anwendung finden, da der genossenschaftliche Sektor ähnlich wie der diakonische unter anderem durch seine Subsidiarität, Dezentralität und rechtliche Selbständigkeit der Einrichtungen gekennzeichnet ist.[35]

Im Rahmen einer empirischen Analyse wurden 312 Führungskräfte aus dem genossenschaftlichen Bereich befragt.[36] Aus einer Vielzahl von Erfolgsindikatoren wurden dann mit Hilfe eines statistisch-mathematischen Verfahrens der Faktorenanlayse mit vorgeschalteter Korrelationsanalyse die wesentli-

---

[32] Vgl. Peter Drucker (2004), S. 9ff.
[33] A.a.O. S. 23.
[34] Vgl. Ekkehard Thiesler (2000).
[35] Vgl. R. Hank (2006), S. 38f.
[36] Schriftliche und mündliche Befragung nach der Random-Sample-Stichprobe in 1998, Rücklaufquote von 24%, vgl. Ekkehard Thiesler (2000), S. 24 und 190f.

chen Erfolgsfaktoren zum Management von Unternehmen selektiert. Diese Diagnose wurde ein paar Jahre später durch McKinsey im Wesentlichen für alle europäischen Retailbanken bestätigt.[37] Im Folgenden soll auf ausgewählte Termini der McKinsey-Analyse zurückgegriffen und auf bankspezifische Einzelfaktoren verzichtet werden.

Die in der Faktorenanalyse ermittelten Erfolgskriterien lassen sich wie folgt aufzählen:[38]

1. Klare Vision und Strategie
2. Gelebte Kundenorientierung
3. Überdurchschnittliche Kosteneffizienz
4. Ausgeprägte Leistungskultur in Netzwerken

In der abgebildeten Prozesskette werden die einzelnen Erfolgsfaktoren in ihrer Ausgestaltung und mit Beispielen skizziert.

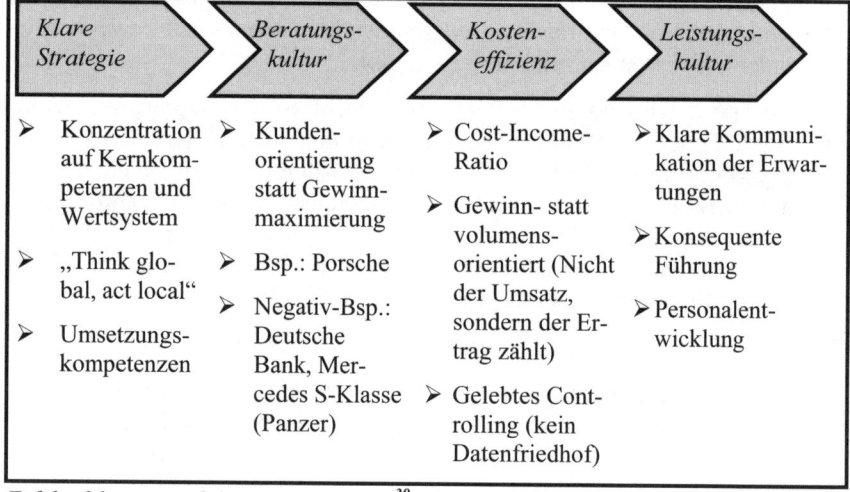

Erfolgsfaktoren und ihre Ausgestaltung[39]

Mit Blick auf das Management Know-how ist der erste Faktor von besonderer Bedeutung und soll an dieser Stelle vertieft werden. Erfolgreiche Unternehmen zeichnen sich vor allem dadurch aus, dass sie einer klaren Vision und Strategie folgen. Ein steter Wechsel der Geschäfsstrategie – wie sie die Geschäftsbanken in den 90er Jahren praktizierten – ist dagegen erfolgsschädigend. Das pure Festhalten an traditionellen Zielen ist dagegen auch kein Erfolgsgarant, da Umfeldveränderungen gegebenenfalls auch neue Geschäftsstrategien erforderlich machen. Als prominentes Beispiel ist hier der finnische NOKIA-Konzern zu nennen, der es schaffte, aus einem reinen Toiletten- und Haushaltspapierhersteller einen Technologieführer in Sachen Kommuni-

---

[37] Vgl. R. Leichtfuß (2002), S. 20.
[38] In Anlehnung an Definitionen der Erfolgsfaktoren, vgl. Ekkehard Thiesler (2000), S. 190 f und vgl. R. Leichtfuß (2002), S. 20.
[39] Eigene Darstellung in Anlehnung an Urs Jäger (2007).

kation zu formen. Ein Erfolgsrezept ist dabei auch die Vorgehensweise, die *Senge* einmal so definierte: „Man fördert das Engagement in einer Gruppe, indem man Bilder von der angestrebten Zukunft entwickelt und indem man die Prinzipien und die wichtigsten Methoden klärt, mit deren Hilfe man diese Zukunft gestalten will." Die Umsetzung der „gemeinsamen" Vision macht wieder deutlich, wie wichtig das Konsensprinzip ist. Bei einer klaren Strategie ist darüber hinaus auch die Konzentration auf die Kernkompetenzen von großer Relevanz. Die Siemens AG z.B. hat bei der Herstellung von Konsumgütern keine Kernkompetenzen. Die Marktkenntnis und die Reaktionsgeschwindigkeit sind nicht für die Massen-Konsumgütervermarktung ausgelegt. Der Münchner Konzern hatte deshalb in der durch Modetrends sehr schnell wandelnden Handyvermarktung keine Chancen. Das sieht bei den Investitionsgütern ganz anders aus. Auch muss bei einer klaren Strategie auf die Dezentralisierung geachtet werden, da das Motto: „Think global, act local" mehr denn je Aktualität hat.[40]

Zusammenfassend lässt sich darüber hinaus feststellen, dass erfolgreiche Unternehmen naturgemäß solche sind, die über eine gute Cost-Income-Ratio und damit über einen ausreichenden Gewinn verfügen. Dabei ist der Gewinn oder der Shareholder Value immer im Blick zukunftsorientierter Unternehmungen, aber nie Selbstzweck, sondern selbstverständliches Ergebnis einer klaren Strategie, gelebter Kundenorientierung und einer auf Kosteneffizienz fokussierten Organisation sowie einer ausgeprägten Leistungskultur der Mitarbeitenden nach dem WIR-Prinzip.

Die Moral oder Ethik steht in keinem der genannten Erfolgsmodelle explizit als gesonderter Indikator, sondern ist elementarer, endogener Faktor, den es per se zu beachten gilt, um langfristig erfolgreich zu sein. Henkel als bestes auf Nachhaltigkeit geartetes deutsches Unternehmen[41] könnte hier Vorbildfunktion übernehmen. Der aktuelle Korruptionsskandal von Siemens mit den möglichen negativen Auswirkungen auf die Nokia-Siemens-Kooperation, die Katastrophe der Exxon Valdez oder die Rheinverseuchung von Sandoz vor fast genau 20 Jahren könnten darüber hinaus deutlich machen, dass nur ethisch einwandfreie Management-Skills zum Erfolg führen bzw. notwendig geworden sind.[42]

3. Aufbau und Einsatz von Management Know-how in der Praxis

Die KD-Bank ist eine genossenschaftliche Spezialbank für Kirche und Diakonie mit Sitz in Dortmund. Mit einer Bilanzsumme von gut 3,8 Mrd. Euro nimmt die KD-Bank unter den ca. 1.200 Banken im genossenschaftlichen

---

[40] Vgl. Roland Berger (2006), S. 20.
[41] Vgl. Thomas Schmitt (2006), S. 59.
[42] Vgl. Susanne Bergius (2004), S. 2.

Finanzverbund den 15. Platz ein. Aktuell beschäftigt die KD-Bank 165 Mitarbeiter an den Standorten Dortmund, Berlin, Duisburg und Magdeburg.

3.1. Personalentwicklung als Baustein eines strategischen Managements

Um Management Know-how kontinuierlich aufzubauen und langfristig in einer Unternehmung zu entwickeln, ist eine strategische Personalpolitik von großer Bedeutung. Das Führen durch Zielvereinbarung, regelmäßige Mitarbeiterfördergespräche und eine gezielte Fortbildung bilden den Rahmen, in dem sich die Führungskräfte und Mitarbeitenden persönlich entwickeln können und ihre Stärken und Ideen aktiv einbringen sollen. Die Basis für die Zusammenarbeit zwischen Führungskräften und Mitarbeitern bilden die Leitsätze der KD-Bank und die daraus abgeleiteten Grundsätze der Führung und Zusammenarbeit in der KD-Bank. In den Leitsätzen der Bank wurden die strategischen Stoßrichtungen der Bank von Führungskräften und Mitarbeitern gemeinsam erarbeitet und schriftlich festgehalten. Für die Personalentwicklung und den Aufbau von Management Know-how sind dabei folgende Leitsätze von besonderer Bedeutung:

- Die Mitarbeitenden kennen die Aufgaben von Kirche und Diakonie und identifizieren sich mit diesen.
- Unsere Mitarbeitenden handeln eigenverantwortlich, kompetent und serviceorientiert.
- Wir sind eine leistungsfähige Bank mit solider wirtschaftlicher Basis, die es unseren Mitgliedern und Kunden ermöglicht, gemeinsam mit uns dauerhaft erfolgreich zu sein.
- Wir stehen für Qualität, agieren schnell und flexibel.[43]

Aus diesen Leitsätzen wurden dann in einem zweiten Schritt Grundsätze für die Führung und Zusammenarbeit abgeleitet und schriftlich festgehalten. Ziel ist es, ein gemeinsames Führungsverständnis zu bilden und den Führungskräften und Mitarbeitern Orientierung für die tägliche Arbeit und den Umgang miteinander zu geben.

- Wir geben klare Orientierung auf Basis unserer Leitsätze und identifizieren uns mit christlichen Werten. Das heißt für uns: Wir achten den einzelnen Menschen. Unser Umgang ist von Respekt und Vertrauen geprägt.
- Wir stellen sicher, dass alle Mitarbeitenden die Ziele der Bank sowie des Teams kennen und erwarten das eigenverantwortliche, konstruktive Mitwirken an der Zielerreichung.
- Wir nehmen die Leistungen der Mitarbeitenden aktiv wahr und würdigen diese entsprechend.
- Wir unterstützen unsere Mitarbeitenden, sich gezielt weiterzubilden und ihre Stärken und Fähigkeiten weiterzuentwickeln.

---

[43] Auszug aus den Leitsätzen der KD-Bank.

- Wir gehen offen mit Konflikten um und sind bereit, Lösungen zu finden, die die Interessen von Bank und Mitarbeitenden in Einklang bringen. Wir reden miteinander und nicht übereinander.
- Wir fördern ehrliche und angstfreie Kommunikation. Alle Mitarbeitenden der Bank sind für einen bewussten und zeitnahen Informationsfluss verantwortlich.[44]

Aus diesen Grundsätzen ergibt sich als logische Konsequenz, dass die Führungskräfte und Mitarbeiter der Bank im Dialog bleiben sollen; einerseits um die Aufgaben und Ziele des Mitarbeiters zu definieren und eine Rückmeldung bezüglich der Zielerreichung zu ermöglichen, andererseits, um die Entwicklung des Mitarbeiters aktiv zu begleiten und gezielt Fördermaßnahmen, aber auch gegebenenfalls Sanktionen einzuleiten.

3.1.1. Mitarbeiter-Fördergespräche[45]

Mit der Durchführung von regelmäßigen Mitarbeiterentwicklungsgesprächen verfolgt die KD-Bank das primäre Ziel, Einheitlichkeit, Gleichbehandlung und Transparenz zu schaffen und die Potenziale der Mitarbeiter systematisch zu erfassen, um diese in einer Personalentwicklungsstrategie nutzen zu können. Die einheitliche Struktur des Gesprächsablaufes und die vorgegebene Regelmäßigkeit fördern eine hohe Verbindlichkeit in der Führungsarbeit und stärken die Leistungsbereitschaft aller Mitarbeiter.

Die systematische Förderung und Weiterentwicklung der Mitarbeitenden als weiteres Ziel wird durch das Fördergespräch aktiv unterstützt. Es bietet sich die Möglichkeit, die Stärken und Entwicklungsfelder mit den Anforderungen der KD-Bank und vor allem mit denen an die konkrete Funktion des Mitarbeiters abzugleichen. Aufbauend auf Ergebnisse können im Gespräch Unterstützungs- und Entwicklungsmaßnahmen gemeinsam vereinbart werden.

Kommunikation

Das Fördergespräch ist ein formales Verfahren zur Unterstützung der Kommunikation zwischen Mitarbeiter und Führungskraft. Entscheidend ist hierbei, dass das Gespräch durch den Gesprächsbogen klar strukturiert erfolgt. Das heißt, beide Gesprächspartner werden instrumentell unterstützt und durch das Gespräch geleitet.

Transparenz

Jeder Mensch unterliegt, sowohl im privaten als auch im beruflichen Umfeld, und da ganz besonders, Fremdeinschätzungen. Jede Führungsentscheidung resultiert aus der Einschätzung der erreichten Leistung und des dabei gezeigten Verhaltens. Es liegt in der Natur des Menschen, dass die Einschätzung

---

[44] Führungsgrundsätze der KD-Bank.
[45] Vgl. Handbuch Mitarbeiterfördergespräch der KD-Bank, erstellt in Zusammenarbeit mit der GenoPersonal Consult GmbH.

des Gegenübers nicht ausschließlich sachlich erfolgt. Diese ist geprägt von vielfältigen emotionalen Kriterien, wie Vorurteilen, Einstellungen, Wahrnehmungsfehlern sowie von unterschiedlichen Sympathiegraden.

Anstelle der sowieso stattfindenden mehr oder weniger subjektiven Einschätzung der Mitarbeiter durch die Führungskraft tritt ein einheitliches System, bei dem alle Mitarbeiter nach gleichen Kriterien eingeschätzt werden. Dies erhöht die Transparenz und führt zur Abschwächung der nicht sachlichen, das heißt der nicht tatsächlich die Arbeitsleistung betreffenden Faktoren und erhöht somit insgesamt die Objektivität.

Motivation

Das Fördergespräch unterstützt die partnerschaftliche Zusammenarbeit zwischen Mitarbeitenden und Führenden. Ein offen geführtes Gespräch ist für alle Beteiligten motivierend und fördert das Betriebsklima.

Gesetzliche Vorgaben

Das Fördergespräch ist sowohl für den Mitarbeiter als auch für die KD-Bank ein sinnvolles Instrument. Die Chancen einer Standortbestimmung und Einschätzung des Verhaltens durch die Führungskraft hat auch der Gesetzgeber erkannt. So hat jeder Arbeitnehmer nach § 82 BetrVG das Recht auf eine „Beurteilung" und somit die Möglichkeit, Perspektiven und berufliche Entwicklungsmöglichkeiten bei und mit seinem Arbeitgeber zu erörtern.

Die mit der regelmäßigen Durchführung von Fördergesprächen verfolgten Ziele sind kurz zusammengefasst:

- Alle Mitarbeitenden erhalten durch die Leistungs- und Verhaltenseinschätzung eine zusätzliche Gelegenheit, ihr Leistungsvermögen und somit ihre weiteren beruflichen Chancen in der KD-Bank realistisch einzuschätzen. Dem Mitarbeitenden werden die Möglichkeiten der eigenen Weiterentwicklung sowie Unterstützungsmaßnahmen durch die Bank aufgezeigt. Auf die Leistungsmotivation und das Verantwortungsbewusstsein wird positiv eingewirkt. Auch werden Ernennungen, Gehaltszahlungen oder andere personalpolitische Entscheidungen für die Mitarbeiter transparenter, da die gleichen Kriterien für alle gelten und somit die Objektivität gefördert wird.
- Die KD-Bank erkennt stärker als bisher die personellen Leistungsreserven. Dies bietet die Möglichkeit, die Personalentwicklung stärker bedarfsorientiert auszurichten.
- Des Weiteren bietet das Mitarbeitenden-Fördergespräch die Möglichkeit, von den Erfahrungen der Mitarbeiter in der alltäglichen Praxis zu profitieren. So werden Schwachstellen angesprochen und Verbesserungspotenziale erkannt.
- Außerdem bietet es die Möglichkeit, den Nachwuchs im eigenen Haus frühzeitig zu erkennen und in mittel- und langfristige Personalförderprogramme aufzunehmen.

3.1.2. Gezielte Fortbildung

Die KD-Bank ist bei der Aus- und Weiterbildung von Mitarbeitenden wegen ihrer mittelständischen Struktur auf die Kooperation mit externen Anbietern angewiesen. Wichtig ist, dass der externe Partner Aus- und Weiterbildungsmaßnahmen anbietet, die den besonderen Anforderungen einer genossenschaftlichen Spezialbank genügen. Mit Blick auf das Management Know-how ist es wichtig, dass die Fortbildungseinrichtung ein mit den Werten und der Unternehmenskultur kompatibles Management Know-how vermittelt. Zudem sollte eine langfristige Partnerschaft angestrebt werden, um eine Homogenität bei der Führungskräfteausbildung gewährleisten zu können.

Die KD-Bank hat mit der Akademie Deutscher Genossenschaftsbanken (ADG) und den genossenschaftlichen Regionalakademien gute Erfahrungen gesammelt, weil die Grundstrategie der genossenschaftlichen Bankengruppe – Förderung der Mitglieder durch qualitativ hochwertige Bankprodukte und Beratung – mit der Strategie der KD-Bank übereinstimmt. Die Unterschiede in den Zielgruppen der Banken spielen bei der Ausbildung der Führungskräfte der KD-Bank eine untergeordnete Rolle, da an die Stelle der Spezialisierung auf eine bestimmte Region, wie sie durch die Volks- und Raiffeisenbanken angestrebt wird, bei der KD-Bank die Spezialisierung auf Kirche und Diakonie tritt.

3.2. Einsatz von Techniken zur ganzheitlichen Unternehmensführung

Die KD-Bank setzt als genossenschaftliche Spezialbank zur Unterstützung eines ganzheitlichen Managements aktuell zwei Techniken ein. Seit 2005 arbeitet die KD-Bank mit einer so genannten Balanced-Scorecard, die die Basis für das strategische Benchmarking bildet, das bei der KD-Bank seit Mitte der 80er-Jahre im Vergleich zu anderen Kirchenbanken und voraussichtlich ab 2007 in einem wesentlich größeren Umfang im Vergleich zu anderen genossenschaftlichen Primärbanken durchgeführt wird.

3.2.1. Balanced-Scorecard

Die gemeinsame Strategie der genossenschaftlichen Bankengruppe firmiert unter „Bündelung der Kräfte". Ziel ist es, den Genossenschaftlichen Finanzverbund auf die Herausforderungen des sich massiv verschärfenden Wettbewerbes in der Finanzdienstleistungsbranche vorzubereiten und durch die Ausschöpfung der Markt- und Kostensenkungspotenziale die Ertragskraft der Primärbanken sowie der Verbundunternehmen langfristig zu verbessern. Der Bundesverband der Volks- und Raiffeisenbanken (BVR) empfiehlt zur Umsetzung der gemeinsamen Strategie den Einsatz einer „Balanced Scorecard"

(BSC), die in den 90er Jahren von *Kaplan* und *Norton* entwickelt wurde.[46] Die BSC ist ein Instrument zur ganzheitlichen Umsetzung von Unternehmensstrategien in konkrete operative Maßnahmen. Durch den Einsatz der BSC soll die Umsetzungswahrscheinlichkeit von Mission, Vision und Strategien erhöht werden.[47] Finanzwirtschaftliche Kennzahlen allein reichen nicht aus, um eine Bank im ständig wachsenden Wettbewerb zu steuern. Die BSC setzt umfassender an und erweitert den finanziellen Blickwinkel um weitere nichtfinanzielle Perspektiven und Messgrößen. Das Innovative an diesem Konzept ist vielmehr die Verknüpfung von qualitativen und quantitativen Messgrößen zu Ursache-/Wirkungsketten sowie die übergreifende Verknüpfung mit der Strategie der Unternehmung, wie auch die folgende Abbildung aufzeigt.[48]

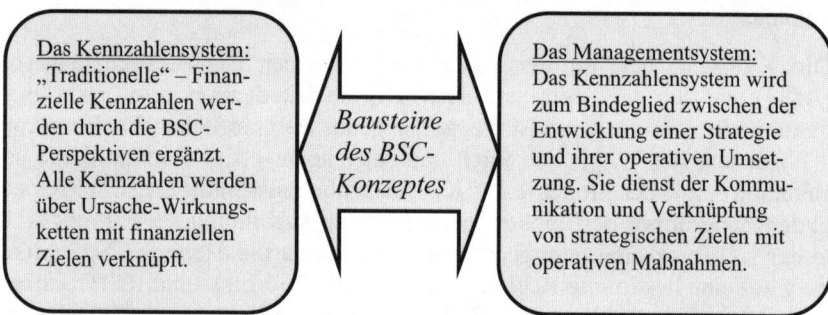

Bausteine des BSC-Konzeptes[49]

Wie in der nächsten Abbildung verdeutlicht werden in der Grundkonzeption nach Kaplan und Norton vier Perspektiven zur Messung und Steuerung der Unternehmensleistung verwandt, die jedoch keinen normativen Anspruch besitzen.[50]

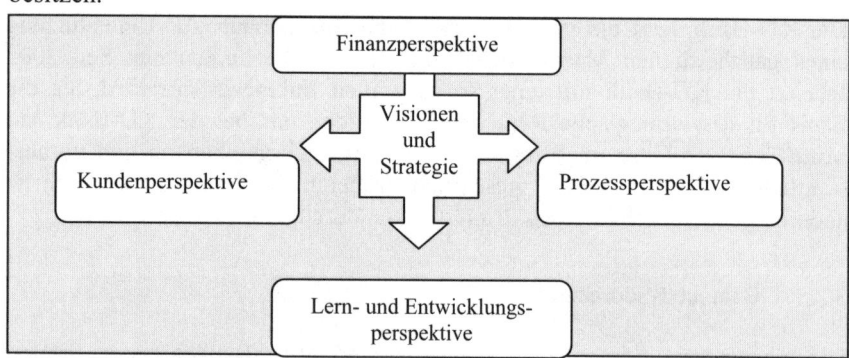

Perspektiven der BSC[51]

---

[46] Vgl. Bundesverband der Deutschen Volks- und Raiffeisenbanken (BVR) (2004), S. 9f.
[47] Vgl. Ingo Kipker (2004), S. 51.
[48] Vgl. Eileen Zunke (2002), S. 20.
[49] Eigene Darstellung; Vgl. a.a.O. S. 21.
[50] Vgl. Ingo Kipker (2004), S. 59.
[51] Eileen Zunke (2002), S. 22.

Das Modell von *Kaplan* und *Norton* bietet lediglich einen Gestaltungsrahmen, der einer unternehmensspezifischen Anpassung bedarf. In der Praxis verwenden Unternehmen oft fünf Perspektiven oder kommen mit einer Darstellung von drei Perspektiven aus. Entscheidend nach *Kaplan* und *Norton* ist der strategisch relevante Charakter der einzelnen Perspektiven bei der Abbildung der Performance des Unternehmens. Die KD-Bank nutzt das Konzept der BSC seit 2005 als Management-Instrument.

Die Einführung der BSC erfolgte in fünf Schritten:

- Erarbeitung eines Leitbildes für die KD-Bank als gemeinsames Primat des Handelns.
- Definition von strategischen Zielen (siehe Abbildung 6), die aus dem Leitbild abgeleitet wurden.
- Definition von Wirkungsketten und Messgrößen, mit deren Hilfe die strategischen Ziele der Bank gemessen und abgebildet werden können.
- Definition von operativen Maßnahmen, die die Erreichung der strategischen Ziele ermöglichen sollen.
- Integration der BSC in den Managementprozess der KD-Bank

Die Erfahrungen mit dem Einsatz der Balanced Scorecard sind positiv, hervorzuheben sind die verstärkte Aufmerksamkeit für strategische Ziele und die verbindliche Strategieumsetzung. Auch sind eine Verbesserung der Zielorientierung der operativen Maßnahmen und eine Verbesserung der Kommunikation zu erkennen. Außerdem liefert die Balanced Scorecard viele Ansatzpunkte für das strategische Benchmarking. Leitsätze zu entwickeln, ohne auf die Transformation in operative Strategien und Maßnahmen zu achten, wie es die Balanced Scorecard vorsieht, ließe die Vision zu „Sonntagsreden" verkümmern: ein oft zu beobachtendes Problem auch in diakonischen Unternehmungen.

In folgender Abbildung werden die Ziele der KD-Bank beispielhaft aufgeführt und deren Verknüpfung und Interdependenzen deutlich gemacht.

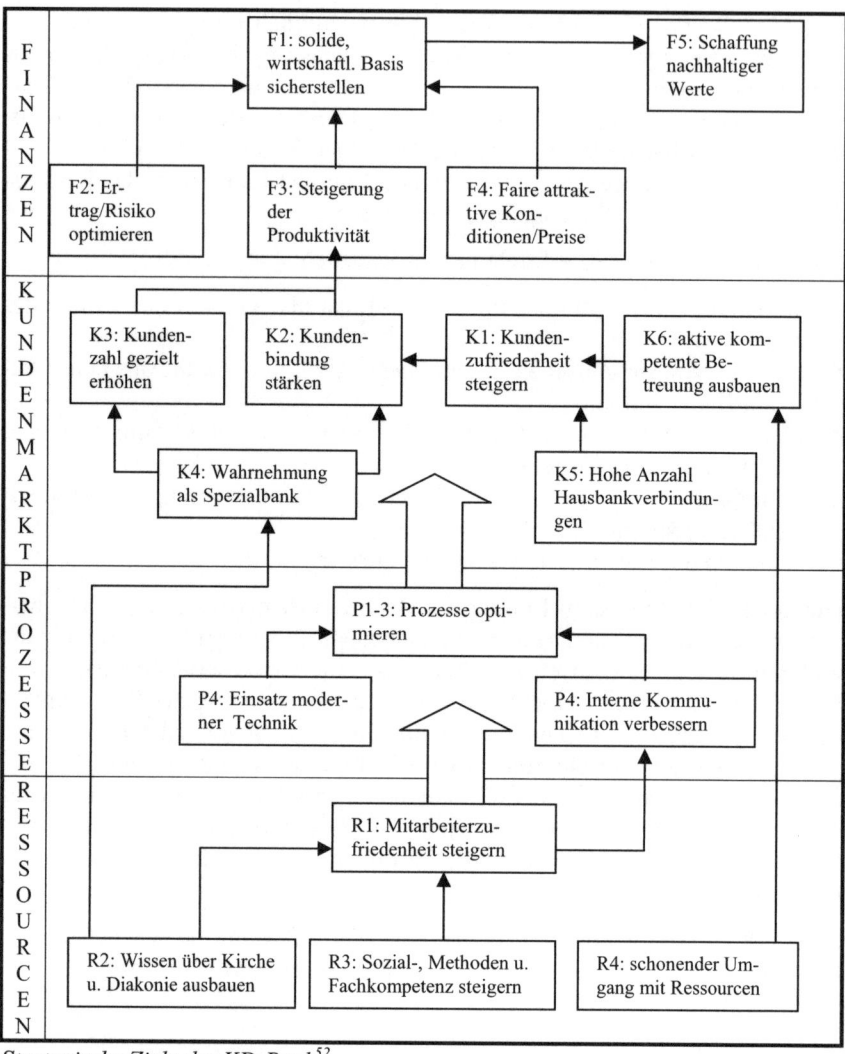

Strategische Ziele der KD-Bank[52]

3.2.2. Strategisches Benchmarking als Führungsinstrument

Als Benchmarking (deutsch: Maßstäbe setzen) wird ein formalisiertes Konzept bezeichnet, mit dessen Hilfe Verbesserungsmöglichkeiten durch den Vergleich von Leistungsmerkmalen zwischen Unternehmen, Unternehmenseinheiten, Prozessen, Methoden oder Produkten gefunden werden sollen.

„Das grundsätzliche Ziel des Benchmarking ist es, die Stärken und Schwächen einer Bank durch Vergleich mit anderen Institutionen aufzudecken und die Leistungsfähigkeit durch Übernahme der erfolgreichen Lösungswege zu

---

[52] Eigene Darstellung.

erhöhen. Dem Benchmarking liegt die Idee: „Lernen von den Besten"
zugrunde. Das Benchmarking bedeutet somit die systematische Identifikation
von „Best-Practice-Lösungen" und konsequente Orientierung an diesen."[53]

Die Voraussetzung für das Lernen von den Besten ist zunächst ein konkretes
Messen im eigenen Bereich. Mit Hilfe definierter Kennzahlen soll festgestellt
werden, welche Unterschiede jeweils zu den Besten bestehen und auf welche
Ursachen dies zurückzuführen ist. Auf der Basis der gewonnenen Erkenntnisse sollen dann gezielt Maßnahmen zur Verbesserung angestoßen werden. Die
KD-Bank arbeitet seit Mitte der 80er-Jahre in Kooperation mit anderen Kirchenbanken an einem Projekt zum strategischen Benchmarking. Dieses Projekt umfasst primär den Vergleich von Finanzkennzahlen. In 2007 wird der
BVR eine Erweiterung auf den Vergleich mit den anderen genossenschaftlichen Primärbanken anbieten. Auf Basis der im Rahmen des BSC-Projektes
definierten strategischen Ziele und Messgrößen soll zukünftig der Vergleich
mit anderen Primärbanken möglich sein. Die wesentliche Neuerung wird die
Ausweitung der Betrachtungsebenen auf die Kunden-, Prozess und die Lern-
und Entwicklungsperspektive der BSC sein. Das Benchmarking darf allerdings nicht dazu führen, dass die Entwicklung eigener Innovationen vernach-
lässigt wird und die Kreativität der Beteiligten hemmt, da nur auf die bereits
erfolgreich umgesetzten Projekte von anderen Unternehmungen geachtet
wird. Auch sollte bei der Übertragung von Benchmarks darauf geachtet werden, dass diese Neuerungen auch zu der Unternehmenskultur des Überneh-
menden passen, da sie ansonsten kontraproduktiv wirken könnten.

4.   Ausblick

In diesem Beitrag wurden die Elemente eines erfolgreichen Management-
Wissens identifiziert und kritisch diskutiert: Management Know-how als
Handlungskompetenz, die Kunst Ziele in Einklang zu bringen und als Unternehmenspolitik definiert. Die Globalisierung, Liberalisierung und Deregulierung verschärfen den Wettbewerb zunehmend. Sich als Unternehmung allein
im Zieluniversum der Gewinnmaximierung in Verbindung mit dem Shareholder Value zu bewegen, reicht für eine langfristige Sicherung und Exis-
tenzberechtigung nicht aus. Im zweiten Kapitel dieses Beitrages konnte deutlich gemacht und anhand von Management-Analysen auf mathematisch-
quantitativen Marktforschungsergebnissen basierend und anhand von lang-
jährigen qualitativen Expertenerfahrungen nachgewiesen werden, dass ein
ausreichend hoher Gewinn hinreichende Bedingung einer zukunftsfähigen
Unternehmung sein muss, dass dies aber nur Folge einer klaren Strategie,
einer gelebten Kundenorientierung, einer gleichsam auf Kosteneffizienz und
Ertrag fokussierten Organisation sein kann und aus einer ausgeprägten Leistungskultur der Mitarbeitenden resultiert und nicht Selbstzweck ist. Die Mo-

---

[53] Bundesverband der Deutschen Volks- und Raiffeisenbanken (BVR) (2006), S. 10.

ral oder Ethik wird in keinem der genannten Erfolgsmodelle explizit als gesonderter Indikator aufgeführt, sondern ist elementarer, endogener Faktor, den es zu beachten gilt, um überhaupt langfristig erfolgreich zu sein.[54] Die Umsetzung der notwendigen Veränderungsprozesse ist je nach Historie und Wertefundament einer Unternehmung unterschiedlich zu gestalten. Die vorgestellte Konsensmatrix macht dies deutlich. Diese Veränderungsprozesse sind aber notwendig und eine „Vogel-Strauß-Politik" nie zielführend.

Drucker nannte das 21.Jahrhundert das Jahrhundert des Sozialwesens, weil er der Meinung war, dass gerade im Sozialwesen die größten Innovationen und Veränderungsprozesse notwendig werden. Das Handeln in diesem Sektor, so *Drucker* weiter, werde darüber entscheiden, wie gesund und lebenswert unsere Gesellschaft sein wird.[55] Hier ist auch und besonders die Diakonie gefordert. Die Ergebnisse der Studie des Centre of Social Enterprise der Universität St. Gallen, die in der nächsten Abbildung skizziert werden, machen deutlich, dass in der Diakonie notwendige Veränderungsprozesse angestoßen werden müssen, die auch ein neues Verständnis von Management Know-how beinhalten.

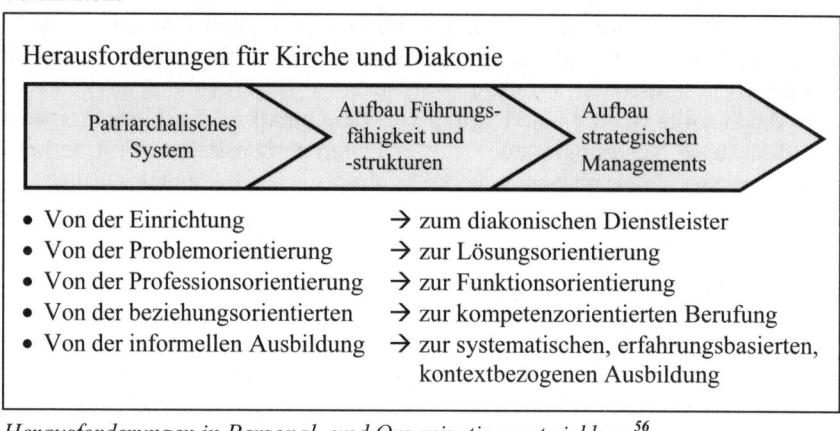

Herausforderungen in Personal- und Organisationsentwicklung[56]

Literaturverzeichnis:

BEA, FRANZ/DICHTL, ERWIN (1988): Allgemeine Betriebswirtschaftslehre, Stuttgart.

BERGER, ROLAND (2006): Interview; in: Frankfurter Allgemeine Zeitung, 16.1.2006, S. 20.

BERGIUS, SUSANNE (2004): Firmen entdecken ihr Gewissen; in: Handelsblatt, Nr. 24, 22.12.2004.

BROST, MARC/STORN ARNE (2006): Die Welt der Bosse; in: Die Zeit, Nr. 51, 14.12.2006, S. 25f.

BUNDESVERBAND DER DEUTSCHEN VOLKSBANKEN UND RAIFFEISENBANKEN (BVR) (2004): Grundlagen der Balanced Scorecard in Genossenschaftsbanken, Berlin.

---

[54] Vgl. Susanne Bergius (2004), S. 2.
[55] Vgl. Peter Drucker (1989), S. 1.
[56] Vgl. Urs Jäger (2007a).

DERS. (2006): Leitfaden „Strategisches Benchmarking innerhalb der genossenschaftlichen Bankengruppe", Berlin.

DRUCKER, PETER (1989): What Business can learn form Nonprofits; in: Harvard Business Review (Juli/August 1989), S. 1f.

DERS. (2004): Was macht eine effektive Führungskraft aus?; in: MALIK, FREDMUND: Kardinaltugenden effektiver Führung, Frankfurt am Main.

FRITZ, WOLFGANG/ WAGNER, UDO (2004): Soziale Verantwortung als Leitidee der Unternehmensführung und Gegenstand der akademischen Ausbildung; in: WIEDMANN, KLAUS-PETER/ABEL, BODO: Management mit Vision und Verantwortung (FS H. Raffée), Wiesbaden.

HANK, R. (2006): Die heimlichen Geschäfte der Wohltäter; in: Frankfurter Allgemeine Sonntagszeitung, Nr. 48 vom 3.12.2006, S. 38f.

HARVARD BUSINESS MANAGER, Dezember 2006, S. 26–28.

HAYEK, FRIEDRICH A. VON (1971): Die Verfassung der Freiheit, Tübingen.

HINTERHUBER, HANS H. (1992): Strategische Unternehmensführung, Berlin e.a.

JÄGER, URS (2007): Expertenhearing des Center of Social Enterprise CSE-HSG im Auftrag der Führungsakademie für Kirche und Diakonie, Januar 2007.

KIPKER, INGO (2004): Anwendungsstatus der BSC-Umsetzung in Genossenschaftsbanken, in: DERS. (HG): Strategisches Management in Genossenschaftsbanken. Erfolgreiche Strategieentwicklung und Strategieumsetzung mit der balanced scorecard BSC, Wiesbaden.

LEICHTFUSS, R. (2002): Vom Aschenputtel zur Kapitalmarktprinzessin; in: Frankfurter Allgemeine Zeitung, Nr. 209, 9.9.2002, S. 20.

MALIK, FREDMUND (2005): Die verlorene Generation; in: Die Zeit, Nr. 49, 1.12.2005, S 27.

PETERS, THOMAS J./WATERMAN, ROBERT H. (1990): Auf der Suche nach Spitzenleistungen. Was man von den bestgeführten US-Unternehmen lernen kann, München.

PORTER, MICHAEL (1986): Wettbewerbsvorteile, Spitzenleistungen erreichen und behaupten, Frankfurt.

REGNET, ERIKA (1995): Der Weg in die Zukunft – Neue Anforderungen an die Führungskraft; in: ROSENSTIEL, LUTZ VON: Führung von Mitarbeitern. Handbuch für erfolgreiches Personalmanagement, Stuttgart.

ROSENSTIEL, LUTZ VON (1995), Grundlagen der Führung; in: DERS.: Führung von Mitarbeitern. Handbuch für erfolgreiches Personalmanagement, Stuttgart.

SCHIERENBECK, HENNER (1993): Grundzüge der Betriebswirtschaftslehre, München.

SCHMITT, THOMAS (2006): Die doppelte Dividende; in: Frankfurter Allgemeine Sonntagszeitung, Nr. 48, 3.12.2006, S. 59.

SCHWENKER, BURKHARD (2006): In Zeiten steten Wandels gibt es keine endgültigen Glaubenssätze mehr; in: Frankfurter Allgemeine Zeitung, Nr. 13, 16.01.2006, S. 20.

STAUSS, BERND (2004): Nächstenliebe aus Kundensicht, in: WIEDMANN, KLAUS-PETER/ABEL, BODO: Management mit Vision und Verantwortung (FS Hans Raffée), Wiesbaden.

THIESLER, EKKEHARD (2000): Zukunftsfähigkeit von genossenschaftlichen Primärbanken in Deutschland, Hamburg.

WÖHE, GÜNTER (1990): Einführung in die Allgemeine Betriebswirtschaftslehre, München.

WORPITZ, HANS (1991): Wissenschaftliche Unternehmensführung? Frankfurt.

ZUNKE, EILEEN (2002): Management der Zukunft; in: Bankinformation (BI) (6/2002), S. 20.